化外与化内

黄志繁　著

12—18世纪的赣南地域社会

北京师范大学出版集团
BEIJING NORMAL UNIVERSITY PUBLISHING GROUP
北京师范大学出版社

目　录

第一章　导　言 / 001

　　第一节　范式转换：地方动乱与传统社会变迁 / 001

　　第二节　地理与人文：作为区域的赣南 / 020

第二章　"烟瘴之地"、土豪与王朝变迁 / 038

　　第一节　"烟瘴之地"、"好讼"之民与贩盐之贼 / 038

　　第二节　土豪、隅官与保伍法 / 053

　　第三节　"峒寇"：盆地开发与王朝教化 / 088

　　第四节　文天祥抗元与"畲贼" / 106

第三章　山区开发、盗贼与教化 / 123

　　第一节　元明之际地方社会的分化 / 124

　　第二节　山区开发、流民问题与社会动乱 / 145

　　第三节　剿与抚：边界山区社会秩序的变动 / 183

　　第四节　江右王门、风水与科举 / 213

第四章　流民、土著与国家认同 / 230

　　第一节　流民问题与生态危机 / 232

　　第二节　地域社会变革与租佃关系 / 270

　　第三节　户籍与科举 / 291

　　第四节　宗族与国家认同 / 303

第五章　个案的考察 / 322

　　第一节　"峒寇"、土著与流民：宋至清初营前地域社会变迁 / 322

　　第二节　家族与城堡：龙南关西徐氏宗族个案研究 / 347

第六章　结　论 / 361

　　第一节　作为王朝话语与生态变迁的"地方动乱" / 361

　　第二节　动乱与社会变迁：对"大一统"中国的重新认识 / 371

征引文献 / 383

后　记 / 397

再版后记 / 400

第一章　导　言

本书试图通过重构 12—18 世纪长达六百年的赣南山区地方动乱与社会变迁历史，展现中国历史上的地方动乱及其引起的社会变迁之图景，以加深对中国历史上的"动乱"的理解，重新思考中国传统社会变迁的历史与逻辑。

第一节　范式转换：地方动乱与传统社会变迁

几乎没有一个中国史学工作者会不熟悉毛泽东关于中国农民战争与中国历史发展的这一段经典论述：

> 中国历史上的农民起义和农民战争的规模之大，是世界历史上所仅见的。在中国封建社会里，只有这种农民的阶级斗争、农民的起义和农民的战争，才是历史发展的真正动力。因为每一次较大的农民起义和农民战争的结果，都打击了当时的封建统治，因而也就多少推动了社会生产力的发展。[①]

----

① 《毛泽东选集》第二卷，625 页，北京，人民出版社，1991。

1949 年以后，农民战争研究逐渐成为中国历史学界的热点问题。据不完全统计，1949 年后我国学者围绕中国农民战争问题共发表各类文章四千余篇，出版各种资料集、专著、论文集和小册子三百多种，并举办了许多学术讨论会。① 农民战争研究涉及的问题相当广泛，但是，最核心的问题还是如何评价和看待农民战争的历史作用。

1951 年，翦伯赞提出"让步政策"论，认为每一次大的农民起义后，新的封建统治者为了恢复社会秩序，必须对农民作某种程度的让步，或多或少地减轻对农民的剥削和压迫，这样就使封建生产关系对生产力的拘束得到松解，使封建社会的生产力又有继续发展的可能。② 在翦伯赞看来，农民战争的历史作用是通过"让步政策"体现出来的。1965 年，孙达人撰文认为，农民战争冲破了封建罗网，根本改变了地主与农民关系，使农民获得自由。封建政权的"让步政策"实际上恰恰剥夺了农民所获得的自由，重新束缚了农民，是一种"反攻倒算"。③ 此后关于农民战争历史作用的争论，基本围绕着这两种观点展开。两种观点的共同前提是：农民战争对历史发展起推动作用，促进了生产力的发展。

1979 年以后，开始有学者对上述观点提出质疑。戴逸认为，"阶级斗争—农民战争—推动生产力发展"的公式与历史实际有较大的距离，推动历史前进的主要的直接动力是生产力，而不是阶级斗争的表现形式——农民战争。④ 1982 年，董楚平提出，农民起义的爆发不是

① 王学典：《五朵金花：意识形态语境中的学术论战》，载《文史知识》，2002 (1)。
② 翦伯赞：《论中国古代的农民战争》，载《学习》，1951 (10)。
③ 孙达人：《应该怎样估价"让步政策"》，载《光明日报》，1965-09-22。
④ 戴逸：《关于历史研究中阶级斗争理论问题的几点看法》，载《社会科学研究》，1979 (2)；《阶级斗争、农民战争不是推进历史的唯一动力》，载《人民日报》，1980-01-11。赞同他的还有戎笙：《只有农民战争才是封建社会发展的真正动力吗?》，载《历史研究》，1979 (4)。

由于封建制已经不适应生产力发展的需要，农民战争的任务不是把这部机器报废掉，而是加以修理或改装，农民战争只能起封建制度修理工的作用。① 一些讨论者则指出农民战争的"消极"方面，进而认为农民战争是造成中国封建社会长期延续的原因之一。②

实际上，不管论者如何看待农民战争的历史作用，他们基本上都有一个共同的前提，就是把史籍中记载的"贼乱""寇乱""盗乱"解释为农民起义或农民战争，而农民与地主之间的"阶级斗争"被认为是中国历史发展的主线，中国社会发展史也成了农民战争的历史。这一认识框架与历史事实并不相符，姑且不论中国历史典籍中记载的"动乱"是否都是"农民"阶级发动的，"农民战争"是否真的如大多数研究者声称的那样是中国历史发展的主线和重要内容，也是很成问题的。

"农民战争"研究构成了新中国历史学发展最重要的特色之一。巴勒克拉夫评论说："新中国历史研究由于强调了中国农民的革命性以及他们在促进社会变革上的推动作用，从而'从根本上改变了中国历史的语言'，建立了评估和重现中国过去历史的标准。"③ 有研究者评论道："这一系列研究使学者们收集、整理了下层民众的各种材料，为今天对下层社会的研究提供了大量的素材。从学术史的演变逻辑上看，这种对下层民众的关注契合了梁启超在世纪初提倡研究民众史的号召，与国际学术界尤其是法国年鉴学派、英国'社会史学派'对下层社会的关注和所倡导的'写从下往上看的历史'的学术主张殊途同归，有

---

① 董楚平：《农民战争特殊规律浅探——兼答周良霄、张德信同志》，载《求是学刊》，1981（2）。

② 参考董楚平：《生产力是历史发展的根本动力》，载《光明日报》，1979-10-23；刘昶：《试论中国封建社会长期延续的原因》，载《历史研究》，1981（2）。

③ ［英］杰弗里·巴勒克拉夫：《当代史学主要趋势》，杨豫译，222 页，上海，上海译文出版社，1987。

其不容否定的学术价值。"① 正是这样一种重视下层民众的社会史取向，使农民战争研究虽然弥漫着浓厚的意识形态色彩，但其触及的课题实际上是相当广泛的，从农民政权的性质到农民战争的皇权主义思想，从农民战争与宗教的关系到秘密社会研究，从封建社会长期延续到农民战争对生产力所起的作用等，这些课题的探讨无疑是对中国社会经济史研究的推动。

进入 20 世纪 90 年代，对农民战争的评价开始变得多元，许多学者提出要重新认识农民战争。② 但是，研究者仍然不加分析地使用"农民战争"来指称形式多样、内容丰富的中国历史上的动乱，仍然不假思索地使用阶级斗争的分析框架。从根本上来说，迄今为止中国大陆大多数关于动乱的研究仍然未脱离 20 世纪五六十年代"农民战争"研究的理论框架和范式。③ 在这种范式之下的讨论中，我们很难看到：传统中国社会中频繁的地方动乱是如何在具体历史时空中发生的；动乱如何与特定社会环境相契合，给地方社会带来什么样的影响；动乱的发生及其平定过程如何调整国家与社会关系（而不是简单地体现在"让步"或者"反攻倒算"之类的政策），使中国历经频繁动乱而仍然

---

① 王学典：《五朵金花：意识形态语境中的学术论战》，载《文史知识》，2002（1）。

② 较近的强调重新认识农民战争的论文有多篇，笔者所见有田昌五：《中国历史大循环的动力——重谈农民战争问题》，载《史学理论研究》，1997（2）；李振宏：《论中国历史上农民战争的历史结局》，载《史学月刊》，1999（5）；叶文宪：《析对古代中国农民战争的误解》，载《探索与争鸣》，1999（9）；茅家琦：《农民战争与社会发展》，载《福建论坛（人文社科版）》，2001（5）；邓京力：《重新评价农民战争的历史价值》，载《河北学刊》，2002（4）；孟祥才：《重新审视中国封建社会的农民、农民起义和农民战争》，载《山东大学学报（哲学社会科学版）》，2003（6）；等等。

③ 较近出现了一些比较新颖的探讨农民战争的论著，如刘平试图从文化的视角来探讨秘密社会的问题，并对秘密社会的反叛行为作出了新的认识和评价。参考刘平：《文化与叛乱——以清代秘密社会为视角》，北京，商务印书馆，2002。

维持着一个大一统的国家；等等。

与大陆史学界相比，我国台湾史学界对中国历史上的动乱的研究可谓冷清。以黄宽重讨论过的宋代变乱为例，1949 年以后，台湾和香港的研究论文只有 10 篇，而大陆的研究者先后发表了 359 篇论文。① 就笔者掌握的材料来看，台湾学者目前对宋代变乱的讨论最为充分②，但其关于宋代变乱的研究论著数量尚且远不及大陆，其他朝代的研究更是无法在数量上和大陆比肩。

不过，虽然 20 世纪 70 年代以后台湾史学主题开始向台湾史转向，但 1949—1987 年的台湾史学发展主流是"科学传统"影响之下的傅斯年的"史料学派"，研究的范围也是以中国史为中心。③ 台湾学术界一般称中国历史上的动乱为"变乱"。之所以称为"变乱"，黄宽重解释说："笔者……希望以较客观的态度去观察和评论，在用词上，不采取强烈价值判断的起义、革命或叛乱，而称之为变乱或社会冲突。"④ 黄宽重的表白实际上可视为对台湾史学界使用"变乱"一词来称呼动乱的解答。

大致说来，20 世纪 90 年代前，台湾学术界比较习惯把变乱当成

---

① 黄宽重：《宋代变乱研究的检讨》，见《南宋军政与文献探索》，254 页，台北，新文丰出版公司，1990。

② 除了下文将提及的黄宽重和李荣村的研究外，还有专门的著作。例如，王世宗：《南宋高宗朝变乱之研究》，台北，台湾大学出版委员会，1989；刘馨珺：《南宋荆湖南路的变乱之研究》，台北，台湾大学出版委员会，1994。

③ 王晴佳：《台湾史学 50 年（1950—2000）：传承、方法、趋向》，3～120 页，台北，麦田出版社，2002。

④ 黄宽重：《宋代变乱研究的检讨》，见《南宋军政与文献探索》，227 页，台北，新文丰出版公司，1990。

事件史和政治史来处理，注重对变乱事件过程的仔细分析①，关注变乱事件带来的政局影响及军政制度上的背景②。近年来，这一学术传统仍然为年轻一代学者们所继承。但是，一些年轻学者也开始从社会经济史和文化史层面上研究民众变乱，取得了较好的成绩。③ 有意思的是，当研究者关怀的立场转变的时候，研究者似乎也开始逐渐不那么统一地使用"变乱"一词。④ 词语固然不能说明问题，但从中似可看出台湾学术界对动乱研究视野的变化。

日本史学界比较重视对中国历史上动乱的研究。和中国大陆一样，20 世纪 70 年代以前的日本史学界基本上也是采用阶级斗争的范式来看待动乱的。论者多从政治和经济的角度来研究动乱，关注的问题是生产力与生产关系、阶级分化、剥削关系、阶级斗争等方面的内容。20 世纪 70 年代起，研究方向朝着社会史转化，研究者的眼光开始投

---

① 例如，李荣村探讨宋代湘赣边界的黑风峒之乱，以丰富的史料勾勒出事件的缘起、招安政策的实施、"峒寇"骚扰的范围、对周边地区的影响、"峒寇"之平定以及最终结局等。参考李荣村：《黑风峒变乱始末——南宋中叶湘粤赣间峒民的变乱》，载《"中央研究院"历史语言研究所集刊》，第 41 本，第 3 分，1969。

② 例如，黄宽重的《郿琼兵变与南宋初期的政局》《南宋茶商赖文政之乱》，均见《南宋军政与文献探索》，台北，新文丰出版公司，1990。

③ 成绩比较突出的是巫仁恕对城市民变的研究。参考巫仁恕：《明末的戏剧与城市民变》，载《九州学刊》，1994（3）；《明末清初城市米粮暴动之研究》，载《史原》，1996（20）；《明清城市"民变"的集体行动模式及其影响》，见郝延平、魏秀梅主编：《近世中国之传统与蜕变：刘广京院士七十五岁祝寿论文集》上册，229～258 页，台北，"中央研究院"近代史研究所，1998；《明末清初城市手工业工人的集体抗议行动——以苏州城为探讨中心》，载《"中央研究院"近代史研究所集刊》，1998（28）；《节庆、信仰与抗争——明清城隍信仰与城市群众的集体抗议行为》，载《"中央研究院"近代史研究所集刊》，2000（34）。

④ 仍然有很多研究者使用"变乱"一词，例如，同样研究民变，巫仁恕大多直称"民变"，而罗丽馨就使用"变乱"。参考罗丽馨：《明末手工业阶层的变乱》，载《大陆杂志》，1996（4）。

向更广阔的社会。① 与此同时，日本学界开始对前期动乱的研究进行反思，发表了一系列论文②，这些论文的共同主题就是批判前一阶段偏重于经济因素的"唯生产力论"和发展阶段论的问题意识。例如，小林一美认为，以往的研究乃是"以经济上的利害状况为基准"来掌握"抗租、抗粮这两个形态的斗争"，因此，他指出以往的研究在以下几个方面缺少继续追问下去的问题意识：这些斗争与当时政治性、宗教性反乱的关联有何意义？这些抗租、抗粮事件在思想上、理论上各有何独特的变化阶段与构造？从经济性斗争转换为政治性反乱的契机何在？政治性、宗教性反乱与经济性斗争之间的矛盾，以及扬弃此一矛盾之契机为何？③

　　森正夫反思民众反乱史的前引论文，在检讨诸多抗租、抗粮斗争的基础上认为："如果我们只研究这个时代抗租、抗粮型的农民斗争，且只将焦点放在对其经济性规范的确定上，我们将会忽略受体制压抑的民众在斗争时面临的最终的课题乃是国家权力的问题，对民众有关此问题之意识、思想置诸不顾，因之不可能全面认识这一时代的斗争为近代带来的正负面遗产。"实际上，从 20 世纪 70 年代开始，日本学界对农民反乱的研究，已经开始重视民众的思想、宗教意识、文化等

---

　　①　［日］森正夫等编：《明清時代史の基本問題・總說》，47 页，東京，汲古書院，1997。
　　②　以对抗租抗粮的研究为例，就有以下反思论文。［日］小林一美：《抗租、抗糧鬥爭の彼方——下層生活者の想いと政治的、宗教的自立の途》，载《思想》584，1973；［日］相田洋：《白蓮教の成立とその展開——中國民衆變革思想之形成》，见青年中國研究會議编：《中國民衆反亂の世界》，東京，汲古書院，1974；［日］濱島敦俊：《明末江南の葉郎生の亂につて》，载《海南史學》十二、十三合併號，1975；［日］吉田穗積：《清代農民叛亂史の課題——變革主體の形成をめぐって——》，载《東洋史研究》32．2，1973。森正夫认为他们有共同的问题意识。参考［日］森正夫：《民衆反亂史研究的現狀與課題——读小林一美之论点有感》，于志嘉译，载《食货月刊》（复刊）15，11/12，1986。
　　③　参考前引森正夫论文对小林论文的评述。

诸多因素与国家权力之间的关系。按照森正夫前引论文中的分析，即便是小林一美批评的田中正俊、横山英、小岛晋治等人 60 年代发表的论文，其实也已经考虑到了抗租、抗粮斗争中具有何种思想与意识及其与国家权力之关联。20 世纪七八十年代，日本学界普遍注意到了 17、18 世纪中国东南抗租斗争的"恒常化"以及风起云涌的"佃变""奴变"，并力图将此一时期的农民反乱与近代的"革命"联系起来思考和分析。这无疑意味着对反乱的研究不仅关注的领域更加广泛，而且思考的深度在增加。① 在语词使用上，日本学界通常使用的"反乱"一词的含义也有了扩大。森正夫前引论文解释"反乱"的含义为："所谓反乱，本来是指为抵抗既存的国家权力，或以扬弃既存国家权力——革命为目标的诸阶级之斗争。本书一方面限定此一定义，另一方面又加以扩大；用来指以直接生产者为中心的民众，为抵抗政治上、社会上、经济上、思想上的支配体制，而引发的各种形态的阶级斗争。"

在这样的背景之下，小林一美对中国农民战争史的研究进行了全面的检讨。② 小林认为，中国历史学界对农民战争史的研究存在过分美化和过分贬低的现象。在此基础上，小林提出了研究中国农民战争课题的视野与方法。首先，他认为，中国农村不像日本农村那样是"村落共同体"，因而中国农民不具备日本农民那样的共同的身份存在，这样，农民的"阶级意识"是否存在就没有充分的理由，小规模的农

---

① 20 世纪 70 年代，日本史学界民众反乱史的研究走向深入还表现在资料的辑录和整理的加强上。参考 ［日］山根幸夫：《中國農民起義文獻目錄》，東京女子大學東洋史研究室，1976；［日］毅川道雄、森正夫編：《中國民衆叛亂史 1·秦～唐》（全 4 卷）、《中國民衆叛亂史 2·宋～明中期》（全 4 卷）、《中國民衆叛亂史 3·明末～清Ⅰ》（全 4 卷）、《中國民衆叛亂史 3·明末～清Ⅱ》（全 4 卷），分别由平凡社 1978 年、1979 年、1982 年、1983 年出版。
② ［日］小林一美：《中國農民戰爭史論の再檢討》，見 ［日］森正夫等編：《明清時代史の基本問題》，341～375 頁，東京，汲古書院，1997。

民抗租、抗粮斗争也不会发展为大规模的反乱。其次，他认为中国风起云涌的民众反乱要从中国的"国家—社会"的基本构成中寻找，特别是自宋以后的皇帝专制体制。小林提出从四个方面加深中国民众反乱研究：第一，研究中国的国家与社会的基本结构，即专制主义和地方分权主义之间的矛盾；第二，对民众的社会、生活、文化等进行广泛深入的了解；第三，重视民众反乱之发生的具体的人和物的因素、社会和环境的因素、国内和国际人口迁徙的因素；第四，希望能研究元末以来民众反乱与世界经济的关联问题。最后，小林强调，与日本的"村落共同体"和家族体制不同，中国农民更多的是宗族和同乡意识，因此需要开展对世界各地农民的比较研究。应该说，小林一美在关于农民战争问题的批判和展望中体现出来的理念，基本上超越了前一阶段日本学界带有比较强烈政治色彩的唯生产力和发展阶段的范式，对阶级斗争也持不同看法。不过，小林一美提出的加深民众反乱的四个领域的研究，其实比较宽泛，更多具有展望的性质。

20世纪80年代以来，日本学术界比较重要的转变是地域社会论的提出。地域社会史的研究主要是为了对抗"国家与社会"二元对立论和"家族国家观"，因而特别注重从地域自身的角度出发来探讨地域社会秩序问题，并关注地域社会和国家互相整合的问题。① 这样的问题意识是对前一阶段强调阶级斗争和发展阶段论等论调的否定。提出地域社会论的森正夫十分关注民众反乱史的研究，他在早期关于反乱的作品中就已经致力于探讨地域社会的特征问题了。例如，他研究福建宁化的抗租斗争，观察到了闽赣边界的地域社会特征：闽西的抗租组织"长关"与赣南的"客纲"，在城地主与在乡土豪的冲突，商业活

---

① ［日］山田贤：《中国明清时代"地域社会论"的现状与课题》，太城裕子译，载《暨南史学》（第二号），1999。

动与乡村土豪的关系，等等。① 而且，他试图将明末清初到太平天国的民众反乱理解为一系列具有历史连续性、发展性的事件。② 在地域社会论逐渐盛行的日本学术界，民众反乱史研究比较关注地域社会的秩序问题。③ 就民众反乱史研究来说，森正夫在 1986 年反思民众反乱史的论文结尾处提出的一点意见依然值得重视："我们从小林的工作中学到，我们绝不能从民众的意识观念、思想的领域中移开视野，民众所担负起的精神史上的传统对'革命'的实践扮演了重要的角色。但是我们也时刻不能或忘，酿成、发展'革命'能立即觉察并实践'革命'的主体，不是别人，正是民众本身。我们当前的课题，是要从历史所形成的民众生产与生活内部，全面把握'革命'发生的过程。因此也急需磨练出一个能够认识事物之相互关联的方法。"④ 在笔者看来，这段话之所以重要，就在于提醒我们关注民众反乱必须重视作为主体的民众本身的生产、生活和意识观念，而不是外在的概念与理论的演绎。

20 世纪 50—60 年代，美国学术界相对重视对中国历史上动乱的研究。这一学术兴趣之所以出现，是基于以下两方面原因：首先，20世纪 50—60 年代是美国乃至整个西方工人运动、妇女运动、学生运动

---

① 参考［日］森正夫：《十七世紀の福建寧化縣における黄通の抗租反亂》（一）、（二）、（三），载《名古屋大學文學部研究論集》59、62、74，1973、1974、1978。

② ［日］森正夫：《关于 1645 年太仓州沙溪镇的乌龙会叛乱》，载《中山论丛》；《民众叛乱史研究的现状和课题》，讲座中国近现代史 1，东大出版社，1978。转引自［日］山根幸夫主编：《中国史研究入门》下册，田人隆等译，731～732 页，北京，社会科学文献出版社，2000。

③ 关于民众反乱研究中重视探讨地域社会秩序的现象，可参考常建华《日本八十年代以来的明清地域社会研究述评》［载《中国社会经济史研究》，1998（2）］一文中的介绍。

④ 参考［日］森正夫：《民众反乱史研究的现状与课题——读小林一美之论点有感》，于志嘉译，载《食货月刊》（复刊）15，11/12，1986。

等民众运动风起云涌的时期，在这股政治潮流的影响下，美国史学界的研究主题也开始由精英转向大众，大众文化（popular culture）和民众运动（popular movements）的研究受到重视。在这个背景之下，美国学术界很自然地开始关注中国革命和农民战争等民众运动。其次，20 世纪 60 年代，随着中国在国际上地位的稳固，美国学术界觉得有必要了解中国史学状况，于是开始对当时中国的史学研究状况进行了解。在当时中国史学研究中占重要地位的农民战争研究自然成了美国学术界重点关注的对象。① 另外，中国革命的成功，也使美国中国学界比较关心近代中国的革命，特别是对中国共产党人革命成功经验的探讨，对中国历史上动乱的研究也偏重于近代方面。

或许由于以上因素，美国的中国研究学界通常把中国历史上的动乱纳入民众运动范畴处理，"民众运动"这一概念比"农民战争""动乱"等概念的外延更宽泛，这一做法使美国学术界能以比较广泛的视野来认识动乱。20 世纪 50—60 年代也是美国历史学社会科学化的时代，历史学与其他社会科学相结合的趋势，使得美国学术界对中国民众运动的反思和研究能采取比较"科学化"的社会科学视野。

这里要特别提及的是孔飞力（Philip Kuhn）和魏斐德（Frederic Evans Wakeman）的杰出研究。20 世纪 50—60 年代美国的中国研究中，关于中国动乱的研究有比较明显的政治论色彩。这主要是由于当时中国大陆阶级斗争研究范式流行，美国学术界忙于讨论中国大陆的

① 朱政惠：《20 世纪美国对中国史学史的研究》，载《史学史研究》，2003（4）。

农民战争史研究的理论得失。① 另外，当时美国的中国研究学界从政治史研究出发而提出的"国家控制"理论和士绅理论有很大影响，萧公权对 19 世纪中华帝国农村控制的研究就是一例。② 萧公权认为，理论上国家政权体系中的里甲制和保甲制可以渗透到每个农户，因而国家可以很好地控制中国农村。士绅是乡村社会组织活动的基石，到了 19 世纪，国家正式机关的权力衰落，则士绅成为权力重心。中国历代政治结构变迁，被视为国家与士绅二者之间权力转移的过程。这样的"控制论"的流行，必然会影响到学术界对中国下层民众的看法，认为农民只是被动地接受统治。但是，20 世纪 70 年代，这些理论已让年轻学者不满，正如科大卫（David Faure）所说："'控制论'令我们不满的地方，是被统治者往往被描述成被动者。政府制定了政策，人民乖乖地适从，社会由此而得安定。这个理论解析不了动乱，所以就把动乱说成是失控。这个理论也解析不了经济发展，以为经济发展必然来自政府政策。"③

在这样的背景下，孔飞力和魏斐德的研究显得意义重大。孔飞力主要考察了 19 世纪中叶以后，尤其是太平天国时期，中国的各种地方动乱的形成及镇压动乱的绅士武装的发展，进而指出当时地方军事化的趋势及地方名流在地方权力的扩大，并据此认为中国近代史的开端

---

① 当时出版了很多探讨中国革命与农民战争理论的著作，如 Mary C. Wright，*China in Revolution：The First Phase，1900-1913*，New Haven：Yale University，1968；James P. Harrison，*The Communists and Chinese Peasant Rebellions：A Study in the Rewriting of Chinese History*，New York：Atheneum，1969；等等。

② Kung-Chuan Hsiao，*Rural China：Imperial Control in the Nineteen Century*，Seattle：University of Washington Press，1960.

③ 科大卫：《告别华南研究》，见华南研究会编辑委员会编：《学步与超越：华南研究会论文集》，24 页，香港，文化创造出版社，2004。

应不早于 1864 年，即太平天国被镇压的那一年。① 魏斐德主要研究了两次鸦片战争背景下各社会集团的社会动态，对许多历史事件提出了新的见解，并指出在外国人入侵的刺激下发展起来的地方主义是促使清王朝垮台的原因之一，在广州被占期间，联军已被农民接受，而绅士则视联军为真正对手。② 孔飞力和魏斐德不是以政治结构为研究的出发点，在他们的研究中，我们可以看到，地方绅士、地方官、叛乱者之间复杂的关系变化，以及这种变化引起的地方社会结构的变动过程，而不是简单的控制与被控制的历史过程。在这样一个历史过程中，也很难看到阶级分析方法的简单运用，他们是从更广阔的社会史角度探讨叛乱与中国传统社会结构的关系。孔飞力和魏斐德的研究也因此开启了社会史研究的一代风气。

1977 年，以研究华南社会动乱闻名的魏斐德发表论文《叛乱与革命：中国历史上的民众运动研究》，对美国学术界关于中国历史上的民众运动的研究进行总结与展望。③ 魏斐德主要从十个方面对美国中国学界关于民众运动的研究进行了理论思考。这十个方面分别是：农民阶级的依附理论、秘密社会叛乱、千年运动、农民的身份自由问题、市场联系和社会冲突、帝国主义的影响、19 世纪的叛乱、农民民族主

---

① Philip Kuhn, *Rebellion and Its Enemies in Late Imperial China: Militarization and Social Structure, 1796-1864*, Cambridge: Harvard University Press, 1970. 中译本为［美］孔飞力：《中华帝国晚期的叛乱及其敌人：1796—1864 年的军事化与社会结构》，谢亮生等译，北京，中国社会科学出版社，1990。

② Frederic Wakeman, *Strangers at the Gate: Social Disorder in South China, 1839-1861*, Berkeley: University of California Press, 1966. 中译本为［美］魏斐德：《大门口的陌生人：1839—1861 年间华南的社会动乱》，王小荷译，北京，中国社会科学出版社，1988。

③ Frederic Wakeman, "Rebellion and Revolution: The Study of Popular Movements in Chinese History," *The Journal of Asian Studies*, Vol. 36, No. 2, 1977.

义、自我利益与集体意识。其中的核心问题就是革命与叛乱之间的关系。从这些议题中不难看出，美国学术界对中国动乱的研究具备比较广阔的社会经济史视野。

至 20 世纪 80 年代，美国研究动乱的学者的视野基本摆脱了以单纯的"国家"与绅士的二元划分法去分析中国历史的局限，关注的范围非常广泛。许多学者结合人类学、社会学、经济学、心理学等学科的理论和问题意识，开展了富有新意的研究，发表了一些区域性研究的深刻之作，其成果尤以关于近代华北农村叛乱的研究最为引人注目。①

20 世纪 90 年代，随着中国大陆社会经济史研究走向深入，研究华南区域社会史的一些学者提出了对动乱的新的理解。刘志伟把明代广东地区频繁的"盗乱"理解为地域社会建构过程的表现。他认为，在明代，随着地区开发和市场扩展，不同人群的交往关系密切起来，资源争夺日趋紧张。明朝国家在地方建立的里甲制秩序，使户籍身份成为正统性认同的重要资源，"无籍之徒"和"编户齐民"之间在社会地位和社会权利上的差异有了更为重要的意义。但沉重的赋役负担，迫使大量人户逃脱户籍束缚，里甲制秩序面临解体。在这一背景下，明代广东的"盗乱"，以"化外之民"与"逋负之徒"反抗的方式出现，不仅反映了地方社会整合过程中矛盾的尖锐化，更预示了后来社

---

① 主要有 Susan Naquin，*Millenarian Rebellion in China：The Eight Tri-grams Uprising of 1813*，New Haven：Yale University Press，1976（中译本为［美］韩书瑞：《千年末世之乱：1813 年八卦教起义》，陈仲丹译，南京，江苏人民出版社，2010）；Elizabeth Perry，*Rebels and Revolutionaries in North China，1845-1945*，Stanford：Stanford University Press，1980（中译本为［美］裴宜理：《华北的叛乱者与革命者，1845—1945》，池子华、刘平译，北京，商务印书馆，2007）；Joseph Esherick，*The Origins of the Boxer Uprising*，Berkeley：University of California Press，1987（中译本为［美］周锡瑞：《义和团运动的起源》，张俊义、王栋译，南京，江苏人民出版社，1994）；等等。

会变迁的趋向。① 陈春声则考察了明末清初潮州地区近二百年间的地方动乱与社会变迁，指出明末清初潮州地方动乱中"民""盗"界限模糊，在国家正统性不明确的情况下，地方社会对"盗"的看法是复杂而多元的。从地方社会的角度来看，所谓"倭寇""迁海"等与朝廷政策相联系的问题，其背后反映的是地方社会整体的转型。② 他们的研究把地方动乱视为地方社会与王朝制度互动的结果，动乱被认为是区域社会建构的过程和表现。

这一历史人类学视角的看法提示我们：（1）所谓"动乱"，其实只是文献记载者本身的感觉，而并不一定代表真实的历史场景，在地方社会中，对"动乱"和"盗贼"等的看法是多元的，并不完全等同划一于中央王朝的评判。（2）在中国这样一个有着很长时期专制统治的国家，动乱更本质的是王朝制度与地方社会的冲突与矛盾。目前史籍中看到的"动乱"的记载有两种：一为官方典籍，一为地方士绅的记录。官方典籍反映的无疑是从中央王朝角度对地方秩序的看法，地方士绅的记录则反映了地方上层人物对当地社会秩序的关注。这两种记录虽然可以部分反映地方社会真实情况，但并非全部，因为大多数动乱中的"贼""寇"这些人物并不会留下他们自己的书写记录。或许，官方和士绅们所认为的混乱的社会秩序正是他们认为合理的社会秩序。换言之，对于中央王朝来说，任何动乱都一定是"地方"的，是对中

<hr/>

① 刘志伟：《在国家与社会之间——明清广东里甲赋役制度研究》，92～109页，广州，中山大学出版社，1997。

② 陈春声：《从"倭乱"到"迁海"——明末清初潮州地方动乱与乡村社会变迁》，见朱诚如、王天有主编：《明清论丛》第二辑，73～106页，北京，紫禁城出版社，2001。鲍炜从考察清初广东迁界前后的盗贼问题入手，进一步指出，清政府迁界真正要对付的不是海盗，而是长期以来广东沿海地方社会的内部矛盾。参考鲍炜：《清初广东迁界前后的盗贼问题——以桂州事件为例》，载《历史人类学学刊》，2003（2）。

央制度的"反叛";但从地方社会的角度来看,完全有可能中央所认为的"叛乱"正是地方社会的"常态"。这些问题的提出,就使我们必须思考一些看似简单但实际却很难回答的问题:第一,动乱是"谁"的,而又是"谁"在动乱?第二,如果把"动乱"理解为一种文献记载者的感觉,理解为地方社会与王朝制度之间的冲突,理解为区域社会建构的过程和表现,那么,引发这种冲突的实质原因是什么?是阶级斗争,抑或区域社会经济发展的必然?第三,从地方社会角度来看,动乱与地方社会变迁之间的关系如何?动乱揭示了什么样的区域社会结构变迁?要回答这些问题,我们应尽量站在当事人的角度,关注地方社会与中央王朝之间的对话和冲突,多元地、动态地看待地方社会动乱的发生与发展。

以上列举的各种研究动乱的范式其实只是对几种研究趋势的抽象概括,并不能反映目前学术界研究动乱的全部。但是,毋庸讳言,任何研究范式都有其不完美的地方。中国大陆学界阶级斗争的研究范式不可避免地会带来对历史事实的伤害——这几乎是公认的;日本学界目前在地域社会论之下的动乱研究,因其过分强调地域社会的"性格"和连续性,不重视国家与地域社会之间的互动因素,带来的结果是几乎把动乱完全当成"地方事件"处理,而实际上谁都无法否认,动乱更本质的还是对国家秩序的"反动"[1];美国学界过分社会科学化的研究,缺乏对动乱背后反映的社会意义的进一步分析,更缺乏对王朝典

---

① 关于日本学界的地域社会论的一个重要的批评就是缺乏"国家论",参考前引常建华论文。前引森正夫论文也很明显缺乏对国家因素在地域社会秩序构造中的作用的分析。

章制度与地方社会冲突的分析，当然很难看到动乱发生的具体场景①；中国台湾学界较为"历史主义"地处理动乱，但还是缺乏从区域社会史角度进行关注。历史人类学的视野扎根于中国历史的制度与背景，更加贴近历史事实和语境，可以有效地避免上述研究范式对中国传统社会"特质"把握的不足。但是，历史人类学同样必须吸收上述各种范式之优长，才能不仅在视野上更新对中国历史上"动乱"的看法，而且还能通过对社会经济结构的分析，更加深刻地认识动乱与中国传统社会变迁的关系。

基于以上分析，笔者决定采取历史人类学的方法对本书所研究的12—18世纪赣南的地方动乱进行考察，同时，尽可能多地借鉴其他各学术流派的理论和方法。正如下文所描述的，对于12—18世纪的赣南来说，生态的演变是个非常显著的过程，甚至可以说，生态的变化是12—18世纪赣南一切社会变化的开端。因此，如何用生态学的观点来看待区域社会动乱也显得极其重要。

受国际学术界的影响，生态环境史近年来成为国内学术界的关注热点。关于生态环境史的定义不一②，但是大致说来，所谓生态环境

---

① 加州大学洛杉矶分校政治学教授汤维强（James W. Tong）关于明代动乱的研究就是一例。汤维强主要依据正史和地方志资料对明代动乱作了大量的统计，描述了动乱分布的时空特点（spatial-temporal pattern）。汤维强进而认为，阶级冲突和社会变迁理论不能很好地解释明代动乱的发生，但动乱可以从参加者的动机和国家提供的机会两方面来解释。在经济困难时期，糊口经济难以维持，参加动乱是人们的一种理性的生存策略，行政效能和国家镇压能力的减弱则相应地为动乱提供了机会。对于这个结论，历史学家可能提出的疑问是：在用符号和数字标识的动乱背后，蕴含着什么样的社会变化内容？参考 James W. Tong, *Disorder under Heaven: Collective Violence in the Ming Dynasty*, Stanford: Stanford University Press, 1991。

② 国内有多位学者就环境史的定义进行过阐述。例如，景爱：《环境史：定义、内容与方法》，载《史学月刊》，2004（3）；包茂宏：《环境史：历史、理论和方法》，载《史学理论研究》，2000（4）。

史，主要是指人与自然关系的历史。恰如以研究中国环境史著称的伊懋可（Mark Elvin）所言：“环境史不是关于人类个人，而是关于社会和物种，包括我们自己和其他的物种，从他们与周遭世界之关系来看的生和死的故事。”①笔者认为，生态环境史对历史学的最大启示在于使历史学者必须双向度地思考人与自然的互动关系。也就是说，任何社会的变动都必须放置于人与自然的相互作用的背景中考察，而不能简单地只考察人类社会自身的活动，或者相反，只注意自然界的变化。毫无疑问，在区域社会动乱的考察中引入生态学的观点将使动乱所发生的背景更为深刻，使研究者的眼光不是仅仅停留在社会经济结构的分析上，而是把社会经济结构的变动和自然界的变化勾连起来，始终关注各种自然变量的变化与社会经济结构变化的互动过程。换言之，只有引入生态学的观点，才能使一般研究区域社会学者所关注的人口的数量增长、土地开垦、市场的扩展、社会阶层的变动等历史现象，以人与自然的关系为中心，组成有机的整体，形成一种更为“立体”的社会演变图景。

近年来，一些学者倡导开展“社会生态史”的研究，就是试图把社会史和生态史结合起来，把生态变化的各种因素和社会现象的变迁结合起来，进行有机考察，以获得对历史更深刻具体的认识。例如，王利华是这样表述比较“理想”的一种社会生态史研究的分析框架的：

在这一研究中，种种社会历史现象，诸如衣、食、住、行、生产、消费、婚姻、生育、疾病、死亡、迁徙、社交、娱乐、战争等等，以及因之所产生的技术、组织、结构、制度、规范、习俗、思想意识，就不单纯地被理解为“社会的”或者“文化的”，

① 刘翠溶、［英］伊懋可主编：《积渐所至：中国环境史论文集》，导言，1 页，台北，“中央研究院”经济研究所，1995。

同时还要从"自然的""生态的"方面加以认识，探寻它们之所以存在的直接或者间接的"生态"依据；家庭、宗族、村落、城邑、地域社会等等，也就不仅仅被理解为社会的单元或者聚落，同时还将它们视作可采用生态学方法加以考察的大小不同的生态单位或系统；社会与文化因素的不断生衍、变异，社会系统的不断发展演化，虽然具有其内在的规律，但却不是、至少不完全是一种封闭、自限和自我决定的过程，而是一个与生态环境的众多因素彼此影响、协同演进的过程，属于生态大系统整体运动过程的一个组成部分。①

用这样一个分析框架去研究历史，当然能够写出一种全新的历史，也能发现很多新的课题。但是，就笔者目前所做的工作来说，显然还够不上"社会生态史"的标准，只能视之为一种可以借鉴和采用的视角和分析方法，许多相关工作尚需要在今后加以完善。

总之，本书力争结合历史人类学的视野与生态学的观点，对赣南社会 12—18 世纪长达六百年的地方动乱进行考察，重新审视中国传统社会的地方动乱与社会变迁。② 不过，正如前面所申论，关于 12—18 世纪赣南的生态研究必将有大量更深入细致的工作可做，远非本书粗糙的研究所能完成，本书与"社会生态学"的理想分析框架之间还有

① 王利华：《社会生态史：一个新的研究框架》，载《社会史研究通讯》，2000（3）。

② 笔者并不认为以往的作品缺少历史人类学的视野与生态观点的结合，事实上，前引陈春声和刘志伟的著作就相当关注生态在区域社会中的作用。有兴趣的读者可参考刘志伟：《地域社会与文化的结构过程——珠江三角洲研究的历史学与人类学对话》，载《历史研究》，2003（1）；陈春声：《乡村的故事与国家的历史——以樟林为例兼论传统乡村社会研究的方法问题》，见黄宗智主编：《中国乡村研究》第二辑，1～33 页，北京，商务印书馆，2003。

很长的距离。笔者也深知，相对于历史人类学要求以细致的个案分析充分展示"局内人的表达"和"局外人的看法"来说，本书的研究仍显宽泛，仍有许多尚待深入挖掘的地方。好在分析框架始终只是学者为了探究问题所采取的一种方法和手段，并非要局限于某某学科的严格"规范"之中。所谓"史无定法"，笔者提出的上述分析框架只是在清理前人学术的基础上力争采取的一种"更科学"的思考方法，其最终目的在于对所研究的问题有更深刻的了解，并无意使本书能够严格地归入"社会生态学"或者说"历史人类学"著作之列。

第二节　地理与人文：作为区域的赣南

本书所指的赣南，大致包括现在的赣州市及其所辖三个市辖区、十三个县、两个县级市：章贡区、南康区、赣县区、信丰县、大余县（古称大庾）、上犹县、崇义县、安远县、定南县、全南县（古称虔南）、宁都县、于都县（古称雩都）、兴国县、会昌县、寻乌县（古称长宁）、石城县、瑞金市、龙南市。该地区面积约 39379 平方公里，占江西全省面积的 23.6%。

赣南地处赣江上游，"南抚百越，北望中州"，据五岭之会，扼赣、闽、粤、湘要冲。其东部的武夷山脉，连绵于宁都、石城、瑞金、会昌、寻乌等地，是江西与福建的分界线。南部是著名的南岭山脉，大庾岭与九连山起伏于大余、信丰、全南、龙南、定南等地。岭南即广东，西部有罗霄山脉的诸广山，盘踞在上犹、崇义、南康等县（区）境而邻于湖南。赣南 80% 以上的面积是丘陵和山地。在地形上赣南是一个相对独立的区域，章水和贡水纵贯赣南全境，在赣州汇成赣江向北穿过相对低平的吉泰平原、鄱阳湖平原，流入长江。

需要指出的是，赣南山区并非完全是山地和丘陵，在山地和丘陵之间，分布着五十几个大小盆地。其中比较大的有赣州盆地、于都盆地、兴国盆地、信丰盆地、宁都盆地、瑞金盆地、石城盆地、寻乌（葫芦洞—车头）盆地、安远版石盆地和大余池江盆地等。诸盆地内，地势平坦，江河贯流，两岸有较宽阔的平地和河谷阶地，土壤肥沃，土层较厚，是主要的农耕地。① 这些盆地也是赣南历史上开发比较早的地区。就整个地势来说，赣南周高中低，南高于北，特别是"三南"的龙南、定南和全南，几乎都是山地和丘陵。

结合赣南的地形和流域状况，我们可以尝试着把赣南分为中部、西部、南部、东部四个部分。其具体情况见表 1-1。

表 1-1 赣南地形分区　　　　单位：平方公里

分区	县名	建县时间	面积	平原	山地	丘陵	区域地形特征
中部，贡水下游，章、贡两水交汇处	赣县	汉高祖六年（公元前201）	3560	683	1880	997	多丘陵，有大面积冲积平原，开发最早
	于都	汉高祖六年（公元前201）	2747	907	824	1016	
	兴国	三国吴嘉禾五年（236）	3274	851	786	1637	
	总计	平均建县年代	9581	2441	3490	3650	
	百分比	（公元前166）	100%	26%	36%	38%	
西部，章水流域	南康	三国吴嘉禾五年（236）	1798	485	720	593	多低山及丘陵，有冲积平原，除崇义外，开发较早
	大余	唐神龙元年（705）	1344	175	900	269	
	上犹	南唐保大十一年（953）	1461	248	0	1213	

① 以上关于赣南地形的描述，参考周红兵编著：《赣南经济地理》，4～10页，北京，中国社会出版社，1994。

分区	县名	建县时间	面积	平原	山地	丘陵	区域地形特征
西部，章水流域	崇义	明正德十二年（1517）	2048	778	1270	0	
	总计	平均建县年代	6551	1686	2890	2075	
	百分比	（853）	100%	26%	44%	32%	
东部，贡水上游	宁都	三国吴嘉禾五年（236）	3932	393	2674	865	多低山及丘陵，有大冲积平原，开发较早
	瑞金	南唐保大十一年（953）	2670	107	721	1842	
	石城	南唐保大十一年（953）	1745	297	680	768	
	会昌	北宋太平兴国七年（982）	2423	339	1842	242	
	总计	平均建县年代	10770	1136	5917	3717	
	百分比	（556）	100%	11%	55%	35%	
南部，除安远和寻乌外属桃江流域	信丰	唐永淳元年（682）	2922	409	1549	964	山地为主，多厚重山体，平原狭小，开发最晚
	龙南	南唐保大十一年（953）	1711	120	1112	479	
	定南	明隆庆三年（1569）	1436	158	1048	230	
	全南	光绪二十九年（1903）	1600	96	1056	448	
	安远	唐贞元四年（788）	2322	325	1533	464	
	寻乌	明万历四年（1576）	1944	136	1458	350	
	总计	平均建县年代	11935	1244	7756	2935	
	百分比	（1245）	100%	10%	65%	25%	

分区	县名	建县时间	面积	平原	山地	丘陵	区域地形特征
全区	总计	平均建县年代	38937	6507	20053	12377	山地、丘陵为主
	百分比	(838)	100%	17%	52%	32%	

资料来源：

江西省地图编辑委员会编：《中华人民共和国江西省地图集》，内部资料，1963。

说明：

（1）《中华人民共和国江西省地图集》所列示的各项土地数字与现今赣南比较通行的数字略有出入，但出入不会太大。例如，赣南的总面积一般认为是 39379 平方公里，而对该地图集所列赣南各县面积相加的结果为 38937 平方公里，二者相差 442 平方公里，误差大概为 1%。

（2）表中的"赣县"包括了现今的赣州市章贡区和赣县区。

（3）表中的"平均建县年代"是笔者把各个县的始建年代相加然后再除以设县数后得出的数字，由于建立县治往往是一个地区开发后的结果，因此从这个数字的比较中可以大概看出各个区域的开发序列。

（4）部分数据由于四舍五入，存在总计与各分项之和不等的情况。

从表 1-1 中可以看出，虽然赣南整体地形以山地和丘陵为主，但是内部各个区域之间还是存在一定程度的差异。中部地区平原面积大一些，有面积最大的冲积平原——赣州盆地，也是开发最早的地区；西部地区平原面积所占比例和中部地区接近，但是其靠近湖南和江西吉安的地区有比较高大的山体，崇义尤其明显，基本上是高大的山地，几乎没有低矮的丘陵，崇义建立县治的时间也大大晚于章水下游的大余和南康；东部地区虽然也以低山及丘陵为主，但是有比较大的盆地（冲积小平原）——宁都盆地和石城盆地，因而也是开发比较早的区域；南部地区则平原比例相当小，而山地面积相当大，山体厚重，因而与广东接壤的区域相当晚近才建立县治。

赣南这种区域生态上的差异性，直接影响到其历史的展开过程，使赣南中部、西部、东部、南部四个区域有了不同的发展演变脉络，特别是在宋末元初以后，这种区域上的差异更为明显。当然，任何分类都只是方便人们辨识的手段，类别和它所代表的事物之间必然存在一定的距离，上述分类也只是按照流域和地形所作的粗浅分类，和赣南的实际情形仍然不可等同。

细心的读者会注意到，寻乌（长宁）和安远并不属于桃江流域，这一差异使两县和信丰及"三南"（龙南、定南、全南）的风俗有很大不同。特别是寻乌，其风俗和语言基本上接近广东的梅州地区。不过，两县毕竟位于赣南南部，山地面积也相当大，因而我们仍然有理由把它们划入赣南南部地区。实际上，由于技术手段和资料的缺乏，我们很难对区域的界限作出精细的区分。正所谓"十里不同风，五里不同俗"，在移民成分、地理情形、语言风俗相当复杂的赣南，要进行精细的区域划分几乎不太可能。在赣南，通常的情形是，即使是一个县，其内部的地理和风俗条件也可能悬殊。例如，宁都自古至今都有"上三乡"与"下三乡"的区分，石城亦有"上水片"和"下水片"的说法，上犹更是有"城关片""营前片""社溪片""寺下片"的划分。如果我们把方言看作一个地方的风俗的重要标志之一的话，那么我们可以更进一步地看出赣南各地的风俗差异之大。图 1-1 展示了赣南语言简况，可以说，很少有一个区域内部有如此复杂的方言状况。因此，如果我们陷入赣南区域之间的精细区分的烦恼中，将对论述造成很大的困扰。另外，笔者在这里进行粗浅的划分，只是想强调赣南区域内部的复杂性，并无意否定作为一个整体区域的赣南有着共同的历史演变特征。

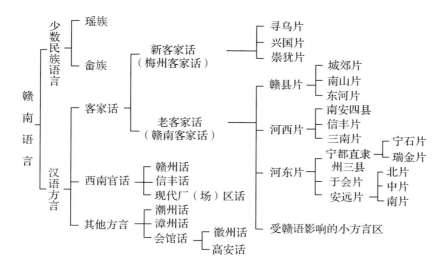

图 1-1　赣南语言分区简表
（赣州市博物馆韩振飞制，2003 年 12 月 16 日）

　　另一个值得强调的事实就是赣南并非封闭的山区。虽然赣南与湖南、福建、广东都有山脉阻隔，但武夷山、罗霄山脉和南岭中间有若干隘口，这使得赣南成为与邻省交通的冲要之地。清代就有人说过：

　　　　省之南顾，则赣州为一省咽喉，而独当闽粤之冲，其出入之路有三：由惠州南雄者，则以南安大庾岭为出入；由潮州者，则以会昌筠门岭为出入；由福建汀州者，则以瑞金隘口为出入。①

历史上，自唐开元四年（716）张九龄开辟大庾岭通道后，这条通道长期以来就是岭南沟通中原的重要路线；明清时期，大庾岭通道更是十分繁荣的商路。除了上述三条主要通道外，赣南还有许多较小的通道

---

　　① （清）吴湘皋：《上署江西巡抚包公书》，见同治《赣州府志》卷七十《艺文志·国朝文》。

可以连通周边地区。①

可见，赣南亦非封闭的世界，我们不可忽视赣南与外部世界业已存在的密切联系。实际上，宋代赣南的贩盐之徒，活动范围远及广东循州、潮州等沿海区域；明代闽粤赣湘四省边界的流寇活动也不受所谓省界的限制，所以明王朝才在四省边界设立南赣巡抚，以统辖边界地区；明清时期，赣中、广东、福建的流民进入赣南，也引起了赣南社会的剧烈变化。对于当地的贼寇之徒来说，山区根本不是障碍，反而还能与浩瀚大海联系起来，由此酿成有明一代让人头痛的"山海交讧"问题。明人有言曰："言天下之险绝者，莫过于山矣；言天下无容力者，莫过于海矣。广之寇东通漳汀，北连雩赣，西迄郴桂，抵于湖南，往来出没，莫测其境。"② 从这个意义上来说，赣南只是内部往来频繁的闽粤赣湘边界山区的一个组成部分。

赣南"地大山深，疆域绣错"，"汉唐以前，率以荒服视之"③。西汉豫章郡领江西十八县，赣南仅设赣县、雩都、南埜（东汉建武元年即公元25年改名南野）三县。孙吴政权时，增置平阳、阳都、南安、陂阳四县，赣南境内有七县，俱隶庐陵郡。隋开皇九年（589），改南康郡为虔州，统赣县、雩都、虔化、南康四县，其余县皆省入，唐仍之。

唐末五代，赣南实际上处于割据状态。唐末黄巢起义爆发，江西

---

① 关于赣南与周边地区的联系，可参考拙文《大庾岭商路·山区市场·边缘市场——清代赣南市场研究》，载《南昌职业技术师范学院学报》，2000（1）。

② （明）王渐逵：《贺陶中丞平连寇序》，见（清）黄宗羲编：《明文海》卷二百八十三《序七十四·赠序》，文渊阁四库全书本。关于闽粤赣湘地省边界山区之间的联系及明人对这一地区"山海交讧"的看法，参考唐立宗：《在"盗区"与"政区"之间：明代闽粤赣湘交界的秩序变动与地方行政演化》，42～49页，台北，台湾大学出版委员会，2002。

③ 天启《赣州府志》卷首《顺治十七年汤斌重刊谢志序》。

地区脱离唐王朝的控制，中央派遣的观察使和节度使被逐回，而代之以地方势力卢光稠的统治。卢出身地方土豪①，其统治范围不仅包括虔州全境，而且到达广东韶州。在其统治之下，赣南保持了一定时期的安定，直至被吴国和南唐统治。南唐保大十一年（953），以上犹场为上犹县，瑞金监为瑞金县，虔化石城场为石城县，虔州领有赣、雩都（于都）、信丰、南康、大庾（大余）、上犹、虔化（宁都）、瑞金、石城、龙南、安远十一县。

北宋时期，赣南行政机构有较大的变化。北宋取代南唐在江南的统治后，太平兴国元年（976）分江南为东、西路，虔州隶西路。太平兴国七年（982），增设会昌县，并在已省入赣县的平固县的基础上设立兴国县，虔州领有十三县。淳化元年（990），置南安军，割虔州的大庾、南康、上犹以隶之，从此，赣南分为虔州（绍兴二十三年即1153年改为赣州）和南安军两个行政区域。虔州领赣县等十县，南安军领大庾、南康、上犹三县。

元代地方行政建制更属频繁，赣州几度成为省级行政机构的所在地。至元十五年（1278），江西行省迁于赣州，福建、广东、江西皆隶属之，次年江西行省又移回隆兴（今南昌）。至元十七年（1280），江西行省并入福建行省，但十九年（1282）复立江西行省。至元二十八年（1291），徙江西行枢密院于赣州。元贞元年（1295），又"罢湖广、江西行枢密院，并入行省"②。元贞二年（1296），赣州府改为路，升宁都、会昌为州，赣州路统五县（赣、雩都、信丰、兴国、石城）二

---

① 可参考［日］伊腾宏明：《唐末五代期における江西地域の在地势力について》，见川胜义雄、礪波護主编：《中國貴族制社會の研究》，275～320页，京都，同朋舍，昭和六十二年（1987）。

② （明）宋濂等：《元史》卷十八《成宗本纪一》，388页，北京，中华书局，1976。

州。龙南、安远隶宁都州，瑞金隶会昌州。①

明代赣南包括赣州、南安两府。弘治八年（1495），为了应付闽粤赣湘边界的盗贼活动，明王朝在赣州设南赣巡抚，统辖四省边界地区②，赣州、南安两府一直归南赣巡抚管辖。明王朝往往在平息大规模的流民活动后增设新的县治，赣南因此而增设的有三县：正德十二年（1517）设崇义县，隆庆三年（1569）置定南县，万历四年（1576）立长宁县（今寻乌），都在边界山区流民活动频繁的地区。清代，赣南行政格局有两次大的变动：一为康熙四年（1665）撤销了南赣巡抚；二为乾隆十九年（1754）升宁都县为直隶州，管辖石城、瑞金、宁都三县。乾隆三十八年（1773）改定南县为定南厅。光绪二十九年（1903）析龙南、信丰县地置虔南厅。赣南至此已有十七县，基本奠定了今天的行政格局。③ 赣南行政沿革可参考表1-2。

---

① 至元二十四年（1287）曾并龙南入信丰、并安远入会昌，但至大三年（1310）又复设龙南、安远两县。

② 关于南赣巡抚设立时间，有三种说法：弘治八年（1495）、弘治十年（1497）和正德六年（1511）。靳润成认为，《明史》中所记载的正德六年说有误；唐立宗认为，正德六年以前是南赣巡抚草创期，设置后又裁撤，直到正德六年以后，南赣巡抚才成定制。实际上以上三种说法的分歧只是因为对"设立"一词的理解不同。弘治八年（1495）南赣巡抚临时设立，十年（1497）正式设立，十七年（1504）南赣巡抚"以事宁"罢去。但正德六年又复置，一直维持至明亡，清初仍之。所以弘治八年说、十年说和正德六年说都有所本。南赣巡抚的辖区时有变动，大致而言，主要管辖的是四省边界地区，赣州、南安两府隶属南赣巡抚一直未变。参考靳润成：《明朝总督巡抚辖区研究》，101～104页，天津，天津古籍出版社，1996；唐立宗：《在"盗区"与"政区"之间：明代闽粤赣湘交界的秩序变动与地方行政演化》，251～290页，台北，台湾大学出版委员会，2002。

③ 1913年，虔南厅更名为虔南县。1914年，长宁县更名为寻邬县。1957年，雩都、寻邬、虔南、大庾县分别更名于为于都、寻乌、全南、大余县。本书在叙述历史上的赣南时，一般使用古地名。

表 1-2　赣南行政沿革

朝代	统辖	所领县	备注
秦	九江郡地	领县无考	南野估计为秦所设
西汉	豫章郡	赣、雩都、南壄	赣、雩都均为西汉初设
东汉	庐陵郡	赣、雩都、南野	兴平元年（194），孙策定豫章，置庐陵郡
三国吴	庐陵南部都尉	赣、雩都、南野、南安、阳都、陂阳、平阳	析南野，置南安县；析雩都，置阳都县；析阳都，置陂阳县，后改揭阳；析赣县，置平阳县
晋	南康郡	赣、雩都、南康、平固、揭阳	太康三年（282），罢南部都尉，置南康郡，统县五；元康元年（291），分荆扬地，置江州都督，郡属之，领县如旧
南朝宋	南康国	赣、雩都、南野、南康、平固、宁都、陂阳、虔化	永初元年（420），改南康郡为国，领县七；大明五年（461），析宁都，置虔化县，凡八县
南朝齐	南康郡	赣、雩都、南野、南康、平固、宁都、陂阳、虔化	复为郡，领县如宋
南朝梁	南康郡	赣、雩都、南野、南康、平固、宁都、陂阳、虔化	领县如齐；大同十年（544），析雩都东南乡，置安远县，寻废
南朝陈	南康郡	赣、雩都、南野、南康、平固、宁都、陂阳、虔化	领县如梁
隋	洪州总管府，虔州	赣、雩都、南康、虔化	开皇九年（589），改南康郡为虔州，隶洪州总管府，领县四，平固省入赣，南野省入南康，宁都、陂阳省入虔化

朝代	统辖	所领县	备注
唐	江南西道，虔州	赣、雩都、信丰、南康、大庾、虔化、安远	贞观元年（627），分天下为十道，虔州属江南道；神龙元年（705），升大庾镇为大庾县；天宝元年（742），改南安为信丰县；广德二年（764），更号江南西道；贞元四年（788），割雩都旧安远地为安远县，虔州领县七
五代梁	百胜军	赣、雩都、信丰、南康、大庾、虔化、安远	
五代南唐	昭信军	赣、雩都、信丰、南康、大庾、上犹、虔化、瑞金、龙南、安远、石城	保大十一年（953），以上犹场为上犹县，瑞金监为瑞金县，虔南场为龙南县，石城场为石城县，领县十一
宋	江南西路，虔州、南安军	赣、雩都、兴国、会昌、信丰、虔化、瑞金、龙南、安远、石城；南康、大庾、上犹	太平兴国元年（976），分江南为东、西路，虔州隶西路；太平兴国七年（982），析赣县前平固县地，置兴国县，析雩都地，置会昌县，虔州领县十三；淳化元年（990），割南康、大庾、上犹三县，置南安军；绍兴二十三年（1153），改虔州为赣州，虔化县为宁都县
元	江西行省，赣州路、南安路	赣、雩都、兴国、会昌、信丰、宁都、瑞金、龙南、安远、石城；南康、大庾、上犹	至元十四年（1277），改南安军为南安路总管府；元贞二年（1296），改赣州为路，统五县，以宁都、会昌别为州，瑞金隶会昌州

朝代	统辖	所领县	备注
明	江西布政司、南赣巡抚，赣州府、南安军	赣、雩都、兴国、会昌、信丰、宁都、瑞金、龙南、安远、石城、定南、长宁；南康、大庾、上犹、崇义	弘治八年（1495），设南赣巡抚，管辖闽粤赣湘边界，赣州、南安属之；正德十二年（1517），割大庾、南康、上犹三县地置崇义县；隆庆三年（1569），割龙南、安远、信丰地置定南县；万历四年（1576），以黄乡堡地置长宁县
清	江西布政司，赣州府、南安军、宁都直隶州	赣、雩都、兴国、会昌、信丰、龙南、安远、定南、长宁、虔南；南康、大庾、上犹、崇义；宁都、瑞金、石城	康熙四年（1665），罢南赣巡抚；乾隆十九年（1754），升宁都为州，瑞金、石城二县隶之；乾隆三十八年（1773），改定南为厅；光绪二十九年（1903），设虔南厅

说明：

本表依据同治《赣州府志》卷二《舆地志·疆域》、同治《南安府志》卷二《沿革考》、道光《宁都直隶州志》卷二《沿革志》制成。

赣南地处中亚热带南缘，属典型的亚热带湿润季风气候。历史上很长一段时期里，赣南一直以"烟瘴之地"的形象出现在文人的笔下。北宋思想家李觏曾对比吉州和虔州，说道：

南川自豫章右上，其大州曰吉，又其大曰虔。二州之贡赋与其治讼，世以为剧，则其民氓众伙可识已。虽然，吉多君子，执瑞玉，登降帝所者接迹，虔无有也。疑其负南越，袭瘴蛊余气，去京师愈远，风化之及者愈疏，乘其丰富以放于逸欲宜矣。①

---

① （宋）李觏：《旴江集》卷二十三《虔州石城柏林堂书楼记》，文渊阁四库全书本。

李觏从自然气候等方面解释吉、虔二州在人文上的差异，这种看法在宋代士大夫中有相当的代表性。

在宋人眼中，赣南"大山长谷，荒翳险阻"，是"奸人亡命"出没之地。北宋治平年间，王安石在论及虔州风气时也有以下说法：

> 虔州江南地最旷，大山长谷，荒翳险阻，交广闽越，铜盐之贩道所出入，椎埋、盗夺、鼓铸之奸，视天下为多。①

文人们固然是以传统舆地学的"山水孕育人文"观点解释赣南的盗贼问题，但宋代赣南山区开发尚未展开，社会风气未被士大夫"教化"也是事实。实际上，直至明初，赣南部分地区仍被描述为"地旷人稀"的"烟瘴之地"。明初曾任石城训导的杨士奇言：

> 赣为郡，居江右上流，所治十邑皆僻远，民少而散处山溪间，或数十里不见民居。里胥持公牒征召，或行数日不底其舍，而岩壑深邃，瘴烟毒雾，不习而冒之，辄病而死者常什七八。②

不过，宋代（尤其是南宋）以后，赣南的开发也在不断进行。据曹树基估计，南宋时期，特别是淳熙年间，官府所控制的人口有明显的增加，比北宋太平兴国年间增加了三倍多。③ 关于宋代赣南人口增加的原因，笔者将在下一章仔细分析，这里只想指出一个事实，即南宋以来，赣南尽管仍是"未春已花，才晴即热。山川之绸缪，人物之伉健，

---

① （宋）王安石：《临川文集》卷八十二《虔州学记》，文渊阁四库全书本。
② （明）杨士奇：《东里集·文集》卷五《送张鸣玉序》，文渊阁四库全书本。
③ 参考曹树基：《赣、闽、粤三省毗邻地区的社会变动和客家形成》，表1 "宋元时期赣南地区的人口变迁"，见《历史地理》第14辑，125页，上海，上海人民出版社，1998。

大概去南渐近，得天地阳气之偏"① 的山区风貌，但社会已在发生变化，人文景观亦有所改变。由于著名理学家程颐、程灏曾在赣南向周敦颐学习，赣南作为"先贤过化之地"和"理学发源地"得到强调，南宋时期兴建了许多书院，著名的有南安军的道源书院、兴国的安湖书院等。元代除了继续宋代兴建书院的趋势外，另一个有意思的现象是，某些大族祖先的"贤良祠"修建于州县学附近，著名的包括宁都的孙氏祠和黎氏祠等。

明清时期赣南大量接纳流民进入山区进行开发。根据曹树基的研究，明中期以后赣中、广东、福建流民逐渐进入赣南山区，在清初达到高峰。流民大量进入，使赣南山区得到开发，形成了今天赣南的农林生产格局。② 流民的开发，使所谓"瘴气"在赣南逐渐消失。道光《宁都直隶州志》中有一段关于"瘴气"的议论，很能说明山区开发所带来的生态变化。其文曰：

> 又按：赣郡谢志曰：瘴气多在山谷，信丰、安远、龙南、石城时有之。……询之父老，皆言古昔相传，并无瘴气之说。张志亦但言定南、龙南、安远、长宁多有山瘴，而不及石城，足知谢志误载。瑞金则前后府志俱不言有瘴气，而邑志谓山谷时有之，乍至者必慎节饮食，庶保无患。要与府志所谓人遇之，则毒入心

---

① （宋）文天祥：《文山集》卷八《与吉州刘守汉传书》，文渊阁四库全书本。

② 曹树基：《明清时期的流民和赣南山区的开发》，载《中国农史》，1985（4）。另外，还有万芳珍、刘纶鑫：《客家入赣考》，载《南昌大学学报（社会科学版）》，1994（1）；万芳珍、刘纶鑫：《江西客家入迁原由与分布》，载《南昌大学学报（社会科学版）》，1995（2）；饶伟新：《明代赣南族群关系与社会秩序的演变：以移民和流寇为中心》，硕士学位论文，厦门大学，1999；等等。万芳珍、刘纶鑫主要从客家角度讨论赣南的流民迁徙，饶伟新则主要从流民引起的地方社会秩序的变化来讨论明清赣南的流民问题。

脾，至不可药者，迥然不同。大抵城郭中人，乍至深山穷谷，水土不服，自足致病。目为瘴气，乃邑志言之太过耳。①

文中所谓"赣郡谢志"是指天启元年（1621）谢诏修撰的《赣州府志》，"张志"应为康熙五十二年（1713）张尚瑗所修《赣州府志》。无论是谢志还是张志，都说赣南的一些山区有"瘴"，但至道光四年（1824）《宁都直隶州志》修撰时，不仅本地人"皆言古昔相传，并无瘴气之说"，地方官也认为瘴气并不可怕，"目为瘴气，乃邑志言之太过耳"。其背后的理由应是山区普遍得到开发，清中期以后，赣南已经人烟稠密，户口日胜，即使是较偏远的地方，如宁都州，也是"国家承平百年，休养生息，四关居民数万户，丁口十万计"②，长宁县则是"户口日稠"，"无地不垦，无山不种"③，不再是往昔那种荒凉景象。这样，关于"瘴气"的记载自然就不见了。

与上述生态变迁相应的，是赣南人文景观和地方文化的变化。在明人眼中，赣南乃至整个闽粤赣湘边界山区仍是盗贼频繁、风气劲悍之地。④ 嘉靖《虔台续志》载："宦途言江西诸郡，率曰赣难治也。"⑤明郭子章有记曰：兴国"民气近悍尚斗"⑥，会昌"山峻水驶，民质刚劲"，安远"山峻水激，人多好胜"⑦。但南赣巡抚设立后，赣南的地方文化逐渐发生变化，明代思想家王阳明在赣南的学术活动被以后的

① 道光《宁都直隶州志》卷一《星野志·气候》。
② 道光《宁都直隶州志》卷十《田赋志·田产》。
③ 光绪《长宁县志》卷三《风俗志》。
④ 关于明人对闽粤赣湘边界山区的"盗区印象"论述，参考唐立宗：《在"盗区"与"政区"之间：明代闽粤赣湘交界的秩序变动与地方行政演化》，84～95 页，台北，台湾大学出版委员会，2002.
⑤ 嘉靖《虔台续志》卷一《赣州府十县略述》。
⑥ 转引自同治《赣州府志》卷二十《舆地志·风俗》。
⑦ 同治《赣州府志》卷二十《舆地志·风俗》分别引会昌和安远旧志之记载。

士大夫解释成为赣南的地方文化传统最重要的内容之一。清顺治年间分守岭北道汤斌言：

> 而文成公学本周程，在赣日与南野、东廓、洛村、善山诸君子讲明良知之学，天下学者，以虔南为归。南野泰和人，东廓安福人，洛村、善山皆郡之雩都人，可谓盛矣。噫！虔南之盛衰，既关数省之安危，而圣学之修明，每肇端于兹地，则其山川必磅礴郁积，潆洄蜿蜒，故能固东南之灵气，蓄造物之秘藏，而非他郡所可颉颃也。①

至清中叶，赣南地方官认为赣南已由"盗薮"转变为"文物衣冠"之邦。同治年间赣州知府魏瀛议论道：

> 昔人于赣州学记，往往谓赣之地负险薮奸，赣之人为盗好讼。今以予观之，则大有不然者。何哉？盖其渐被于国家玉帛鼓钟之化，熏陶于圣贤诗书礼乐之林，有以化其武健之风，而涵夫文明之教，故文物衣冠后先蔚起，清淑之气磅礴郁积，焕乎与中州比隆，而风俗之质朴，民情之刚直，反甲于他郡焉。②

当然不能把魏瀛的溢美之词当作赣南的实际情况③，但他的描述还是可以视为一个外来的官员对其任官地方文化环境的一般感觉。

通过以上论述可以看出，赣南从宋到清初大约六百年中，经历了

---

① 天启《赣州府志》卷首《顺治十七年汤斌重刊谢志序》。

② （清）魏瀛：《重修赣州府学记》，见同治《赣州府志》卷二十三《经政志·学校》。

③ 实际上，清代的赣南仍然是盗匪出没之地，不过，从宋到清初赣南社会接受了王朝的教化也是不争的事实。

生态环境与人文景观的转折性变化，即在生态环境上，由"地旷人稀"的"烟瘴之地"，转变为"户口日稠""无地不垦，无山不种"的开发成熟山区；在人文景观上，从宋代所谓"盗贼渊薮"和"奸人亡命"出没之地，转变为地方官眼中"文物衣冠后先蔚起"的文明之邦。

仔细检索史料，笔者发现，这一生态和人文的转变，是通过一系列社会动乱完成的。从北宋开始，赣南的"盐寇"就在闽粤赣边界如入无人之境，伴随着宋室南迁，赣南进入"虔寇纷纷"的全面动荡时期。虽然经过官府努力，盗贼有所控制，但是终宋之世，赣南的盗贼问题一直让地方官头痛，"盐寇"、"峒寇"和"畲贼"不断侵扰。元代则"畲贼"问题严重，又发生了反对"经理田粮"的蔡五九起义。明初赣南社会并没有随着天下大定而稳定下来，相反，闽粤赣边界的盗贼问题一直存在。明中期以后，随着赣南山区的开发，社会动乱开始频繁起来。正是为了应付闽粤赣湘边界的盗贼活动，弘治八年（1495），明王朝在赣州设南赣巡抚，专职弹压地方动乱。虽然南赣巡抚中有杰出如王阳明者，在处理边界地区盗贼问题上，也能收到一定的效果，但是实际上，南赣巡抚的设立并没有根本解决边界地区的诸种社会问题。① 明清鼎革之际，随着流民大举进入赣南山区，赣南社会全面动荡，流民与土著②之间在租佃、户籍等方面产生了冲突。直到大约 18 世纪，大规模的冲突才逐渐停息，流民基本上被赣南地域社

---

① 参考唐立宗：《在"盗区"与"政区"之间：明代闽粤赣湘交界的秩序变动与地方行政演化》，493～504 页，台北，台湾大学出版委员会，2002。另，笔者对王阳明的赣南"事功"也有过探讨，参见拙文《在贼与民之间：南赣巡抚与地方盗贼——以王阳明为中心的分析》，见张国刚主编：《中国社会历史评论》第四卷，65～74 页，北京，商务印书馆，2002。

② "土著"是与"流民"相对应的概念，明人张岱在《夜航船》卷二《地理部·古迹》中指出："土著，音着，言着土地而常居者，非流寓迁徙之人也。今人误读为注。"（69 页，杭州，浙江古籍出版社，1987）详见本书第四章"流民、土著与国家认同"的论述。——编者注

会所接纳，成为赣南社会重要的组成部分，由此也形成了赣南独特的地域社会文化。

仔细思索宋至清初（12—18世纪）赣南山区社会史，我们发现，生态环境的变迁、文明教化的展开、社会动乱的频繁和族群冲突的加剧是四条贯彻始终的线索。正是这一独具魅力的历史过程，构成了笔者选择宋至清初（12—18世纪）赣南山区作为开展地方动乱的研究区域的理由。笔者坚信如下两点：第一，赣南社会12—18世纪长达六百年的丰富多彩的社会动乱历史不仅可以提供分析地方动乱与社会变迁的翔实资料，而且使我们得以多层次、超越朝代局限、动态地观察和理解地方动乱的发生发展机制；第二，宋至清初赣南山区从地方官和文人眼中的"盗薮"转变为"文物衣冠"之邦这一历史过程，可以为我们思考中央王朝制度与地方社会之间的冲突所引发的地方动乱提供很好的研究范例。笔者期待，通过本书的研究，能重构一幅12—18世纪赣南山区地方动乱与社会变迁的历史图景，深刻反省和思考目前学界关于动乱与社会变迁之间的理论，重新思考中国传统社会变迁的历史与逻辑。

第二章　"烟瘴之地"、土豪与王朝变迁

两宋之际，宋室南迁，宋朝统治重心转移到南方。以隆祐太后在虔州蒙难的"卫军民交变"事件为起点，赣南在南宋初年经历了一个动荡不安的时期。朝野对"虔寇"问题非常重视，朝廷委派大将岳飞和名臣李纲对付"虔寇"。为了应付地方动乱，官府力图通过保伍和隔官制度建立起新的地方社会秩序，原来以土豪控制为主的社会发生了转变。本章即以官府和土豪、峒畲关系为中心，分析这一时期赣南社会的转变。

第一节　"烟瘴之地"、"好讼"之民与贩盐之贼

由于地近岭南，地势又多山，赣南开发比江西其他地方晚。唐代，在韩愈笔下，虔州是尚未开化之地。他在为曾经担任虔州刺史的张署所撰的墓志铭中这样写道：

改虔州刺史，民俗相朋党，不诉杀牛（或无不诉字），牛以大耗。又多捕生鸟雀鱼鳖，可食与不可食相买卖，时节脱放，期为福祥（祥下或有事字，或无视事二字，或但有事字）。君视事一皆禁督立绝，使通经。吏与诸生之旁大郡（吏或作史），学乡饮、酒

丧、婚礼，张施讲说，民吏观听从化，大喜。①

从中可见虔州在唐代时还有许多不太开化的民俗。或正因为如此，虔州在唐人眼中，已经是极其边远之地。白居易在友人贬官虔州后，有诗叹曰："南迁更何处，此地已天涯。"②

这种局面历经五代仍未有根本变化。在宋人笔下，虔州依然是尚未开化的边远之地。北宋时人提及虔州民俗，常有恶评。在宋人眼中，赣南是"奸人亡命"出没之地。王安石说："虔州江南地最旷，大山长谷，荒翳险阻，交广闽越，铜盐之贩道所出入，椎埋、盗夺、鼓铸之奸，视天下为多。"③ 类似评论，不绝于书。例如："虔之为镇，俗杂地广，化不可一"④；"况五岭之际，地广民悍，内据溪洞，外接蛮夷。告讦敫攘，习以为俗"⑤。

在宋人看来，虔州之所以风俗旷悍，和地近岭南有莫大关联。北宋思想家李觏曾对比吉州和虔州，说道：

> 南川自豫章右上，其大州曰吉，又其大曰虔。二州之贡赋与其治讼，世以为剧，则其民氓众伙可识已。虽然，吉多君子，执瑞玉，登降帝所者接迹，虔无有也。疑其负南越，袭瘴蛊余气，

① （唐）韩愈撰，（宋）廖莹中集注：《东雅堂昌黎集注》卷三十《唐故河南令张君墓志铭》，文渊阁四库全书本。

② （唐）白居易：《白氏长庆集》卷十七《清明日送韦侍郎贬虔州》，文渊阁四库全书本。

③ （宋）王安石：《临川文集》卷八十二《虔州学记》，文渊阁四库全书本。

④ （南唐）徐铉：《骑省集》卷八《吉州判官鲍涛可虔州判官制》，文渊阁四库全书本。

⑤ （南唐）徐铉：《骑省集》卷十六《处置等使留后光禄大夫检校太尉右威卫大将军临颍县开国子食邑五百户陈公墓志铭》，文渊阁四库全书本。

去京师愈远，风化之及者愈疏，乘其丰富以放于逸欲宜矣。①

李觏认为虔州在人文上之所以不如吉州，原因在于"其负南越，袭瘴蛊余气，去京师愈远，风化之及者愈疏"。

岭南是宋代士大夫眼中令人生畏的瘴地，靠近岭南的赣南自然也成了受瘴气影响很深的"烟瘴之地"。② 南宋熊克《中兴小纪》里的一段记载颇能说明宋人对岭南烟瘴的恐惧。其文曰：

> 时鼎子汾力乞侍行，鼎不使之以无事而俱死瘴地。手批付之曰：绍圣初，吕微仲丞相谪岭南，惟一子曰景山，爱之不令同行，而景山坚欲随行去，不可却。既至虔，将过岭，吕顾其子泣曰：吾老矣！罪如此，万死何惜！汝何罪，欲俱死瘴乡耶！我不若先死，使汝护丧而归，吾犹有后也。吕遂纵饮而死。吾不令汝侍行，亦吕之意。③

文中的赵鼎被贬潮州，再贬海南，为了不让儿子随其南下死于瘴地，他引用了北宋名臣吕大防主动死于虔州以不让儿子染瘴气的典故。这个故事足见岭南瘴气对宋人之伤害，也说明瘴气的危害并非文人笔下的夸大之词。赣南靠近岭南，虽然其瘴不如岭南般令人生畏，但是也并非如中原乐土般宜人。北宋时人认为南安军"地邻梅岭，瘴疠之乡"④，虔州的情况也好不到哪里去。苏辙前后三次被贬，疲于奔命于

---

① （宋）李觏：《旴江集》卷二十三《虔州石城柏林堂书楼记》，文渊阁四库全书本。
② 关于宋元时期瘴的地区分布，可参考左鹏：《宋元时期的瘴疾与文化变迁》，载《中国社会科学》，2004（1）。
③ （宋）熊克：《中兴小纪》卷三十一，文渊阁四库全书本。
④ （宋）陈次升：《谠论集》卷五《待制陈公行实》，文渊阁四库全书本。

南方崇山岭海，他在虔州上谢表说道："臣辙言：昨于虔州准告，授臣濠州团练副使岳州居住。……前后三迁，奔驰万里，瘴疠缠绕，骨肉丧亡，闻者为臣伤心，见者为臣陨涕。"① 苏辙当然是以略带夸张的笔调形容其贬官途中的艰辛，但是，宋代赣南很多地方瘴气太重，确实被士宦视为畏途。北宋就有知县因为在赣县做官太久，染上了"瘴疠"。史载："知虔州赣县……狱市以清，吏民悦之。因上官以请诸朝，遂留六年，就改光禄寺丞。南方卑海，风淫于末，因以构疠，宦意浸薄，代还求榷酤聊城。"② 赣县是赣南位置居中的县，其开发比赣南其他县早，尚且有"瘴"，其他各县自不待言。南宋初年，江西制置大使李纲言：

> 虔之诸县，多是烟瘴之地，盗贼出没不常。朝廷初无赏格，士大夫之有材者，多不愿就，又难强之使行。③

足见赣南在南宋初年仍然是士大夫不愿履任之地。瘴气比较严重的是赣南南部的一些县，北宋方勺记述了一个颇能说明问题的现象，其文曰：

> 虔州龙南、安远二县有瘴，朝廷为立赏添俸甚优，而邑官常缺不补。他官以职事至者，卒不敢留，甚则至界上移文索案牍行遣而已。④

---

① （宋）苏辙：《栾城集》后集卷十八《复官宫观谢表》，文渊阁四库全书本。
② （宋）张方平：《乐全集》卷三十九《朝散大夫秘书丞上骑都尉杜陵韦府君墓志铭并序》，文渊阁四库全书本。
③ （宋）李纲：《梁溪集》卷一百七《申督府密院相度措置虔州盗贼状》，文渊阁四库全书本。
④ （宋）方勺：《泊宅编》卷中，文渊阁四库全书本。

即使俸禄优厚，仍然"邑官常缺不补"，足见赣南一些相对边远地方的瘴气之重。这种瘴气常可危及官员生命，《宋史》中有如下记载："陈刚中以启贺铨，桧大怒，送刚中吏部，差知赣州安远县。赣有十二邑，安远滨岭，地恶瘴深。谚曰：'龙南、安远，一去不转。'言必死也。刚中果死。"[1] 陈刚中因为声援名臣胡铨激怒了秦桧，秦桧对他的惩罚措施是让其担任安远的知县，因为"安远滨岭，地恶瘴深"，在此就任，必死无疑。后来"刚中果死"，可见"龙南、安远，一去不转"的谚语殆非虚言。

"烟瘴之地"形象的背后是赣南尚未被完全开发的事实。根据学者的研究，瘴病是一种具有传染性的疾病——恶性疟疾（pernicious malaria），中国南方的土地开发史和瘴域变迁史之间存在着明显的因果关系，随着人类的开发和活动的频繁，瘴病会逐渐消失。[2] 因此，赣南在宋代存在一定程度的瘴气表明，此时赣南山区还处于初步开发阶段。从本章第三节的论述中我们可以看到，北宋时期的赣南人口相对稀少，还有很大的增长空间。

北宋时期的赣南还以"好讼"与"民风强悍"著称，时人对此多有描述。例如：

> 出通判虔州，虔民轻狡好讼，至有害己子而诬人者。吏稍不审辨，率多枉误。……公权郡逾年，大小之狱必精心推治，尽得其情，境内以为不冤。[3]

---

① （元）脱脱等：《宋史》卷四百七十三《奸臣列传三·秦桧》，13754 页，北京，中华书局，1977。

② 龚胜生：《2000 年来中国瘴病分布变迁的初步研究》，载《地理学报》，1993（4）；梅莉、晏昌贵、龚胜生：《明清时期中国瘴病分布与变迁》，载《中国历史地理论丛》，1997（2）。

③ （宋）韩琦：《安阳集》卷四十六《三兄司封行状》，文渊阁四库全书本。

（赣县）邑多讼事，号难理。①

移虔州会昌令。治公家如营私，视民病如在己。会昌民健讼，善匿情成狱，户婚事多久不决，公开导教劝之，待以恩意，因钩索其曲直，久乃皆服其治。②

又改虔州。韩魏公闻其名，召至中书与议盐事，以便宜措置。虔十邑绵地千里，民狡善讼，文案如山。守仅仅不能省。君治不烦，而威甚行，三狱为空。③

公初调虔之狱掾，虔为江西剧郡，齐民天性豪悍，动相争击，淹系图圄。自公视事，剖决精明，庭无留狱。④

透过以上北宋时人的记述不难看出，虔州民"好讼"已为舆论所公认，以至于在虔州就任地方官的一个重要政绩就是使本地的官司减少，案件的冤情减少。所谓"境内以为不冤""三狱为空""庭无留狱"，乃是地方官矫正恶俗之善政。

与"好讼"的风气相联系的是虔州强悍的民风，上引文中所谓"齐民天性豪悍，动相争击，淹系图圄"似乎点明了虔州"好讼""留狱"的原因。实质上，北宋时期虔州民风"豪悍"的背后是更让地方官头痛的贩卖私盐问题。嘉祐六年（1061），北宋名臣赵抃知虔州，到任后这样评论虔州：

惟兹虔州，控彼南粤，负贩常为群盗，不下一千余人。疆畛

---

① （宋）张方平：《乐全集》卷三十九《朝散大夫秘书丞上骑都尉杜陵韦府君墓志铭并序》，文渊阁四库全书本。
② （宋）黄庭坚：《山谷集》别集卷八《叔父给事行状》，文渊阁四库全书本。
③ （宋）晁补之：《鸡肋集》卷六十四《太常少卿分司西京石君墓志铭》，文渊阁四库全书本。
④ （宋）陈次升：《谠论集》卷五《待制陈公行实》，文渊阁四库全书本。

最远他邦，动经八九百里，刑无虚日，俗未向风。①

赵抃所言有相当的代表性，宋人多把虔州民风强悍与私盐问题联系起来讨论。例如：

> 虔州，据江表上游，南控岭徼，兵民财赋，素号重地，累岁贼盗充斥，如类行者，结集匪党，大为民害。②

> 选授知虔州雩都令，西楚之地，南际殊邻，本之以蛮蜑之风，因之以敚攘之众，长鲸之戮虽久，硕鼠之刺犹繁。③

> 其为虔州，州近盐，多盗与讼。公至，修弛废，督奸强，威信盛行，盗不敢发，而狱无系囚。④

> 虔州民私贸盐以自业，世世习抵冒，虽毒惩痛，断然不肯少悔者。朝廷既亦以厚格当所获，故捕吏务多得，其状名至凶者，取所赏，往往煅炼平罪，以当其所酬。公下论切戒，谓不可复者。比会信丰令，尝系此等囚逮二百人。公引前一二简诘，获犯实者五之二。自是盐狱遂省，至今人讴歌之。⑤

上引文中第一、二段虽没有明言"累岁贼盗充斥""蛮蜑之风""敚攘之众"和贩卖私盐之间的密切关系，但联系其下两段引文，不难看出

———————————

① （宋）赵抃：《清献集》卷十《知虔州到任谢表》，文渊阁四库全书本。

② （宋）包拯：《包孝肃奏议集》卷三《请选人知虔州》，文渊阁四库全书本。

③ （南唐）徐铉：《骑省集》卷十六《前虔州雩都县令包府君墓志》，文渊阁四库全书本。

④ （宋）曾巩：《元丰类稿》卷四十六《光禄少卿晁公墓志铭》，文渊阁四库全书本。

⑤ （宋）文同：《丹渊集》卷三十六《屯田郎中阎君墓志铭》，文渊阁四库全书本。

二者的联系。而且，从"虔州民私贸盐以自业，世世习抵冒"可看出，贩卖私盐已经是虔州百姓世代相传的一种活动。贩卖私盐也已经成了虔州最为突出的社会问题，以至于一些酷吏为了求得朝廷赏赐，"往往煅炼平罪，以当其所酬"。这说明贩卖私盐在虔州乃是经常性的活动。

关于该地区盐寇盗贩为害之状况，《续资治通鉴长编》中有更清楚的表述：

> 初，江湖漕盐既杂恶，又官估高，故百姓利食私盐，而并海民以鱼盐为业，用工省而得利厚，由是盗贩者众。又贩者皆不逞无赖，捕之急既则起为盗贼。而江淮间虽衣冠士人，狃于厚利，或以贩盐为事。江西则虔州，地连广南，而福建之汀州亦与虔接。盐既弗善，汀故不产盐，二州民多盗贩广南盐以射利。每岁秋冬，田事既毕，往往数十百为群，持甲兵旗鼓，往来虔、汀、漳、湖（疑为"潮"——引者注）、循、梅、惠、广八州之地。所至劫人谷帛，掠人妇女，与巡捕吏卒斗格。至杀伤吏卒，则起为盗，依阻险要，捕不能得，或赦其罪招之，岁月浸淫滋多。①

北宋对食盐实行专卖制度，每个行盐区都有严格的界限，若越界贩卖，即为私盐。北宋虔州（包括后来的南安军）属于淮浙盐区，而与虔州相邻的广东则属于广盐区，按例两区之间食盐不得相互贩卖。② 但是，"江西仰食淮南转般食盐。涉历道远，比至，杂恶不可食"，而从广东

---

① （宋）李焘：《续资治通鉴长编》卷一百九十六，嘉祐七年二月辛巳，文渊阁四库全书本。

② 参考郭正忠：《宋代盐业经济史》，288～291 页，北京，人民出版社，1990。

运盐至则路近而价贱，可获厚利，导致"汀、虔州人，多盗贩岭南私盐"①。

地方官围绕赣南应该行淮盐还是广盐的争论，一直在进行。关于这场争论及其引起的盐法改革，前人已有较详细的论述。大致说来，比较明显的变化有二：一是治平元年（1064）蔡挺的"纲盐法"，二是元丰四年（1081）蹇周辅"江西并销两种海盐"的政策，即通广盐于虔州与南安军，而配卖其旧额于江西其余八州军。② 但是，最终北宋王朝并没有根据市场、民间生活习俗需要而使赣南运销广盐。③ 因此，虽然官方的政策一变再变，但赣南地区的"盐寇"一直猖獗。直到南宋，"盐寇"为盗仍然是统治者顾虑重重的问题。如《宋史·真德秀传》载：

　　（嘉定十二年，真德秀知隆兴府——引者注）尤留意军政，欲分鄂州军屯武昌，及通广盐于赣与南安，以弭汀、赣盐寇。未及

① （清）徐松辑：《宋会要辑稿·食货二十四·盐法》，5195页，北京，中华书局，1957。

② 详见（宋）李焘：《续资治通鉴长编》卷一百九十六，嘉祐七年二月辛巳，文渊阁四库全书本。亦可参考郭正忠：《宋代盐业经济史》，758～763页，北京，人民出版社，1990。另，元丰以前的论述并未提及南安军的盐法，然据《宋史》卷三百九《杨允恭传》"允恭……为广、连都巡检使。又以海盐盗入岭北，民犯者众，请建大庾县为军，官榷盐市之。诏建为南安军，自是冒禁者少"（10160页，北京，中华书局，1977），可见南安军的建立也是因为盗贩盐的问题。直至元丰四年，蹇周辅的盐法改革中有"通广盐于南安军"（《续资治通鉴长编》卷三百十一，元丰四年三月戊子）。足见在此之前，南安军食淮盐，应当也存在与虔州类似的问题。而从下引《宋史·真德秀传》来看，至少在南宋嘉定年间，虔州与南安军又食淮盐，蹇周辅的政策没有一直推行下去。

③ 根据黄国信的研究，北宋的虔州盐政还和党争联系在一起。由于神宗去世，元丰新法俱废，蹇氏虔州盐法不仅被元祐党人用于攻击变法派，而且其符合市场、民间生活习俗需要的盐法本身亦被废止。参考黄国信：《弥"盗"、党争与北宋虔州盐政》，载《史林》，2006（2）。

行，以母丧归。明年，蕲、黄失守，盗起南安，讨之数载始平，人服德秀先见。①

在食盐专卖这个涉及国家财政收入的问题上，官方的政策变动或许更多地考虑财政收入的情况，朝廷则相当关注两大行盐区之间的赣南在维持食盐专卖制度方面的价值。这一点，从以下《宋会要辑稿》有关隆祐太后避难虔州期间的一段记载中可略见端倪。其文曰：

> （建炎）四年正月八日，三省枢密院奏权户部侍郎，提举权货务都茶场高卫状契勘，从卫隆祐皇太后六宫已到虔州，财用阙乏，逐急权宜措置。欲令权货务检照近降算，请广盐指挥依仿见钞法权行印给广南盐钞二十万贯，就本务召人入纳算，请前去本路支盐，从之。②

紧急情况下解决"财用阙乏"的"权宜措置"办法是发行盐钞，可见当时食盐专卖在朝廷财政体系中的作用和地位。③ 有一点是肯定的，即虔州之所以引起朝野官员的关注，在很大程度上是因为"盐寇"的活动冲击了食盐专卖，影响了朝廷财政收入。

　　然而，朝廷的食盐专卖政策却与地方社会的实际产生深刻矛盾。

---

① （元）脱脱等：《宋史》卷四百三十七《儒林列传七·真德秀》，12960页，北京，中华书局，1977。

② （清）徐松辑：《宋会要辑稿·食货二十五·盐法》，5231页，北京，中华书局，1957。

③ 汪圣铎认为，宋朝禁榷收入在财政中居于与两税收入并驾齐驱的地位，而禁榷收入中又以榷盐居首，特别是南宋版图缩小，两税收入减少，榷盐收入由朝廷直接支配的比例较大，而榷酤收入归地方支配的比例较大，榷盐又比榷酤有易行之处，故宋朝对榷盐尤显重视。参考汪圣铎：《两宋财政史》上册，243页，北京，中华书局，1995。

首先，从经济上看，虔州并不适合食淮盐，而食广盐则有地理之便。虔州"盐寇"问题其实很难因为官府的禁令而消除。所以，蔡挺一离开江西，虔州私盐问题又重新显现。神宗不得不指示江西地方官员"速令诸事一切如旧"①。其次，对地方社会而言，赣南"盐寇"的频繁出现有其更深刻的原因。前引《续资治通鉴长编》中讲到"盐寇"出现的时间，乃是"每岁秋冬，田事既毕"之时，似可推测"盐寇"大多数仍为从事农业生产的农民，贩盐获利可能是他们的一种经常性的营利活动，换言之，即虔州与汀州两地百姓"日常生活"的一部分。正如前引文中所揭示的那样，是"自业"，是世代相传的一种活动。虽然说"贩者皆不逞无赖"，但又有"江淮间虽衣冠士人，狃于厚利，或以贩盐为事"的说法，可见贩盐者中也不乏追求厚利的衣冠士人。

《宋会要辑稿》这样描述汀州贩盐的情况：

> 汀州异时，人欲贩盐，辄先伐鼓而山谷中，召愿从者与期日，率常得数十百人以上与俱行。②

"得数十百人以上与俱行"的目的，是"与巡捕吏卒相斗格"，由于人数众多，盐贩力量远远超过官兵，官吏"捕不能得，至或赦其罪招之，岁月既久，浸淫滋多"③。对于这种地方社会普遍存在的活动，地方官只好采取放任的态度，即使有所捕获，也"至或赦其罪招之"。在虔州改革盐法获得成功的蔡挺，对民间私贩也有所宽容。其盐法改革的一项重要内容为："令民首纳私藏兵械，以给巡捕吏卒，而令贩黄鱼笼挟

---

① （清）徐松辑：《宋会要辑稿·食货二十四·盐法》，5197 页，北京，中华书局，1957。
② 同上书，5195 页。
③ 同上书，5195 页。

盐，不及二十斤、徒不及五人、不以甲兵自随者，止输税勿捕。"① 蔡挺的改革还受到神宗的称赞："蔡挺昨在东南处置盐事，最有显效，绩状可验。不惟课利增盈，实得盗贼屏息。"② 但《宋会要辑稿》对此事的评价则谨慎得多，只说："盗贩者由此稍衰息矣。"③

　　实际上，"盗贩者由此稍衰息"只是统治者的自我安慰之辞。可以肯定地说，北宋一朝，虔州"盐寇"为盗的现象一直相当普遍。在岭外的许多地方都活跃着这些贩盐的虔州民，蔡襄有记曰：

> 漳州漳浦有虔州民四百人，入县买官所卖盐，令捕之，民因斗拒，遂鞫。其私贩而强置，其法应死。囚多系久，疫疠相属。君为喜其非私贩，而出其不斗拒者，坐法数十人而已。④

上文所记，有两点值得注意：一是由漳浦一地有"虔州民四百人"可看出贩盐之规模，联系前引文中出现的"不下一千余人""数十百为群"的记述，似可推测出通常一个贩盐集团大致规模在几百至一千人。二是漳浦的"虔州民四百人"不一定是贩卖私盐之人，但是，仍然被官府"捕之"，以"私贩"处理，导致"民因斗拒"，才被关入监狱，说明即使不是贩卖私盐之徒，也敢于与官府对抗。这从一个侧面反映了虔州民不畏官府的强悍性格和其集团的武装性质。

---

① （清）徐松辑：《宋会要辑稿·食货二十四·盐法》，5195 页，北京，中华书局，1957。

② （宋）李焘：《续资治通鉴长编》卷二百十三，熙宁三年七月辛丑，文渊阁四库全书本。

③ （清）徐松辑：《宋会要辑稿·食货二十四·盐法》，5195 页，北京，中华书局，1957。

④ （宋）蔡襄：《端明集》卷三十七《尚书屯田员外郎通判润州刘君墓碣》，文渊阁四库全书本。

从上面的分析，可看出虔州的"盐寇"势力有相当的规模，而且有一定的实力和官府相抗衡。嘉祐年间虔州著名"盐贼"戴小八，甚至杀死了虔化县（今宁都县）的县令。《续资治通鉴长编》记载：

> 嘉祐四年六月己巳……遣司封员外郎朱处约督江南西路兵讨虔州，盐贼戴小八等聚党攻剽，杀虔化知县赵枢故也。①
>
> 冬十月癸亥。……虔州巡检左侍禁王咸孚除名广南编管，坐不掩捕盐贼戴小八也。②

作为盐贼的戴小八一旦"聚党"，其能动员的力量应当不小。而且，要特别指出的是，平定戴小八依靠的并不是官府的力量。程颢有记载称：

> （李仲通）调虔州瑞金县主簿。会剧贼戴小八攻害数邑，朝廷患之，命御史督视仲通。时承尉乏，与其令谋曰：刘右鹊、石门罗姓者，皆健贼，招捕之累年矣。小八不能连二盗以自张，吾知其无能为也，当说使自效，则贼为不足破矣。乃遣人谕二盗，皆曰：我服李君仁信久矣，愿为之死。然召我亦有以为信乎？仲通即以其符诰与之，且约曰：某日当以甲二百来见我于邑中。众皆恐惧。仲通曰：彼欲为恶，虽不召将至，且吾信于邑人，彼亦吾人也，何惮乎？乃将二盗与之周旋，卒得其死力，遂斩小八，尽平其党。朝廷嘉之。③

---

① （宋）李焘：《续资治通鉴长编》卷一百八十九，嘉祐四年六月己巳，文渊阁四库全书本。

② （宋）李焘：《续资治通鉴长编》卷一百九十，嘉祐四年冬十月癸亥，文渊阁四库全书本。

③ （宋）程颢：《二程文集》卷四《李寺丞墓志铭》，文渊阁四库全书本。

李仲通的高明之处在于利用本地盗贼的力量来剿灭戴小八。这从一个侧面说明虔州的盗贼集团之普遍和力量之大，也反衬出官府力量之微弱。

实际上，官府力量微弱是虔州"盐寇"无法真正消除的原因之一。从前面的论述可看出，北宋时期的赣南还是"烟瘴之地"和民风"强悍"之地，"盐寇"层出不穷，官府的统治并没有深入基层。不了解这一点，就很难理解几百至上千的贩私盐之徒能纵横驰骋于闽粤赣边界山区的现象。以治理虔州而获得"政简刑清，狱以屡空"美誉的赵抃，其统治办法是："虔州地远而民好讼，人谓公不乐，公欣然过家上冢而去。既至……悉召诸县令告之，为令当自任事，勿以事诿郡，苟事办而民悦，吾一无所问。令皆喜，事尽力，虔事为少，狱以屡空。"① 赵抃的统治办法固然可能有减少行政推诿的动机，但也从一个侧面反映出官府在赣南地方的统治相对简单。由于资料阙如，我们无法获得北宋时期赣南各县详细的官僚机构设置情况，但是，由于烟瘴和民风不佳，"虔于东南州为最剧"②，往往被视为仕宦畏地，可以想象，官方在虔州的统治机构可能并不完善。前面已经论述过，至南宋时龙南和安远两地仍然是"邑官常缺不补"，前引虔化县"承尉乏"就是另一个证明。不仅如此，在具体的防治盗贼的措施上，官府也并没有实在的作为，至南宋初年，仍是"每贼所至，州县之间，既无城池，又无兵食"③。一方面官府力量微弱，虽然有严刑峻法，但没有强有力手段防止盗贼；另一方面民间自发的贩盐集团力量足以和官府抗衡，虔州的"盐寇"也就自然如入无人之境，往来于边境，绵延不绝了。

---

① （宋）苏轼：《东坡全集》卷八十六《赵清献公神道碑》，文渊阁四库全书本。
② （宋）王安石：《临川文集》卷九十二《司封郎中张君墓志铭》，文渊阁四库全书本。
③ （宋）李心传：《建炎以来系年要录》卷六十三，绍兴五年七月丙申，广雅书局丛书本。

官府深知虔州的盐寇非依靠官方力量所能平定，于是更多地希望能"以土人制之"。神宗皇帝曾经下诏曰："籍虔、汀、漳三州乡丁枪手，以制置盗贼司言：三州壤界岭外，民喜贩盐且为盗，非土人不能制故也。"① 元丰二年（1079）又诏曰："虔州枪仗手千五百三十六人……为定额。每岁农隙轮监司提举司官按阅武艺，以备奸盗。"② 问题在于，这些"土人"充当所谓"枪仗手"和官府合作的时候，当然是重要的防盗力量，但是，一旦和官府作对，肯定又会成为重要的反政府武装。联系起虔州盐寇强势活动的现象，我们有理由推论，依赖"土人"组成的"枪仗手"并没有在消弭盗贼上发挥重要的作用。

基于以上分析，可以看出，北宋官府在赣南的统治并没有深入基层，在基层社会中发挥作用的应当是与贩卖私盐相适应的组织。就目前所掌握的情况来看，像戴小八一样的强有力的土豪是地方社会的支配者。日本学者佐竹靖彦注意到，宋代一直活动在闽粤赣边界的"赣客""赣商""赣寇"，都是从事商业和抢劫活动的赣人。佐竹氏指出了其活动的集团特性，乃是在土豪领导之下的私盐徒和农民，以虔州为中心，向惠、潮等沿海诸州作"离心性的攻击"③。这样一个社会对中央王朝的统治是有相当的离心力的，只能适应官府清简无为的统治；倘若官府深入控制基层社会，就必然要面对如何调适中央政权与地方社会结构的问题，其实质是中央王朝如何同以土豪为首的地方社会冲突与对话。

---

① （元）马端临：《文献通考》卷一百五十六《兵考八》，文渊阁四库全书本。
② （宋）李焘：《续资治通鉴长编》卷三百一，元丰二年十一月乙丑朔，文渊阁四库全书本。
③ ［日］佐竹靖彦：《宋代赣州事情素描》，见《唐宋变革の地域的研究》第三章，360～388 页，京都，同朋舍，1990。

第二节　土豪、隅官与保伍法

北宋末年，天下动荡，在金兵步步紧逼的情况下，宋朝宗室纷纷南移。建炎三年（金天会七年）（1129）高宗移跸建康，隆祐太后奔走江西。以端明殿学士滕康、权知三省枢密院事吏部尚书刘珏护从以行，并以四厢都指挥使杨惟忠将兵万人卫太后。隆祐太后先至洪州，金人由大冶趋洪州，连陷临江军、袁州和抚州。隆祐太后仓皇出逃，退至吉安，乘舟夜行至泰和，身边兵卫不满百人，刘珏以农夫肩舆太后于建炎四年（1130）正月逃至虔州。金人一路追击，至此而还。就是在虔州，太后的突然"驾临"导致了一场事变，军队、太后的随从卫兵和虔州百姓发生了激烈冲突，上演了戏剧性的一幕，史称"卫军民交变"。徐梦莘的《三朝北盟会编》对这次事变有详细的记载：

（建炎四年正月）二十四日丁卯，虔州军乱。

隆祐太后既到虔州，百司及官私所有之物尽散失，卫军打请，惟得折二沙钱，市中买物不售，军与民相争。乡民皆喧言曰：何人来坏了我州府。遂以枪刺军士。有伤者奔入所屯景德寺中，披甲执器仗，保所居。百姓亦披甲执器杖，保守坊巷。有虔化县百姓沈立等三百人，与百姓相犄角，司全令甲军出于寺后转杀兵民，由是乡兵与将兵及百姓争斗出，军士遂纵火肆掠。虔多竹屋，烟焰亘天，不可向迩。乡兵之首领陈辛率众数万围虔州，太后震恐，赦其罪，不听。滕康、刘珏、杨惟忠皆坐视其乱而不能禁。先是，胡友犯临江军，杨琪与战不胜，遂陷临江军。至是，友以其众，复至虔州，及陈辛战于城下，破之，遂解围。张中彦在吉州，闻难不顾。①

冲突的导火线不难理解，卫兵们用"折二沙钱"（轻薄、不合格的钱）
"买物不售"，从而引起"军与民相争"。限于材料，我们无法确证当时
虔州人是否已知道太后驾临，但从"何人来坏了我州府"这句话来看，
虔州乡民表现出了维护自己地方利益的强烈意识，加上动荡的局势，
即使他们知道反抗的是太后，恐怕冲突也很难避免。后来乡兵首领陈
辛围城，"太后震恐，赦其罪"，陈辛应该已经知道围攻的是太后，但
他的态度仍然是"不听"，继续与朝廷的军队作战。事变发生后不久，
陈辛即能聚众数万围攻虔州，其武装力量不可谓不强，而且看来有迅
速集结的组织方式。所以，在这个故事中，局势动荡和太后的卫兵用
"折二沙钱"买物虽然可视为事变发生的背景和原因，但我们更感兴趣
的是，虔州乡民身上体现出来的维护本地利益的强烈愿望和强大的军
事动员力量。

在士大夫看来，隆祐太后在虔州蒙难期间发生的"卫军民交变"
事件严重地"犯上冒禁"，许多人认为此事是后来"虔寇纷纷"的开
始，具有标志性意义。例如，后来任江西安抚制置大使的李纲叙说
"虔寇"渐多的原因时说："至建炎四年，宫省移在虔州，陈大五长啸
聚作过，当时官司措置无策，赏罚失当。土豪有物力之家，往往啸聚
结集，报复仇怨，头项渐多，州县不能制御，连结滋蔓，以至今
日。"②赵鼎亦言："臣访闻虔州自从卫军民交变以来，凡十县之间，失
业之民，率聚为盗。"③ 庄绰则把此事的发生归结为山水风气使然，他

---

① （宋）徐梦莘：《三朝北盟会编》卷一百三十六，988～989 页，上海，上
海古籍出版社，1987。

② （宋）李纲：《宋丞相李忠定公别集》卷十五《申督府密院相度措置虔州
盗贼状》，崇祯十二年本。

③ （宋）赵鼎：《忠正德文集》卷二《乞曲赦虔寇》，乾坤正气集本。

在《鸡肋编》中这样说虔州：

> 州之四傍皆连山，与庾岭、循、梅相接，故其人凶悍，喜为盗贼，犯上冒禁，不畏诛杀。建炎初，太母携六宫避兵至彼，而陈大五长者，首为狂悖。自后十余年，十县处处盗起，招来捕戮，终莫能禁。余尝至彼，去州五十里，宿于南田，吏卒告以持钱市物不售。问市人何故，则云宣政（疑为"和"——引者注）、政和是上皇无道钱，此中不使，竟不肯用。其无礼不循法度，盖天性，亦山水风气致然也。①

庄绰亦注意到太后卫兵与虔州乡民冲突的"卫军民交变"之后，"十县处处盗起"的情况。

在解释南宋初年赣南社会动荡的原因时，虔人劲悍好斗的风气几乎是所有人都必定会首先提及的，而且会自然地联系到自北宋以来虔州许多"盐寇"为乱的事实。

南宋初年，天下大乱。根据王世宗的研究，绍兴元年（1131）、二年（1132）的时候，整个宋朝的变乱中心已经移至华南，主要的动乱范围是福建、江西和广东，而自此以下，国内变乱的集中地是江西的南部与福建、广东一带。② 这一结论应该说反映的是全国的趋势，就赣南社会来说，更有转折意义的是，以隆祐太后在赣州蒙难为标志，赣南已经进入一个"虔寇纷纷"的时期。相关的记载举不胜举：

建炎四年（1130），虔化县（今宁都县）"无赖进士"李敦仁作乱，

---

① （宋）庄绰：《鸡肋编》卷下，文渊阁四库全书本。

② 参考王世宗：《南宋高宗朝变乱之研究》，64～65 页，台北，台湾大学出版委员会，1989。王世宗对高宗一朝的变乱进行了专门的研究，其研究涉及高宗朝变乱的基本情景、背景，变乱集团成分及聚众方式，弭盗政策及招安问题等。下文如涉及相关问题，将逐一探讨。

"聚本县六乡集兵数万"①；

绍兴三年（1133），"虔贼周世隆率众犯循、梅、汀州"②；

绍兴三年（1133），"复有钟十四、郭四闲等啸聚于瑞金、会昌之间，往来福州、广东境上"③；

绍兴三年（1133），"彭铁大、廖八姑、王胜、李洞天等，约兵十余万，山贼寨百余座"④，在雩都固石洞作乱；

绍兴七年（1137），"今又得所谓廖一长、罗洞天等十余人，管押前去。此等皆桀黠啸聚，动以千百为群，侵扰州县，残害一方"⑤；

绍兴十五年（1145），"时虔、梅及福建剧盗有号管天下、五黑龙、满山红之属，其徒稍众，攻劫州县，乡民多作山寨自保"⑥。

这里只举其大者，其他零星小寇不计其数。为了更好地说明，今依据文集、正史和地方志中的记载，整理出表 2-1。

表 2-1　宋代赣南地方动乱年表

时间	地点	动乱经过	资料来源
太平兴国七年（982）	虔州	虔州有贼刘法定、房眷兄弟八人，皆有身手，善弓弩。法定为盗魁，其徒且百数，州郡患之以闻	（宋）张齐贤：《洛阳缙绅旧闻记》卷二《虔州记异》，17 页，丛书集成初编本

---

① （清）徐松辑：《宋会要辑稿·兵十·讨叛四·李敦仁》，6932 页，北京，中华书局，1957。

② （宋）李心传：《建炎以来系年要录》卷六十三，绍兴三年二月丁未，广雅书局丛书本。

③ （宋）张守：《昆陵集》卷三《论措置虔贼扎子》，34 页，丛书集成初编本。

④ （宋）徐梦莘：《三朝北盟会编》卷二百七引《岳侯传》，1491～1492 页，上海，上海古籍出版社，1987。

⑤ （宋）李纲：《梁溪集》卷一百二十七《与吕安老第五书》，文渊阁四库全书本。

⑥ （宋）李心传：《建炎以来系年要录》卷一百五十三，绍兴十五年六月乙未，广雅书局丛书本。

时间	地点	动乱经过	资料来源
靖康元年 （1126）	会昌	赣贼犯境	（清）陆心源：《宋史翼》卷三十《蔡枡传》，光绪三十二年刻本
建炎四年 （1130）	虔州	（正月）二十四日丁卯，虔州军乱。隆祐太后既到虔州……军与民相争。乡民皆喧言曰：何人来坏了我州府。遂以枪刺军士。……由是乡兵与将兵及百姓争斗出，军士遂纵火肆掠。虔多竹屋，烟焰亘天，不可向迩。乡兵之首领陈辛率众数万围虔州，太后震恐，赦其罪，不听。……至是，友以其众，复至虔州，及陈辛战于城下，破之，遂解围	（宋）徐梦莘：《三朝北盟会编》卷一百三十六，988～989页，上海，上海古籍出版社，1987
建炎四年至绍兴元年 （1130—1131）	江西、福建等地	虔化县贼人李敦仁并弟世雄等，聚本县六乡集兵数万，在地名罗源作过，诈作本路提刑兵级，破石城县，占洪州靖安县。……绍兴元年正月二十六日，李敦仁于抚州崇仁县一带……已破江西四县，烧劫江东两县。……十二月十一日，李敦仁杀死知虔化县刘谨下人马，依前猖獗……于是统制颜孝恭等进兵攻讨，贼徒大败，剿戮尽静（疑为"净"——引者注）	（清）徐松辑：《宋会要辑稿·兵十·讨叛四》，6932页，北京，中华书局，1957
绍兴元年 （1131）	雩都、信丰诸县	虔州贼陈颙聚乡丁数千，焚掠雩都、信丰诸县，诏趣赴之	（宋）李心传：《建炎以来系年要录》卷四十六，广雅书局丛书本
绍兴元年 （1131）	上犹、南康等三县	南安贼吴忠与其徒宋破坛、刘洞天作乱，聚众数千人，焚上犹、南康等三县，杀巡尉，进犯军城	（宋）李心传：《建炎以来系年要录》卷四十五

时间	地点	动乱经过	资料来源
绍兴二年（1132）	博罗	时虔寇谢宝以众数千攻博罗县……宝乞就招	（宋）李心传：《建炎以来系年要录》卷六十
绍兴二年（1132）	惠州	虔贼谢达犯惠州，围其城……达纵其徒焚掠……	（宋）李心传：《建炎以来系年要录》卷六十一
绍兴二年（1132）	石城	九月，石城张遇龙、文胜反于平固，破石城、宁、瑞、兴、雩五县，安抚李寿明、通判赵彦覃督兵讨平之	天启《赣州府志》卷十八《纪事志·郡事》
绍兴三年（1133）	虔州	……彭铁大、廖八姑、王胜、李洞天等，约兵十余万，山贼寨百余座……两月之间，捉大小首领五百余人，彭铁大、廖八姑、王胜、李洞天等作过贼首	（宋）徐梦莘：《三朝北盟会编》卷二百七，1491～1492页，上海，上海古籍出版社，1987
绍兴三年（1133）	循、梅、汀州	虔贼周世隆率众犯循、梅、汀州。己酉，诏统制官赵详、韩京、申世景、王进合兵捕之	（宋）李心传：《建炎以来系年要录》卷六十三
绍兴五年至七年（1135—1137）	雩都、虔化、瑞金、兴国等县	……遂蜂起而为盗贼，残破雩都、虔化、瑞金、兴国及吉州永丰、吉水等县，酷毒甚矣	（宋）李纲：《梁溪集》卷一百二十六《与张相公第二十一书》，文渊阁四库全书本
绍兴五年至七年（1135—1137）	虔州等地	今又得所谓廖一长、罗洞天等十余人，管押前去。此等皆桀黠啸聚，动以千百为群，侵扰州县，残害一方	（宋）李纲：《梁溪集》卷一百二十七《与吕安老第五书》
绍兴十一年（1141）	虔州	伯父再至，讨积年名贼俞三、古五官、朱关索、吴锦等，皆获之，无所宽贷，贼徒加以剥皮之号，遁入他境	（宋）薛季宣：《浪语集》卷三十三《先大夫行状》，文渊阁四库全书本
绍兴十五年（1145）	虔州	时虔、梅及福建剧盗有号管天下、五黑龙、满山红之属，其徒稍众，攻劫县镇，乡民多作山砦自保	（宋）熊克：《中兴小纪》卷三十二，文渊阁四库全书本

时间	地点	动乱经过	资料来源
绍兴二十二年（1152）	虔州	是日虔州军乱。初，江西多盗，而虔州尤甚。故命殿前司统制吴进以所部戍之，虔之禁卒尝捕寇，有劳江西安抚司统领马晟将之，与进军素不相下。会步军司遣将拣州之禁军，而众不欲行。有齐述者，以赂结所司，选其徒之强壮者，以捕盗为名，分往诸县。夜两军交斗，州兵因攻城，作乱杀进，晟遂（原文如此——引者注）居民逐官吏。……于是叛军据城自守	（宋）李心传：《建炎以来系年要录》卷一百六十三
绍兴三十一年（1161）	信丰	并县有群盗，凡二千余人，声欲假道信丰，民情震栗	《宋故户部郎中总领湖广江西京西财赋彭公行状》，见陈柏泉编著：《江西出土墓志选编》，129 页，南昌，江西教育出版社，1991
开禧中（1205—1207）	汀、赣间	叶八子千人啸聚汀、赣间，约日破清流县。公始至，以策授巡尉，悉捕灭	（宋）叶适：《水心集》卷二十三《故宝谟阁待制知平江府赵公墓铭》，文渊阁四库全书本。
嘉定元年（1208）	江西、湖南	郴州黑风峒瑶人罗世传寇边，飞虎统制边宁战没，江西、湖南惊扰，知隆兴赵希怿、知潭州史弥坚共招降之。二年，李元砺、罗孟二寇江西……	（清）徐松辑：《宋会要辑稿·蕃夷五·南蛮传》，7800～7801 页
嘉定三年（1210）	南雄	江西峒寇猖獗，数来犯境	嘉靖《南雄府志》卷下

时间	地点	动乱经过	资料来源
嘉定十年（1217）	南安军	南安境内三峒首祸，毁两县三寨，环雄、赣、南安三郡数百里，皆为盗区。……公率义丁力战，破高平寨，擒谢宝崇，降大胜峒曾志，皆渠魁也，三峒平	（宋）刘克庄：《后村先生大全集》卷一百五十九《墓志铭·宋经略》，四部丛刊初编本
绍定六年（1233）	闽赣边界	盗有伪号"崔太尉"者，据石壁，连结数郡；刘老龙等聚众焚掠，一方绎骚	（元）脱脱等：《宋史》卷四百二十一《姚希得传》，12589 页，北京，中华书局，1977
绍定六年至端平元年（1233—1234）	信丰和广、惠、循、梅之间	而赣寇陈三枪作，出没江、闽、广间，势炽甚	（宋）赵汝腾：《庸斋集》卷六《资政许枢密神道碑》，文渊阁四库全书本
淳祐六年（1246）	赣、汀、潮、梅数州，	剧贼陈淮西、罗洞天聚众出没，赣、汀、潮、梅数州，郡檄令合官兵讨之	（宋）刘克庄：《后村先生大全集》卷一百六十《墓志铭·英德赵使君》，四部丛刊初编本
德祐元年（1275）	赣州等地	牒报元师渡江，诏诸路勤王，天祥捧诏涕泣，使陈继周发郡中豪杰，并结溪洞蛮，使方兴召吉州兵，诸豪杰皆应，有众万人	（明）胡广：《丞相传》，见（宋）文天祥：《文山先生全集》卷十九附，四部丛刊初编本
景炎元年（1276）	宁都、雩都等地	冬十月，文天祥帅师次于汀州，天祥遣赵时赏等将一军趣赣以取宁都，吴浚将一军取雩都，刘洙等皆自江西起兵来会	（清）徐乾学：《资治通鉴后编》卷一百五十一，文渊阁四库全书本

从表 2-1 可看出，宋代赣南动乱较多，尤以南宋初年最为频繁。实际上，南宋初年虔州乃是全国最为动乱的地区。① 绍兴五年（1135）起任江西安抚制置大使的李纲认为"虔、吉、筠、袁等州，素产盗贼，蜂屯蚁聚，千百为群，不可胜计"②；"本路盗贼，虔为最，吉、抚、筠、袁次之"③。除此之外，南宋初期"虔寇"动乱规模都不算小，往往能达到"数万"甚至"十余万"的规模。而且动乱波及范围广，从赣南到赣中，从江西到福建、广东等，都有大面积的动荡。上述"啸聚于瑞金、会昌之间，往来福州、广东境上""率众犯循、梅、汀州"等描述，以及李敦仁的叛乱"为盗三载，蹂四州十县"④，说明"虔寇"活动以虔州为中心，范围相当之广，危害并不限于虔州。⑤

至于"虔寇纷纷"的原因，李纲认为：

> 臣窃以虔州地险民贫，风俗犷悍，居无事时，群出持兵，私贩为业。自军兴以来，啸聚为盗，招捕殆将十稔，终未殄灭。……其说有二：一则虔兵赋性犷悍，喜于为盗，易为结集，

---

① 系统整理过宋代农民战争史料的何竹淇先生总结了宋代农民起义的三个特点，其中之一就是湘赣闽粤边区农民斗争的坚强性，就中又以虔州农民斗争为最。参考何竹淇：《论宋代农民争取土地的斗争》，见中州书画社编：《宋史论集》，216～243 页，郑州，中州书画社，1983。

② （宋）李纲：《梁溪集》卷一百一《条具防冬利害事件奏状》，文渊阁四库全书本。

③ （宋）李纲：《梁溪集》卷一百四《与李尚书指置画一札子·一招捕盗贼》，文渊阁四库全书本。

④ （宋）李心传：《建炎以来系年要录》卷五十二，绍兴二年三月壬辰，广雅书局丛书本。

⑤ 下文关于"虔寇"问题的论述，基本上指的是赣州范围内的盗贼，对于南安军只是略有涉及。但是，前面笔者已经申论，南安军也有盐寇的问题，而且，进入南宋以后，南安军也盗贼频繁（可参考表 2-1），相信南安军也有和虔州一样的问题，但"虔寇"显然是当时南宋朝最突出的问题。因此，为了论述方便，本章只讨论"虔寇"，对于南安军只在相关处略有涉及，有时亦以虔州代替赣南。

动以千百为群，互相劫掠，凌逼州县，不畏刑法，不顾死亡，循习成风，不以为怪，异于诸路盗贼。二则……①

绍兴六年（1136），翰林学士朱震也表达了类似的看法：

> 臣谓虔民弄兵，其说有二。越人劲悍，其俗轻生，见利必争，有犯必报，农事既毕，则径度潮、梅、循、惠四州，驱掠良民，剽劫牛马，此其一也。自军兴以来，守令多非其人，政令苛虐，科敛无艺，小民无告，横遭荼毒，互相扇动，遂萌奸心，徒党浸多，乃成巨盗。原其本意，岂愿屠戮，自取灭亡？良由吏失其职，奉法不虔，激之使然，罪至不赦，此其二也。②

绍兴七年（1137），左司谏陈公辅亦言："虔民素号凶恶，方承平时，亦自岁往广南，劫取财物，率以为常。自国家多事，乘此扰攘，徒党愈炽。"③

在上面的论述中，南宋的"虔寇"的所作所为被视为北宋时期"盐寇"行为的继续或延伸。所谓虔州劲悍的风气，固然是导致"虔寇"的原因，但更多的是官员和士大夫对赣南社会的观感。其实，"虔寇"猖獗并非单纯的"风俗犷悍"可以解释清楚的，其背后的问题是宋室南迁后新朝廷对地方统治方式的变化同赣南原有社会结构的冲突

---

① （宋）李纲：《梁溪集》卷十五《申督府密院相度措置虔州盗贼状》，文渊阁四库全书本。

② （宋）李心传：《建炎以来系年要录》卷一百二，绍兴六年六月辛酉，广雅书局丛书本。

③ （宋）李心传：《建炎以来系年要录》卷一百十一，绍兴七年五月丁卯，广雅书局丛书本。

与调适。①

　　南迁后的宋室，必然要加强对南方地区的控制，南宋地方政府的财政负担重于北宋，赋税名目繁多，百姓负担更重。② 北宋时期较少看到赣南地方官有关赋税征收的议论，但至南宋关于赋税负担过重的议论则越来越多。在分析"虔寇"频繁的原因时，朝廷赋税征收太重成为时人的共识。下引张守的观点是有代表性的议论：

　　　　臣契勘本路盗贼，虽由风俗犷悍，亦缘军兴之后，编户死于兵火，田庐变为丘墟，复业之余民无几，赋税之旧籍散亡，省记出于临时，而县官不能核实，费出多于平日，而贪吏并缘为奸，掊克实烦，人穷思盗，所以十余年间，不得休息。……遍行都邑，延见父老……往往皆谓州县所入，不偿所出。盖以著业之民，才三之一，所耕之地，亦复如之，而上供军粮和籴等米，月椿准衣等钱，和买绢军器物料之类，多是平日所无，大半凿空经画，不过催理积欠，暗收苗耗、头会箕敛以塞责，而民不胜其弊矣。求其无盗，不可得也。③

笔者认为，赋税负担问题与地方盗贼的频繁发生是互为因果的，而赋税征收在赣南成为问题，反映的正是统治方式的改变所带来的地方社

　　① 王世宗总结出高宗朝变乱的发生有赋税科敛之害、灾荒为患等五种原因，但是他也指出，"高宗朝三十六年间，各时期、各地区所爆发的变乱，其成因各不相同"。见王世宗：《南宋高宗朝变乱之研究》，86 页，台北，台湾大学出版委员会，1989。
　　② 关于南宋初期地方财政的困窘与人民赋税负担的空前沉重，可参考汪圣铎：《两宋财政史》上册，146～154 页，北京，中华书局，1995。
　　③ （宋）张守：《昆陵集》卷七《措置江西善后札子》，35 页，丛书集成初编本。

会与中央的矛盾，其实质是中央王朝统治的加强。正如绍兴元年(1131)二月十八日江州路安抚大使兼知江州朱胜非所言：

> 方今寇贼之患，其目有三：曰虏寇，曰游寇，曰土寇。其土寇之由，缘南人资产素薄，比年科率繁重，愿特降宽诏，稍蠲苛扰，察赃史（疑为"吏"——引者注）之尤者，举行祖宗显戮之典，以慰疲民。①

从"南人资产素薄，比年科率繁重"可看出从北方来的统治者在南方推行其制度所遇到的冲突，这一现象应该是两宋之际南方社会共同的问题。日本学者山内正博将建炎元年至绍兴七年（1127—1137）的变乱事件分为军贼、土贼与妖贼三类，而土贼起事就是由土豪或地方性势力圈所领导的，在建炎、绍兴之交以及之后发生于江南的变乱事件。② 笔者以为，就赣南而言，土贼起事如此频繁可以看成两宋更替、天下大乱之际，赣南这样一个对中央王朝有一定离心力的地方社会如何重新接受新朝廷统治的过程。北宋以来的赣南是一个土豪势力相当大的社会，南宋统治所遇到的阻力自然会非常之大。所以，我们注意到，南宋初年的"虔寇"，一如北宋时期活跃在闽粤赣边界上的"盐寇"，活动范围广，而又借着动乱之际，规模更为壮大。

显然，要让土豪接受比较繁重的赋税是非常困难的。赣南作乱的

---

① （清）徐松辑：《宋会要辑稿·兵十三·捕贼下》，6971 页，北京，中华书局，1957。

② ［日］山内正博：《南宋初期の群盗の性格に就いての考察》，载《史學雜誌》66（12），1957。转引自王世宗：《南宋高宗朝变乱之研究》，69 页，台北，台湾大学出版委员会，1989。

首领大多不是贫困农民，而是地方土豪。① 李纲就说过，"土豪有物力之家，往往啸聚结集"②。绍兴年间也有大臣说：

> 然臣闻虔民之性，例皆凶悍，而听命于豪强之家，为之服役，平居则恃以衣食，为寇则假其资装。③

南宋乾道时亦有人认为：

> 臣尝闻之二郡人曰：二郡之民，不畏天子之官吏，而畏乡里之豪强，是以不伏官吏之约束，而伏豪强之号令。盖豪强之所以为重者有三：智过人，勇过人，谷粟之蓄过人。④

关于绍兴初年虔州巨贼李洞天的起事经过，有记载曰："虔州村民李洶

---

① 笔者并不否认"虔寇"首领中也有揭竿而起的贫困农民，但是从以下论述可看出，土豪确实是赣南地方社会的实际控制力量。宋人文集中，"土豪"一词的使用相当普遍，但似乎并无确定的含义，大致相当于地方社会上自发形成威权的草根首领。土豪的真实身份应该是相当复杂的，其能被称为土豪的关键在于其在地方社会的号召力。南宋初年，"虔寇"中还有进士李敦仁。关于李敦仁起兵叛乱的原因，《建炎以来系年要录》记曰："虔州进士李敦仁少无赖，其父尝言先世冢地风水殊胜，四十年后当有出侯王者。敦仁喜，由是遂以袭逐杨勍为名，聚兵数万人，据江南、福建三路。"（卷三十八，建炎四年十月辛卯，广雅书局丛书本）又，《宋会要辑稿·兵十·讨叛四·李敦仁》记载："虔化县贼人李敦仁并弟世雄等，聚本县六乡集兵数万。"（6932 页，北京，中华书局，1957）可见，李敦仁起事是因为称王侯的野心，其虽出身进士，但在地方上能"聚本县六乡集兵数万"，颇符合土豪之特点。
② （宋）李纲：《梁溪集》卷一百七《申督府密院相度措置虔州盗贼状》，文渊阁四库全书本。
③ （宋）李心传：《建炎以来系年要录》卷九十一，绍兴五年七月丙申，广雅书局丛书本。
④ （宋）王质：《雪山集》卷三《论镇盗疏》，25 页，丛书集成初编本。其中"二郡"是指"江西之赣"和"浙江之严"。

者，长大有膂力，乡人畏之。后彭铁大与王彦、廖家姊妹三人倡乱，淘从之，众以为首领，号李洞天，占据固始洞，积粮洞上，金帛妇女，皆在其中。"① 可见，智勇过人、财力过人的土豪一类的人物是地方上动乱的主要发动者。

因此，土豪问题成为南宋朝廷在赣南加强统治的关键，而土豪力量的强大也反衬了官府统治在赣南社会的无力。本章第一节已经指出，北宋政府在赣南的统治是较为简单的，这也是和地方豪强实际上控制了地方社会相辅相成的。两宋之际，正统不明，而南宋统治者又在赣南推行沉重赋税，一直相对游离于中央王朝的地方豪强立即显现出其强大的力量，纷纷起兵反抗他们并不接受的南宋统治者。赣南的地方动乱，实质上是一个被土豪控制的社会如何适应"国家"制度在其地域推广的反映，也表明北宋以来赣南地方社会开始转型。本节开始时讲述的隆祐太后在虔州蒙难的故事，可视为这个过程的起点。

南宋朝廷高度重视"虔寇"问题。朝廷派大军直接征讨"虔寇"，著名者如绍兴三年（1133）三月，岳飞"奉敕收复虔州山贼"②。此外，朝廷在虔州一直驻有重兵，南宋周必大回忆虔州的军事制度说：

> 祖宗时，置雄略、武雄、澄海、威果、全捷、威胜及两忠节，凡八指挥，额管将兵四千人，是为东南第六将。中兴以来，常差殿前司统制官一员，量带部曲。或于诸处抽差大军在彼驻扎，谓之提举将兵。又择方略过人、望实素著者为之守，许带管内安抚使。大概欲使守臣节制提举官，节制第六将，故能上下相维，一

---

① （宋）岳珂：《金佗续编》卷二十八《百氏昭忠录·纪鄂王事》，文渊阁四库全书本。

② （宋）徐梦莘：《三朝北盟会编》卷二百七引《岳侯传》，1491页，上海，上海古籍出版社，1987。

方晏然。①

　　这一局面，相较北宋时期赣南官府力量的微弱，显然有了根本变化，显示出朝廷相当重视对"虔寇"的弹压。

　　大军镇压只是一时之策。大军过后②，朝廷一方面选派重臣安抚地方，另一方面赋予江西地方大员统兵权，即所谓"又择方略过人、望实素著者为之守，许带管内安抚使"。赵鼎、张守、李纲等名臣都曾担任江西安抚使（或制置使）一职，足见朝廷并非只在纸面上重视平定"虔寇"，而是在制度上和用人上都相当重视。③

　　绍兴五年（1135），高宗诏谕李纲知洪州兼江西安抚制置大使，对其寄予厚望，赐李纲诏曰："朕以大江之西，俗轻而悍，弄兵之寇，无岁无之。……朕之用卿审矣……故兹亲笔诏谕，卿其悉之。"④ 七年（1137），"丁卯，诏江西制置大使李纲，趣捕虔、吉诸盗"⑤。

　　李纲到任后，针对"虔寇"作乱波及范围广，以虔州为中心到达江西、福建和广东三省的特点，首先提出必须以江西路长官节制广东

————————

　　① （宋）周必大：《文忠集》卷一百三十八《奏议五·论添注赣州军马》，文渊阁四库全书本。

　　② 岳飞的部队于绍兴三年（1133）六月即班师。他的部队对讨伐大规模的"虔寇"（如据有十万之众的陈颙、彭友等）起了重要作用，可参考岳珂《行实编年》（见《金佗粹编》卷五，文渊阁四库全书本）的相关记载。文中虽多溢美之词，但其基本事实可证诸同时代文献记载。

　　③ 有必要指出的是，南宋常以文臣出任经略安抚使，督率武将，并兼任重要地方知州、知府，"大率自川、陕、广南外，总分为九路，每路文臣为安抚使马步军都总管，总一路兵政，许便宜行事，武臣副之。"［（宋）李心传：《建炎以来系年要录》卷六，建炎元年六月己卯，广雅书局丛书本］另，朝廷以上措施针对的是整个江西的盗贼形势，但是江西盗贼最为严重的乃是虔州。

　　④ （宋）徐梦莘：《三朝北盟会编》卷一百六十八，1217页，上海，上海古籍出版社，1987。

　　⑤ （宋）李心传：《建炎以来系年要录》卷一百十一，绍兴七年五月丁卯，广雅书局丛书本。

和福建两地兵马。绍兴六年（1136）五月甲午，李纲谓：

> 虔寇巢穴，多在江西、福建、广南三路界首，置立寨栅，为三窟之计。一处有兵，则散往他处，官兵既退，则又复团聚，中间遣发军马，不能穷讨，止以节制不一之故。若节制归一，使不散逸，且捕且招，威令既行，则穷寇别无他策，必须自归，然后结以恩信，使之改过自新，将为贼首徒党桀黠之人，尽付军前使唤，以除后患，此最策之上者。乞于江西路置都统制一员，节制三路军马，以招捕虔贼。①

显然，李纲的做法是希望三地的官兵统一行动，使盗贼无法窜伏于三省边界，这也从一个侧面印证了"虔寇"活动范围之广。

其次，李纲认为，盗贼平定之后，应该选择有才能的官员，让人民安居乐业。他说：

> 至于盗贼衰息之后，又须县令得人，劳心抚字，使作过桀黠之人既去，良民得以复业，安于田亩，乃可以化盗区复为乐土。然虔之诸县，多是烟瘴之地，盗贼出没不常。朝廷初无赏格，士大夫之有材者，多不肯就，又难强之使行。欲望优立赏格，将来辟置知县，到任半年，盗贼消除，良民复业，选人特与改官，京朝官与转行一官，候任满日，各再转一官。其贼平定之后，量与蠲免租税，已前欠负，并免催科。庶几官吏尽心，民庶安业，复

① （宋）李心传：《建炎以来系年要录》卷一百一，绍兴六年五月甲午，广雅书局丛书本。

有承平之象。①

李纲的这条建议，表明官府用人不当、税收负担过重是导致"虔寇"的重要原因。因此，"化盗区复为乐土"的关键，还在于官吏尽心，人民乐业。

李纲的上述建议获得了朝廷的认可，"疏奏，皆从之"②。但是，李纲所面临的真正的困难仍然是如何平息各地的叛乱。招安政策一直是宋政府对待叛乱的主要手段，也是宋代朝野讨论比较多的政策之一。按照王世宗的分析，招安政策只能济一时之急，不能从根本上解决盗贼问题，反而容易留下无穷问题。③ 如前所述，北宋赣南是以土豪控制为主的社会，官府的控制力量往往远不如地方豪强，面对蜂起的盗贼，无力征讨，就只好例行招安。如时人所言：

> 每贼所至，州县之间，既无城池，又无兵食，不过裒率金帛以为犒设，书填官告，以议招安。才得片檄之申，便谓巨盗已息，孰敢定其要约，散其徒众哉。于是下者获利，上者得官，全师而还，捆载而返，既狃为盗之利，益无忌惮之心。此盖远方官吏蒙蔽朝廷之罪也。今朝廷遣发将兵，几及半年，公私之力，竭于馈饷，而诸将不务协一，各怀顾望，姑以招安，便为无事。前此盗贼，知州县无备，故肆其凭陵，而犹畏官军也。今相持半年，技

---

① （宋）李心传：《建炎以来系年要录》卷一百一，绍兴六年五月甲午，广雅书局丛书本。

② 同上书。

③ 王世宗：《南宋高宗朝变乱之研究》，123～155 页，台北，台湾大学出版委员会，1989。

亦止此，遂有轻官军之心，则复何所畏哉?①

例行招安的重要原因是"州县之间，既无城池，又无兵食"，根本不可能对付盗贼，这也是北宋以来虔州"盐寇"得不到控制的重要原因。宋室南迁以后，仍有官兵因循招安，以致盗贼"遂有轻官军之心"。更有甚者，还有地方官与盗贼首领合作的情况发生，如《建炎以来系年要录》就有这样的记载："膺顷守虔，诸县百姓，相扇为贼，膺与其魁首交通，阴受厚赂，相约不犯城郭，自以为功。"② 李纲认为招安太滥是"虔寇纷纷"的原因之一，他分析说：

> 二则自近年以来，专务招安，官司失于措置，有以诱之为盗。谓如招安到贼火，首领尽补官资，放散徒党，其徒党中桀黠者，又复纠集徒众，自为头首，以俟招安，复得名目，递相仿效，无有穷已。其招安出首领，虽已补授官资，或与差遣，多是不离巢穴，不出公参，依旧安居乡土，稍不如意，或资用阙乏，则又相率为盗。以此滋蔓，虽痛遭屠戮，亦不改悔，窃恐为患未艾。③

在李纲看来，招安的弊端在于"其招安出首领，虽已补授官资，或与差遣，多是不离巢穴，不出公参，依旧安居乡土"。也就是说，被招安的首领虽然名义上接受了官府的职位，但实际仍为地方首领，因而"稍不如意，或资用阙乏，则又相率为盗"。

---

① （宋）李心传：《建炎以来系年要录》卷九十一，绍兴五年七月丙申，广雅书局丛书本。
② （宋）李心传：《建炎以来系年要录》卷八十七，绍兴五年三月甲戌，广雅书局丛书本。
③ （宋）李纲：《梁溪集》卷一百七《申督府密院相度措置虔州盗贼状》，文渊阁四库全书本。

显然，要平息赣南的盗贼，必须改变一味招安的策略。但是，李纲又认为不能操之过急。他说：

> 虔寇纷纷，正坐孙守（虔州知州孙佑——引者注）欲讨捕太急之故，平时以群偷姓名置于坐隅，几事不密，致令反侧，遂蜂起而为盗贼，残破雩都、虔化、瑞金、兴国及吉州永丰、吉水等县，酷毒甚矣。而佑方自以讨捕为功，移文谓诸县人民例皆安业，惟有凶贼周十隆恃险聚徒，侵扰乡村。又所保奏功状，杀获贼首，如谢小鬼之徒，至今见在作过者甚众，敢肆诞谩，多此类也。①

按照李纲的说法，孙佑似乎试图以完全依靠军事镇压的手段来对付虔州的盗贼，但消息走漏，遂导致虔人"蜂起而为盗贼"，而孙佑为了邀功，就只好欺骗朝廷。

既不能一味招安，又不能完全依靠军事镇压的手段，在李纲看来，最好的办法应该是：

> 且捕且招，威令既行，则穷寇别无他策，必须自归，然后结以恩信，使之改过自新，将为贼首徒党桀黠之人，尽付军前使唤，以除后患，此最策之上者。②

李纲又分投降之盗贼为两类，一为招降，一为胁降。对付二者的办法应有所区分：

---

① （宋）李纲：《梁溪集》卷一百二十六《与张相公第二十一书》，文渊阁四库全书本。

② （宋）李心传：《建炎以来系年要录》卷一百一，绍兴六年五月甲午，广雅书局丛书本。

契勘官军自来讨捕盗贼，有招降，有胁降，虽同谓之降，而事体全然不同。或聚集徒众，官军未易败获，或保固险阻，军官难以攻取……听从号令……依限出参，有悔过自新之意，此招降也。招降则当免放从前罪犯，一切不问，首领量补官资，徒党检选使唤，待之与诸军一等。若或官军已临贼阵，决可擒获……乃始祈哀乞降，保全性命，出于事不获已，此胁降也。胁降则当以便宜酌情处断，其有久为头首，累受招安，长恶不悛，及杀人众多、情理巨蠹之人，自合依旧处死。及有随队劫掠，不曾杀伤之人，合从断配。……上项胁降，即难与招降一例放免。①

所谓"招降"，其实是主动投降，而"胁降"则为被逼走投无路情况下的投降。把投降的盗贼分类处理，说明投降招安现象非常普遍，地方官面对这种普遍为盗的局面，必须灵活处理。

李纲很清楚盗贼乃是地方豪强一类人物，为了免除后患，亦特别强调招安盗贼首领要"出公参"，"尽付军前使唤"，实质是要让土豪离开家乡，使其再无作乱的基础。这样的思想在李纲讨论处置彭友的一封信中表露无遗：

今既两路有兵，势穷力蹙，不擒即降，似不须此，待其到军前效用，立功而后官之乃佳。如彭友辈，正当责其反覆失信，不即就招，俟其公参，示以告札，而未为书填，姑俟后效，乃为得策。某自到本路，所招降人，并不曾假以名目，虽近上头首，非曾被受朝廷真命，悉降充效用，亦尝具此，因依奏闻。诚恐愚民无知，见作盗贼得官，以为仕途捷径，生觊觎之心，则一盗息，

① （宋）李纲：《梁溪集》卷一百六《申省措置酌情处断招降盗贼状》，文渊阁四库全书本。

一盗兴，无有穷已，前日福建范汝为乃其验也。……彭友之众，皆可放散，独留头首，押赴军前为佳。①

李纲反对对彭友立即授官，而是要等其来到军口"公参"，"立功而后官之乃佳"，主要是为了防止地方社会以为"作盗贼得官"，继起为盗，所以李纲要求"独留头首，押赴军前为佳"。

李纲的政策取得了一定实效。绍兴七年（1137），他写信给后继其任的李光说："渠魁如周十隆、谢小鬼等，悉就招抚，如刘宣、熊定、李安静等，悉就擒捕。凡招捕过群盗六十余火，其间每火有至数千人者，皆有人数姓名，在刑房亦尝开具申奏。今一路盗贼，有名字者悉已净尽。"② 对于地方社会而言，为乱的盗首或受刑，或授官，且必须离开其巢穴，与之同时发生的就是官府统治基层社会方式的改变，其中最引人注目的就是保伍法的有效实行。保伍法对宋朝而言，是"祖宗成法"。其成效在于"弭盗"，即维持现有的秩序。兵火之际，保伍法是难以实行的；大规模兵乱结束之后，保伍法就有了实行的可能。对此，晚于李纲的张守在兼枢密院事时说道：

伏见祖宗以来捕盗之法，下有保伍，上有巡尉。一夫犯盗，责在保伍，一盗不获，罪加巡尉。本路自兵火以来，法令废弛，保伍有名而无实，巡尉有赏而无罚。盗贼所以滋蔓，而至于难图也。……今欲乞申严保伍、巡尉之法，仍令每县置籍，抄上被盗之家与岁月，捕获则朱书其下，通判季点，提刑按察岁终委帅司

---

① （宋）李纲：《梁溪集》卷一百二十《与吕提刑第四书》，文渊阁四库全书本。
② （宋）李纲：《梁溪集》卷一百四《与李尚书措置画一札子·一招捕盗贼》，文渊阁四库全书本。

取索考核盗发、已获、未获之数量其多寡、迟速而赏罚之。①

张守的建议至少在信丰县得到了实行：

> ……知赣之信丰县。赣之民俗健于争讼，轻为盗贼，信丰其甚者。缓之则不治，急之则为乱。……公曰："保伍之法，得孟轲所谓出入相友，守望相助，疾病相扶持之意，简易以行之，庶几有功于盗贼。"于是申其画一，联其什伍，绝其并缘之奸。未逾时，闾里阡陌之间，藏亡匿死者无所容。有非常，响应而云集，盗贼以故不发，发又辄得。②

类似的记载还有："自广到官，严立保伍，机察奸细，群盗屏迹。昨茶寇自兴国抵瑞金不能三十里而先事有备，民赖以安，乞赐旌擢故也。"③ 地方保伍制度还与乡兵制度结合起来，乡兵的首领是隅总。其组织关系如下：

> 以五家为一甲，置一甲首；以五甲为一保，置一保长；五保

———————

① （宋）张守：《昆陵集》卷七《措置江西善后札子》，37～38 页，丛书集成初编本。

② 《宋故户部郎中总领湖广江西京西财赋彭公行状》，见陈柏泉编著：《江西出土墓志选编》，128～139 页，南昌，江西教育出版社，1991。另，彭公即彭合，其为信丰令时间，同治《赣州府志》卷三十五记为"宣和间"，但上引墓志铭中有"太守徽猷张公峤，招外邑之寇凡五百人，约以自新。既集而张以疾不起，郡人忧之。公抚以恩威，皆妥帖听命"（130 页）的记载。因此，彭合任信丰令的时间应和张峤同时，张峤乃绍兴八年（1138）始任虔州知州。据（宋）李心传：《建炎以来系年要录》卷一百二十，绍兴八年六月庚午，广雅书局丛书本。

③ （清）徐松辑：《宋会要辑稿·职官四十八·县令试衔知县》，3475 页，北京，中华书局，1957。

为一大保，置不（当为"一"之误——引者注）大保；五大保以
上为一都署、都官，合诸都为一乡或一团，隅总统之。①

按官府规定，隅总一般由当地大户充任，被赋予保卫乡闾的军事责任，
和一般的保伍长不同。② 例如，江西的隅官由官府劝谕上户充当，史
载："嘉定三年二月五日，江西兵马钤辖司言：照得李元砺等聚众结集
作过，本司出榜劝谕上户充隅官，招集乡丁，防拓乡井，如能戮力向
前，即与推赏，补授官资。"③

　　由于土豪势力很大，也有官员认为还是应该依靠豪强来控制地方
社会。淳熙初年，有大臣就赣南地方统治提出建议："……有是三者，
则桀骜之民不得不低首下心，折节而归豪强之门。为今之计者，莫若
谕郡县之官吏，重为之礼貌，以致其敬，轻为之科率，以结其爱，内
有盗贼，则假之以权，以要其成，苟有功效，则縻之以爵，以收其桀
骜之民。何者？郡县之官吏不能制其命，而豪强能服其命，此其为畏
悔，固不同矣。"④ 这类看法很容易为地方官所接受，因而在赣南常常
看到隅总和土豪并称的情况。嘉定五年（1212），讨捕完江西与湖南边
界的李元砺之乱后，有大臣进言：

----

　　① （宋）胡太初修、赵与沐纂，长汀县地方志编纂委员会整理：《临汀志·
从录》，182 页，福州，福建人民出版社，1990。虽然记载的是汀州之事，但由于
汀州与赣南邻界，也同样是盗贼多发地，因此，就制度而言应和赣南有类似之处。
　　② 上引《临汀志》谓："（隅总）非可以与凡民例论也。……遇到县，请县
官以客礼接见。……隅总专是任责警察盗贼，卫护乡闾。应追会公事（疑"应"
字前少一"一"字——引者注）及体究审验等事，自有保正副及保长任责，并不许
官司以帖引累及隅总。"（181 页）由上可见：第一，隅总本质上仍是民户，所以
才有必要强调"非可以与凡民例论也"，只不过是一种特殊的民户罢了；第二，隅
官负有专门的军事责任，并不负有保伍长那样的替官府管理民事的责任。
　　③ （清）徐松辑：《宋会要辑稿·蕃夷五·南蛮传》，7800～7801 页，北京，
中华书局，1957。
　　④ （宋）王质：《雪山集》卷三《论镇盗疏》，25 页，丛书集成初编本。

今上自主帅，下至将校，皆次第蒙赏，而土豪隅官之徒，捐躯于兵间者，尚有所遗。乞下江西、湖南安抚司，广加体访，仍许各人自陈，选委清强有心力官核实，应土豪隅官，除曾系捕贼立功已推赏外，其余实因讨捕受害阵亡之家，并与保明，具申朝廷，量与赏犒。①

朝廷从之。绍兴年间赣南初步安定后，官府利用"土豪隅官"讨贼的记载越来越多。除上引《宋会要辑稿》嘉定五年材料外，再举二例：

并县有群盗，凡二千余人，声欲假道信丰，民情震栗。公（指前引信丰县令彭合——引者注）率官兵、土豪逆之于境外，尽薙除之。②

据赣州勘到，本州光孝寺伪僧陈法安，受归朝番僧李福兴说诱，入湖南贼徒内招贼，前来赣州，与牢城归顺重役人吕俊等，寻图为内应作乱。未成间，陈法安道遇隅官刘天祐、刘国贤统率乡丁到来，捉下陈法安，根问通说因依，经赣州陈论追李福兴下狱，皆有实迹，已等第处断。若非刘天祐首获陈法安，道败其情，则一郡生灵，实遭涂炭。方此凶贼未平，难从常格推赏，理宜旌异乡民。本司借补刘天祐、刘国贤承节郎，乞给降真命祗受。③

---

① （清）徐松辑：《宋会要辑稿·兵二十·军赏》，7109 页，北京，中华书局，1957。

② 《宋故户部郎中总领湖广江西京西财赋彭公行状》，见陈柏泉编著：《江西出土墓志选编》，129 页，南昌，江西教育出版社，1991。

③ （清）徐松辑：《宋会要辑稿·蕃夷五·南蛮传》，7800 页，北京，中华书局，1957。

上引信丰的例子中，土豪与官兵一起成为抗击地方盗贼的重要力量；赣州的例子中，隅官刘天祐、刘国贤则因及时捉拿住了作乱盗贼而得诏"特补承节郎"①。

土豪隅官在预防和讨伐地方盗乱方面的作用，为许多人所认识。南宋开庆己未年（1259），时居吉州家乡的文天祥就曾建议要重用土豪和隅总，发挥其作用。他向皇帝建言：

> ……夫前所谓或千人，或数百人，此隅总一日能办也。……四曰破资格以用人。……至如诸州之义甲，各有土豪；诸峒之壮丁，各有隅长。彼其人望，为一州长雄。其间盖有豪武特达之才，可以备总统之任，一日举之，以为百校之长，则将帅由是其选也。②

文天祥的用意，主要在于从军事角度选拔人才。但从他的建议中，我们也可以看到土豪和隅总在地方社会中的重要作用。后来，文天祥出任赣州知州，仍认为保伍制度实行的关键，乃是隅团。他在写给下属的信中，强调了隅团的重要作用：

> 颛有公禀，保伍本领在于隅团。……隅团定则保伍周，保伍周则盗贼弭。郡之所以蒙成也，而县亦职有利焉。申严出甲榜，比想皆已家至，今有赏罚镂榜，烦更遍揭。③

---

① （清）徐松辑：《宋会要辑稿·蕃夷五·南蛮传》，7800页，北京，中华书局，1957。
② （宋）文天祥：《文山集》卷三《封事·己未上皇帝书》，文渊阁四库全书本。
③ （宋）文天祥：《文山集》卷八《书·与赣州属县宰》，文渊阁四库全书本。

保伍和隅官制度的建立，使土豪与官府的关系有所变化。原来站在官府对立面的一部分赣南地方土豪，逐渐与官府合作，以保障地方治安。直至南宋末年，赣南社会中土豪势力依然很大，但部分土豪成为官府体制下的隅官、乡兵首领和保伍长等，意味着官府与地方社会的关系越来越稳定。绍兴以后，赣南依然小警不断，但比较大规模的动乱只有一次，即绍定元年（1228）的信丰陈三枪叛乱①。这次叛乱波及面很广，据称"贼跨三路数州六十寨，凡七载"②。虽然陈三枪的巢穴在信丰山区，但其主要活动地区却在闽粤赣边界。正如当时的福建安抚使真德秀所言："陈三枪诸寇，据信丰山中为巢穴，而出没于广、惠、循、梅之间。"③ 正因为陈三枪活动于闽粤赣边界，当时负责讨捕的江西安抚使陈韡，才得以"节制江西、广东、福建三路捕寇军马，公奏遣将刘师直扼梅州，齐敏扼循州，自提淮西兵及帐下亲兵，捣贼巢穴"④。陈三枪的活动，始终没能像以前的李敦仁、彭友等盗贼那样，影响到几乎整个赣南，这反映出来的也是当时赣南社会发生的变化。

南宋中期以后，赣南各州县的城池普遍得到创设和加固。宋代赣南各府州县城池建设情况如表2-2。

---

① 嘉定年间湖南的李元砺之乱也影响到赣南。但李元砺之乱主要是在湘粤赣边界。可参看本章第三节的讨论，亦可参考李荣村：《黑风峒变乱始末——南宋中叶湘粤赣间峒民的变乱》，载《"中央研究院"历史语言研究所集刊》，第41本，第3分，1969。另，绍兴二十二年（1152）虔州亦发生兵变，但不久即被平定，这次兵变后虔州改名为赣州。

② （宋）刘克庄：《后村先生大全集》卷一百六十四《忠肃陈观文神道碑》，四部丛刊初编本。《宋史·陈韡传》所载大体同。

③ （宋）真德秀：《西山先生真文忠公文集》卷十五《论闽中弭寇事宜白札子》，四部丛刊初编本。

④ （宋）刘克庄：《后村先生大全集》卷一百六十四《忠肃陈观文神道碑》，四部丛刊初编本。

表 2-2　宋代赣南城池建设情况

县名	宋代筑城情况	资料来源
赣州府	晋永和创筑，宋熙宁中始甃以石	嘉靖《赣州府志》卷五《创设》
雩都	绍兴乙丑仍土城故址修	同上书
信丰	嘉定庚午循故址修	同上书
会昌	绍兴中知县黄钺筑	同上书
宁都	绍定癸巳草创，嘉熙戊戌摄县赵训夫成之	同上书
龙南	宋隆兴癸未创筑土城	同上书
石城	建炎末邑人陈晧佐知县余惠迪筑土城	同上书
南安府	宋淳化二年创始，淳熙九年、绍定中增高厚焉	同治《南安府志》卷四《城池》
南康	旧惟土垣，绍定始甃以石	同上书
上犹	原无城，绍定五年始筑城	同上书

从表 2-2 可看出，北宋时赣南二府十三县有城墙的只有赣州和南安两个府城，一些县城建置十分简略，南宋初年时人所谓"州县之间，既无城池，又无兵食"① 并非虚言。南宋是赣南普遍修整城池的时期，大部分县治开始有城池。这固然可视为南宋兵寇频繁的结果，但也说明了官府统治能力的加强。

随着社会逐步稳定，南宋中期以后，在赣南驻扎的军队开始减少。淳熙二年（1175），周必大上奏：

> ……议者不深维致寇之由，乃专欲为销兵之计，于是废并六营，止存两营。却别招刺吐浑一千五百人，雄威五百人，替回驻

---

① （宋）李心传：《建炎以来系年要录》卷九十一，绍兴五年七月丙申，广雅书局丛书本。

扎大军。其后又将吐浑、雄威起发往荆南等处，而赣州专至置雄略、武雄、澄海、威胜四指挥，凡二千人。①

由此可知，南宋中期以后，赣南驻扎兵力二千，只是北宋时的一半。周必大进言意在增加兵力，但事实上，赣南仍继续裁减兵员。《宋会要辑稿》有如下记载：

> （淳熙三年八月十八日）赵彦操言：赣州诸县昨因寇难，增创土军，后来安静已久，而因仍不去。……今诸寨未敢遽议废并，盖亦量度紧慢，少损其数，别立新额。②

减少土军的数目，是因为"安静已久"。③ 不过，此时赣南除了前述较大规模的陈三枪和李元砺之乱外，零星小寇也不断骚乱：

> （淳熙）四年四月二十二日……钱佃等言，瑞金与汀州为邻，两界之冲，盗贼盘踞，追捕之速，则窜入他境。④
> （赵彦楠）出知汀州，州民叶姓者，啸聚汀、赣间，彦楠遣将捕戮之。⑤

① （宋）周必大：《文忠集》卷一百三十八《奏议五·论添注赣州军马》，文渊阁四库全书本。

② （清）徐松辑：《宋会要辑稿·兵三·弓兵》，6817～6818 页，北京，中华书局，1957。

③ 笔者估计，此时朝廷驻扎在虔州的兵力减少，除了因为大规模的动乱减少之外，还有一个重要原因可能是前述赣南保伍法建立后，地方盗贼可依靠地方势力而剿捕。

④ （清）徐松辑：《宋会要辑稿·职官四十八·县令试衔知县》，3475 页，北京，中华书局，1957。

⑤ （元）脱脱等：《宋史》卷二百四十七《宗室列传四·赵彦楠》，8767 页，北京，中华书局，1977。

这些盗寇主要是自北宋以来一直存在的盐贩。① 乾道时人言："至于徽、严、衢、婺、建、剑、虔、吉数州,其地阻险,其民好斗,能死而不能屈,动以千百为群,盗贩茶盐,肆行山谷,挟刃持梃,视弃躯命与杀人如戏剧之易、饮食之常。"② 绍熙时人言："汀、赣接境,岁晚,辄百十为群,名曰负贩,实为剽掠,松源、石下为二州渊薮。淳熙间,有啸聚者,自是几无宁岁。"③

岭南地区也时常受到"盐子"的骚扰。绍熙元年(1190),有臣僚言："岭南地广人稀,每岁冬月,盗贼尤剧,商旅不敢行于道。臣尝熟询其故,盖由江西、湖南之游手,每至冬间,相率入岭,名曰经纪,皆设为旅装,出没村落,啸聚险隘,伺便剽掠。"④ 这些"盐子"都是所谓"江西、湖南之游手",他们出没于闽粤赣边界,贩盐牟利,似乎继续了北宋赣南"盐寇"的周期性活动。不过,南宋时赣南地方防卫制度已经建立,对盗贼剿捕甚严。嘉定八年(1215)七月十一日,知赣州杨长孺奏言:

> 汀、赣联境,民习凶顽,不务农桑,易于为盗。近年赣盗颇稀,汀盗反为赣害。盖赣人有犯,追捕甚严,人知惩艾。惟汀州隶福建,汀人为盗于赣,赣州移文追捕,而汀州视如秦越,缘此数载,汀盗公行,此而不防,久将益炽。⑤

---

① 盐贩在宋代一直存在,南宋朝臣多有主张宽盐禁者,但并未实际实行,相反,广东盐司督责甚严,可参考 [日] 佐竹靖彦:《宋代赣州事情素描》,见《唐宋変革の地域的研究》第三章,360~388 页,京都,同朋舍,1990。

② (宋)卫博:《定庵类稿》卷四《与人论民兵书》,文渊阁四库全书本。

③ (宋)楼钥:《攻愧集》卷一百四《知梅州张君墓志铭》,四部丛刊初编本。

④ (清)徐松辑:《宋会要辑稿·兵十三·捕贼下》,6986 页,北京,中华书局,1957。

⑤ (清)徐松辑:《宋会要辑稿·职官四十七·判知州府军监》,3446 页,北京,中华书局,1957。

时知广州的方大琮亦言：

> 若盐子入岭，向者留忠宣守赣时给据与之，何后来之不可行？惠甫宋宪使申严保五（原文如此——引者注）法，以其精力行之，两年间越岭者少。去秋广昌、宁都间之几于决裂者，何说？户部之迄能抚定者，何道？今夏非贩礧时，乃突入循、惠界，亟调兵且剿且驱之，闻至宁都而歼焉。或言入去秋来自取锄戮者甚多，恶种甚稀，顾山川所产，岂能尽绝，但常得文武清廉如吾户部者，非特卖刀之化可成，抑使珥笔之风亦歇，是岂不在我乎？①

方大琮强调的是得力守臣利用保伍法防止"盐子入岭"的作用。从"或言入去秋来自取锄戮者甚多，恶种甚稀，顾山川所产，岂能尽绝"来看，虔州（赣州）之民农闲越岭贩盐为生的周期性活动并未绝迹。

文天祥在赣州知州任上时，也说过赣州每年有"八九月间申严编氓出甲之禁"的"旧例"：

> 郡中旧例，以八九月间申严编氓出甲之禁，往往此时，凶徒陈（疑为"阵"——引者注）脚已动，履霜不戒，坚冰奈何？近者妄意预行晓揭，使家至户晓，人人知所避就。今年侥幸，梅关以南，无一草一木之惊，仆之责始塞。②

可见每年农闲时"申严编氓出甲之禁"是守赣大臣的重要职责。"出甲"的"甲"可能为"保甲"，与"出甲"相对应的则是"归就保伍"。请看文天祥的另一段话：

---

① （宋）方大琮：《铁庵集》卷十八《书·郑金部（逢辰）》，文渊阁四库全书本。
② （宋）文天祥：《文山集》卷六《书·与广东曹提刑》，文渊阁四库全书本。

赣事稍简……赣只有出甲一项，未易杜绝，今春此辈在广，闻某新上，皆急于归就保伍。乘其畏向之机，近日未免先事谕晓，度今冬可得安靖。①

"出甲"大概就是脱离保伍，在赣南更具体的可能是离开保伍越岭贩盐。虽然文天祥没有具体地说"出甲"之徒的目的是什么，但从"郡中旧例，以八九月间申严编氓出甲之禁"和"度今冬可得安靖"等语，可知道其活动时间主要为秋冬农闲时。联系到北宋赣南贩盐之徒的特征，以及此时汀、赣"盐子"活动频繁的事实，可以看出这些"出甲"之人与"盐子"的活动有密切联系。

赣州防备森严，"盐子"便在闽粤赣边界啸聚流窜。嘉定十三年（1220）十月三日，知循州牛斗南言：

循阳风俗，亦颇淳朴，而独苦于剽盗，皆出于章、贡贩醝之徒。盖江西之盐，仰给于通、泰，地邈而价穷，由惠州私贩以往，地近而价廉。乃奸滑失业之民、逃亡配隶之卒，急于射利，法禁难施。赣与循为邻壤，私贩往来，十百为郡（疑为"群"——引者注），取道境内，吏不敢呵，小失其意，则弛檐剽掠，已而遁入于赣，虽欲收捕，而不可得。②

"盐子"虽已不能对地方统治秩序造成很大威胁，但其在边界经常性的骚扰仍令地方官大伤脑筋。对地方官而言，对付边界流寇最有用的不是朝廷大军，而是得力的地方捕快巡吏。因此，福建和江西安抚使都

① （宋）文天祥：《文山集》卷七《书·与曾县尉先之》，文渊阁四库全书本。
② （清）徐松辑：《宋会要辑稿·兵十三·捕贼下》，6991页，北京，中华书局，1957。

有加强州县巡尉的要求：

> （淳熙十二年）八月十九日，福建路安抚使赵汝愚言："本路
> 汀州与赣州为邻，常多寇盗，全在巡尉得人，庶能弹压。乞令吏
> 部，今后汀、赣两州县尉阙，不许注恩科出身人，如榜阙蒲（疑
> 为"满"——引者注）一季，无本等人愿就者，听武举出身人通
> 注。其已差下人，候到任，从知通铨量，如昏谬不能任职，其姓
> 名闻奏。诏权依十月十四日吏部乞将汀、赣二州县尉非次阙榜五
> 日，专许武举出身亲民人指射。先差大使臣，次小使臣，限满无
> 人愿就，许武举出身经任监当人指射，长贰精加铨量。从之。①
> （嘉泰四年）十一月三日，诏今后赣州兴国、雩都、宁都三县
> 尉阙，令吏部注授武举出身及曾任县尉无过犯人，从守臣赵时逢
> 奏请也。②

上述建议要求地方州县县尉仍用武举出身的得力之人，以弹压地方盗
贼。也有地方官为加强边界兵力，亦要求兼管兵马。嘉定十三年
(1220) 十一月十九日，江西提刑刘筠建议道："南安军南康县当林峒
之冲，本司昨来申创古城一寨，所以控扼要害，弹压未萌。赣州瑞金
县接临汀、石城之交，盐子出没其间，则有狗脚巡检，以任警徼追捕
之责。……此二寨者，若使其于县道有所统隶，则禁令自行，阶级自
肃，缓急之际乃可使令。窃见南安军南安县，建昌军广昌县，近旨知
县兼兵马监，欲望朝廷札下赣州南安军见任知县，并以兼兵马监押系
衔者，永为定制。庶几军兵在其境内者，得以钤束而整齐之。"对于刘

---

① （清）徐松辑：《宋会要辑稿·职官四十八·县尉》，3496 页，北京，中
华书局，1957。
② 同上书，3497 页。

筠的建议，

> 吏部勘会乞下江西安抚转运提举提刑司，照条连书保奏。至
> 是逐司审度保明来上，乞将选人承直郎以上、京官宣教郎以下并
> 兼兵马监押，通直郎以上兼兵马都监系衔，故有是命。①

可见，朝廷也批准部分地方官兼任兵马监。

更为重要的是，由于盗贼的边界性，赣州知州要求兼统邻近地区
的兵马，以便剿捕盗贼。前引知赣州杨长孺已兼领南雄、南安兵甲，
仍要求兼辖汀州兵甲：

> 势须江西守臣得以兼福建之兵权，庶几福建盗贼江西可以讨
> 捕。窃见本州兼领兵甲，越至广界，南雄、南安悉在钤制，故江
> 西交广事体相关，应援如响，广东之盗不敢侵逾，其效可睹。独
> 汀州之盗频来扰害，捕则窜归。欲乞将汀州兵甲照南雄州例，许
> 本州守臣提举，添入“汀州”两字系衔，仍札下福建路安抚、提
> 刑司及汀州照应施行，庶几彼此相维，群盗可弭。又照得赣州瑞
> 金县正汀盗出入之冲，而古州古城寨最近瑞金，若蒙朝廷以古城
> 寨为两州界寨，使本州与汀州皆得统辖，则汀盗有所畏惮矣。②

---

① （清）徐松辑：《宋会要辑稿·职官四十八·县令试衔知县》，3480 页，
北京，中华书局，1957。

② （清）徐松辑：《宋会要辑稿·职官四十七·判知州府军监》，3446～3447
页，北京，中华书局，1957。对于江西守臣要求兼领广东、福建兵权，李纲曾经
建议过，但似未被采纳。后讨陈三枪时，知赣州陈韡曾兼领过，此杨长孺奏只说
他兼领南雄、南安兵甲，可见陈韡后，赣州知州便只兼有南雄、南安和赣州的
兵权。

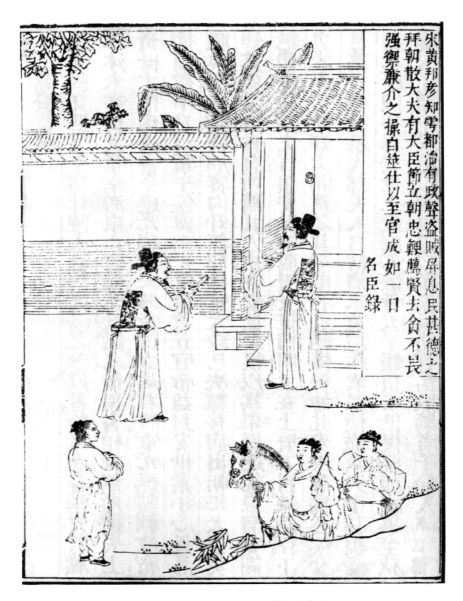

图 2-1　淳祐年间雩都知县黄邦彦事迹图

　　该图所附文字说明，黄邦彦的一个重要政绩乃是使"盗贼屏息"。图见
（明）金忠、车应魁：《瑞世良英》卷二，211 页，上海，上海古籍出版社，
1994。

朝廷从之。这些地方官兼领兵马的主要目的，就是对付不断在边界骚扰的"盐子"。赣州知州文天祥说："赣之为州，虽曰以五城兵马钤辖系之衔，顾建立司存本意，不过为赣民出他境，使郡将得行通制之权，权要其实，则依然一列城也。若有所征调，下郡秉承，实视朝命。"①赣州知州兼领"五城兵马"的本来意图，就是为了便于对付赣民出境。"五城"不知具体指哪五城，也有可能是虚指。不过，从前引杨长孺的建议中可看出，赣州知州原来就兼领了南安、南雄的兵马，杨长孺则要求兼领汀州，以对付日益严重的"汀盗"。笔者认为，由于南宋赣南地方社会秩序已和官府控制的保伍、隅官制度联系紧密，"盐子"的活动已不太可能像北宋那样如入无人之境了。或者正因如此，我们发现，南宋时人比较习惯称呼贩盐之徒为"盐子"，而不是"盐寇"。两相比较，似乎暗示着"盐子"的危害和规模比"盐寇"小。

南宋赣南地方社会的转变，直接对盗贼活动产生了影响，使与赣州临近的福建汀州成为比赣州更出名的"盐子"活动频繁之地。前引知赣州杨长孺所谓"近年赣盗颇稀，汀盗反为赣害"，即是证明。试看南宋端平年间吴潜的奏议：

> ……汀与南安，盗之祖窟……南渡以来，汀、南安号为朴俗，不闻有盗，比年乃为大阱，波流四出，王师仅然后克之，何哉？盖汀为八郡之最贫，往昔朝家，时或裨其郡计。而南安以邑创军，调度不足，按其图至一日常欠六十余缗支遣，况年来官吏养尊，习移苞苴，囊橐过于上供，不为无艺之求，何以取给？由是深山穷谷，无不追宿逋，无不食贵盐矣。此福建之盗，所以起于盐子，

---

① （宋）文天祥：《文山集》卷八《书·回汀州陈宁》，文渊阁四库全书本。

江西之盗，所以起于峒民也。①

　　说"福建之盗，所以起于盐子"，并非指"盐子"都是福建人，而是指福建乃贩盐必经之地，"盐子"活动频繁。在福建活动的"盐子"主要是汀、赣之民，上引奏议的贴黄则谓："臣所谓盐子者，皆汀、赣间恶少不耕之徒，若不贩盐，即以劫盗自给。与其使之为盗，宁宽盐禁。"从这里可以看出，北宋以来一直活跃在赣闽粤边界的"盐寇"依然如故，但是，其活动范围已经不可能像前引佐竹靖彦所说的以虔州为中心，向惠、潮等沿海诸州作"离心性的攻击"那样自由了，而是相对局限于汀赣边界地区。然而，此时赣南除了对付"盐子"之外，还要对付比"盐子"更厉害的"峒寇"。

第三节　"峒寇"：盆地开发与王朝教化

　　从上文可见，频繁的"虔寇"平定后，赣南社会依然小警不断，除了"盐寇"之外，南宋赣南还有"峒寇"一直困扰着地方社会。所谓"江西之盗，所以起于峒民"，乃是与"福建之盗，所以起于盐子"同样严重的问题。按上引奏议的说法，南安之所以"峒寇"问题严重，是因为南安军小，"调度不足"，加上官吏私贪，"习移苞苴，囊橐过于上供"，导致"深山穷谷，无不追宿逋"。问题是，为什么南安军赋役征收不足会引起"峒寇"的猖獗？

　　"峒寇"作乱的性质，与以前讨论过的"虔寇""盐寇"之乱有所

-----

　　①　（宋）吴潜：《许国公奏议》卷一《应诏上封事条陈国家大体治道要务凡九事》，清刻本。

不同。长期以来，史学界都把"峒民"理所当然地看作少数民族，"峒寇"则视作少数民族起义，这样的看法其实并不是很准确。① 首先，民族是个现代的概念，我们没有理由用一个现代的概念去套历史事实。其次，在宋代文献中，"溪峒"（"峒"亦作"洞"）一词有特殊的含义。李荣村仔细探究过"溪峒"一词的含义及其历史流变，认为峒地全在山谷盆地里，"宋代溪峒一词多指作蛮夷或其居住地，以与汉人居住的省地有所区别，因此省民十之八九应是汉人，而峒民则十之八九多属蛮夷"。他亦特别提醒，不可将《宋会要辑稿》所记之"溪洞"与"洞民"理解为居住在山洞中的民人。② 李氏把峒民与省民区分开来，并强调峒民居住环境、生活方式与蛮夷之关系，是很有见地的。进一步说，所谓"峒"与"非峒"之间的差别更重要的不是种族，而是文化上的"蛮夷"与"汉"的分野。在文献中，关于蛮猺畲僚的记载十分混杂，很难区分汉与非汉。峒民与省民的区别更关键的一点，可能在于是否与省民承担同样的赋税。③《通鉴纪事本末》卷四十八《桂阳蛮猺之叛》载：

庆历三年九月乙丑，湖南转运使司言，桂阳监蛮猺内寇。蛮

---

① 研究华南地区"非汉民族"的日本学者有白鸟芳郎、竹村卓二、佐竹靖彦等人，其中比较突出的是冈田宏二，他发表了一系列论文探讨华南地区非汉民族的社会史，研究涉及中国各王朝的羁縻政策、种族分类、生计形态、峒丁及其社会、马政和民族等许多方面，他的研究对本书启发很大。但是，冈田宏二还是以现代的民族概念来分析文献中的"峒"与"畲"、"猺"等族群。参考［日］冈田宏二：《中国华南民族社会史研究》，赵令志、李德龙译，北京，民族出版社，2002。中国学者则习惯于把"峒寇"问题看成少数民族起义，例如赵继颜：《中国农民战争史（四）》（宋辽金元卷），武汉，湖北人民出版社，1991。
② 李荣村：《溪峒溯源》，载《台湾编译馆馆刊》，1981（1）。
③ 笔者曾对此问题进行过初步的论述，参考黄志繁、胡琼：《宋代南方山区的"峒寇"——以江西赣南为例》，载《南昌大学学报（人文社会科学版）》，2002（2）。

> 傜者，居山谷间，其山自衡州常宁县属于桂阳、郴、连、贺、韶
> 州，环纡千余里，蛮居其中，不事赋役，谓之傜人。

"不事赋役"，正是瑶人与省民的最本质区别，至少法理上是这样。瑶人服赋役，则可能成为"省民"。以下记载即是证明：

> （赵必健为赣宁都丞——引者注）罗畲峒首黄应德久负固，亦
> 请出谒，公延见，享劳之，感泣辞去。已而，邵农至其所，应德
> 曰：吾父来矣。率妻子部曲罗拜，愿附省民，输王租，迄公去溪
> 峒，无反仄者。①

在观念上，宋人认为溪峒瑶人是"化外之民"，他们担心的是这些"化外之民"的作乱影响到"省地"，从而会影响政府的财赋收入。李纲在描述"虔寇"的危害时，有一句话很能反映宋人的这种看法：

> 契勘虔贼累年出没作过，正如溪洞傜人不复知有王化，致令
> 虔州一州财赋催理不行，傍近郡县皆被其毒，为害甚大。②

这句话的目的，当然在于强调"虔寇"之危害。把"虔寇"与溪峒瑶人相比，也恰恰说明，二者并非同类。

不过，笔者强调峒民与省民的区别关键在于是否向朝廷缴纳赋税，这只是观念上的，而不是完全对应于事实。按照冈田宏二的研究，宋

---

① （宋）刘克庄：《后村先生大全集》卷一百六十《墓志铭·英德赵使君》，四部丛刊初编本。

② （宋）李纲：《梁溪集》卷九十四《乞差兵会合措置虔寇奏状》，文渊阁四库全书本。

朝政府对归附的华南少数民族实行的赋税政策为：对边远地区者基本不征赋税；对临近内地的溪峒民，仅每丁收税三斗，比汉人的税额低，并免其赋役。① 冈田宏二揭示的是事实层面，而笔者所指的只是观念和法理层面，二者并不矛盾。实际上，"峒寇徭僚"又有"生""熟"之分，冈田宏二所说的"临近内地的溪峒民"，在宋人眼中，是所谓"熟"户，具有从峒民向省民过渡的性质。《宋会要辑稿》记载了湖南的情况：

> （淳熙）七年三月十六日，臣僚言："辰、沅、靖三州，内则省民居之，外则为熟户山徭，又有号曰峒丁，接近生界，迤逦深入，围峒甚多，平时省民得以安居，实赖熟户之徭与夫峒丁相为捍蔽。创郡之初，区处详密，堤防曲尽，故立法有溪洞之专条，行事有溪洞之体例，无非为绥边之策。近年以来，生界徭僚多有出没省地而州县无以禁戢者，皆由不能遵守良法。……"②

宋代立溪洞专条来处理溪洞问题，表明溪洞之民与省民确有区别。不过，峒民与省民的分别，只是法理上的分类，同为溪洞的"熟户山徭""峒丁"之类，则处于省民与"生界徭僚"的过渡阶段。从另一角度而言，溪洞专条的存在也说明，"山徭""峒丁"已进入官府管辖的视野之中，已非纯粹的"化外之民"。

上述"熟户山徭""峒丁""生界"与"省地"之间的矛盾和冲突，表明当时正在发生一个作为"化外之民"的"峒寇""山徭"转化为

---

① 参考［日］冈田宏二：《中国华南民族社会史研究》，赵令志、李德龙译，21页，北京，民族出版社，2002。

② （清）徐松辑：《宋会要辑稿·刑法二·禁约》，6564页，北京，中华书局，1957。

"化内之民"的过程。《宋会要辑稿》就记载了土地买卖引起"生界徭僚出没省地"的情况：

> 夫熟户、山徭、峒丁有田，不许擅鬻，不问顷亩多寡，山畬阔狭，各有界至，任其耕种。……近年以来，生界徭僚出没省地，而州县无以禁戢者，皆由不能遵守良法，有以致之。溪峒之专条，山徭、洞丁田地并不许与省民交易，盖虑其穷困而无所顾藉，不为我用。今州郡谩不加意，山徭、洞丁有田，悉听其与省民交易。①

"山徭、峒丁"作为"省地"与"生界"的过渡，拥有大小不一的土地，"各有界至，任其耕种"，且规定"山徭、峒丁"的田地不许与省民交易。宋政府实行这个政策，主要是"虑其穷困而无所顾藉，不为我用"，即如果其贫穷，则起不到"省地"与"生界"之间屏障的作用。问题是，虽然理论上"省地""生界""山徭、峒丁"之间各有界至，但实际上界至并非静止不动，"山徭、峒丁"与省民之间来往日益增加，导致二者之间的土地纠纷渐多。《宋史》载：

> 十一年（按前文，当指乾道十一年，而乾道实只九年——引者注），诏给事中、中书舍人、户部长贰同敕令所议，禁民毋质徭人田，以夺其业，俾能自养，以息边衅。……（嘉定七年）臣僚复上言："……比年防禁日弛，山徭、峒丁得私售田。田之归于民者，常赋外复输税，公家因资之以为利，故谩不加省。而山徭、峒丁之常租仍虚挂版籍，责其偿益急，往往不能聊生，反寄命徭

① （清）徐松辑：《宋会要辑稿·蕃夷五·南蛮传》，7802页，北京，中华书局，1957。

人，或导其入寇，为害滋甚。宜敕湖、广监司檄诸郡，俾循旧制毋废，庶边境绥靖而远人获安也。"①

"山徭、峒丁"私售田与省民，增加了赋税来源，对地方官府有利，官府遂"谩不加省"，而与此同时，"山徭、峒丁"虽将田产售出，但"常租仍虚挂版籍"的情况也经常出现（"山徭、峒丁"要向政府负担"租"的事实，说明其处于"生界徭僚"与省民之间的过渡阶段）。官府为此催逼，原来已为官府所用的"山徭、峒丁"遂和"生界"徭人起而为乱。这种因土地问题而起的纠纷，不论其出发点如何，其后果之一，就是省民和"山徭、峒丁"及"生界徭僚"之间交往频繁，原来的所谓"界至"开始模糊起来，这实际上促进了"化外之民"的瑶人和僚人的转化。

上述关于"山徭、峒丁"与省民之间土地纠纷的事实提示我们，省民出于利益购买"山徭、峒丁"的土地，政庶出于增加收入的目的容忍"山徭、峒丁"违规出卖土地，是导致纷争的具体原因，反映的是"化外之民"不断转化为"化内之民"的事实。

赣南的南安与湖南、广东交界，"溪峒广袤而邑落其中，民以山深而俗淳，亦以山深而穴寇"②。嘉定年间，知广州方大琮也说南安"元僚峒丁，与省民错居"③，这说明南安也存在省民与"山徭、峒丁"互相混杂的情形。陈元晋《渔墅类稿》记载：

① （元）脱脱等：《宋史》卷四百九十四《蛮夷列传二·西南溪峒诸蛮下》，14194、14196 页，北京，中华书局，1977。

② 嘉靖《南安府志》卷十五《建置志一·公署》。

③ （宋）方大琮：《铁庵集》卷九《启·本府诸州官·南安余判官》，文渊阁四库全书本。赣南的"峒寇"主要集中在南安，但如下文所示，宁都、龙南等其他地方也有关于"峒寇"的记载。

及南安峒中多有随贼出草，有过无归、不齿于乡里之人，与
　　夫单身盐子、被罪逃军、打把弓手等人，身手可用，无所顾藉，
　　出入林峒，伺隙喜乱，诱胁良民，唱呼生事，皆由此曹。……
　　……一南安峒中前是赤水㲼袍之民，凭负险阻，怙终喜乱，
　　然非六保水路诸峒之人与之附和，亦不敢轻有动作。……①

游离于王朝控制体系之外的"峒民"归化与本来在王朝体系之中的省
民脱离官府控制的行为实际上是交织在一起的。所以，我们注意到，
虽然一方面，"峒寇"问题让官府相当头痛，但是另一方面，也不时可
看到南宋中后期峒民接受王朝教化、主动缴纳赋税的记载。除了上引
宁都县丞赵必健归化罗畲峒首黄应德的事例外，还有：

　　　邑（龙南）上乡邻山峒民旧不输税，一日，数十人长枪系钱
　　而至。吏惊怪，诘之。曰："闻有好长官，愿为王民。"②

这样一种"峒寇"与民交混的情况，使"峒"成为致乱之源，"峒寇"
遂成为官府必须对付的问题。捘诸史籍，南安"峒寇"活动频繁应在
嘉定元年（1208）郴州李元砺之乱后。③《宋会要辑稿》记载："嘉定
元年，郴州黑风峒猺人罗世传寇边，飞虎统制边宁战没，江西、湖南
惊扰，知隆兴赵希怿、知潭州史弥坚共招降之。二年，李元砺、罗孟

　　———————————

　　① （宋）陈元晋：《渔墅类稿》卷四《申措置南安山前事宜状》，文渊阁四库
全书本。
　　② （明）钱士升：《南宋书》卷六十四《郑轮传》，转引自陈森甫：《宋元以
来江西西南山地之畲蛮》，载《台湾编译馆馆刊》，1982（4）。
　　③ 关于李元砺之乱及其对江西的影响，李荣村有很详尽的描述。参考李荣
村：《黑风峒变乱始末——南宋中叶湘粤赣间峒民的变乱》，载《"中央研究院"历
史语言研究所集刊》，第 41 本，第 3 分，1969。

二寇江西。"① 端平年间，"峒寇"依然不止，时人谓："某照得南安林峒，自嘉定间罗孟二、李元砺等作过，以至年来时作时止，狼子野心，委是难以保信。"② 那么，为什么在南宋后期赣南的"峒寇"问题才严重起来呢？

图 2-2　宋赵汝擢教化峒寇尹彦辉图

根据图中文字说明，赵汝擢宣谕"峒寇"尹彦辉，使其归化。图见（明）金忠、车应魁：《瑞世良英》卷二，249 页，上海，上海古籍出版社，1994。今查同治《南安府志》卷八《秩官》，"赵汝擢"可能为"赵汝博"之误。

---

① （清）徐松辑：《宋会要辑稿·蕃夷五·南蛮传》，7800 页，北京，中华书局，1957。

② （宋）陈元晋：《渔墅类稿》卷四《申措置南安山前事宜状》，文渊阁四库全书本。

首先，笔者注意到赣南"峒寇"以南安府为最多，此固然和这一带的地势有关①，但是，嘉定年间的主要发生在湘赣边界的黑风峒叛乱明显地对南安府的"峒寇"问题造成影响，上文的"某照得南安林峒，自嘉定间罗孟二、李元砺等作过，以至年来时作时止"就是证明。

其次，可能更重要的原因与赣南社会在南宋以后的转型有很大关系。上引吴潜的奏议中的贴黄谓：

> 其南安军财计，只靠南康一邑所有，只由大庾人户无几，若郡计更有不给，必至波及山峒之民，利害甚明。②

虽然不清楚"波及山峒之民"的具体理由是什么，但根本原因恐怕仍是南安财政用度不足而引发的赋役问题。特别是如上一节所分析的，南宋赣南社会中，官府对地方社会控制进一步加强，南宋和北宋在赣南统治方式的重要转变，是南宋征收比较复杂繁重的赋税。③随着南宋在赣南统治的加强，加上官吏的贪婪，赋役的征收必然影响到原本是"化外之民"的峒民。因此，"峒寇"问题表面上是"峒寇"与省民

---

① 陈森甫：《宋元以来江西西南山地之畲蛮》，载《台湾编译馆馆刊》，1982（4）。

② （宋）吴潜：《许国公奏议》卷一《应诏上封事条陈国家大体治道要务凡九事》，清刻本。

③ 上一节论述赣南地方社会转型时，主要讨论的是虔州，对南安军着墨不多，但笔者估计南安军也经历了和虔州类似的过程。除了地理上紧邻虔州这个原因外，更重要的理由是：第一，南安军在北宋时私盐问题也很严重（参看本书46页注②），估计也有土豪参与贩盐活动；第二，南安军也在南宋普遍建立起隅官制度，例如，"嘉定三年二月五日，江西兵马铃辖司言：照得李元砺等聚众结集作过，本司出榜劝谕上户充隅官，招集乡丁，防拓乡井，如能戮力向前，即与推赏，补授官资"［（清）徐松辑：《宋会要辑稿·蕃夷五·南蛮传》，7800~7801页，北京，中华书局，1957］；第三，上引吴潜的奏议，表明南安军和虔州一样，赋役征收问题在南宋时期严重起来。

之间交流引起的纠纷，其实质仍可能是赋役问题，即可能存在官府向峒民收税的情况，或者是土地买卖引起"山徭、峒丁"田去租存。这是当时人"江西之盗，所以起于峒民"的看法形成的重要背景。

最后，我们必须注意南宋时期的赣南户口迅速增长所带来的生态压力。随着绍兴以后盗贼活动有所缓解，南宋时期，赣南的户口开始快速增长。根据曹树基的研究，南宋赣南人口有明显的增长，特别是绍兴至淳熙，人口增长率达到了24.5%，如表2-3所示。曹树基推测，人口增长速度如此之快，是外来移民所致。[1] 他估计南宋赣南有外来移民人口（含其后裔）约87万，超过了土著人口。如果真是这样，如此之多的外来人口涌入赣南，必然会出现如何安置的问题。但就笔者阅读的材料而言，并没有看到任何有关这批外来移民的讨论。因此，也许不能把南宋赣南人口的大量增长完全归结于外来移民的涌入。[2]其实，动乱平定之后，原来政府没有控制的大量人口被纳入政府登记，同样可以表现为户口的快速增长。联系到李纲等人招安"虔寇"以后，除头首外，其余基本放归复业的政策，后一种假设可能更符合赣南的实际情况。

表2-3 宋元赣南户口增长

时代	地区	户数	估计人口	与上一统计年份相比的人口年平均增长率（‰）
太平兴国（976—983）	赣南	85146	425730	1.9

---

① 参考曹树基：《赣、闽、粤三省毗邻地区的社会变动和客家形成》，见《历史地理》第14辑，123～135页，上海，上海人民出版社，1998。
② 吴松弟也注意到宋元时期闽粤赣地区并没有关于风俗习惯与土著不同的大量人口的记载，并由此推出了"客家源流南宋说"。见吴松弟：《中国移民史》第四卷，353～362页，福州，福建人民出版社，1997。

时代	地区	户数	估计人口	与上一统计年份相比的人口年平均增长率（‰）
元丰元年（1078）	赣州	98130	490650	5.8
	南安军	35799	178995	
崇宁元年（1102）	赣州	102609	513045	1.9
	南安军	37721	188605	2.2
绍兴十六年（1146）	赣州	120985	604925	3.9
淳熙八年（1181）	赣州	293354	1466770	24.5
宝庆二年（1226）	赣州	321336	1606680	2.1
至元二十七年（1290）	赣州路	71287	285148	—27.4
	南安府	56011	303666	2.5

说明：

（1）本表取自曹树基：《赣、闽、粤三省毗邻地区的社会变动和客家形成》，表1"宋元时期赣南地区的人口变迁表"，见《历史地理》第14辑，125页，上海，上海人民出版社，1998。另，吴松弟《中国人口史》第三卷（上海，复旦大学出版社，2001）表4-2、表4-4、表7-2所列数据也基本相同。

（2）北宋淳化元年（990）设立南安（元代改为南安路，后改为南安府），故元丰元年（1078）赣南的人口数据为赣州和南安军之和。与曹树基原表相比，本表元丰元年的人口年平均增长率略有调整。

（3）太平兴国的上一统计年份为唐天宝年间。

姑且不论赣南此时如此多的人口是如何出现的，一个可以肯定的事实是：南宋后期，赣南的人口达到了相当的规模。由于没有南安府的人口数字，我们无法得出南宋后期赣南人口的准确数字，但是，仍可进行估算。从表2-3中可知道，崇宁元年（1102）南安军人口数为188605，如果我们采用与赣州相近的人口增长率，以崇宁元年至绍兴十六年（1102—1146）人口年平均增长率3.9‰、绍兴十六年至淳熙八年（1146—1181）人口年平均增长率24.5‰计算，则到了淳熙八年南安军人口数将达到410452。加上赣州的人口数1466770，那么，淳熙八年（1181）赣南人口将达到 1877222。也就是说，南宋后期，有将近 200 万人生活在赣南，是北宋太平兴国年间的将近五倍。根据吴松弟的研究，宝庆年间赣州的人口密度已由北宋初期的每平方公里 2.8 户增长到每平方公里 10.6 户。[①] 难怪南宋时人形容赣州说："州有十县，地广人稠，大抵嗜勇而好斗，轻生而敢死。"[②]

虽然南宋时赣南不像浙江和福建那样出现人地关系紧张的局面[③]，但是，人口的大量增加同样会使赣南的资源相对紧张。上文论及，峒民与省民之间常常因为土地纠纷而产生冲突，这固然是由于官府征收赋役制度中的种种弊端，但是，土地争夺也是资源开始紧张的表现。虽然没有直接史料可以证明南宋时赣南出现了峒民与省民之间的土地纠纷，但是，我们可以推测出，南宋后期的赣南必然存在一定的人口压力，而向官府无法控制的化外的"峒"转移则是省民的重要谋生手段。前引文中"及南安峒中多有随贼出草，有亡无归、不齿于乡里之人，与夫单身盐子、被罪逃军、打把弓手等人，身手可用，无所顾藉，出入林峒，伺隙喜乱，诱胁良民，唱呼生事，皆由此曹"，正是这种情况的反映。前已论及，所谓"峒"实际上是山谷盆地，这些进入"峒"内的人，除了有官府眼中的"犯上作乱"行为之外，更重要的还是进入盆地从事农业劳作。

冈田宏二考察华南地区非汉民族的生计形态时引佐竹靖彦观点，认为宋代溪峒蛮的生计形态发生了重大变化，其社会生产开始从刀耕火种的原始农业向固定的旱地、水田耕作过渡，并且认为导致这种变

---

① 吴松弟：《中国人口史》第三卷，495 页，上海，复旦大学出版社，2001。

② （清）徐松辑：《宋会要辑稿·方域六·州县升降废置》，7418 页，北京，中华书局，1957。

③ 参考吴松弟：《中国人口史》第三卷，479～483 页，上海，复旦大学出版社，2001。

化的原因，在于采用了牛耕和引进了梯田技术。① 而这一转变显然是以大量汉人进入非汉民族居住区为前提条件的。冈田宏二认为，恰恰是大量汉人的进入，使溪峒地区出现了土地买卖现象，促进了土地私有化的发展；至南宋中期，溪峒蛮中有实力者基本都成长为大土地所有者。② 从这个意义上说，大量的省民进入溪峒蛮地区实际上加速了山间盆地的开发。特别是在美洲作物尚未大量引入中国的宋代，是不可能对山地进行大规模开发的。虽然溪峒地区可能已经出现了梯田，但是，梯田的大量出现应该是明代大规模进行山地开发的时候。

综合以上分析，可以看出，"峒寇"问题之所以在南宋后期的赣南呈现，根本的原因还是在于在一定的生态压力下，省民开始脱离王朝控制体系，进入溪峒地区，从而引起了省民与峒民之间的交混局面。这种局面直接影响到了官府赋役的征收，而且不接受"王化"的峒民乘机作乱，直接危及官府统治。

对付"峒寇"，江西帅司多主张以招安为主。③ 但招安太滥，带来了许多问题。陈元晋《渔墅类稿》说：

> 一近年峒民，习见官司招安之利，偶有争斗，因至仇杀，犯罪难逃，便欲出关集众，出草生事。然行关揭旗，或取其乡有仇之家，或捉押愚蠢单独之夫，出名为首，迫胁起事。其用心以为官司若欲穷捕，则祸归主首之人，若欲招安，则可推出以尝试官府，而其中实专进止，实行关集之贼，遂可免祸得利。

---

① 参考［日］冈田宏二：《中国华南民族社会史研究》，赵令志、李德龙译，405页，北京，民族出版社，2002。

② 同上书，415～416页。

③ 湖南帅司则多主张以剿捕为主，此为李荣村《黑风峒变乱始末——南宋中叶湘粤赣间峒民的变乱》一文中的观点。笔者认为，出现这种差别大概是因为江西始终没有发生如李元砺、罗世传那样大规模的"峒寇"之乱。

因此，地方官便利用土豪隅官来防范"峒寇"。《渔墅类稿》的建议是：

    ……如隅总等人，实为官司臂指，虽未必尽皆忠实，要亦自有知义自爱家温有顾惜者。官司平时以恩意固结，有事以赏罚激劝，则峒中动息，纤悉可闻，或使之弹压不肖，调娱间隙，或使之携间贼徒，捕斩凶渠，悦以使之，必可得力。已行礼请有家资识道理者，前来本司，谕以德意，及行下根刷诸峒谕总姓名，各与换给新帖，责令专一，督察奸邪，弹压乡保。凡有峒丁生事，萌芽之初，便仰先将姓名具申，一面解散，如或不悛，即仰便宜结约毗近隅官都保，将生事人捕解，或有拒捍，许令从长区处，如功状显著，并当厚加犒赏，或申朝廷补授官资，元有官资，别与升转。……

    ……仰邻近诸隅，密切速具首谋，写关行关人姓名，飞申官司剿捕。须要获的实首谋等人，方与休息，或徒党、邻近隅总能用计捕解，能自斩戮前来，断与厚赏补官，定不容妄摊假名为首人出官指掩，以图休息。庶几有以破奸凶之谋，绝希觊之念。①

可见，作为"官司臂指"的隅总，由于比较熟悉"峒寇"情况，被用于协助了解"峒寇"底细，弭治"峒寇"作乱。如前所述，其时赣南地方的保伍隅官制度已建立起来，地方官利用土豪隅官对付"峒寇"收到了一定效果。嘉定五年（1212）九月一日，有臣僚言：

    往者江湖之寇，皆深据溪洞峻绝之地，缘崖触石，人迹罕到。

---

    ①　（宋）陈元晋：《渔墅类稿》卷四《申措置南安山前事宜状》，文渊阁四库全书本。

惟有比近土豪隅官之家所养义丁与之相习，故能上下山坂，闯窥巢穴。连年官军虽暴露于外，而每每假土人以为乡导，至于死损人丁，丧失生业，亦可怜悯。间有一家父子兄弟之间，连遭屠戮，又因冒寒暑、染疾疠，与其队伍相毙于军中者。今上自主帅，下至将校，皆次第蒙赏，而土豪隅官之徒，捐躯于兵间者，尚有所遗。乞下江西、湖南安抚司，广加体访，仍许各人自陈，选委清强有心力官核实，应土豪隅官，除曾系补（疑为"捕"——引者注）贼立功已推赏外，其余实因讨捕受害阵亡之家，并与保明，具申朝廷，量与赏犒。①

嘉定四年（1211），湘赣边界的大规模"峒寇"之乱——李元砺黑风峒变乱刚刚平息②，从以上记载可看出江西、湖南两省土豪隅官在讨捕李元砺的过程中出力不少。

另外，官府也注意安抚被"峒寇"残害的省民，使不从乱。嘉定八年（1215）七月十六日，江西安抚司言：

照得南安县上保石溪六团人户陈廷琳等被贼残害，杀人放火，虏掠家财、牛畜，其被杀者尸骸甚多，至今尚在郊野，无人殡埋。所存者逃居邻保，未得回归，田亩十有八九荒废，委是被害至重去处。申乞敷奏朝省，将南安县上保石溪六团人户陈廷琳等今年全年夏税秋苗特与蠲放。③

---

① （清）徐松辑：《宋会要辑稿·兵二十·军赏》，7109 页，北京，中华书局，1957。

② 参考李荣村：《黑风峒变乱始末——南宋中叶湘粤赣间峒民的变乱》，载《"中央研究院"历史语言研究所集刊》，第 41 本，第 3 分，1969。

③ （清）徐松辑：《宋会要辑稿·食货五十八·赈贷下》，5835～5836 页，北京，中华书局，1957。

嘉定十二年（1219），宋慈任信丰县簿时，曾经有效地平定了"峒寇"。有记载曰：

> 南安境内三峒首祸，毁两县三寨，环雄、赣、南安三郡数百里，皆为盗区。泉司叶宰惩前招安，决意剿除，创节制司，准遣阙辟公。时副都统陈世雄拥兵不进，公亟趋山前，先赈六堡饥民，使不从乱。乃提兵三百，倡率隅总，破石门寨，俘其苗首。……公率义丁力战，破高平寨，擒谢宝崇，降大胜峒曾志，皆渠魁也，三峒平。①

宋慈的办法，一是稳定六堡饥民，一是利用隅总义兵的力量。

官府的目的，总的说来，还是希望"峒寇"不要波及峒外的省民，以维持地方秩序。所以，官府在"峒寇"没有大规模出来作乱之时，多采取防止其出峒的策略。《渔墅类稿》说：

> ……峒民作过，非如他贼相扰，能四出为乱，近则出至南安、南康、大庾诸邑，远则出至南雄、韶州管下。才有所得，即便归峒，正如鼠状，不敢离穴。虽然不能为乱，而常足以致乱，如前此百丈、平固之贼，则有黄十五之变，窥见郡县奔命之劳，因为投隙抵蟆之举。区区谓当置一军寨，且以千人为率，屯于诸峒出入必由要冲之地，专一教练防把，伺其来则剿之，彼必不敢轻犯，彼若从他蹊旁出，则我军入闯其穴，亦必不敢轻出。声势既张，奸谋自息。所有置寨去处，一面参酌士民公言，踏逐紧切去处，

---

① （宋）刘克庄：《后村先生大全集》卷一百五十九《墓志铭·宋经略》，四部丛刊初编本。

讨置起造。供申：

　　一、置寨军兵，不须别有调遣。照得本司昨置太傅、石龙两寨，正在峒中平坦之地，古城一寨，正在南安县下，始基于王金部泳，终成于赵寺丞汝谠。初申朝省行下，寨官系本司辟差材武人，寨兵不许承受差使，不许调遣移戍，专一在寨教习事艺。自立寨之后，十年之间，寇峒有所惮而不作。只缘中间有失初意，调三寨兵出防盐子，为贼所窥，打破三寨，而舒庆二、黄十五之变，相继而作。以此见得近峒处不可不为弹压之备，利害甚明。①

这种做法的用意非常清楚，即用兵力阻止"峒寇"出来骚扰，维持"峒寇"与省民的界限，把"峒寇"的活动限于军寨之外的那个世界。但问题是，"峒寇"和省民都不是这样静止不动的。如前所述，"峒寇"与省民之间的交往不少，"随贼出草，有过无归、不齿于乡里之人，与夫单身盐子、被罪逃军、打把弓手等人"总要出入山峒，"峒寇"也不时出来扰乱，还联络地方百姓为内应倡乱。与此同时，赣南也受到"盐子"的骚扰，还需要军队来"弹压盐子"，这就使得官府兵力捉襟见肘，"峒寇"有机可乘。正如时人所说："只缘中间有失初意，调三寨兵出防盐子，为贼所窥，打破三寨，而舒庆二、黄十五之变，相继而作。"② 于是，官府又要抽调防备"盐子"的兵力来防备"峒寇"。陈元晋建议：

　　昨来陈寺丞申请令会昌县知县以军使禁衔，欲招戍兵数百人，弹压盐子。昨来本县止招到一百余人，在县屯戍。今契勘会昌虽

---

① （宋）陈元晋：《渔墅类稿》卷四《申措置南安山前事宜状》，文渊阁四库全书本。
② 同上书。

是盐子路头，然千百为群，皆从乡落往来，间有警急，此百人者安坐县中，救援无及，且彼众我寡，未见其足为损益。除已别商议措置盐子一项外，今欲抽差上件军分前爻山前，更换移不用之兵于有用之地。……①

终宋之世，"峒寇"与"盐子"一直在边界地方进行骚扰活动，官府的防备政策旨在维持现有的秩序。"峒寇"与"盐子"各有其产生的原因，但"峒寇"问题的出现和"盐子"活动中心转移到汀州，都与南宋赣南地方社会的"转型"有关。赣南地方统治方式改变带来的赋役征收问题，引发了频繁的"峒寇"活动，而保伍法的建立，使贩盐活动的中心转移到汀州一带的边界地区。"峒寇"问题之呈现，反映的正是在一定生态压力下山间盆地的开发过程。另外，注意到在南宋王朝直接控制的地域范围之外，有许多边界地带是大量有着瑶、僚、畲等族群背景的人群的活动场所这一事实，不仅有助于理解宋代赣南社会的转型，也有助于理解元代以后赣南社会的变迁。

---

① （宋）陈元晋：《渔墅类稿》卷四《申措置南安山前事宜状》，文渊阁四库全书本。

第四节　文天祥抗元与"畲贼"

宋末咸淳十年（元至元十一年）（1274），元兵大举进攻南宋，德祐元年（元至元十二年）（1275），元兵攻破鄂州，挥师渡江，南宋震动，诏诸路勤王。时任赣州知州的文天祥"捧诏涕泣"，起兵勤王。《宋史·文天祥传》称：

> 使陈继周发郡中豪杰，并结溪峒蛮，使方兴招吉州兵，诸豪杰皆应，有众万人。①

德祐二年（1276），临安陷落。同年，端宗在福建福安即位，闽粤赣也成了南宋王朝抗元的主要战场。

从上引《宋史·文天祥传》来看，文天祥勤王的部队主要由两方面人员构成：一是赣州、吉安两地的地方土豪，一是两地的"溪峒蛮"。文天祥动员了多少地方土豪，已不可得知。后来的天启《赣州府志》卷十二《军功》说："当时赣州大姓起义旅相从者，如欧阳冠侯等凡三十三家，陈继周父子居幕中，卒死王事，尹玉以孤单力战，与麾下五百人，俱死五木，无一降者。"文天祥能号召赣南的土豪勤王，和他注意利用地方势力开展统治的思想不无关系。开庆元年（1259）文天祥曾给皇帝上书，提出如下建议：

> 四曰破资格以用人。……至如诸州之义甲，各有土豪；诸峒之壮丁，各有隅长。彼其人望，为一州长雄。其间盖有豪武特达

---

① （元）脱脱等：《宋史》卷四百十八《文天祥传》，12534 页，北京，中华书局，1977。

之才，可以备总统之任，一日举之，以为百校之长，则将帅由是其选也。……至如山岩之氓、市井之靡、刑余之流、盗贼之属，其胆勇力绝，足以先登；其智辩机警，足以间谍。……皆吾屈也。①

后来文天祥就任赣州知州，这一思想有可能得以实行。文天祥对友人说：

> 某治郡以来，书生迂阔之说，颇有效验。祖母六月生日，集城中内外老人，自七十一至九十六，为男女一千三百九十名，犒恤有差。老者既踊跃，而少者始皆知以老为贵，礼逊兴行，词讼希省。②

除了文天祥自己的威望之外，当时闲居赣州城中的宁都土著陈继周，对勤王军队的组织发动也起了作用：

> 陈继周……宁都人，以贡士有军功，历仕州县者二十八年，家居赣郭中。诏勤王，丞相造门问计，继周具言闾里豪杰子弟与凡起兵方略甚详。其子大学生逢父，亦昼夜参预筹画调度。③

虽不能肯定上引天启《赣州府志》所说的赣州大姓"三十三家"为实指，但在文天祥的军队中，宁都土豪确有相当比例。文天祥同乡胡广

---

① （宋）文天祥：《文山集》卷三《封事·己未上皇帝书》，文渊阁四库全书本。
② （宋）文天祥：《文山集》卷六《书·与文侍郎及翁（号本心，川人，后参政）》，文渊阁四库全书本。
③ （元）邓光荐：《文丞相督府忠义传》，见（宋）文天祥：《文山先生全集》卷十九附，四部丛刊初编本。

在为文天祥所作《丞相传》中记述说："万石阴与吕师夔通……置司抚州，嘱守臣赵必岊以宜黄令赵时秘状称：宁都连、谢、吴、唐、明、戴六家义士劫乐安、宜黄，将至抚州。申枢密院。天祥言：宁都六姓招募数千人驻吉州，候旨入卫，未尝有一足至抚州境内。"①

除地方土豪外，"郡中豪杰"也包括一些地方官吏，如上文提到的尹玉，原为"赣州三碦巡检，秩满城居，从文天祥勤王"②；还有文天祥为其写过《安湖书院记》的兴国知县何时等。

比较值得注意的是"并结溪峒蛮"。本章第三节已经指出，在宋代文献中，"溪洞（峒）"如果和"蛮"联系在一起，指的是畲、瑶等"不纳王粮"的化外之徒。对于这股势力，文天祥一直注意加以利用，"诸峒之壮丁"中的隅长，"以为百校之长，则将帅由是其选也"③。从时人指称这支部队时所用"溪峒蛮""土豪蛮蜒"等词汇可猜测，在文天祥部队中溪峒蛮是有相当的比例的。

土豪和"溪峒蛮"等地方力量，一直是文天祥领导的抗元军队的主要来源。德祐二年（1276）临安陷落后，南宋开始以福建和广东为根据地进行抗元斗争。文天祥从元营脱逃后，于景炎元年（1276）七月开府福建南剑，十一月在汀州聚兵抗元。景炎三年（1278），文天祥被执于广东五坡岭。④

毋庸多言，文天祥的抗元活动对后世影响很大，他本人也成了士大夫忠义的象征。但本书关心的问题是，文天祥的抗元活动对赣南地

① （明）胡广：《丞相传》，见（宋）文天祥：《文山先生全集》卷十九附，四部丛刊初编本。
② （元）脱脱等：《宋史》卷四百五十《忠义列传五·尹玉传》，13253 页，北京，中华书局，1977。
③ （宋）文天祥：《文山集》卷三《封事·己未上皇帝书》，文渊阁四库全书本。
④ 关于文天祥的抗元活动，可参考万绳楠：《文天祥传》，郑州，河南人民出版社，1985。

方社会发展的影响。南宋最末两帝驻跸闽粤，赣南作为"五岭会要，闽粤咽喉"，因而成为文天祥抗元的主要战场。例如，从景炎二年（1277）三月起文天祥一直在赣南活动，直至八月在兴国空坑兵败，始遁入汀州。此次起兵，文天祥同样特别注意利用赣南的地方势力进行抵抗。其好友邓光荐所作的《文丞相督府忠义传》对此多有记录：

> 陈子敬，赣人，以赀力雄乡里。行府至汀，子敬请招集义兵，置屯皂口，据赣下流，以遏北船，忠效甚著。行府败，聚兵黄塘，连结山寨，不降。北以重兵袭其寨，寨溃，不知所终。
>
> 李梓发，字材甫，南安军南安县人。世为邑豪，主溪洞隅保。梓发为南安三县管界巡检。江西陷，南安守杨公畿迎降，独南安一县不下，邑人黄贤与梓发共推前南安尉𣏌嘉叶茂为主，治守具。
>
> 唐仁，南安土豪也。奉同督府命通江西音问，结约取赣，约日举火为号，城内外夹击。仁军轻，先期至，北军浸觉，闭营掩捕格杀，仁军不见火，遽退，赣军歼焉。时丙子冬也。①

必须注意的是，邓光荐撰写《文丞相督府忠义传》的目的是表彰忠义，许多没有接受文天祥直接领导的地方武装首领也被收入，但这些地方抵抗力量大多接受文天祥的名号，听其号令。类似的事例还有：

> 萧明哲字元甫，太和人。……天祥开府汀州，辟充督干架阁监军。师出岭，明哲以赣县民义复万安，连接诸砦拒守。②

---

① （元）邓光荐：《文丞相督府忠义传》，见（宋）文天祥：《文山先生全集》卷十九附，四部丛刊初编本。
② （元）脱脱等：《宋史》卷四百五十四《忠义列传九·邹㵆传附萧明哲传》，13353 页，北京，中华书局，1977。

胡文可，泰和野陂人……丞相起兵海上，文可罄家资招义勇
从之。及丞相败，文可亦被执，间脱得归，复集兵赴难而死。其
弟文静，先授提督，时无敢拒北兵者……文静不屈，曰宁死不负
赵氏，竟死之。①

"溪峒蛮"的力量也被抗元武装利用。史载：

　　邹凤字凤叔，吉水人也……以寺丞领江西招谕副使……空坑
败，窜身溪洞，约结酋杰，引兵入广。②
　　彭震龙字雷可，永新人，天祥次妹婿也。……乃结峒僚起兵。
天祥兵出岭，震龙接应，复永新。③

利用"溪峒蛮"力量的不仅是文天祥，当时另一位抗元大臣张世杰的
部将中也有畲族首领。据《潮州志》记载：

　　许夫人，潮州畲妇也。景炎元年，宋帝趋潮州，张世杰招义
军，夫人倡率诸峒畲妇应命。二年六月，世杰自将淮兵讨蒲寿庚，
夫人率所部往会，兵势稍振。后帝泊浅湾，夫人复率兵海上援之，
至百丈埔，遇元兵与战死焉，土人义而祀之。④

《宋史·张世杰传》亦载："(景炎二年)四月，从二王入福州。……世

----

① 万历《吉安府志》卷二十二《忠节传》。
② (元) 邓光荐：《文丞相督府忠义传》，见(宋) 文天祥：《文山先生全集》
卷十九附，四部丛刊初编本。
③ (元) 脱脱等：《宋史》卷四百五十四《忠义列传九·邹凤传附彭震龙
传》，13351 页，北京，中华书局，1977。
④ 《潮州志·丛谈·事部》，1949 年本。

杰乃奉益王入海,而自将陈吊眼、许夫人诸畲兵攻蒲寿庚,不下。十月,元帅唆都将兵来援泉,遂解去。"[1] 文中的"陈吊眼"是活动于广东的另一畲族首领。如前面分析,本来畲、瑶与编户齐民的界限就变动不居,"峒寇"、畲、瑶等人群中也经常混杂着"盐寇"和"逋逃之民"。文天祥就曾说过,"潮与漳、汀接壤,盐寇、畬民(即畲民——引者注)郡(疑为"群"——引者注)聚剽劫,累政"[2],可见"盐寇"与畲民有混合的趋势。在动荡的局势下,他们不断地吸纳流亡的编户齐民,势力得以增强。这样,原来在宋朝稳定的局势下,被官府以军事力量阻隔在省民居住区之外的"峒寇"、畲、瑶等人群,成为活动于闽粤赣边界的重要力量,酿成有元一代严重的"畲贼"问题。

元至元十六年(1279),南宋灭亡,但元兵在南方各地仍继续遇到顽强抵抗。从表2-4中可以看到,至元年间在闽粤赣边界几乎每年都有盗贼叛乱。

表 2-4　元代地方动乱年表

时间	地点	动乱经过	资料来源
至元十四年 (1277)	会昌、兴国、赣州等地	文天祥提兵自梅州出江西入会昌县……六月辛酉,文天祥取雩都。己卯,入兴国县。七月,遣兵取吉、赣诸县,围赣州。……八月,文天祥诸将兵皆败……壬申,文天祥兵败于兴国。……甲申天祥至空坑,兵尽溃,遂挺身走循州,诸将皆被执	(元)脱脱等:《宋史》卷四十七《瀛国公本纪二王附》,943页,北京,中华书局,1977

---

① (元)脱脱等:《宋史》卷四百五十一《忠义列传九·张世杰传》,13273页,北京,中华书局,1977。

② (宋)文天祥:《文山集》卷十六《行实·知潮州寺丞东岩先生洪公行状》,文渊阁四库全书本。

时间	地点	动乱经过	资料来源
至元十五年（1278）	赣州	盗据赣州崖石山寨，（周）全率兵讨平之，焚其寨	（明）宋濂等：《元史》卷一百六十五《周全传》，3875 页，北京，中华书局，1976
至元二十四年（1287）	赣、汀二州	是时，赣、汀二州盗起，如德指挥诸将讨平之，其胁从者多所全宥	《元史》卷一百六十五《管如德传》，3872 页
至元二十四年（1287）	赣粤边界	夏四月……乙丑，广东贼董贤举等七人皆称大老，聚众反，剽掠吉、赣、瑞、抚、龙兴、南安、韶、雄、汀诸郡，连岁击之不能平……	《元史》卷十五《世祖本纪十二》，311 页
至元二十五年（1288）	闽粤赣边界	畲寇钟明亮起临汀，拥众十万，声摇数郡，江、闽、广交病焉	（元）刘埙：《水云村泯稿》卷二《参政陇西公平寇碑》，道光十八年本
至元二十五年（1288）	信丰	巨獠猖獗，数道震撼……信丰有寇，公冒大雨夜行五十里，黎明抵贼所，贼方汲水朝铺，出其不意，杀戮殆尽	（元）吴澄：《吴文正集》卷四十二《元故荣禄大夫江西等处行中书省平章政事李公墓志铭》，文渊阁四库全书本
至元二十六年（1289）	兴国等地	钟世明叛江西，吴太仲叛兴国县	（元）袁桷：《清容居士集》卷三十《宣武将军寿春副万户吴侯墓志铭》，四部丛刊初编本
至元二十六年（1289）	赣州等地	春正月……癸卯……贼钟明亮寇赣州，掠宁都，据秀岭，诏发江淮省及邻郡戍兵五千，迁江西省参政管如德为左丞，使将兵往讨	《元史》卷十五《世祖本纪十二》，319 页

时间	地点	动乱经过	资料来源
至元二十七年（1290）	南安	钟大獠聚其众一万于南安十八来深山	（元）黄溍：《金华黄先生文集》卷二十五《湖广等处行中书省平章政事赠推恩效力定远功臣光禄大夫大司徒柱国追封齐国公谥武宣刘公神道碑》，四部丛刊初编本
元贞二年（1296）	兴国	赣州兴国县笼坑民刘六十名季撰妖言、张伪榜及刘季天旗，自称刘王……宣言止杀官中人，与张大老作乱。八月，攻吉州永丰。遣江西省左丞董士选讨之。十月，捕获六十，自裁不死，伏诛	（元）苏天爵：《国朝文类》卷四十一《经世大典·招捕·江西》，四部丛刊初编本
延祐二年（1315）	宁都州	赣州宁都州蔡五九反，与其党聚兔子寨五王庙，杀猪置酒，俱执锡楞枪刀。五九自号洞主。六月，五九率众劫掠村落郡邑，杀宁都州赵同知，围宁都州，烧四关。……又犯福建地。……九月……伏诛	（元）苏天爵：《国朝文类》卷四十一《经世大典·招捕·江西》，四部丛刊初编本
至正十二年（1352）	宁都	蔡颖流毒江右，扼于吉安，间道由抚以窥赣。四月，据宁都。于是府判官奉议王侯分兵讨之。……尽焚其巢一十有六	（元）王礼：《麟原前集》卷一《赣州路总管府判官王侯纪勋碑》，文渊阁四库全书本
至正十八年（1358）	赣州	九月二十四日，伪汉遣将攻围赣州，城陷，达鲁花赤、哈海赤暨江西行省参政全普撒里晋死之	天启《赣州府志》卷十八《纪事志·郡事》

时间	地点	动乱经过	资料来源
至正二十四年 （1364）	赣州	甲辰八月，高皇帝命平章常遇春、指挥陆仲京会兵趋赣，时守将熊天瑞固守不下，帝命平章彭时中以兵遇春等共击之。……至是，天瑞援绝粮尽，遣元震出降，天瑞肉袒诣军门，尽献其地，盖次年正月也	天启《赣州府志》卷十八《纪事志·郡事》

这些动乱基本上是畲民发起的，以福建、广东为中心，影响波及赣南。诸如"诸郡盗贼蜂起，所在屯聚"① 等记载充斥史籍，下面的记载即是其时社会动乱状况的写照：

> 赣士胡廉言曰：廉家在石城，至元末广之剧寇驻赣境，当路不亟殄平，受其降而许其留。俘掠杀戮自若，群不逞相挺而起，环二三百里罹其凶害，遑遑奔窜。先父字际叔，己五春，避寇病卒于途，先母徐氏俾簪珥（当为"珥"——引者注）以葬。廉甫九岁，弟绍甫六岁，二女兄幼德已适赖，幼端未行，寇势益张……舅家难久居，转依长女兄。寇息始复故里，满目蒿莱，死者过半，田无人耕，一二邻旧虽为编茅盖头，然槁无生意，莫可安栖。依近族，依远族，依内亲，依外亲，或半月，或一月，或二三月，靡有定止，如是又数年，乃还草庐之中习耕。寥间荒凉，人所不堪……又尝一族偕行，搬挈行李，先母督促甚急，众莫晓解，行速向前者，薄暮达邑。有二盐商行缓殿后，被寇追及殒命，

---

① （元）赵孟頫：《松雪斋文集》卷九《碑铭·故嘉议大夫浙东海右道肃政廉访使陈公墓碑》，四部丛刊初编本。

相去仅二里许。①

从这段记载中可看出，动荡的社会状况，使得赣南人民流离失所，无家可归，且随时都可能被盗寇所害。这表明元王朝在赣南社会的统治并不稳固。

元代"畲贼"动乱的一个令人感到惊讶的特点，就是畲兵常可至几十万之众。例如，至元二十年（1283），"建宁路管军总管黄华叛，众几十万，号头陀军，伪称宋祥兴五年"②；至元二十五年（1288），"畲寇钟明亮起临汀，拥众十万，声摇数郡，江、闽、广交病焉"③。元人描述钟明亮起事情形，说道：

> 初，明亮之首乱也，汀州草间匹夫尔，非有权位号召，世资凭藉，奋臂山泽，一呼数万众，斩刈剽寇，飘荡震汩，蹂江闽数郡之地，动江、闽、浙三省之兵。……上烦庙堂应接，诸省奔赴，竭数载之力，仅得明亮至军前一面。而诈降无实，傲睨反复，气凌威铄，未尝获一交锋决胜，明亮竟偃然得保首领以殁。既殁，众犹畏服，止奉一木主尔，藉其虚声余烈，尚能统御所部，不即降溃。彼何道以臻此？此之谓盗亦有道者欤！……有脱身贼中者，具言明亮有威风，多智略，得操纵谲诈之术，是非田野农夫比。然残忍嗜杀，异于人类……雩都、石城、瑞金、建宁诸邑，则兵寇兼至，祸尤惨烈。至于庚寅，四面蜂起，明亮、邱元之外，赣、

---

① （元）吴澄：《吴文正集》卷六十九《石城胡际叔妻徐氏墓表》，文渊阁四库全书本。

② （明）宋濂等：《元史》卷十二《世祖本纪九》，257页，北京，中华书局，1976。

③ （元）刘埙：《水云村泯稿》卷二《参政陇西公平寇碑》，道光十八年本。

吉有谢主簿、刘六十，乐安有卢大老，南丰有雷艾江之徒，乘时响应，俱烦省官亲提重兵随处逐捕。贼虽终败，而受祸众矣。……大德戊戌岁四月上吉，聊述前事。①

这段记载除去丑化的言辞，基本反映了当时"畲贼"动乱范围之广，影响之大。钟明亮乍叛乍服，令官方非常头痛。至元二十六年（1289）六月，江西行枢密院月的迷失"请以降贼钟明亮为循州知州，宋世贤为梅州判官，丘应祥等十八人为县尹、巡尉，帝不允，令明亮、应祥并赴都"②。但钟明亮并没有遵元帝谕令赴都，史书记载，闰十月"广东贼钟明亮复反，以众万人寇梅州，江罗等以八千人寇漳州，又韶、雄诸贼二十余处皆举兵应之，声势张甚。诏月的迷失复与福建、江西省合兵讨之"③。这次征讨，结果不明，但从以上《水云村泯稿》记载来看，元政府最终无法让钟明亮臣服，只能让其"保首领以殁"。

所谓"畲贼"之所以容易"一呼数万众"，乃是因为这些"畲贼"包括的不仅仅是原来居住在山区的"峒寇"、畲、瑶，还有大量逃离于王朝体制之外的编户齐民。钟明亮起事后，就有大臣说："福建归附之民户几百万，黄华一变，十去四五。"④ 黄华原为福建畲军首领。从性质上说，畲军乃是元朝的"乡兵"，《元史·兵志》载："其继得宋兵，号新附军。又有辽东之乣军、契丹军、女直军、高丽军，云南之寸白军，福建之畲军，则皆不出戍他方者，盖乡兵也。"⑤ 这些"畲军"与

---

① （元）刘埙：《水云村泯稿》卷十三《汀寇钟明亮事略》，道光十八年本。
② （明）宋濂等：《元史》卷十五《世祖本纪十二》，323 页，北京，中华书局，1976。
③ 同上书，326 页。
④ （明）宋濂等：《元史》卷一百六十七《王恽传》，3935 页，北京，中华书局，1976。
⑤ （明）宋濂等：《元史》卷九十八《兵志一》，2509 页，北京，中华书局，1976。

"民"关系密切，颇有点从"畲"到"民"的过渡意味。把"畲军"转化为"民"一直是元朝努力的目标。《元史》中有如下记载：

> 二十二年八月……戊辰……令福建黄华畲军有恒产者为民，无恒产与妻子者编为守城军。①
>
> 招谕畲洞人，免其罪。②
>
> 放福建畲军，收其军器，其部长于近处州郡民官迁转。③
>
> 以宋畲军将校授管民官，散之郡邑。④

但同时，也有叛乱之军窜入畲峒的。例如："壬辰，陈桂龙据漳州反，唆都率兵讨之，桂龙亡入畲洞。"⑤ "亡入畲洞"更多的是"民"，前引"福建归附之民户几百万，黄华一变，十去四五"即是明证。这种"民""畲"之间的流动以福建汀州等地最为典型。《元一统志》引《图志》云：

> （汀州）西邻章贡，南接海湄。山深林密，岩谷阻窈。四境椎埋顽狠之徒，党与相聚，声势相倚，负固保险，动以千百计，号为畲民。时或弄兵相挺而起，民被其害，官被其扰。盖皆江右广

---

① （明）宋濂等：《元史》卷十三《世祖本纪十》，279 页，北京，中华书局，1976。

② （明）宋濂等：《元史》卷十二《世祖本纪九》，243 页，北京，中华书局，1976。

③ （明）宋濂等：《元史》卷十三《世祖本纪十》，269 页，北京，中华书局，1976。

④ （明）宋濂等：《元史》卷十四《世祖本纪十一》，296 页，北京，中华书局，1976。

⑤ （明）宋濂等：《元史》卷十一《世祖本纪八》，228 页，北京，中华书局，1976。

南游手失业之人逋逃于此，渐染成习。此数十年间，此风方炽，古岂有是哉！①

上文最值得注意的是"此数十年间，此风方炽"，说明"畲民"的活动在元代相当活跃。武平县情况亦然，有记载曰：

武平南抵循、梅，西连章贡。篁竹之乡，烟岚之地，往往为江广界上逋逃者之所据，或曰长甲，或曰某寨，或曰畲洞。少不加意，则弱肉强食，相挺而起。税之田产，为所占据而不输官。乡民妻孥为所剽掠，莫敢起诉。土著之民日见逃亡，游聚之徒益见恣横。②

这种"民"与"畲"之间的流动，使一些边界山谷集中了许多"化外之民"，形成令统治者头痛的"逋逃之渊薮"，一方面使"化内"与"化外"界限模糊，另一方面也打破了官方的行政区划界限，导致在元代出现了比较特别的行政和军事区划。

元代地方统治机构主要是行省，有军事征伐则设行枢密院，在行省和行枢密院之下又有万户府、千户府和宣慰司之类。这些机构大多有军事功能，临时性比较强，或设或废，变动不一。《国朝文类·官制》说：

夫外之郡县，其朝廷远者则镇之以行中书省，郡县又远于省，若有边徼之事，则置宣慰司以达之，盐铁之类又别置官。有军旅

---

① （元）孛兰肹等：《元一统志》卷八《江浙等处行中书省·汀州路》，629～630页，北京，中华书局，1966。
② 同上书，630～631页。

之事，分布于外者则置万户府，有大征讨则置行枢密院，无
则废。①

行省与行枢密院在军事功能上有互相补充之功效。上引《国朝文类》
说："有征伐之事则或置行省，与行枢密院迭为废置。"② 唯有明了元
代地方统治机构的军事性质，才能比较好地理解其兴废设置。

　　元代江西行中书省治所大部分时间设在龙兴，但有时也根据需要
移至闽粤赣边界地方。《元史·地理志》记载："十四年，改元帅府为
江西道宣慰司，本路为总管府，立行中书省。一五年，立江西湖东道
提刑按察司，移省于赣州。十六年，复还龙兴。"③ 虽不清楚至元十五
年（1278）移省于赣州的具体原因，但笔者推测可能是为了军事活动
的方便。自至元十三年（1276）起，张世杰的抗元部队一直在闽广活
动，至元十五年（1278）六月，退守崖山做最后的抵抗。至元十四年
（1277）文天祥兵败兴国空坑，十月遁入汀州，十一月入广东循州，此
后一直在广东活动，直至在海丰五坡岭被捕。当时元军的主要战场已
移到闽粤赣边界，移省于赣州当有利于军事调遣。实际上，当边界有
重大军事活动时，江西行省常常会相应转移。至元二十七年（1290），
又 "移江西行省于吉州，以便捕盗"④。随着行省治所移往边界，江西
行省的统辖范围也相应增大，至元十五年（1278），行省移至赣州，

　　① （元）苏天爵：《国朝文类》卷四十《经世大典序类·官制》，四部丛刊初
编本。
　　② （元）苏天爵：《国朝文类》卷四十《经世大典序类·各行省》，四部丛刊
初编本。
　　③ （明）宋濂等：《元史》卷六十二《地理志五》，1507～1508 页，北京，中
华书局，1976。龙兴，即南昌。
　　④ （明）宋濂等：《元史》卷十六《世祖本纪十三》，337 页，北京，中华书
局，1976。

"福建、江西、广东皆隶焉"①。至元十七年（1280），江西行省并入福建行省，但十九年（1282）复立江西行省，管辖范围包括了广东和江西两省的大部分地区。

至元二十二年（1285），又"立行枢密院于江南三省，其各处行省见管军马悉以付焉"②，显然江西行枢密院负有镇压广东、福建、江西三省盗贼的职责。请看如下记载：

> （至元二十四年冬十月）癸酉，江西行院月的迷失言："广东穷边险远，江西、福建诸寇出没之窟，乞于江南诸省分军一万益臣。"诏江西忽都帖木儿以军五千付之。③
>
> （至元二十五年秋七月）戊戌……同知江西行枢密院事月的迷失上言："近以盗起广东，分江西、江淮、福建三省兵力万人令臣将之讨贼。臣愿万人内得蒙古军三百，并臣所籍降户万人，置万户府，以撒木合儿为达路花赤，佩虎符。"诏许之。④

至元二十六年（1289），"畲贼"钟明亮复反，江西行枢密院月的迷失即会合江西、福建行省并力讨捕。史载：

> 闰十月……丙戌……广东贼钟明亮复反，以众万人寇梅州，

---

① （明）宋濂等：《元史》卷十《世祖本纪七》，203 页，北京，中华书局，1976。
② （明）宋濂等：《元史》卷九十八《兵志一》，2519 页，北京，中华书局，1976。
③ （明）宋濂等：《元史》卷十四《世祖本纪十一》，301 页，北京，中华书局，1976。
④ （明）宋濂等：《元史》卷十五《世祖本纪十二》，314 页，北京，中华书局，1976。

江罗等以八千人寇漳州，又韶、雄诸贼二十余处皆举兵应之，声势张甚。诏月的迷失复与福建、江西省合兵讨之，且谕旨月的迷失："钟明亮既降，联令汝遣之赴阙，而汝玩常不发，致有是变。自今降贼，其即遣之。"①

和江西行省类似，为了镇压盗贼的方便，江西行枢密院治所也会在闽赣边界变动。至元二十八年（1291），二月"乙酉，立江淮、湖广、江西、四川等处行枢密院，诏谕中外……江西治汀州"，七月"徙江西行枢密院治赣州"②。

江西行枢密院是临时性机构，元贞元年（1295），"罢湖广、江西行枢密院，并入行省"③。实际上，江西行省也一直负有应付广东、福建、江西三省盗贼之职责。试看如下记载：

（至元）二十四年，迁江西行省参知政事，破豪猾，去奸吏，居民大悦。是时，赣、汀二州盗起，如德指挥诸将讨平之，其胁从者多所全宥。④

（至元）二十六年春正月……贼钟明亮寇赣州，掠宁都，据秀岭，诏发江淮省及邻郡戍兵五千，迁江西省参政管如德为左丞，使将兵往讨。畲民丘大老集众千人寇长泰县，福州达鲁花赤脱欢

① （明）宋濂等：《元史》卷十五《世祖本纪十二》，326 页，北京，中华书局，1976。

② （明）宋濂等：《元史》卷十六《世祖本纪十三》，345、348 页，北京，中华书局，1976。另，江西行枢密院曾于至元二十七年〔1290）罢。

③ （明）宋濂等：《元史》卷十八《成宗本纪一》，388 页，北京，中华书局，1976。

④ （明）宋濂等：《元史》卷一百六十五《管如德传》，3872 页，北京，中华书局，1976。

同漳州路总管高杰讨平之。①

或许正为了江西行省对福建管辖的方便，至元二十八年（1291），罢福
建行省，"改福建行省为宣慰司，隶江西行省"②。

　　由于元代在闽粤赣地方的统治机构有较强的军事性，而且为了对
付边界频繁的盗贼活动，兴废设置变动不居，从而出现江西行省范围
常常跨越原来的数省边界（在南宋为路界）的情况，使边界变得非常
模糊。这种边界模糊的现象背后，则是前面所分析的"民"与"畬"
之间的流动。这个事实也表明，终元之世，仍有许多具有"蛮夷"背
景的畬民活动于广大的闽粤赣湘边界，后来明代四省边界盗贼活动频
繁，也与这一事实不无关系。

---

① （明）宋濂等：《元史》卷十五《世祖本纪十二》，318～319 页，北京，
中华书局，1976。
② （明）宋濂等：《元史》卷十六《世祖本纪十三》，344 页，北京，中华书
局，1976。

第三章　山区开发、盗贼与教化

元末，赣闽粤边界山区仍有大量畲、瑶等"化外之民"的事实表明，官府实际上并没能很好地控制这一地区的局势。至正十八年（1358），陈友谅部将熊天瑞陷赣州。至正二十四年（1364），常遇春围赣州，次年熊天瑞出降，赣南转入朱元璋统治。明初，官府也没有很好地控制赣南局势，自明初起，赣南边界就一直有盗贼活动。但是，赣南一些盆地（主要是中部和南部地区），由于于发较早，自宋以来官府就一直在进行教化的努力，元明之际，地方上开始出现比较有影响力的士大夫，直至明代中后期，中部和南部部分地区出现了追求科举的热潮，地方文人群体也逐渐兴起，赣南从此开始改变了单纯的"盗区"形象。

不过，流民进入、山区开发和社会动乱仍然是明代中期直至清初赣南社会历史的重要主题。流民活动使赣南社会发生了重要变化：一方面使赣南山区得到开发，市场体系开始完善并逐渐融入全国性流通体系；另一方面，流民的开垦多以"非法"形式进行，从而使明初以后赣南不时发生的地方动乱更加严重。弘治八年（1495）明王朝在赣州设立南赣巡抚，就是为了应付赣南及其周边地区日益严重的盗贼活动。围绕着地方盗贼的征讨、安抚和教化等问题，赣南地方社会经历了与"国家"的礼仪制度进一步"整合"的过程。

第一节　元明之际地方社会的分化

在宋代士大夫眼中，赣南是风气劲悍，"奸人亡命"出没之地。殆至南宋"虔寇纷纷"之时，虔人好斗轻生的风气，又成为士大夫眼中虔州地方动荡的重要原因。实际上，在北宋时期，赣南仍处于儒学不振，百姓"惟淫祠是奉"的境况之中，这从皇祐二年（1050）孙复关于赣县孔子庙的描述中可见一斑：

> 尔按《图经》，旧有孔子庙在县西南，切近于紫极宫。大中祥符三年，诏广紫极为大中祥符宫，因徙孔子之像而取其地焉。时令非其人，不能别相爽垲以肯构之，其庙遂废。每岁春秋既无释奠之所，乃留其牲币，戊日合祭于社稷坛，其非理也，甚矣！迨兹四十年，未有议其修复者，祭器残缺，委于县门之上，胥吏辈往往取其俎以为坐，莫有禁止。吁！可怪也。故赣人目不识孔子之像，惟淫祠是奉者，罪在令而不在民，民从上化者也。大理寺丞王君希到官访之病其然也。且曰：旧制孔子庙天下郡县通祀之，而赣独不祀，此岂朝廷尊儒重道意耶？乃于旧址东南数百步度地胥宇以营之，又惧其扰于民也，撤浮屠之无名者，取其材，赣人闻之……赣令不祀孔子者四十年，是子不祀父也，子不祀父，其罪如何哉？①

北宋庆历年间曾诏天下建学，估计虔州亦曾应诏，遂有孔子庙在紫极宫旁。大中祥符三年（1010），因扩建大中祥符宫而占孔子庙之地，致

---

①　（宋）孙复：《始建文庙记》，见嘉靖《赣州府志》卷十一《艺文》。

使赣县一度无文庙，把孔子神位和社稷坛摆在一起，为士大夫所诟病。孙复认为，四十年来，"赣人目不识孔子之像，惟淫祠是奉者，罪在令而不在民，民从上化者也"，即认为以儒学"教化"百姓是地方官的职责所在。

南宋绍兴二十二年（1152），虔州军卒叛乱，赣县孔子庙毁于火。绍熙五年（1194），县令黄文昌重建，杨万里在为新修的文庙写的记中说：

> 赣之为邦，其山耸而厉，其水湍以清。耸而厉，故其民果而挟气；湍以清，故其民激而喜争。长民者曰化之难，予则曰化之易。……彼其挟气，独不可因之使果于义？彼其喜争，独不可因之使激于名与节？……顾所以因而使之者何如耳！然则，因而使之奈何？谨庠序之教，申之以孝弟之意。斯道也，因而使之之道也。①

杨万里所说的"化之易"，即通过"谨庠序之教，申之以孝弟之意"，使赣民由"果而挟气""激而喜争"转化为"果于义""激于名与节"。

绍兴二十二年（1152）毁于火的还有赣州府学。绍兴二十四年（1154）张九成在为新修的赣州府学写的记中说：

> 天下之可耻者，莫大于为盗，而好讼其次焉。赣在江西为大郡，山泽细民，乃甘心于天下之可耻者独何欤？……昔吾尝闻弭盗之术于吾夫子矣……惜乎圣学不传，而有为者，徒为是纷纷也。右朝奉大夫赵公善继，绍兴甲戌来守是邦，当叛兵方定，攘敚满

---

① （宋）杨万里：《赣县学记》，见同治《赣州府志》卷二十四《经政志·学校》。

郊，或者劝以威刑，又或勉以智术，公一切谢之。曰：杀伐伤和，词讼乱政，非吾志也。又曰：民吾民也，其所以致此者，以见利好胜，盍求无欲止讼之道乎？学有旧基，榛荟之所蒙……乃独喟然作而新之……意将使学者体格物之说，以无欲，以无讼，以求夫子之用心，而诞布于四境，消见得好胜之气，去忘义无礼之弊，其大矣哉！①

平定叛乱后，时任赣州知州的赵善继认为首要之事乃是重建儒学，培养学者，使其"诞布于四境"，从而教育人民，"消见得好胜之气，去忘义无礼之弊"。

南宋赣南有一个引人注目的文化现象，就是书院的兴起，正所谓"迨宋儒用理学相倡导，各有师承，而书院乃立"②。赣南历史上没有出现过有重大影响的儒者，正如李觏所言，"吉多君子，执瑞玉，登降帝所者接迹，虔无有也"③。但历史上也有名儒在赣南做官或读书，最为地方官和士大夫引以为荣的，乃是北宋庆历年间程珦知兴国县时，二程（程颐、程颢）随父来到兴国；随后，程珦改任南安通判，而周敦颐正任司理参军，二程遂以周敦颐为师学习理学。淳祐庚戌年（1250）状元方逢辰追述这段历史时说：

赣州兴国地虽僻小，实先贤仕国也。庆历甲申，大中大夫程公珦以大理寺丞来知县事，二子侍公学焉。越二年丙戌，由兴国

---

① （宋）张九成：《重建赣州学记》，见同治《赣州府志》卷二十三《经政志·学校》。

② （清）宋荦：《重建濂溪书院记》，见同治《赣州府志》卷二十六《经政志·书院》。

③ （宋）李觏：《旴江集》卷二十三《虔州石城柏林堂书楼记》，文渊阁四库全书本。

摄倅南安，识濂溪周元公于理掾，以二子师之，即明道、伊川二
先生也。明道生于明道元年，伊川生于二年，侍乃公在兴国，时
明道年十三，伊川年十二。国史传曰：明道自十五六时与弟伊川
闻周茂叔论学，遂厌科举业，慨然有求道志，盖此时也。①

按照方逢辰的说法，二程在兴国时分别为十三岁、十二岁，在南安拜
周敦颐为师时，则分别为十五岁、十四岁，只是两位随侍父亲寓居此
地的少年学子，当时在当地社会应该不会有什么影响。但这段历史后
来却不断被士大夫提及，作为赣南（兴国和南安）"实先贤过化之地"
的证据。毫无疑问，"先贤过化之地"与"虔居上游，俗喜斗轻生"
"其人凶悍，喜为盗贼"之类的看法对比鲜明，对地方官和士大夫而
言，鼓吹前一种传统，可以作为"化民成俗"的文化资源。

在南宋，"先贤过化之地"提供了兴建书院的充足理由，道源书院
的建立就是一个例证。乾道元年（1165），南安军学教授郭见义就"即
其地建三先生祠"。这个"三先生祠"的建立，成为后来被一再提起的
书院的起始标志。到淳祐二年（1242），"漕臣江万里属知军林寿公创
置书院"②。宝祐乙卯（1255），当时的知军吴革和军学教授赵希哲向
皇帝"状请敕额"。吴革的状文云：

> 周程道学之流派固通于天下，周程道学之洞源实自南安
> 始。……士每自负曰：吾州虽斗大，三先生父子兄弟师友传道实
> 始于此，又非吉州隆兴比。今吉州隆兴书堂皆赐敕额而本军书堂
> 反未及请，几于沿流而不知溯其源。③

---

① （元）方逢辰：《三程先生祠记》，见嘉靖《赣州府志》卷十一《艺文》。
② 同治《南安府志》卷五《庙学》。
③ 嘉靖《南安府志》卷十七《建置志三·书院》。

按吴革的看法，南安是天下道学源流之地，是最应该由皇帝"赐敕额"的。可是，他的请求并未获得皇帝首肯。三年后另一个知军郭廷坚继续上状请求，终于获皇帝批准。嘉靖《南安府志》载：

> 越三年，丁巳，知军郭廷坚又状请。景定癸亥，理宗赐额道源书院，仍御书颁降，郭廷坚上表谢。又建云章阁以藏之，请本军教授兼山长主之。……赵希悊为之记其疆界亩数以垂永久。①

由最初的三先生祠变成皇帝认可的道源书院，可以说经过了几代南安军地方官的努力。重要的是，获得皇帝赐额，"周程道学之渊源实自南安始"的解释，就有了某种合法性。这一点对于儒学本来并不发达的南安来说，是十分重要的。

懂得利用二程和周敦颐在赣南"过化"这个文化资源的地方官，并不限于南安军。例如，赣州建有濂溪书院。同治《赣州府志》载：

> 濂溪书院，在府城。宋周濂溪先生通判虔州，与二程先生讲学处。后人建祠于贡水东玉虚观左，距府城三里，元末兵毁。②

赣县则建有爱莲书院。上引书同卷载："爱莲书院，在城北督学试院后……宋乾道间，通判罗愿构爱莲堂其中。"兴国县又有安湖书院。上引书同卷载："安湖书院，在衣锦乡。宋咸淳八年，县令何时建，文天祥、方逢辰皆有记。"

正是通过地方官的这些活动，在以后的文人笔下，赣南除了好斗剽悍的民风之外，也有了"先贤过化之地"的美誉。这个声誉不断地

---

① 嘉靖《南安府志》卷十七《建置志三·书院》。
② 同治《赣州府志》卷二十六《经政志·书院》。

被后来的地方官和文人士夫所强调，终于成为赣南地方文化"传统"的一部分。顺举二例以说明之。同治《南安府志》卷二《疆域》说南安风俗："大庾则俗尚朴淳，事简民怡，为先贤过化之地，有中州清淑之气，盖其风近古矣。……南康则民物殷阜，有宋以来号先儒讲道之地，衣冠文物之区，不虚也。"同治《赣州府志》卷二十《舆地志·风俗》这样描述兴国县："士夫尚礼义，为三程过化之地，其流风善俗，犹有存者。"

在宋代赣南动乱的环境中，兴建书院除了培植文风之外，还有更现实的考虑，即如前引张九成《重建赣州学记》中表述的，建学校也是一种"弭盗"之术。这一点在文天祥为安湖书院所写的记中表现得很清楚，谨节录其文如下：

> 赣兴国县夫子庙在治之北门，县六乡，其五乡之人来游来歌，被服儒雅。东二百里曰衣锦乡，其民生长斗绝险塞，或为龙蛇渎于邦经，有司冕勉以惠文从事。咸淳八年，宣教郎临川何时来为宰，悯然曰：使人不可化，则性命之道熄矣！顾邑校旷越不克施，乃夏四月即其地得山水之胜，议建书堂，以风来学。召其豪长，率励执事，堂庭毕设，讲肆有位，汇试馆下，录为生员，凡二十八人，又拔其望四人为之长。冬十月，令率诸生以牲币荐于先圣先师，尊俎旗章，等威孔严，环视愕眙，屏息胥拊。黎老妇子转相传呼，然后翕然以儒者为重。令曰：吾教可行矣。载命胥正秩其比伍，家使有塾，人使有师，如党庠术序之意。置进学日记，令躬课其凡，督以无息，又上诸府。改其乡曰儒学，植之风声。于是山长谷荒，人是用劝，咸愿进向文事。◯

---

① （宋）文天祥：《文山集》卷十二《赣州兴国县安湖书院记》，文渊阁四库全书本。

在书院建立者何时看来，兴国六乡中，有五乡"被服儒雅"，而衣锦乡却是个例外，"其民生长斗绝险塞，或为龙蛇渎于邦经"。他对付衣锦乡的办法，即是在其地修建书院。值得注意的是，何时录取地方人士进入书院读书的做法，目的当然是希望衣锦乡能接受王朝教化，成为像其他五乡一样的"被服儒雅"之地。

我们可能有理由怀疑衣锦乡的做法是个特例，但在官府不易控制之地设立书院的，却并非衣锦乡一地。《宋会要辑稿》中有如下记载：

> （嘉定）十三年八月二十六日，江西提刑司奏："江南西路提刑赵汝谱乞将南安县丞阙下部省废却，以俸给补助新创太傅、石龙两寨及太傅书院地基，并养士刘士聪等户役官田段等税赋。未委县丞俸给每岁若干，太傅、石龙两寨税赋若干，可以两相对补。本司契勘照得南安邑小事稀，官不必备。若减省县丞以补民赋，其钱米犹有赢余。损予县道以补逃绝失陷之租，如此，则荒残之邑，凋瘵之氓皆得以少抒，诚为两便。乞将见任人听令终满，下政别改注一等差遣。"从之。①

文中提到的"太傅、石龙两寨"所在之地，是南宋赣南"峒寇"出没最频繁的地区，这两寨的设立，主要是为了对付赣湘边界的赤水峒②。《渔墅类稿》载："本司昨置太傅、石龙两寨，正在峒中平坦之地……寨兵不许承受差使，不许调遣移戍，专一在寨教习事艺。自立寨之后，

---

① （清）徐松辑：《宋会要辑稿·职官四十八·县丞》，3484 页，北京，中华书局，1957。"赵汝谱"，亦作"赵汝说"。

② 关于赤水峒的情况，可参考李荣村：《黑风峒变乱始末——南宋中叶湘粤赣间峒民的变乱》，载《"中央研究院"历史语言研究所集刊》，第 41 本，第 3 分，1969。

十年之间，峒寇有所惮而不作。"① 应该指出，当时南安正在裁减官吏，理由是"南安邑小事稀，官不必备"②，但与此同时，却"新创"了两个军寨及太傅书院。虽然没有具体材料说明太傅书院在"弭盗"中的作用，但从以上的讨论中，可以推测出地方官在军事要地设立这个书院的用心。

南宋文天祥在知赣州任上写给友人的一段话，是对地方官建立书院动机的很好注释：

> 赣去吉一水三百里，而气候风土习俗事事不同，未春已花，才晴即热，山川之绸缪，人物之伉健，大概去南渐近，得天地阳气之偏。看来反不可以刑威慑，而可以义理动。书生出其迂阔之说，尝试一二，观听之间，稍觉丕变。奉令承教，于君子尚愿维。③

可见，当地百姓"不可以刑威慑，而可以义理动"，正是地方官建立书院、学校的考虑之一。

然而，以上所述的官府兴学校和建书院的举动，毕竟只是官府施行教化的努力，其最终效果还是必须依靠赣南地方社会接受教化才可实现。南宋赣南地方社会是否真正开始接受王朝教化，限于史料，我

---

① （宋）陈元晋：《渔墅类稿》卷四《申措置南安山前事宜状》，文渊阁四库全书本。

② 南安即今上犹县，嘉定五年（1212），因为叛乱，改为南安县。至元十三年（1276），又改称南安。参考嘉靖《南安府志》卷十七《建置志三·书院》。同书同卷又载："太傅书院在县治西营前礼信乡牛田上里，去县城几百里。宋淳祐壬子知军事陆镇历览太傅山，山水环聚，遂请于朝建乡学广书院额赐太傅，设山长以教授之。"嘉靖《南安府志》认为太傅书院始建于淳祐年间，显系没有看到《宋会要辑稿》中的这条材料，故误。

③ （宋）文天祥：《文山集》卷八《书·与吉州刘守汉伪》，文渊阁四库全书本。

们难以确知。但是，可以肯定的是，虽然元代赣南边界社会动乱不断，但是在赣南一些开发、教化较早的平地和盆地，已经出现了比较有"文化"的地方大族。

元代还出现了家族兴建书院的情况。嘉靖《南安府志》卷十七《建置志三·书院》载：

> 山堂书院在府东北四十里，常乐里。至元间里人王邦叔以乳源尉侍亲于家，因辟书塾以训宗族及里之子弟。滕王霄扁名为记。……延祐庚申江西第二科客有王君晋卿、汉卿伯仲贡于乡，来洪，如二陆过月泉。何宪郎介其下，访知为大庾少府，山堂先生其家君也。……推以及宗族乡党而愿其皆学，即今山堂书院是也。

山堂书院以其创立者名号为名，并"推以及宗族乡党而愿其皆学"，体现了强烈的家族色彩。从山堂乡绅有二子"贡于乡"这一事实看，王氏家族应当是在当地有较强势力的家族。同书同卷载时人记其兴建书院原因时说：

> 少府公虽以鞍马骑射任子为郎，而谐庭诗礼，诏其子若孙一以孝悌为守家之本，而读书为文次之。……南安有山堂，在山堂有王氏，自古及今，生其间者，不知其几何代，未有一人彰彰然号于天下曰。少府公乃偃然掖扶，与清淑之气、山川秀异之名为号而建书院。

山堂王氏"自古及今，生其间者，不知其几何代"，显然属于本地土著。尽管为山堂书院写记之人强调山堂书院的建立是"以孝悌为守家之本，而读书为文次之"，但"少府公"的本意，仍在于改变"未有一人彰彰然号于天下曰"的局面，想通过科举考试之类的文化手段振兴家族。

类似的以文化手段提高家族在地方社会地位的情况，还有宁都孙氏建立贤良祠的例子。自北宋以来，孙氏就是当地的官宦之家，其先祖孙立节因反对王安石变法而名声大噪。苏轼写有《刚说》对其称颂曰：

> 建中靖国之初，吾归自海南，见故人问存没，追论平生所见刚者，或不幸死矣。若孙君介夫讳立节者，真可谓刚者也。始吾弟子由为条例司属官，以议不合引去。王荆公谓君曰：吾条例司当得开敏如子者。君笑曰：公过矣，当求胜我者。若我辈人，亦不肯为条例司矣。公不答，径起入户，君亦趋出。……方新法之初，监司皆新进少年，驭吏如束湿，不复以礼遇士大夫，而独敬惮君。曰：是抗丞相不肯为条例司者。……君平生可纪者甚多，独书此二事遗其子觐、勮，明刚者之必仁，以信孔子之说。①

这篇《刚说》成为赣南地方社会的重要文化资源，南宋阳都（即宁都）主簿就将其摹刻置于学宫，朱熹作跋曰：

> 苏文忠公为孙君介夫作《刚说》，其所以发明孙君之为人者至矣。……宁都主簿郑载德得遗迹于君家，将摹刻而置之学宫，间以视予，因为识其左方，以告观者，使勉夫刚而益求所以为仁之方云。②

---

① （宋）苏轼：《东坡全集》卷九十二《刚说》，文渊阁四库全书本。
② （宋）朱熹：《晦庵集》卷八十三《跋东坡刚说》，文渊阁四库全书本。

对于孙氏后人来说，苏轼为其先辈所写的《刚说》和朱熹所作的跋，无疑是家族的荣耀，弥足珍贵。元代揭傒斯写的《刚说跋》记述道：

> 右宋苏文忠公为桂州节度判官、赣宁都孙公介夫所作《刚说》及朱文公跋尾一卷。苏公之说，所以示天下后世之为仕者，知夫刚之用如此。朱子之说，所以教天下后世之为学者，知夫刚之体如此。……桂州有二子，长曰志康，次曰志举，即苏公称鼬、勴者也。苏公通守杭州时，实从受学焉。其《刚说》及跋石刻在桂州九世孙、抚州经历兴礼家，苏公又有和志举二诗及三手简，藏于其弟知东川路总管府事登龙所。东川之子毅（臣），复欲刻《刚说》及跋以私其子孙，使之不忘其祖之意，而嘱予缀一辞。嗟乎！使孙氏世世子孙皆能求夫两家之说而力行之，其义不可胜用矣。然今孙氏兄弟子侄皆力学，皆仕于朝，皆长于政，岂非刚之效乎？①

可见，苏轼的《刚说》和朱熹的跋被孙氏世代相传，成为家族教育的重要资源。宁都孙氏也在地方上获得了崇高的威望和地位，其最明显的表现，就是自南宋以来官府在州学附近建立的孙氏贤良祠。元代吴澄记述曰：

> 赣州（疑为"宁"——引者注）都孙介夫讳立节……苏文忠公称其刚而仁，作《刚说》诒其子，遂有名于世。后百余年，宁都县令即所居延春谷立祠，并其二子祠焉。庐陵杨伯子作记。推

---

① （元）揭傒斯：《苏文忠公刚说跋》，见同治《赣州府志》卷六十五《艺文志·元文》。

所本所始，并祠其祖浔州使君。夫因一人之善，而上及其祖，下及其子，昔人之用心，可谓厚也已。立祠之后，又将百年，宁都县升州，孙氏祠于州学之右庑。延春谷之支派，有同知东川路总管府事寿甫讳登龙，少年为乡贡士，行懿文醇，学者推服，重义轻利，惠泽及物，天佑其家，诸子彬彬然生进而多文雅。既殁，州之士佥谋，请以祔孙氏四贤之祠，州长可之。转闻大府新构于州学讲堂之西，祠孙氏五贤，与乡之先贤齿。①

可见，历任地方官都有建祠纪念孙立节的举动。以上引文值得注意的是，孙氏家族因孙立节一人而得祀五人，首先是"上及其祖，下及其子（二子）"，后来又加祀孙登龙，成孙氏五贤。一个家族，能有五人在州学附近的贤良祠中受诸生祭拜，充分说明了其在当地的影响。这从孙氏在平定延祐二年（1315）宁都发生的蔡五九之乱中所发挥的重大作用也可看出。

延祐二年，赣州宁都蔡五九起兵，规模甚大，"寇赣州，列郡皆警，朝廷命行省宰臣亲率诸道兵往讨之"②。《国朝文类》载：

> 延祐二年四月，赣州宁都州蔡五九反，与其党聚兔子寨五王庙，杀猪置酒，俱执锡楞枪刀。五九自号派主。六月，五九率众劫掠村落郡邑，杀宁都州赵同知，围宁都州，烧四关。八月三日，官军开门与战，贼退。五九自称蔡王，骑马列仪卫，张汉高旗，

---

① （元）吴澄：《吴文正集》卷四十一《宁都州学孙氏五贤祠堂记》，文渊阁四库全书本。其中，"后百余年"大约应在"熙丰变法"后百余年，即为南宋时期。

② （元）黄溍：《金华黄先生文集》卷二十七《沿海上万户石抹公神道碑》，四部丛刊初编本。

造战棚、炮架、攻具，其势甚张，又犯福建地。奏遣兵讨之。①

蔡五九之乱与"畲贼"不同，不是发生在边界，而是发生在宁都州附近，连宁都州同知也被其杀害，影响甚大。② 宁都孙氏在平定蔡五九之乱中发挥了重要作用：

> 延祐乙卯，赣宁都乱，微孙氏宁都惟不守，赣不支，庐陵亦日殆哉。初，江西经理田粮，民不堪命，赣为甚，宁都又甚。有蔡午玖者，因之胁从其乡以叛，而众之者三乡，同知赵某遇害。自七月朔攻围州城十有四日，城守坚，稍退复进，后八日，围城数众。朝廷命三省讨贼，声援稍集，而飞绉挽粟不继，孙氏悉其牛羊仓廪府库以备供亿，又多设方略，以家僮民义先官军冲冒万死，力战溃围。又八日，而薄诸河。逾月而抵其巢，又逾月生擒午玖，而后乱甫定。当城中食尽时，危不能朝夕，城不陷，兵不溃，众谓孙氏力为多，而终不言功，则孙公有大德于其乡也。③

上述记载可证诸《元史》。《元史·英宗本纪》载："六月，寇围宁都，州民孙正臣出粮饷军，旌其门。"④ "其牛羊仓廪府库"足以供应一城食用，其"家僮民义"能"先官军冲冒万死，力战溃围"，证明其实力

---

① （元）苏天爵：《国朝文类》卷四十一《经世大典·招捕·江西》，四部丛刊初编本。
② 蔡五九之乱主要是由元政府"经理钱粮"引起的，因而其参加者主要是编户齐民，可参考下引刘岳申的记述。
③ （元）刘岳申：《申斋文集》卷九《孙君墓志铭》，中国国家图书馆藏清抄本。
④ （明）宋濂等：《元史》卷二十八《英宗本纪二》，631 页，北京，中华书局，1976。"六月"为至治三年（1323）六月，距平蔡五九之乱八年，大概孙氏的功绩被朝廷认可是在至治三年。

确实不俗。

孙氏能有如此影响力，可能与孙氏自北宋以来就是当地的仕宦大族有较大关系。由于资料限制，我们只知道，北宋孙氏为官者有孙立节（即上引揭傒斯跋文中的"桂州"）和其子孙勰、孙勴，其后孙氏是否兴旺发达不得而知。但元代孙氏却是人才辈出，仕宦者众，除了上文所说"桂州九世孙"，即抚州经历孙兴礼和东川路总管府事孙登龙两兄弟外，还有：

> 孙伯颜，字元晋，立节九世孙。……大（疑为"天"——引者注）历初辟监修国史院译史，改辟大司农译史……至正三年，提举广东。
>
> 孙辅臣，登龙子。以文学荐尹南康，知太都护府篆，五迁至湖南宣尉元帅，升资善大夫、广西廉访使，所在有政声。①

在平定蔡五九之乱中起了重要作用的孙良臣、孙正臣兄弟也曾出仕：

> 孙良臣，兴礼子，与弟正臣俱以文学称。良臣为淄莱万户府经历，正臣尝知吉州。延祐间蔡五九之乱，良臣昆弟竭资以助军饷，当事表其宅曰"义门"。②

现将以上所述孙氏关系图列如下：

---

① 道光《宁都直隶州志》卷二十二《人物志·宦业》。
② 道光《宁都直隶州志》卷二十二《人物志·忠义》。

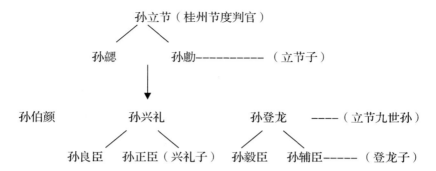

那么，孙氏世代为官和孙氏五贤祠的修建有何关系？笔者注意到，元代科举考试不像宋代那么正常地进行，元代孙氏族人往往是通过"辟""荐""乡贡进士"等途径得以步入仕途的。①而要获得荐举的资格，家族的名望和影响就显得十分重要。正因为如此，元代孙氏才十分重视对祖先荣耀的传颂，"复欲刻《刚说》及跋以私其子孙，使之不忘其祖之意"。建孙氏贤良祠于州学附近，事实上增强了其家族影响。

同样值得重视的是，宋代以来地方官对孙氏家族的褒扬，也对该家族的发展起了促进作用。从南宋阳都（即宁都）主簿郑载德"得遗迹于君家，将摹刻而置之学宫"到元代宁都知州"新构"孙氏贤良祠"于州学讲堂之西"，地方官的支持与赞誉，对孙氏家族发展而言无疑是很好的资源。宋代以来，学校和书院教育在赣南渐次展开，地方文化资源也被地方官利用来振兴文风。在某种意义上，地方官对孙氏家族的褒扬正是这种活动的延续。而孙氏家族也同时利用其祖先的文化资源，扩大了家族的影响。事实上，孙氏的例子并非个例，写《宁都州学孙氏五贤祠堂记》的吴澄亦写过《黎氏贤良祠记》，其文曰：

　　宁都州之著姓，以黎为盛。盖自唐末迄宋季以逮于今，甚盛

---

　　①　孙登龙为官亦由荐举。道光《宁都直隶州志》卷二十二《人物志·儒林》载："孙登龙，字寿甫。景定甲子举省试，迄元至正丙戌被荐。"

也久矣。……贤良字汉儒，讳仲吉。……淳化中，郡将陈殿院荐于朝，条陈当世务数千言。名人皆愿与之游，寻举进士丙科。天禧中，扣阍言事，丁谓恶其不附己，亟授洪州文学。……一日谒太守，求解职还梅川，称"方外高人"。伦（疑为"论"——引者注）著数十万言。……治平四年，擢乙科曰珣，官至右文殿修撰，赠少师。乃贤良四世孙也。宁都学院虽从祀贤良于乡贤之首，于家则未有祠祀。至治壬戌秋，志远鸠工度材，相地涓吉，于州之东北隅，即三江之会，遂立祠祠之，厚之道也。①

和孙氏一样，黎氏也是地方上的官宦之家，元代黎氏在州城外交通汇集处修建其祖先贤良祠，表明其家族亦重视用这样的手段扩大在地方上的影响。

和宋代相比，元代孙氏家族在地方上能发挥重大影响，是引人注目的。宋代赣南土豪在地方上影响力很大，但并没有如元代那样利用祖先的文化资源。元代孙氏建立贤良祠的举动，或许可以表明赣南地方强势者由宋代的土豪开始转变为以"文化"相标榜的士大夫家族。

与元代赣南地方"文化"大族兴起的现象相联系的是，明初赣南的盆地、河谷地带，户口数字比较多，人口密度比较高，里甲制也推行得比较成功。以赣州府为例，如表 3-1 所示，位于河谷盆地的宁都、赣县、兴国等县，户口数明显多于边远的会昌、信丰、安远、龙南等地。户口数多，表明官府控制的人口多，也说明地方上接受王朝教化的程度比较高。笔者注意到，明初赣南户口数字比较多的县，基本上位于生态条件比较好的中部、东部的河谷和盆地。这些地方开发较早，经过南宋官府的教化努力，聚集了一些地方士大夫。

---

① （元）吴澄：《吴文正集》卷四十一《黎氏贤良祠记》，文渊阁四库全书本。

表 3-1　明初及明中期赣州府户口、里甲疆域

县名	户	口	里甲（里）（嘉靖年间）	广（里）	袤（里）
宁都	32702	157306	118	175	310
赣县	24160	104678	110	110	265
兴国	14153	56370	57	240	125
石城	3807	16754	9	55	140
雩都	3911	16698	15	100	107
瑞金	1421	5722	7.5	100	205
会昌	691	3078	6.5	225	130
信丰	638	3109	6.5	＞240	＞125
安远	293	1445	5	＞230	＞435
龙南	260	1246	5	＞180	＞135

资料来源：

嘉靖《赣州府志》卷四《食货志·户口》；嘉靖《赣州府志》卷四《里甲》；天启《赣州府志》卷一《舆地志一·疆界》。

说明：

（1）户口数为洪武二十四年（1391）数字；里甲数取自嘉靖《赣州府志》卷四《里甲》。

（2）"广"和"袤"的数字取自天启《赣州府志》卷一《舆地志一·疆界》。因隆庆三年（1569）析安远、信丰、龙南地置定南县，万历四年（1576）析安远黄乡等十五堡置长宁县，故明初以上三县的疆域应大于天启《赣州府志》所载。

表 3-2　宋元赣州各县选举情况

县名	荐辟	进士	特奏名进士	乡举	总计
宁都	30	39	47	170	286
雩都	20	13	5	57	95
赣县	7	65	5	2	79
兴国	6	16	0	17	39
石城	26	12	0	0	38
信丰	2	11	1	1	15

县名	荐辟	进士	特奏名进士	乡举	总计
会昌	1	3	0	1	5
龙南	1	3	0	0	4
瑞金	1	3	0	0	4
总计	94	165	58	248	565

资料来源：

同治《赣州府志》卷四十六《选举志·荐辟、（文、武）进士、举人表》；道光《宁都直隶州志》卷二十《选举志上》。

说明：

道光《宁都直隶州志》卷二十《选举志上》只记有宋元宁都直隶州的乡举170人，但没有分县记载，故本表将其全部计入宁都。

对照表 3-1 和表 3-2 可以看到，宋元选举人才比较多的县与明初户口比较多的县惊人地雷同，排在前面的都是中部和东部的宁都、赣县、雩都、兴国、石城等，这些县都位于生态条件相对较好的盆地。唯一有点例外的是雩都的户口在明初似乎比较少，笔者以为和当时的社会动乱有关系，这一点下文将作分析，此不赘述。这种雷同当然不是偶然的，而是和赣南宋元以来的社会变迁有莫大的关联。实际上，南宋初年赣南"虔寇纷纷"的时候，宁都、赣县、雩都都发生过大规模的动乱。① 但是，经过南宋赣南地方社会的转型，以及宋元以来官府教化的努力，这些开发较早的地区已经开始向"王化"转变。当然，这并不是说，这些地方的人就完全变成了温顺的儒雅之民，而是指这些地方不再是单纯的"盗区"的形象了。

赣南南部的边界山区，宋元以来一直是官府很难控御之地。第二章已经论及南宋"虔寇纷纷"的局面被平定后，赣南的边界山区仍然受"峒寇"和"盐子"不断侵扰，在元代则是"畲贼"的天下。在这

———————

① 宁都有李敦仁之乱，赣县有陈辛之乱，雩都有固石洞之乱，参考本书第二章。

些地方，官府很难控制住局势，更遑论施行王朝的教化。同样，官府控制的户口数也是很少的。元末至正年间，有人形容南雄的情况说：

> 而远僻在万山间，与韶之翁源，赣之龙南、信丰相接，溪峒险恶，草木茂密，又与他郡不侔。故其人为僚，暴如虎狼，至如寻常百姓，渐摩熏染，亦复狼子野心，不可以仁义化也。①

可见，赣南的龙南、信丰等地仍然有大量未开发地区，也有大量"僚"等未被纳入官府统治体系的"化外之民"。

明初，天下大定，但是此地的状况并没有得到根本改变。表 3-1 中，户口数比较少的主要是一些南部边界山区的县，如安远县，一个县才千余人，不及宁都百分之一，但就面积而言，安远却比宁都大。会昌、信丰、龙南三县的情况和安远差不多。户口数如此稀少，反过来也说明，明政府对这些边界山区的控制力相当有限。另外，表 3-1 中，东部山区的石城、瑞金，里甲、户口数字远远多于南部山区的安远等四县，而同为盆地的雩都户口数也不及赣县、宁都、兴国等县，甚至不如石城。为何赣南各县的差异会如此之大？笔者认为，以上问题似可从明初赣南的地方动乱中得到解释。同治《赣州府志》卷三十二《武事》中有如下记载：

> （洪武）十八年，广贼周三官、谢仕真攻劫龙南、信丰、雩都等处，破其城，焚掠甚惨。
>
> （洪武）二十三年正月……雩都知县查允中奏：近山贼夏三等作乱，袁州卫指挥蒋旺等领兵捕之。旺乃擅发民丁三百人驱之当

---

① （元）刘鹗：《惟实集》卷二《南雄府判琐达卿平寇诗序》，乾坤正气集本。

贼，方春之时，且废农业。

可见，洪武年间赣州南部时常有寇乱，影响所及，直至中部的雩都。安远虽没有遭受动乱的记载，但地理上，安远介于龙南、信丰、雩都三县之间，应该会受到动乱的影响。族谱资料则更清楚地表明，动乱的发生使人民四处逃散，官府不得不大力招抚人口。信丰《树德堂李氏族谱》记载：

> 信丰庄溪李氏，祖籍广东南雄府保昌县，延福二都新田里，传至十八世源昌公。自宋末迁居信丰南乡蓝田里小河堡庄溪之道岭下，围屋数椽，置产立业。
>
> 七传忠可、行可、贵可三公，始于元至正八年戊子，雇赣县下甫匠人谢朝玉、朝用等，竖造庄溪上屋园厅屋，亥山巳向。及明洪武十四年辛酉，有诏编入赋役寅（疑为"黄"——引者注）册，乃载粮三斗，注册入籍，编里蓝九册，名李明，凡文仪公、仕仪公、端仪公丁粮俱载李明户内，岁承里长。越十八年乙丑，被广寇协同龙南强民作耗，流劫乡村，人民逃散，朝廷差拔总兵管统军征捕，来家匝宿失火，烧毁前屋，以此流窜靡宁。至洪武二十一年戊辰，县丞李子昭揭榜招安，奏减粮税差役，给由宁家，乃鼎回庄溪祖宅。①

洪武十四年（1381），李氏曾以"李明"的户名登记户口。但是，洪武十八年（1385）"广寇"作乱，后来官兵借宿李家，李家失火，从此李氏流离失所，直至洪武二十一年（1388），在县令的招抚下，李氏才渐

---

① 《（信邑庄溪）树德堂李氏族谱·记·信邑立籍源流记》，上海图书馆藏 2001 年本（该书页码有误）。

渐地返回长宁安居。从上述记述看来，李氏的遭遇并非个别，正是在人民大量逃散的情况下，县令才需要以优惠的条件招抚人口。

地处由赣入闽之冲的瑞金也受寇乱之扰。《明太祖实录》载：

> 洪武二十二年八月丙申朔，江西赣州府瑞金县丞古亨言：县境东接闽广，山川险阻，近为邻邑山贼作乱，惊骇居民，久废耕稼。继而余党蔓延，四出劫略，燔烧室庐。初民户在籍者六千一百九十三，今亡绝过半。①

如瑞金县丞所言，洪武二十二年（1389）瑞金的民户有 6193 户，而从表 3-1 看来，两年之后就户数"亡绝过半"，仅剩 1421 户。寇乱的直接后果是官府控制的户口数减少。康熙《雩都县志》亦引明代县志言："兼以民亡于周三官之寇，田分于屯种之军，故其民甚凋弊而赋益繁重。"②

因此不难理解，寇乱频繁发生县份的户口数为何比赣南中心的盆地、河谷地带少得多。瑞金并非寇盗的主要活动地区，因而其户口数要比寇乱严重的县份为多，却不及疆域比其小但相对安定的石城。明了上述户口数字差别背后的原因，对解释元代至明初赣南户口数字大量减少的情形很有帮助。正如曹树基和饶伟新所揭示的，元明时期赣南户口数比宋代减少了很多。③ 曹树基推测，元代和明初赣南人口减

---

① 《明太祖实录》卷一百九十七，见《明实录》第 5 册，2953 页，台北，"中央研究院"历史语言研究所，1962。
② 康熙《雩都县志》卷四《食货志·户口》。
③ 可参考曹树基：《赣、闽、粤三省毗邻地区的社会变动和客家形成》，表 1 "宋元时期赣南地区的人口变迁"，见《历史地理》第 14 辑，125 页，上海，上海人民出版社，1998；饶伟新：《明代赣南族群关系与社会秩序的演变：以移民和流寇为中心》，表 2 "隋至明初赣南地区户口数的变动表"，硕士学位论文，厦门大学，1999。

进入赣南，他们或佃耕水稻，或从事林木砍伐及加工，经济作物的种植则以蓝靛为主；清朝初年，由于战乱导致田土荒芜，政府广行招徕垦辟，使赣南流民运动规模更大。清代流民尤其是闽粤籍流民把烟草、花生、甘蔗等经济作物带入赣南，不仅开发了山区，而且直接促成了赣南规模宏大的经济作物区和经济林区的形成，奠定了今天赣南的农林生产格局。

在山区开发和经济作物普遍种植的基础上，赣南山区村落增多，人烟渐密，一变其"地旷人稀"的景象，墟市的数量也增加了。从表 3-3 中可看出，清代墟市数量比明代增加不少，如赣州府嘉靖年间墟市总数为 208，乾隆时增至 325，石城、定南、龙南、长宁、信丰、雩都、会昌等县墟市数量的增长尤为明显。除雩都外，以上几个县基本上是与闽、粤两省相邻的边界县。

表 3-3　明清赣南墟市数量

县名	嘉靖	天启	乾隆	道光	同治	光绪
赣县	23	22	（40）		40	
雩都	29	27	41	41	54	
会昌	11	11	20		35	
兴国	21	21	（20）	20	20	
信丰	44	42	55		56	
龙南	12	12	16			16
定南		1	10	20		
长宁		3	18			24
安远	（9）		9			
宁都	41	6?	38	46		
瑞金	11	11	（34）	34	34	35
石城	7	7	24	24		

县名	嘉靖	天启	乾隆	道光	同治	光绪
赣州府小计	208		325			
南康			20			
大庾			7		19	
上犹			7		19	
崇义			(25)		25	24
合计			384			

说明：

（1）各县墟市数量依有关方志，表中空缺即意味着方志中无记载。

（2）因缺少明代南安府墟市数字，故对嘉靖和乾隆时期赣州府墟市数量作一统计，而对赣南全区的墟市则取数字较全之乾隆时期作一粗略统计。一些县在统计时没有记载的，就取相邻时期计入，但数字用括号标明。定南和长宁两县在嘉靖时尚未建立，故数据空缺。

（3）天启时宁都墟市数量出人意料地减少为 6 个，估计为县志作者漏记。

乾隆《雩都县志》中的一段记述反映了墟市逐渐繁荣的经过：

厥后地辟，民众凡在乡之通衢要道，莫不有市，以瞻往来而广交易。是同一市而且有初聚于国、继分于乡之不齐。况又其后之非第有市以利行者，抑且有墟以便居民，每于民所居往往来适均之地而树之墟，定以墟期，每旬三日不等，及期则实其人与物于其间，以相为贸迁，闲日则空其人与物于其地，以还其故处。……明末四方掻动，当国朝定鼎之初……诸市日就荒废，而墟更可知。自是而皇仁广被其沐，光天化日不惟市之废者将悉复，而诸村各堡之墟，其逢墟期而交挟其财物以相为购售者，人数多至不可以千计，少亦不下数百，既足以征盛世人物之丰阜。①

---

① 乾隆《雩都县志》卷一《地舆志·街市》。

可以看出，明末以前雩都的"墟"刚开始发展，至清初则显出一派繁荣景象，"人数多至不可以千计，少亦不下数百"。墟市数量的增加和市场的繁荣，是市场体系趋于完善和成熟的表现。赣南的大庾县位于明清时期著名的大庾岭商路的北端，该商道通过赣江支流章水沟通赣江，从而与全国的市场体系发生了联系。① 赣南的瑞金—汀州、筠门岭—潮州以及散处于各县山隘的许多通道，则使赣南与临近的福建、广东、湖南地区不断进行交流。明中期以后，赣南山区的开发是在外部市场的刺激下进行的，不仅山区的各种经济作物运销外部市场，而且本地生产的粮食也和全国性的更大的区域市场格局息息相关。② 试举例如下：

其一，粮食运输。天启《赣州府志》卷三《舆地志三·土产》载曰："赣亡他产，颇饶稻谷，自豫章、吴会咸仰给焉，两关转谷之舟，日络绎不绝，即俭岁亦橹声相闻。"可见，明代赣南生产的粮食还供应赣中及江浙一带。清初，广东、福建由于商业发展，成为缺粮地区，赣南的粮食也就开始运入两地。会昌筠门岭成为重要中转市场，"每日千余人，在筠门岭及周田墟搬运"③。

其二，蔗糖市场。甘蔗以南安府一带最多，清初时，"蔗糖、长生果（即花生——引者注）二物行远而利溥"④。康熙元年《雩都县志》

---

① 关于大庾岭商路的繁荣，可参考邓振胜：《古大庾岭商路的历史和现状》，载《江西地方志通讯》，1985（2）；胡水凤：《繁华的大庾岭古商道》，载《江西师范大学学报（哲学社会科学版）》，1992（4）。

② 笔者曾对赣南商道、商品流通、市场体系作过简要的探讨，参考拙文《大庾岭商路·山区市场·边缘市场——清代赣南市场研究》，载《南昌职业技术师范学院学报》，2000（1）。

③ 同治《会昌县志》卷二十七《祥异》。关于江西粮食运入广东，参考陈春声：《市场机制与社会变迁——18世纪广东米价分析》，114~115页，广州，中山大学出版社，1992。

④ 乾隆《大庾县志》卷四《地舆志下·物产》。

图 3-1　大庾岭商路图

　　图见（清）张宝：《泛槎图》，13b～14a 页，北京，北京古籍出版社，1998。转引自唐立宗：《在"盗区"与"政区"之间：明代闽粤赣湘交界的秩序变动与地方行政演化》，44 页，台北，台湾大学出版委员会，2002。

说："濑江数处，一望深青，种之者皆闽人，乘载而去者皆西北、江南巨商大贾。计其交易，每岁裹镪不下万金。"①

　　其三，蓝靛交易。《明穆宗实录》卷二十六记曰："江西万羊山跨连湖广、福建、广东之地，旧称盗薮，而各省商民亦常流聚其间，皆以种蓝为业。"赣州则是一蓝靛交易中心，天启《赣州府志》卷三《舆地志三·土产》载，赣州"城南人种蓝作淀，西北大贾岁一至汛舟而下，州人颇食其利"。

　　以上几例是明代和清初的情况，迨至清中期，赣南的烟草、花生、

---

①　康熙《雩都县志》卷一《舆地志·物产》。

竹木、夏布等市场交易亦颇为繁荣。①

　　赣南与外界市场的联系及其展现出来的繁荣景象，与赣南山区活跃的流民活动呈现出一种互动关系。嘉靖年间擢为右副都御史，巡抚南、赣的周用有如下描述：

> 　　惟南赣地方，田地山场坐落开旷，禾稻竹木生殖颇蕃，利之所在，人所共趋。吉安等府各县人民平常前来谋求生理，结党成群，日新月盛，其般运谷石、斫伐竹木及种靛、栽杉、烧炭、锯板等项，所在有之。又多通同山户田主置有产业，变客作主，差徭粮税，往来影射，靠损贫弱。又有一种来历不明之人，前来佃田佣工及称斋人教师等名色，各多不守本分，潜行盗窃，间又纠集大伙，出没劫掠，不可踪迹。又或因追取久近债负或称根捉脱逃军匠，往往各于原籍官司生情捏告，彼此文移往来，经年不得杜绝。②

　　南赣地区③由于"田地山场坐落开旷"，吸引各色人等"前来谋求生理"，从而形成了一个成分复杂、流动性相当大的社会。而在明朝初

---

　　① 　参考拙文《大庾岭商路·山区市场·边缘市场——清代赣南市场研究》，载《南昌职业技术师范学院学报》，2000 (1)。笔者并不认为明清时期赣南部分市场的繁荣说明赣南经济发展出现实质性变化，相反，就整体经济发展而言，赣南仍是糊口性的商品生产格局。饶伟新也论述过清代赣南商品经济的困境，参考所著《经济作物的种植与清代赣南农村经济困境》，见《赣文化研究》，第 10 期，172～187 页，香港，香港文化中国出版社，2003；《清代山区农业经济的转型与困境：以赣南为例》，载《中国社会经济史研究》，2004 (2)。

　　② 　(明) 周用：《周恭肃公集》卷十五《乞专官分守地方疏》，见《四库全书存目丛书》集部第 55 册，121 页，济南，齐鲁书社，1997。

　　③ 　明清文献中"南赣"经常出现，有时指四省边界地区，即南赣巡抚辖区；有时指南安、赣州二府，此时应断为"南、赣"。本书所指的"南赣地区"指的是南赣巡抚辖区。

期，人民的流动、迁徙是受到限制的，从一个地方到另一个地方的移动，要取得政府的"路引"才合法。① 正统二年（1437）又规定：

> （流民）若团住山林湖泺，或投托官豪势要之家藏躲，抗拒官司，不服招抚者，正犯处死，户下编发边卫充军，里老窝家知而不首及占吝不发者罪同。②

所以，明代民间自发的流民都属非法的活动。但是，明中期以后众多流民的进入，冲破了官方的限制。早在成化年间，赣南当地大户就有招佃仆耕种的做法。《皇明条法事类纂》记载：

> 南、赣二府地方，地广山深，居民颇少。有等豪富、大户不守本分，吞并小民田地，四散置为庄所。邻境小民畏差徭，携家逃来，投为佃户，或收充家人。种伊田土，则不论荒熟，一概逼取租谷。借伊钱债，则不论有无，一概累算利息。少拂其意，或横（加）种（疑为"摧"——引者注）楚……以致大（疑为"小"——引者注）户贫苦，存活不得，只得纠集一搬逃户，或四散劫掠，或勾引原籍盗贼，劫杀主家。③
>
> 访得南、赣二府地方大户并各屯旗军，多有招集处处人民佃田耕种，往往相聚为盗，劫掠民财。……（流民）计名不载于版

---

① 梁方仲：《明代一条鞭法年表》，见《梁方仲经济史论文集》，564 页，北京，中华书局，1989。
② （明）申时行等：《大明会典》卷十九《户口一·流民》，353 页，台北，文海出版社，1984。
③ 日本古典研究会编：《皇明条法事类纂》下卷《禁约江西大户逼迫故纵佃仆为盗其窝盗三名以上充军例》，719 页，东京大学图书馆藏本影印本，昭和四十一年（1966）。

籍，身不役为差徭，出入自由，习成野性。往往强劫，多是
此徒。①

可见，赣南的豪富、大户招引附近地区流民为佃户、家人，已非常普
遍。这些流民到来之后，"或四散劫掠，或勾引原籍盗贼，劫杀主家"，
"往往相聚为盗"，转化为地方盗贼。不过，豪富、大户招引流民开垦
的重要原因是当时赣南尚有许多地方可以开垦，"四散置为庄所"反映
的即是这种情况。所以，流民实际上是明清赣南山区开发的主力，流
民的到来使大片荒山林地得以开垦。

　　除了为逃避赋役而成为大户的佃户外，如上文周用所述，流民还
可以为了商业利润，从事"般运谷石、斫伐竹木及种靛、栽杉、烧炭、
锯板"等活动。在明代，蓝靛的种植获利甚大，前文所述商民前往万
羊山种蓝靛和赣州蓝靛交易情况就是其反映。这些活动同样促进了山
区的开发。但由于没有得到官府认可，在官府看来，他们的开发活动
属于"盗耕"和"盗垦"。在闽粤赣湘四省边界地区，由于流民的开垦
活动，实际上已形成许多官府管辖不到的"盗区"。正德年间，南安府
"贼巢"的情况如下：

　　　　随据统兵官员并乡导人等各呈称，自本年正月蒙本院抚临以
来，募兵练卒；各贼探听消息，将家属妇女什物俱各寄屯山寨林
木茂密之处，其各精壮贼徒，昼则下山耕作，夜则各遁山
寨。……该本道查得上犹县邻近巢穴，则有旱坑、茶潭……等巢，
南安县则有长龙、鸡湖……等巢，大庾县则有狐狸坑、船坑……

---

① 日本古典研究会编：《皇明条法事类纂》下卷《禁约江西大户逼迫故纵佃
仆为盗其窝盗三名以上充军例》，720页，东京大学图书馆藏本影印本，昭和四十
一年（1966）。

等巢；多则三五百名，少则七八十名。①

从"昼则下山耕作，夜则各遁山寨"的情形看，南安府的所谓"贼"仍是以耕作为生者；从他们把"家属妇女什物俱各寄屯山寨林木茂密之处"的安排看，其耕作之处当是尚未开发的山地。因此，笔者怀疑，所谓"贼巢"，可能就是正在开发中的流民村落，大大小小的"贼巢"连在一起，则形成"盗区"。"盗区"的形成过程实际上也是边界山区逐渐开发的过程。除南安府外，南部的安远、信丰、龙南等地因与广东接壤，同样存在大面积的盗贼聚集的"盗区"。嘉靖二十二年（1543），南赣巡抚虞守愚疏略云：

> 臣所管辖地方俱系江湖闽广边界去处，高山大谷，接岭连峰，昔人号为盗区。然其最剧莫如黄乡新民，其地属赣之安远，名虽一乡，实比大县，中间大帽山一山，环绕三百余里。正德年间何积玉、朱贵、强风等恃险凭高，巢窟其中，因而剽掠居民，攻陷城邑，害及四省，未暇悉成。②

在闽粤赣湘边界的万山崇岭之中，像大帽山这样的高山并不鲜见。例如，有许多商民种植蓝靛的万羊山，"跨湖广、福建、广东三省界，故盗薮。四方商民种蓝其间。至是盗出劫，翀（南赣巡抚张翀——引者注）遣守备董龙剿之。龙声言搜山，诸蓝户大恐，盗因煽之，啸聚千

---

① （明）王守仁：《王阳明全集》卷十《南赣擒斩功次疏》，365～366 页，上海，上海古籍出版社，2011。

② 嘉靖《虔台续志》卷四《纪事三》。

余人"①。如是看来，商人求利也是"盗区"形成和山区开发的重要因素，上文周用所言"其般运谷石，斫伐竹木及种靛、栽杉、烧炭、锯板等项，所在有之"，正是这种情形的反映。②

由于南赣一带山高林密，官府不易控制，加上山区四方杂处，人员混杂，所以，即便是官府有意识安插的流民，也常常在此啸聚成寇。上引南赣巡抚虞守愚疏中提及的何积玉、朱贵等人，就是官府安插在安远的流民。嘉靖《虔台续志》卷五《纪事四》载：

> 正德六年辛未，程乡贼钟仕锦等攻江、广、闽附近乡邑，都御史周公南初被新命，开府于赣，计招贼首何积玉（疑漏字——引者注）千余，擒仕锦等戮之，安插降贼朱贵等三百余人于羊角水耕住。后积玉复叛，知县蔡夔督民兵格杀之，余党叶芳等投招，安插黄乡堡耕住为民，听调杀贼。

文中的叶芳及其家族，后来成为安远黄乡堡的亦官亦盗的大家族。③
南安府的流民起初也由官府安插于此，据南安知府季敩呈：

---

① 同治《赣州府志》卷三十二《经政志·武事》。万羊山虽不在赣南境内，但和赣南毗邻，其流民的活动和赣南密切相关，所以《赣州府志》才把这次万羊山的军事活动记入《武事》。

② 根据唐立宗的研究，明代南赣地区盗贼倡乱的特色主要有二：抗租与半耕半盗；结伙开矿。参考唐立宗：《在"盗区"与"政区"之间：明代闽粤赣湘交界的秩序变动与地方行政演化》，142～154 页，台北，台湾大学出版委员会，2002。

③ 参考本章第三节的相关论述。日本学者今凑良信亦对叶氏家族有详细论述，参考所著《明代中期の"土贼"について——南赣地帯の葉氏を中心に》，见《中國史にぉける亂の構図——築波大學創立十周年纪念東洋史論集》，東京，雄山閣，1986。

备所属致仕省祭义官监生杨仲贵等呈称，上犹等县横水、左溪、长流、桶冈、关田、鸡湖等处，贼巢共计八十余处，界乎三县之中，东西南北相去三百余里，号令不及，人迹罕到。其初举贼，原系广东流来。先年，奉巡抚都御史金泽行令安插于此，不过砍山耕活。年久日深，生长日蕃，羽翼渐多；居民受其杀戮，田地被其占据。又且潜引万安、龙泉等县避役逃民并百工技艺游食之人杂处于内，分群聚党，动以万计。始渐虏掠乡村，后乃攻劫郡县。近年肆无忌惮，遂立总兵，僭拟王号；罪恶贯盈，神人共怒。①

最初"举贼"是奉巡抚都御史金泽行令安插在上犹等处，但由于各色流民聚集在一起，遂"分群聚党，动以万计"，成为盗贼之薮，酿成有明一代赣南严重的社会动乱问题。兹根据地方志资料，整理出表3-4。

表 3-4 明代赣南地方动乱年表②

时间	地点	动乱经过	资料来源
洪武四年（1371）	上犹	赣州上犹山寇叛，江淮行省中书左丞黄彬讨平之	道光《赣州府志》卷三十二《经政志·武事》

---

① （明）王守仁：《王阳明全集》卷十《立崇义县治疏》引，388～389 页，上海，上海古籍出版社，2011。

② 考虑到各县县志对动乱的记载详略和取舍标准差异较大，本表以府一级地方志为统计资料基础，不参考各县县志记载。如各种资料对同一事件均有记载，取叙述更为详细者、资料记载时间更早者。另，饶伟新亦根据地方志资料整理过"明代赣南地区流民、流寇年表"，见饶伟新：《明代赣南族群关系与社会秩序的演变：以移民和流寇为中心》，表6，硕士学位论文，厦门大学，1999。

时间	地点	动乱经过	资料来源
洪武十八年（1385）	龙南、信丰	广贼周三官、谢仕真攻劫龙南、信丰等处，破其城，焚掠甚惨。三官河源宦家子，杀人亡命，仕真以造假银事发，遂与三官结党倡乱。一时乌合蚁聚，至万余人。明年，统兵官尹和先计擒二贼子，因乘胜督兵讨平之	天启《赣州府志》卷十八《纪事志·郡事》
洪武二十三年（1390）	赣南	赣州山贼夏三复结湖广峒蛮为寇。昇为副将军，同胡海等讨平之，俘获万七千人	同治《赣州府志》卷三十二《经政志·武事》
洪武末	赣南	赣贼陈平作乱，江西按察使副使何道旻讨平之	道光《赣州府志》卷三十二《经政志·武事》
宣德七年（1432）	会昌	会昌长河贼朱南郑、刘伯昂为闽、粤、江西三省巨寇，流劫边鄙，乡勇李梅五擒其骁贼。郑与昂稍退却，巢石背。三省会请征剿，命东厂太监督兵讨之，屯于禾溪，年余无功	道光《赣州府志》卷三十二《经政志·武事》
宣德间	信丰	赣州信丰诸县盗起，命陈勉抚之，招徕三千六百余人，乱遂定	同治《赣州府志》卷三十二《经政志·武事》
正统四年（1439）	信丰	七月，邱景崇以技术潜入贼营，贼不疑。因率十一户亲族子弟五百人伪从贼，与造军器。约官兵为外援。十二月晦，就筵间擒朱南郑、刘伯昂。事平，上闻，以石背土田赐十一户，世袭把总	道光《赣州府志》卷三十二《经政志·武事》

时间	地点	动乱经过	资料来源
正统十三年 (1448)	石城	福建沙县贼邓茂七自称闽王,江西都指挥刘顺、赣卫指挥冯广领兵一千守石城。十一月,茂七党陈椿八率众数千入境。还者报贼止四五十,顺轻之,遣百人入贼营纵发火炮,出其不意杀贼数十贼,又缚其部总汤社长。椿八大怒,后三日尽率其众攻城,顺复轻之,城遂陷	道光《赣州府志》卷三十二《经政志·武事》
正统十三年 (1448)	龙南	湖广蔡妙光自称传度弥勒佛教,眉间一疮痕,名为三只眼,蛊众倡乱,攻破龙南,寻讨平之	天启《赣州府志》卷十八《纪事志·郡事》
正统十四年 (1449)	瑞金	闽贼陷瑞金	道光《宁都直隶州志》卷十四《武事志》
景泰元年 (1450)	上犹	石溪民黄待宗煽乱,巡抚杨宁发诸郡掩捕之,获其渠首解京	同治《南安府志》卷二十九《事考》
天顺四年 (1460)	赣州	岭寇犯赣州,江西右布政使王恕率师讨平之,安辑流冗有方	同治《赣州府志》卷三十二《经政志·武事》
天顺六年 (1462)	信丰	八月,江西乱民朱绍纲伏诛。朱南郑之孙绍纲入信丰县,据新田里罗老营场为巢,大掠者十余载,新田约长黄习率乡勇捣其巢,擒绍纲于螺峰,斩之。至成化十九年请即其地立长沙营,设守备统兵驻防;又于羊角水置堡,会昌千户所拨军防守	同治《赣州府志》卷三十二《经政志·武事》
成化元年 (1465)	龙南	二月,广贼寇赣州龙南。巡按江西御史陈选、布政使翁世资、按察使林鹗、都指挥使王贵讨平之	道光《赣州府志》卷三十二《经政志·武事》

时间	地点	动乱经过	资料来源
成化八年（1472）	会昌	草寇李复正聚众于南村洞，同知章廷圭讨平之	同治《赣州府志》卷三十二《经政志·武事》
成化十九年（1483）	赣南	长河洞余孽朱绍纲反，总兵官率兵讨平之	天启《赣州府志》卷十八《纪事志·郡事》
成化二十年（1484）	瑞金	闽广流寇犯境，入瑞金，总捕同知王廷珪督民快御之，进至丁陂，为贼所逼，后援不应，竟遇害	天启《赣州府志》卷十八《纪事志·郡事》
成化二十一年（1485）	赣南	五月，南赣盗起，命佥都闵珪抚治之	同治《赣州府志》卷三十二《经政志·武事》
成化二十三年（1487）	信丰、龙南、石城等	六月，石口贼阳九龙纠合武平贼刘昂，流劫信丰，焚东、南二门，远近大耸，镇守太监邓原以闻，特命巡抚江西都御史仁和李公昂督三省兵讨平之，擒斩九龙等。议设守备等官于龙南、石城要害诸处，方域以宁	天启《赣州府志》卷十八《纪事志·郡事》
弘治三年（1490）	龙南、信丰	程乡贼彭锦纠邑贼黄秀琦出攻信丰，大掠境内	同治《赣州府志》卷三十二《经政志·武事》
弘治八年（1495）	龙南、信丰	冬十月，汀漳盗王魁、蔡朗纲等流入信丰竹篙岭、龙南象塘堡大肆劫掠，义民廖思闰、老人陈受统率家属击败之，时思闰与受死于阵	天启《重修虔台志》卷四《事纪一》
弘治十一年（1498）	瑞金	盗劫瑞金县库，伏诛。瑞金县被旧库役刘光世引贼邓月旺等夜劫库银，道府为县所蒙蔽，不以实报，公驳问得实，严令缉捕。漳南道擒获月旺等十二人，明正典刑	天启《重修虔台志》卷四《事纪一》

时间	地点	动乱经过	资料来源
弘治十八年（1505）	瑞金	广寇破瑞金县，知县万琛失守遇害	天启《赣州府志》卷十八《纪事志·郡事》
正德二年（1507）	赣南	广东贼入江西	同治《赣州府志》卷三十二《经政志·武事》
正德三年（1508）	赣南	二月，赣州大帽山贼何积钦等寇起，官军屡年不能克，左都御史陈金以属郡兵不足用，奏调广西狼兵督副使王秩等击之，获积钦，俘斩千七百余人	道光《赣州府志》卷三十二《经政志·武事》
正德四年（1509）	安远、信丰	参议俞公谏计擒程乡贼酋钟仕高、陈玉良等往年为安远、信丰害者，驻师三月，民不知兵	天启《赣州府志》卷十八《纪事志·郡事》
正德四年（1509）	雩都	十一月二十三日，禾丰走报，有武平贼自长河姣村来……掠城中妇女二百余人，烧毁房屋殆半，杀孙嘉亨等五人，其留贼者，贼疑之，亦见杀	道光《赣州府志》卷三十二《经政志·武事》
正德五年（1510）	兴国	复设南赣巡抚。七月，流贼寇兴国县城，火三日不灭。十二月，贼还自万安，通判徐圭擒其副，杀之，贼乃遁	同治《赣州府志》卷三十二《经政志·武事》
正德六年（1511）	安远、会昌	程乡贼钟仕锦攻劫江、广、闽附近乡邑，都御史周南初被新命，开府于赣，计招贼首何积玉（疑漏字——引者注）千余，擒仕锦等戮之，安插降贼朱贵等三百余人于羊角水耕住。后积玉复叛，知县蔡夔督民兵格杀之，余党叶芳等投招，安插黄乡堡耕住为新民，听调杀贼	天启《赣州府志》卷十八《纪事志·郡事》

时间	地点	动乱经过	资料来源
正德七年 （1512）	石城	春正月，贼首钟仕锦等聚徒流劫攻陷建宁、宁化、石城、万安等诸县，支解平民，捉掳官吏，僭号称王	天启《重修虔台志》卷四《事纪一》
正德七年 （1512）	石城、安远	大帽山界江、闽、广三省，贼首张番瑭、李四仔、钟总、刘隆、黄铺等聚徒数千，攻陷石城、万安诸县。南（南赣巡抚周南——引者注）分遣江西兵从安远入，攻破巢穴七；广东兵从程乡入，攻破巢穴九；福建兵从武平入，攻破巢穴八。擒番瑭等，斩之，俘获贼属，夺回良善甚众	道光《赣州府志》卷三十二《经政志·武事》
正德七年 （1512）	龙南	是年龙南山贼黄秀玑、谢越、赖振禄聚众劫掠乡邑，赣抚蒋昇讨平之	同治《赣州府志》卷三十二《经政志·武事》
正德九年 （1514）	安远	春正月，何积玉据城叛，义兵孙大本击灭之。……正月十三日，纠党杀人祭旗，据城以叛。义兵孙大本等群集奋勇与积玉交敌，积玉中石死，斩首四十余级。……	天启《重修虔台志》卷四《事纪一》
正德九年 （1514）	赣南	赣州贼起，兵备副使胡世宁行金溪县，委官选机兵四百名，赴广昌防守	道光《赣州府志》卷三十二《经政志·武事》
正德十一年 （1516）	上犹、大庾、龙南	十月，以王守仁为都察院佥都御史，巡抚南、赣、汀、漳等处。……当是时，南中盗贼蜂起，谢志珊（一作山）据横水、左溪、桶冈，池仲容据浰头，皆称王。与大庾陈曰能、乐昌高快马等攻剽府县，而福建大帽山贼詹师富等又起。……	道光《赣州府志》卷三十二《经政志·武事》

时间	地点	动乱经过	资料来源
正德十二年（1517）	龙南	是年二月，龙南反招贼首黄秀魁，纠合广东龙川县浰头池大鬓（即仲容）、大安、大昇（谢志作仲安、仲宁）等共为一阵，贼首黄金巢自为一阵，势甚猖獗	同治《赣州府志》卷三十二《经政志·武事》
正德十二年（1517）	龙南、信丰	三月，南赣巡抚王守仁调三省兵攻信丰、龙南流贼，连败之。贼突至信丰，守仁令乘险设伏，厚集以待之，乃潜兵往径道夹攻，贼奔溃于象湖山拒守。……五月，守仁平詹师富等二十余巢，又饬知府季敩擒斩陈曰能，平其巢穴。七月，守仁请提督军务，许之。左溪贼蓝天凤等与赣南、下新、稳下等洞贼雷文聪、高文辉等盘踞千里。十月，守仁平横水、左溪。十一月，平桶冈，乃设崇义县于横水……出师两月，平贼巢八十四处	道光《赣州府志》卷三十二《经政志·武事》
正德十二年（1517）	南康	六月，上犹大贼首谢志珊号征南王，纠率桶冈等巢贼首钟明贵等，约会乐昌县大贼首高快马等，大修战兵，并造吕公车，欲打破南康县	天启《重修虔台志》卷四《事纪一》
正德十二年（1517）	上犹、南康、大庾	十月，诏督臣金都御史王守仁剿横水桶冈遍寇，事平，疏立崇义县。先是广东、湖广旱饥，二省流民逋逃至上犹深山安插，渐取居民麦禾，盗牲畜，后遂大肆劫掠，号曰拳贼，岁益盛	康熙《南安府志》卷十六《事考志上·郡事》

时间	地点	动乱经过	资料来源
正德十三年（1518）	龙南、信丰	龙川上、中、下三浰等巢兵共三十八寨，贼首池仲容等三十余人，盘踞流劫，都御史王守仁以次荡平其巢	同治《赣州府志》卷三十二《经政志·武事》
嘉靖六年（1527）	龙南	春正月，三浰新民曾惟德、王尚琦等复纠龙南县民谭崇高、李正琏为乱	天启《重修虔台志》卷五《事纪二》
嘉靖十四年（1535）	安远	分巡湖西道周相摄南赣道事。有安远人杜柏素以武健拥众。……闻柏恣横不可捕……曾婆曾令十头目领三千人合宏、天序之众为一大寨。曾婆者，旧称满总叶芳妻也，夫死代领其众，柏上变告孙宏、叶天序合黄乡保贼反军门，信之。发兵千三百，令四指挥领赴道听调度讨宏等。相亲书密揭军门，白"宏、天序不反，反者杜柏也"。……会新道将至，相计柏若出，是遗患也，亟出四凶，杖杀之，然后行	道光《赣州府志》卷三十二《经政志·武事》
嘉靖十八年（1539）	瑞金	流贼刘松一等六十余众，劫掠瑞金之陈峯等处，知县王钒率兵擒之	同治《赣州府志》卷三十二《经政志·武事》
嘉靖十九年（1540）	宁都、瑞金	夏四月，流贼入宁都界，瑞金知县王钒击败之。团溪山在宁、瑞之间，贼首刘操等人不时劫掠为患，公委瑞金知县王钒督兵剿之，禽刘操等三十余名，众遂解散	天启《重修虔台志》卷五《事纪二》

时间	地点	动乱经过	资料来源
嘉靖二十一年（1542）	安远	秋，安远黄乡保新民叶廷春恃众生变，人情恟恟，兵备副使薛甲计擒之，并其二子伏法，众遂定。黄乡离安远县治三百余里，与广东平远、和平、龙川等处接壤，中有大帽山，绵亘数百余里，人迹罕到，大盗窟穴其间。最后有叶芳者，自程乡入，并诸贼有众七千，分为七哨，自号满总。先任巡抚周公南招抚之。……芳死，其兄廷春代领其众，肆暴尤甚，至逼旁近居民窜徙者百七十人。乘新旧督抚交代之际，将为乱。幸薛公先计擒之，选叶金为千长，抚定其众	天启《赣州府志》卷十八《纪事志·郡事》
嘉靖二十一年（1542）	赣州	十二月，广贼蔡子显等寇赣州	同治《赣州府志》卷三十二《经政志·武事》
嘉靖二十二年（1543）	雩都	十二月，雩都官兵捕获叶珊、廖涯等二十余名；龙南官兵获陈英等四十三名，逋寇渐次削平	同治《赣州府志》卷三十二《经政志·武事》
嘉靖二十二年（1543）	会昌、龙南	冬十月，上杭盗王五、会昌盗叶珊、龙南盗陈英，萧拱等各拥众数百，先后并发，出没劫掠，居民被其害者无虑数十家	嘉靖《虔台续志》卷三《纪事二》
嘉靖二十九年（1550）	龙南	十二月，龙南民变，遣会昌知县涂麟抚定之。龙南额设五里，租庸原有定籍。近议代编信丰、瑞金、雩都三县胖袄、弓张、水夫等银一百七十八两有奇，民心不服，累讼未豁，至是聚众数千，树旗激变，拒执公差，屯结城外，县官不能解散	天启《重修虔台志》卷六《事纪三》

时间	地点	动乱经过	资料来源
嘉靖三十年（1551）	龙南、定南	冬，和平岑冈贼李文彪称乱，都御史张公烜督兵讨之。高砂千长陈贵爵与贼通，漏师，贼袭执指挥金爵为质挟，招，不许。大兵既集，贼出战，贵爵为外应，我兵北。……李子文谋以貌似文彪者杀之，函其首，并还被掳官，诣军门请降，遂撤兵。后侦知其伪，再遣敕入巢切责。贼众将子文械送辕门伏诛，并杀陈贵爵，而文彪竟得逃死	天启《赣州府志》卷十八《纪事志·郡事》
嘉靖三十年（1551）	龙南	十一月，池大鬓残党李鑑复据岑冈，其子文彪杀龙南高沙堡民三百人。知县陈宾请兵于督府	天启《重修虔台志》卷六《事纪三》
嘉靖三十年（1551）	信丰、会昌、龙南	冬十月，流贼入保昌，官兵击败之。流贼二百余人自信丰入保昌、连溪二图，恣行劫掠。公委刘越领兵捕杀，而信丰、会昌、龙南县官各率兵追截，斩钟延庄、赖友瑚、萧天袭等若干级，贼即解散	天启《重修虔台志》卷六《事纪三》
嘉靖三十一年（1552）	大庾、崇义、南康	岑冈贼李文彪流劫大庾、南康、崇义，都御史张烜督兵讨平之	康熙《南安府志》卷十六《事考志上·郡事》
嘉靖三十三年（1554）	安远	十二月，流贼犯安远，官兵禽斩之。温象者，上杭贼杨立之党也，流劫揭阳等县，据安远丹竹楼、阳洞，势张甚。公悬赏购贼，知县吴卜相授计，保甲何玉环、谢守教等率兵禽之，斩于市	天启《重修虔台志》卷六《事纪三》

时间	地点	动乱经过	资料来源
嘉靖三十六年（1557）	会昌、瑞金、赣县、兴国	九月，闽广流贼入犯会昌、瑞金。……贼首王子文、蔡子銮、赖楠率六百人入会昌，梁能、谢世纲、曾世科率五百人入瑞金。……贼闻官兵至，自会昌载船直下，抵赣县大滩，弃船奔兴国江口，迁入田村。官兵接战失利，贼杀千户孟息，并执董珑、余蕙去。……梁能、谢世纲、曾世科等流劫南丰，攻广昌城不利，潜回瑞金	天启《重修虔台志》卷七《事纪四》
嘉靖三十六年（1557）	龙南、信丰、安远	是年三月，龙南贼赖清规据下历保以叛，近保被协者皆从之。清规本平民……因而聚众拒捕，遂反。龙南之横冈，信丰之员鱼、迳脑，安远之大小石、伯洪，俱为所胁，合岑冈贼李文彪、高砂贼谢允樟，号"三巢"。而清规为雄，啸聚十年，杀人以千万计，地方受其荼毒，极矣	天启《赣州府志》卷十八《纪事志·郡事》
嘉靖三十六年（1557）	会昌	流贼蔡俊率众人千余直薄会昌城，知县陈仕既豫备守御之策，复谕之以理，贼见不可犯，遂遁去	同治《赣州府志》卷三十二《经政志·武事》
嘉靖三十六年（1557）	石城、雩都、瑞金	十一月，闽贼过石城，寇南丰。十二月，广寇梁能总众三千，由鹅公崠掠壬田寨，经过东山坝，鸡犬一空	道光《宁都直隶州志》卷十四《武事志》
嘉靖三十八年（1559）	赣南	岑冈贼李文彪合下历、高砂、汶龙等巢出劫	同治《赣州府志》卷三十二《经政志·武事》
嘉靖三十八年（1559）	宁都	七月，流寇泊阳都东山坝，县发谷募民兵御寇，死者数百人	道光《宁都直隶州志》卷十四《武事志》

时间	地点	动乱经过	资料来源
嘉靖三十九年（1560）	雩都、兴国	流寇自闽入雩都境，谍知守陴者皆困，谋夜袭之。……比抵城下……保伍易怀璀发矢毙其张赤帜者，贼气大夺，不敢窥城，趋兴国，入吉安界	道光《赣州府志》卷三十二《经政志·武事》
嘉靖四十年（1561）	安远、兴国	饶平贼张琏故为斗库，侵欺挂法，遂以失计，良家子称乱，闽广诸巢贼附之。夏五月，流入兴国，自龙砂出梁口、万安及泰和，杀汪副使一中，执王参议应时，势益猖獗。过衣锦乡长信里、温陂等处，焚劫一空。新督抚陆公稳遣安远令石廪领黄乡叶槐等兵御之，擒斩数十人，贼败走出境	天启《赣州府志》卷十八《纪事志·郡事》
嘉靖四十年（1561）	大庾	春三月，流贼从广突入南安，攻围小溪驿新城，焚劫大庾县横江坝，官兵拒之，败走	天启《重修虔台志》卷七《事纪四》
嘉靖四十年（1561）	石城、瑞金	闽寇自汀州攻石城，不克而去，犯瑞金境。五月，广贼由汀州至石城，攻围半月，城中严御之，贼遁去。八月，汀贼由石城城下经过，寇广昌。是岁，闽广贼两攻石城，一过石城下，皆失利去，典史雷垫力也	道光《宁都直隶州志》卷十四《武事志》
嘉靖四十年（1561）	兴国	夏五月，张琏以家良子挂法倡乱，闽广诸巢梁宁、宋宁等附之，流入兴国，自龙砂出梁口、万安及泰和……比交锋，官兵先溃，贼冲突中军，遂杀汪副使并执王金事，势甚猖獗，还过衣锦乡长信里、温陂等处，焚劫一空	天启《重修虔台志》卷七《事纪四》

时间	地点	动乱经过	资料来源
嘉靖四十年（1561）	会昌、雩都、兴国、瑞金等	闰五月，广东流贼侵犯吉、赣属邑……广东松源贼三千突入福建武平，越会昌羊角水堡。分二哨，一札县水东，一趋瑞金彭迳，宣言顺流直下吉安。……贼从会昌侵轶兴国武塘、竹坝，雩都车头、水头，及见官兵堤备，取道田村，直走万安良口。程宠兵至方村遇贼，杀四十余人，射死二人，比至攸镇，贼蜂拥进……贼奔信丰小坑，官兵禽斩八名颗；又奔赣县长尾滩，仓官陈俸等禽斩二十三名颗；又还会昌上保，湘乡兵禽斩十七名颗。……是时，贼虽败北，然种类实繁，旋仆旋起，如燎方扬，非会剿不能殄灭也	天启《重修虔台志》卷七《事纪四》
嘉靖四十年（1561）	兴国	八月，闽广贼复犯泰和。……贼首卢梅林就缚，余贼奔兴国长信里。……	天启《重修虔台志》卷七《事纪四》
嘉靖四十一年（1562）	龙南	三月，河源壤接龙南大田峒，贼首黄积山等兄弟暴桀稔恶有年，去秋突入龙南竹子坝等乡，杀掠甚惨，至掳男妇三百、牛马二百，其势亦渐不可制矣	天启《重修虔台志》卷七《事纪四》
嘉靖四十一年（1562）	会昌、瑞金	夏四月，上杭贼王子云，膂力骁勇，机智敏慧，从卒伍中起而为盗。合党陈福宝、李山，勾引程乡贼梁宁、宋宁、徐东洲、林朝曦等二千余人，自三十五年起，流劫福建连城、武平、永安、归化、将乐、光泽、泰宁，江西会昌、瑞金、新城等处，放火杀人，横行无忌	天启《重修虔台志》卷七《事纪四》

时间	地点	动乱经过	资料来源
嘉靖四十一年（1562）	赣南	六月，广东盗平……独程乡巨贼梁宁、林朝曦、徐东州等出没赣、吉二府，久之不定。稳（陆稳——引者注）遣俞大猷引兵夜袭宁巢……于是潮寇悉平	同治《赣州府志》卷三十二《经政志·武事》
嘉靖四十一年（1562）	赣南	奉诏令会师二十万，分为七哨，大剿张琏……琏既擒，诸巢俱无固志，或抚或剿，悉就平定，乃班师	天启《赣州府志》卷十八《纪事志·郡事》
嘉靖四十二年（1563）	龙南、信丰、会昌	二月，赖清规党寇迳脑。贼邓东湖复合下历、汶龙贼至铁石，猝至城下，主簿李凤朝战于青村山。又劫会昌，回经信丰，遇官兵截之。岑冈贼李文彪死，子珍及江月照继之，益猖獗	同治《赣州府志》卷三十二《经政志·武事》
嘉靖四十二年（1563）	安远、会昌、南康、信丰	三月，三巢贼赖清规等出劫，官兵追击回巢。三巢贼先奉军门榜谕，一时伪定。顷因龙南、和平二县民容懂、徐世钺等有奏，相激而起，钞略安远、信丰、会昌、南康诸县	天启《重修虔台志》卷七《事纪四》
嘉靖四十二年（1563）	赣南	四月，吴百朋为右佥都御史，提督南赣。五月，广东佥事徐甫擒程乡贼，平之。初，上杭县贼首万鼎尧为官军所擒，其党逋入程乡贼温鑑、梁道辉巢中。鑑等益强，乃出巢窥江西，平远知县王化击败之	同治《赣州府志》卷三十二《经政志·武事》

时间	地点	动乱经过	资料来源
嘉靖四十二年（1563）	瑞金、石城	六月，程乡贼温鑑、梁道辉党梁宁，上杭贼葛鼎尧、葛鼎兴党饶、表。宁、表死，各贼已就招抚，未及一年，旋复作孽，道辉与鑑自立为都总，而鼎尧亦崛强如故。……五月间，鑑、道辉纠合石窟、东石叛民约三千余，出劫江西。……贼入瑞金壬田寨，坐营张斌、把总陈伦……分兵鏖战，杀贼六百有奇。……贼惧，宵溃走石城县蓝田……	天启《重修虔台志》卷七《事纪四》
嘉靖四十三年（1564）	安远、会昌	十一月，平远知县王化擒田坑贼首梁国相等于石子岭。国相本南韶故盗，梁宁子先已请降，至是复叛，约三图贼葛鼎荣等分寇江闽二省。化先其未发，寄妻子于会昌县，身自帅乡兵击之，贼连败。乃纵反间于会昌城中，言化已没，化妻计氏闻之，遂自刎。化追急，卒破擒之。抚臣以闻，并上计氏守节状	道光《赣州府志》卷三十二《经政志·武事》
嘉靖四十三年（1564）	瑞金	广寇梁道辉劫瑞金壬田寨。按：嘉靖间，倭寇猖獗，闽、广、江右诸山贼遂乘是而起，南、赣、惠、潮间……皆盗窟也，四出剽掠，长吏莫能制	道光《宁都直隶州志》卷十四《武事志》
嘉靖四十四年（1565）	龙南、信丰、安远、会昌	三月，赖清规等流劫信丰、会昌、安远等处，参将蔡汝兰败之于古陂。八月，清规复掠信邑小江，汝兰用从军监生谢象山计败之。十一月，蔡汝兰计诛逐脑贼邓东湖，兼程进兵，尽屠其党	同治《赣州府志》卷三十二《经政志·武事》

时间	地点	动乱经过	资料来源
嘉靖四十四年（1565）	信丰、大庾、会昌等	春二月，李文彪据岑岗有年，与下历、高沙相为唇齿。……文彪死，而弟文聪收其部曲，与龙川锐钺寨之王明虎等分伙劫掠，下历、高沙亦闻风效尤，纷然四出。广东之保昌、兴宁、龙川，江西之信丰、大庾、会昌，千里之间烽烟并起，一日之中羽檄交驰	天启《重修虔台志》卷八《事纪五》
嘉靖四十四年（1565）	信丰	冬十月，剿迳脑贼，克之。信丰之圆鱼、迳脑为巢贼出劫门户，为我军进剿捷径，其中奸恶俞善庆、温孔迁等与三巢结为死党，相辅相倚，啸聚劫掠，惨不可言	天启《重修虔台志》卷八《事纪五》
嘉靖四十五年（1566）	龙南	夏六月，都御史吴公百朋亲督参将蔡汝兰等官兵进剿，贼首赖清规伏诛	天启《赣州府志》卷十八《纪事志·郡事》
万历三年（1575）	安远	九月，都御史江公一麟、知府叶公梦熊计歼黄乡保贼首叶楷等，兵不血刃，荡其巢穴。……事平，奏立长宁县	天启《赣州府志》卷十八《纪事志·郡事》
万历三年（1575）	安远	秋九月，计殄积年巨贼，荡其巢穴。安远黄乡叶贼，自其祖至楷，凡三世，盘据八十余年，其屠刘剽夺专擅横暴之罪，擢发难数	天启《重修虔台志》卷九《事纪六》
万历八年（1580）	定南	龙川猴岭贼鲍时秀叛，知县刘世懋立四隘兵御之	同治《赣州府志》卷三十二《经政志·武事》
万历十四年（1586）	龙南、定南	十一月，剿杀岑岗叛贼。岑岗余孽啸聚倡乱，虽在和平界，而实与龙南、定南二县相联	天启《重修虔台志》卷九《事纪六》

时间	地点	动乱经过	资料来源
万历十七年（1589）	龙南	春二月，平妖贼。妖贼李圆朗纂成妖书一本，计三千余言，大率皆倡乱谋王语，末书岳字并星斗形象。抄誊四本，密授龙南县原住庐山天池寺僧刘太华，流布诳惑，以规取世利。……（王子龙）遂于二月初四日统领贼众二百名，突犯东桃隘。……圆朗亦于是日自张念家亲督贼众陆续西行，至西华山水口，迫胁富民张京爵同伙，不从，杀之，火其居，将家财尽行劫夺	天启《重修虔台志》卷九《事纪六》
万历三十二年（1604）	长宁	剧盗陈上新大掠长宁，知县凌位详请会剿，追至大石堡，乡勇叶佳士擒之	同治《赣州府志》卷三十二《经政志·武事》
万历三十九年（1611）	定南	大盗林保寿、刘和尚等劫掠大石堡，邑生范继擒解军门	同治《赣州府志》卷三十二《经政志·武事》
天启元年（1621）	雩都	八月，闽广流徒、土人勾结为盗，聚于雩都之马蹄迳。……名虽伙结四十八人，而散处者不止数百，故群劫大姓则肆其焚掠，伏截行旅则罄其装赍，甚至梃碎捕兵之头颅，杀伤失主之多命，一时蜂起，所在戒严	天启《重修虔台志》卷十一《事纪八》
天启二年（1622）	雩都、会昌、瑞金	夏四月，雩都桃枝大窝严懋功、严天标、天榜父子叔侄，拥素峰为窝主，招引会昌积贼聚于雩，达于兴，横行三四百里，势已渐张。幸昨年八月官兵禽获严贼父子，众稍解散。然狡而伏匿者，尤以桃枝为薮泽，近复有数十人流劫会、雩、瑞金之界	天启《重修虔台志》卷十一《事纪八》

时间	地点	动乱经过	资料来源
天启三年（1623）	信丰、安远、龙南	夏四月，邻封亡赖阑入惠州，假种靛为名，实繁有徒，结伙为盗。……胡通判至河源三角地方，拿获窝主陈国明等，贼闻风解去，过信丰、安远边界村落，仍行剽掠，龙南告急	天启《重修虔台志》卷十一《事纪八》
天启五年（1625）	定南	广贼丁天胜掠定南县、杀乡民胡敬泉等。后二年，广东贼邹才子复劫伯洪保	道光《赣州府志》卷三十二《经政志·武事》
崇祯元年（1628）	安远、定南	四月，丫婆总（苏丫婆、邱囊计等）贼数千攻安远，城陷，掳掠一空。挟知县沈尧封去，邑绅富户购银赎归。五月，复至城中……复攻围定南。……后参将金世任同惠州总兵邵某剿平之	道光《赣州府志》卷三十二《经政志·武事》
崇祯二年（1629）	龙南	广贼张庚子劫掠龙南境。把总邵某同典史薛澄统集千长徐棠、廖尚美、袁思唐等乡兵追剿至上蒙堡，伏发，官兵被围，邵奋斗死之，并杀徐棠、袁思唐及乡兵百余	道光《赣州府志》卷三十二《经政志·武事》
崇祯三年（1630）	龙南	九连山贼瘟痢总掠龙南界，邑中戒严。广贼谢志良流劫四处，巡抚王之良招抚之	道光《赣州府志》卷三十二《经政志·武事》
崇祯四年（1631）	定南	寇钟三舍等犯定南界，知县陈日炳统领机兵乡勇御之，三舍等一夕遁去	道光《赣州府志》卷三十二《经政志·武事》
崇祯四年（1631）	瑞金	广贼钟凌秀犯瑞金。有僧守宗及江向吾率兵杀贼数十，焚其营，贼遁去。明年，贼复道过瑞金	道光《宁都直隶州志》卷十四《武事志》

时间	地点	动乱经过	资料来源
崇祯四年 （1631）	南康、上犹、崇义	流寇钟凌秀围南安，大肆劫掠，时府县官俱赴赣州候考察，围城半月不解。南康、上犹、崇义三县城俱闭，乡民皆入城守	光绪《南安府志补正》卷十《武事》
崇祯五年 （1632）	雩都	粤贼丫婆总流劫赣、吉属邑，雩都各乡受祸甚惨。赣、闽二抚遣将协剿，追至泰和界，贼就抚	道光《赣州府志》卷三十二《经政志·武事》
崇祯十五年 （1642）	安远、石城	广贼阎王总、剐刀总、番天营、猪婆总凡十余种，流劫各县村落。明年，攻破安远及石城诸寨	同治《赣州府志》卷三十二《经政志·武事》
崇祯十六年 （1643）	定南	密教杨细徕以妖言惑众。……定教堂于定南之樟田，密约于六月初一日齐赴龙华会。……营兵炮发，伤数人，众悉奔溃	同治《赣州府志》卷三十二《经政志·武事》
崇祯十七年 （1644）	会昌、信丰	粤寇阎王总统兵数万，掳劫南、赣二郡，所过莫敢敌。十月，贼屯会昌、信丰界	道光《赣州府志》卷三十二《经政志·武事》

有必要指出的是，并非所有的流民都成了盗贼，有些流民是以较和平的方式（如寄庄）进入赣南的，但他们同样会对赣南既有的社会制度造成冲击（对此，笔者将在第四章第一节中论述）；也并非所有的盗贼都是流民，明代赣南的地方盗贼中，也混杂着不少本地的里甲编户和土著畲瑶。唐立宗对南赣盗贼的研究，对我们了解明代赣南的盗贼活动相当有帮助。根据唐立宗的研究，明代南赣地区盗贼行动有逐渐走向组织化的趋势，其中加入盗贼阵营者，部分属于季节性佃耕移民，但并非全是以佃耕为主的农民，而是有盐商、雇工、兵卒、无赖或是受教育者。南赣诸盗贼组织不但渐趋严密，而且各盗贼间相互联系，彼此相援，南赣地区行政权的旁落，也使地方盗贼家族兴起，并

形成一定的地域支配。①

上文已经指出，明初赣南处于"地旷人稀"的状态，大量流民得以进入山区开垦。但是，"地旷人稀"现象的出现，不能仅仅视为一种自然地理状态。前引安远县典吏杨霄远的《薄敛疏》，在叙述安远恶劣的自然地理条件后，描绘了一幅民户逃绝的图景，其文曰：

> 夫田少土硗，又粮多则重，无怪乎催科日迫，求生无路而死无门。或合室全逃，更名换姓；或壮丁远遁，撇子丢妻。当是时，守土即能员，缺额必遭下考。……民困官危，县不成县，即欲不废，如之何不废？臣愚以为欲为安远计久长，非薄敛必不可；非十中薄五六仍不可。②

杨霄远上疏的目的，是向朝廷请求"薄敛"，其着眼点在于强调安远"民"少，而不是"人"少，也就是说，当地实际人口可能并非如此稀少。"或合室全逃，更换姓名；或壮丁远遁，撇子丢妻"，表明安远"民"户少，有人为逃绝的因素。

追至明代中叶，赣南各县里甲制已经败坏，表 3-1 中的里甲数字取自嘉靖《赣州府志》，与明初相较有明显减少。康熙《雩都县志》卷首的《弘治己未志序》说："即国初尚有东西八厢坊，编户三十里。至正统间则存七坊厢一十七里。今则坊厢减三而里又减六，民之衰耗一至于此。"正统年间减少了十三里，至弘治年间又减少了六里，可见里甲户逃亡情况相当严重。兴国情况亦然，以下是嘉靖年间兴国知县的

---

① 唐立宗：《在"盗区"与"政区"之间：明代闽粤赣湘交界的秩序变动与地方行政演化》，155～248 页，台北，台湾大学出版委员会，2002。

② （明）杨霄远：《薄敛疏》，见同治《赣州府志》卷六十六《艺文志·明文》。

报告：

> 本县五十七里，里长五十七名。本职到任幸不逃亡者仅半耳，
> 后稍招集复业当差，今得四十四名，然半里者已居强半。其中有
> 有里长无甲首，如崇贤曹溪等里之曾桥、刘通、钟实、刘克浩者；
> 有无里长仅存贫单甲首一名，如方太上之刘元海者；又有里长仅
> 余寡妻幼子，名具而不堪应役，复无甲首帮助，如云山里之谢蒙
> 福者。其余间团、杉团、云相上下等一十三里，则里长甲首尽行
> 逃绝。查各里下有止存三五姓流移佃种小户而已，不惟远年里书
> 无存，而近岁排老亦皆渐尽。且查本县荡虚之弊，自正统前后渐
> 积至此，成化八年已不下七八百石。本府知府姜是年攒造吊审图
> 眼，见本县虚绝粮户多，将各图里销并为五十七里，户则实而粮
> 则虚也。①

成化年间，兴国里甲数已无法维持以前的水平，当时的知府就将其合
并为五十七里，到嘉靖年间，虽名义上仍存五十七里，但大多实质上
只有半里。更严重的问题是，里甲户逃亡的趋势一直在继续。万历年
间海瑞任兴国知县时，所存里甲不及五十七里的一半。其《兴国八
议》言：

> 职自到任至今，县民每告称近日赋役日增，民多逃窜。……
> 及查户口，则名虽五十七里，实则不及一半。嘉靖三十年以前，
> 犹四十四里，今止三十四里。卑职到任后，极力招徕，今亦止得
> 四十里。……其间有有里长而全无甲首者，有有甲首而止存一二

---

① （明）卢宁：《清丈事宜》，见康熙《潋水志林》卷十二《志政·明文移》。

户，户止存一二人者。以故去县二十里外，行二十里三十里寥寥星居不及十余家。问其人又多壮无妻，老无子，今日之成丁，他日之绝户也。人丁凋落，村里荒凉，岭内县分，似此盖绝少也。夫民庶无减于先年，而粮役增焉，犹不可也。乃今民数减前，秋粮徭役则增倍于昔。以粮计，无一亩田输七八十（疑"十"为衍——引者注）亩粮有之；以丁计，一丁供三四丁之差有之。满望造册年除豁，县中又以失额不理所诉。其偏有轻重犹甚，奈之何民不穷而盗、盗而逃也哉！①

大量里甲户逃亡，而官府的赋役却还在增加，这就必然加重现存里甲户的赋役负担，使之也走上逃逃之路。原本就"地旷人稀"的地方，可能因此而更显田地荒芜，人烟萧条。上引海瑞的《兴国八议》说道：

兴国县山地全无耕垦，姑置勿计。其间地可田而未垦及先年为田近日荒废，里里有之，兼山地耕植尚可万人。岁入所资七八万人，绰绰余裕也。访之南、赣二府，大概类兴国。②

与里甲户大量逃亡、田地荒芜相对照的，是上一节已经有所论述的流民聚集山区开发的喧闹景象。因此，海瑞主张招徕流民，他说："荒田无人承丈者颇多，窃意无业复业之民，可即此给之。三年后实有收成，依例报税，收成稀少则听之。亦复逃流、抚穷困急务也。"③ 但是，一旦成为官府体制之内的"民"，各种赋役杂派就会接踵而至。因而海瑞

---

① （明）海瑞：《兴国八议》，见《海瑞集》上编，205～206 页，北京，中华书局，1962。

② 同上书，203 页。

③ 同上书，208 页。

的招抚之策尽管看似优厚，但成效其实不大，他自己亦承认，"今止三十四里。卑职到任后，极力招徕，今亦止得四十里"。这样，一方面，赣南本地里甲户大量逃亡，田地荒芜，官府尽力招徕而成效甚微；另一方面，在官府控制相对薄弱的山区边界，流民啸聚，盗贼横行。

以上两方面实际上是互动的。里甲户逃亡，就成为王朝体制之外的流民；相应地，逋逃之民就会增多，对现有社会秩序冲击更大，又可能导致更多里甲户的逃亡。所以，里甲体制破坏和社会动乱是联系在一起的。正如《龙南县志》所载："嘉靖壬子岁户至八百六十，口至四千七百。其后巢贼匪茹，横肆屠劫，锋镝逃避，靡有孑遗。"① 诚如前述，海瑞认为赋役负担过重是导致民逃为盗的主要原因："乃今民数减前，秋粮徭役则增倍于昔。以粮计，无一亩田输七八十亩粮有之；以丁计，一丁供三四丁之差有之。满望造册年除豁，县中又以失额不理所诉。其偏有轻重犹甚，奈之何民不穷而盗、盗而逃也哉！"

海瑞认为招徕流民的一个作用是"村居联络，可以挟制诸巢之寇"②。但直至明末，天启《赣州府志》的作者仍流露出对边界社会动乱之于流民逃徙影响的担心："唯是以目前言之，釜鬵久空，锱铢为苦，一有勾呼，相率逃徙。……况今之赣，非无事之国也，闽广流民聚居山谷，为作奸薮。"③

正如第二章第三节所揭示的，在闽粤赣湘边界地区，本来就生活着一些王朝体制之外的"峒寇"、畲、瑶等人群，逋逃之民进入这些地区，和当地的畲、瑶混杂在一起，形成致乱之源，使有明一代闽粤赣湘边界山区一直动荡不安。应当说明的是，"民"和畲、瑶等"化外之

---

① 康熙《龙南县志》卷四《食货志·核户书》。

② （明）海瑞：《兴国八议》，见《海瑞集》上编，203 页，北京，中华书局，1962。

③ 天启《赣州府志》卷七《食货志·户口》。

民"之间的界限并不清晰，他们之间最本质的区别在于是否承担赋役。编户一旦脱逃户籍，进入山地林区，就可能被称为"畬""徭"；同样，原来具有"畬""徭"身份的人，只要承担赋役，就可能转化为民。正如刘志伟所指出的："明代广东的'盗寇'，实际上是两种看似相反的社会流动方向汇合而成的一股力量，一是本地的'蛮夷'的逐步汉化，一是原来的编户齐民遁逃脱籍。"① 只有明了这一点，才可以理解，其实明代的赣南流民活动并不存在所谓"闽粤移民"与土著族群的冲突。而所谓"畬贼"的成分也相当复杂。例如，王阳明的《立崇义县治疏》中有一段话，常为研究者引用，以说明赣南的"畬贼"和"闽粤移民"的关系："其初畬贼，原系广东流来。先年，奉巡抚都御史金泽行令安插于此，不过砍山耕活。年久日深，生长日蕃，羽翼渐多；居民受其杀戮，田地被其占据。"但紧接其后的，还有一段常为研究者忽视的话："又且潜引万安、龙泉等县避役逃民并百工技艺游食之人杂处于内，分群聚党，动以万计。始渐虏掠乡村，后乃攻劫郡县。"② 万安、龙泉乃赣中县份，这就表明，"畬贼"成分复杂，文献中的"畬贼"并不一定指某一种有明确自我认同的"族群"，而可能是出于种种原因而聚集在一起的"化外之民"。因此，明代赣南地方文献中大量出现的"畬贼"攻劫州县，"居民受其杀戮，田地被其占据"以及新民之间互相仇杀的记载③，与其说反映了族群冲突，不如将其视为这些"化外之民"对原有社会秩序的冲击，社会整体秩序发生变化的表现。

---

① 刘志伟：《在国家与社会之间——明清广东里甲赋役制度研究》，108 页，广州，中山大学出版社，1997。

② （明）王守仁：《王阳明全集》卷十《立崇义县治疏》引，388 页，上海，上海古籍出版社，2011。

③ 可参考饶伟新：《明代赣南族群关系与社会秩序的演变：以移民和流寇为中心》第四章，硕士学位论文，厦门大学，1999。

明代起事动乱的不仅有闽粤流民，也有赣南本地居民，著名的如嘉靖三十六年（1557）起事的赖清规。赖清规"本平民，素有机知，尝从征三浰有功，后充本县老人，善为人解纷息斗，县官常委用之"①。闽粤流民发起的地方动乱中也常常混杂着本地的编户齐民。例如，正德十二年（1517），"龙南反招贼首黄秀魁，纠合广东龙川县浰头池大鬓（即仲容）、大安、大昇（谢志作仲安、仲宁）等共为一阵，贼首黄金巢自为一阵，势甚猖獗"②。正德十三年（1518），王阳明剿灭浰头贼后，"惟余党张仲全等二百余徒，其间多系老弱，及远近村寨一时为贼所驱胁、从恶未久之人，今皆势穷计迫，聚于九连谷口，呼号痛哭，诚心投招。……因引其甲首张仲全等数人前来投见，诉其被胁本不得已之情"③。前引海瑞所谓"奈之何民不穷而盗、盗而逃也哉"，即是对这种"民穷为盗"现象的担心。因此，仅仅把明代赣南地方动乱视为族群冲突的结果是不够的，重要的是，要从明中期以后社会变迁的总体来理解所谓"动乱"的根源。明初所确定的社会制度，特别是里甲制，到这个时候已经很难适应社会的变动。在动荡复杂的社会图景下，蕴含着总体社会历史变迁和转型的意义。④

如何应付地方动乱，成了明代赣南地方官不得不认真面对的问题。至明中期，有关动乱及其对地方社会造成危害的记载猛增，明清易代

---

① 天启《赣州府志》卷十八《纪事志·郡事》。
② 同治《赣州府志》卷三十二《经政志·武事》。
③ （明）王守仁：《王阳明全集》卷十一《浰头捷音疏》，405 页，上海，上海古籍出版社，2011。
④ 刘志伟认为，明代广东剧烈的社会动荡局面，其实是当时广东社会急剧变迁过程中出现的阵痛，其原因之一就是明初所建立的里甲体制其实并没有能够在社会控制方面发挥有效的作用。见刘志伟：《在国家与社会之间——明清广东里甲赋役制度研究》，97 页，广州，中山大学出版社，1997。笔者认为，这一观点对解释明代赣南社会动荡同样适用。

之际，赣南社会陷入整体动荡。这些情况与全国的情形大体一致。①
边界地区，特别是南部和西部的县份，如龙南、安远、信丰、会昌、
瑞金、上犹等县，频繁出现动乱的记载，这种现象与本章第一节所讨
论的这些县份户口数字相对较少的情况有吻合之处，也和上文所述的
流民开发山区的活动相关。闽粤赣湘交界地区分布着许多所谓"盗
区"，这些"盗区"也正是开发中的地区。与此相反，在中部和东部，
虽然也可能出现如兴国一样的大量流民逃亡的景象，但是，动乱记载
明显少于南部和西部边界，而且出现了一股造风水、兴科举的热潮
（本章第四节将对此现象进行探讨）。

府一级的地方志中，动乱记载超过十次的县有瑞金、会昌、安远、
信丰、龙南、定南；有造风水和兴科举之举记载的县有宁都、石城、
兴国、雩都、瑞金、赣县、南康、信丰。可以明显看出，比较频繁的
动乱基本上集中在边界山区，特别是南部地区；相对来说，中部和东
部地区不仅动乱记载较少，而且出现了追求科举的热情之举。

由于盗贼频发处为边界地带，因此地方官征讨起来很不方便。《重
修虔台志》记载曰：

> （正德）十三年春正月，计禽三浰贼首池仲容，尽其党贼歼
> 之。南赣盗贼，其在横水、桶冈诸巢则接境于湖郴，在浰头、岑

---

① 汤维强所制明代全国地方动乱发生频率统计表也显示了同样的趋势，参
考 James W. Tong, *Disorder under Heaven：Collective Violence in the Ming
Dynasty*，Stanford：Stanford University Press，1991，p. 47，Fig. 3. 1。笔者认为，
虽然地方志记载的动乱次数增加并不能说明动乱趋于严重（例如，一次严重的动
乱对地方社会造成的危害可能远远超过几十次小规模的骚乱），但地方志对动乱记
载增加的同时，往往伴随着对动乱造成地方社会危害的记录和对官府征讨活动的
记述，因此至少可以说明官府对动乱的重视程度，这就可以反映出动乱问题日益
严重。

冈诸巢则连界于闽广。接境于湖郴者，贼众而势散，恃山溪之险以为固；连界于闽广者，贼狡而势聚，结党与之助以相援。①

嘉靖末年发生了震动赣、粤两省的"三巢"叛乱，即龙南下历之赖清规和高砂（亦作"高沙"）之谢允樟，会合广东和平岑冈（亦作"岑岗"）之李文彪，而号"三巢"。嘉靖四十五年（1566）夏五月南赣巡抚疏云：

> 三巢依险作乱，根盘深固，生杀自由，不复知有国法。四方群盗率倚为声势……即今广东之和平、龙川、兴宁，江西之龙南、信丰、安远诸县，版图业已蚕食过半，一应钱粮词讼，有司不敢诘问者，积有年岁矣。及今不亟为驱除，则依附日众，包占日侈，将来之祸有不可胜言者。臣绝不敢复循招抚旧套，以干玩寇殃民之诛。②

嘉靖三十四年（1555）汪尚宁曾上疏言：

> 所辖地方界连四省，巢穴多而啸聚易……今福建之上杭连广东之程乡、大埔，广东之和平连江西之龙南、安远，上杭县之溪南三图、大埔县之中心坪、和平县之岑岗、龙南县之高沙堡、安远县之黄乡，皆新民生聚。所谓封疆异治、负固生心者，必管辖有干，而后责成有地。乞将福建漳南兵备道兼管广东程乡、大埔二县，广东岭东兵备道兼管福建上杭，江西龙南、安远三县。③

---

① 天启《重修虔台志》卷四《事纪一》。
② 天启《重修虔台志》卷八《事纪五》。
③ 天启《重修虔台志》卷七《事纪四》。

实际上，如果不考虑人为的县界和省界，闽粤赣湘交界地区的许多地方是联系在一起的，可以视为同一个区域。

正是为了对付数省交界地区的盗贼活动，从弘治八年（1495）起，明王朝在赣州设立南赣巡抚，专责处理闽粤赣湘边界地区的社会秩序问题。弘治十七年（1504）南赣巡抚一度撤销，但正德六年（1511）重新设立。① 此后，南赣巡抚一直存在至明朝灭亡，清初又沿明制设立。南赣巡抚的治所大部分时间在赣州。② 正德六年以后一百多年的时间里，南赣巡抚作为省一级地方长官，管辖着赣州、南安及其周边州县，其职权不限于军事活动的范围。不过，其首要任务仍是对付南赣一带的盗贼，维持地方的统治秩序。

第三节　剿与抚：边界山区社会秩序的变动

关于明代南赣巡抚对赣南社会的抚治策略和地方秩序的重建，唐立宗、饶伟新等人已经有过比较详尽的论述。③ 根据唐立宗的研究，明代南赣巡抚特别倚重地方盗贼家族的势力，奉行"以盗治盗"的至

---

① 关于南赣巡抚的设立时间和辖区，可以参考靳润成：《明朝总督巡抚辖区研究》第七章第三节"南赣巡抚"，天津，天津古籍出版社，1996；唐立宗：《在"盗区"与"政区"之间：明代闽粤赣湘交界的秩序变动与地方行政演化》，台北，台湾大学出版委员会，2002。

② 金泽、周南、唐世济等南赣巡抚的敕书中有"尔多在南、赣二府住扎""尔常在汀、赣二府住扎"（天启《重修虔台志》卷一《敕书》）等句，似乎表明南赣巡抚的治所起初并非固定于一地，但弘治八年（1495）南赣巡抚金泽即在赣州建有公署（见同治《赣州府志》卷八《官廨》），说明其主要办公地点仍在赣州。

③ 唐立宗：《在"盗区"与"政区"之间：明代闽粤赣湘交界的秩序变动与地方行政演化》，台北，台湾大学出版委员会，2002；饶伟新：《明代赣南族群关系与社会秩序的演变：以移民和流寇为中心》，硕士学位论文，厦门大学，1999。

高原则，然而，其结果是，虽然能够稳定移民社会的民间秩序，但也产生了一批"纠众叛掠"的地方力量。本节在此论述的基础上进一步分析，南赣巡抚与地方盗贼之间的冲突、合作的互动所导致的赣南边界山区社会秩序的变动问题。

王阳明实行的措施可分为两个方面：一方面，不再动用一直被指责劳民伤财、残害百姓的狼兵，而是着手整顿地方军事秩序，利用地方军事力量，挑选民兵，增加军费，利用乡兵对付土贼，并在盗乱地区设立县治（正德十三年即 1518 年设崇义县)①；另一方面，实行教化，厉行十家牌法和南赣乡约，设立社学以训子弟，等等。② 我们先讨论王阳明在赣南的军事行动。王阳明在南赣比较重大的军事征讨活动主要有两次：一为削平横水、桶冈的贼巢，另一为平定三浰池仲容等贼。

三浰位于广东龙川境内，为正德年间赣粤边界的有名贼巢，其初"龙南反招贼首黄秀魁，纠合广东龙川县浰头池大鬓、大安、大昇等共为一阵，贼首黄金巢自为一阵，势甚猖獗"③。正德十三年，王阳明平

① 赣南乡兵在平定动乱过程中起了很大的作用。乾隆《信丰县志》卷六《兵防志》曰："邑中诸兵，合古今兵制皆备……常不因时而均收其用，盖郊圉式遏，固有赖于官军，而山薮藏疾，则非土兵不治。当胜国之中季及我朝之初年，诸巢穴之平皆赖土兵之力。"又，康熙《瑞金县志》卷三《建设志·兵防》说："但查旧事，嘉靖时以贼獗兵少，将近城三十二排居民，并八乡之民，选精壮者，充为乡兵，共一千六百名，守城御敌，事定发回归农，止存浮一浮三住城，百长四名，队长十四名，连散兵四百五十名。每同官兵操练，以备缓急。然此辈无工食之资，有防御之劳，官操练时加其犒赏，岁支租税银柒两贰钱，为新衣甲旗帜弓箭之需。所以寓兵于民，亦为长策。……瑞金自明万历以前，广寇常为窃发，司牧者皇皇以忧寇修武为事，观于兵防设隘即可知矣。故额设机兵之外，又选排门义勇以卫城池。"
② 王阳明在赣南的措施，前引饶伟新的硕士学位论文《明代赣南族群关系与社会秩序的演变：以移民和流寇为中心》有较清楚的论述（42～48 页）。笔者对其论述有不同意见之处，请参考下文的讨论。
③ 同治《赣州府志》卷三十二《武事》。

定横水、桶冈的盗贼后，即着手对付三浰。天启《重修虔台志》卷四《事纪一》对王阳明平三浰有详细的叙述，节录如下：

　　十一月，贼闻复破桶冈，益惧，为战守备。公使人至贼所，赐各酋长牛酒，以察其变。贼度不可隐，则诈称龙川新民卢珂、郑志高等将掩袭之，是以密为之防，非敢虞官兵也。公复阳怒卢珂、郑志高等擅兵仇杀，移檄龙川，使廉其实……卢珂、郑志高、陈英者，皆龙川旧招新民，有众三千余，远近皆为仲容所胁，而三人者独与之抗，故贼深仇忌之。十二月望，兵回南康，卢珂、郑志高等各来告变，谓池仲容等僭号设官……公先以谍知其事，及珂等来即阳怒："以为尔等擅兵仇杀投招之人，罪已当死，今又造此不根之言，乘机诬陷。且池仲容等方遣其弟领兵报效，诚心向化，安得有此？"遂收缚珂等将斩之。……欲以诱致仲容诸贼，且使卢珂等先遣人归集其众，候珂等既还乃发。又使生员黄表、听选官雷济往谕仲容，使勿以此自疑。密购其所亲信，阴说之使自来投诉。二十日，兵已还赣，乃张乐大享将士……而使池仲安亦领众归，助其兄防守……仲安归，具言其故，贼众皆喜，遂弛备。公又使指挥余恩赍历往赐仲容等，令毋撤备以防卢珂诸贼党，贼众益喜。黄表、雷济因复说仲容："今官府所以安辑劳来尔等甚厚，何不亲往一谢？……"所购亲信者复从力赞，仲容然之……遂定议，率其麾下四十余人自诣赣。公使人探知仲容已就道，乃密遣人先行属县勒兵，分哨道候报而发。又使千户孟俊先至龙川督集卢珂、郑志高、陈英等兵。……闰十二月二十三日，仲容等至赣，见各营官兵皆已散归，而街市多张灯设戏为乐……贼乃大喜，遣人归报其属曰："乃今吾事始得万全矣。"公乃夜释卢珂、郑志高等，使驰归发兵。……正月三日，度珂等已至家，所遣属县勒兵当已大集，公乃设犒于庭，先伏甲士，引仲容入，并其党悉擒之。出卢珂等所告状讯鞫，皆伏，遂置于狱，而夜使人趋发属县兵，期以初七日同时入巢。……盖自本月初七日起，至三月初八日止。

《重修虔台志》突出的是王阳明运用"智谋"的一面，其实，王阳明这样运用"智谋"有其不得已的原因，那就是当时南安府所属上犹、南康和与龙川毗邻的安远、信丰、龙南一带的所谓"盗区"，实际上已是盗贼的天下。正德十二年（1517）闰十二月初五日，南安知府季敩呈称：

备所属致仕省祭义官监生杨仲贵等呈称，上犹等县横水、左溪、长流、桶冈、关田、鸡湖等处，贼巢共计八十余处，界乎三县之中，东西南北相去三百余里，号令不及，人迹罕到。①

池仲容等"三浰贼"，规模也不小。有报告称："正德十二年丁丑，龙川上、中、下三浰等巢共计三十八寨，大贼首池仲容、仲安、仲宁、赖振禄等三十余人，盘据一方，不时流劫，屡经狼兵夹攻，芟夷不尽。"② 按照王阳明自己的说法，南赣盗贼总数已有数万："卷查三省盗贼，二三年前，总计不过三千有余，今据各府州县兵备守备等官所报，已将数万，盖已不啻十倍于前。"③ 这两处盗贼还互相声援，令官府非常头痛。天启《重修虔台志》载：

---

① （明）王守仁：《王阳明全集》卷十《立崇义县治疏》，388 页，上海，上海古籍出版社，2011。
② 天启《赣州府志》卷十八《纪事志·郡事》。
③ （明）王守仁：《王阳明全集》卷九《申明赏罚以励人心疏》，342 页，上海，上海古籍出版社，2011。

（正德）十三年春正月，计禽三浰贼首池仲容，尽其党贼歼之。南赣盗贼，其在横水、桶冈诸巢则接境于湖郴，在浰头、岑冈诸巢则连界于闽广。接境于湖郴者，贼众而势散，恃山溪之险以为固；连界于闽广者，贼狡而势聚，结党与之助以相援。①

更为重要的是，赣南的盗贼本来就是地方上的一些强有力者。《明史·闵珪传》就有"南、赣诸府多盗，率强宗家仆"②的记载。而《明实录》则称：

江西盗之起由赋役不均。官司坐派税粮等项，往往徇情畏势，阴佑巨害，贻害小民，以致穷困无聊，相率为盗。而豪家大姓假以佃客等项名色窝藏容隐，及至事发，曲为打点脱免，互相仿效，恬不为怪。积习既久，贼徒益炽，官司上下则又畏罪避难，苟延岁月，任其纵横，多不申报。③

日本学者今凑良信研究了赣南黄乡堡叶氏"盗贼家族"，认为明代的土贼有两方面性格，一方面是朝廷的反抗者，另一方面又自己支配土地和剥削人民。他认为如万历帝即位的大赦诏中所说，来自贫民的盗贼只十之二三，而豪杰发起的十之七八，这是全国情况的反映。④ 赣南的盗贼中有许多确实是地方上雄踞一方的强有力者，加上官府"招抚

---

① 天启《重修虔台志》卷四《事纪一》。
② （清）张廷玉等：《明史》卷一百八十三《闵珪传》，4867 页，北京，中华书局，1974。
③ 《明孝宗实录》卷一百九十一，见《明实录》第 32 册，3534 页，台北，"中央研究院"历史语言研究所，1962。
④ ［日］今凑良信：《明代中期の"土贼"について——南赣地帯の葉氏を中心に》，见《中國史にぉける亂の構図——筑波大學創立十周年紀念東洋史論集》，東京，雄山閣，1986。

之太滥"，结果赣南西部和南部"人人为盗"，"民""盗"不分。王阳明对平民为盗情形有如下描述：

> 夫平良有冤苦无伸，而盗贼乃无求不遂；为民者困征输之剧，而为盗者获犒赏之勤；则亦何苦而不彼从乎？是故近贼者为之战守，远贼者为之乡导；处城郭者为之交援，在官府者为之间谍；其始出于避祸，其卒也从而利之。①
>
> 查得横水附近隘所……其附近村寨，如白面、长潭、杰坝、石玉、过步、果木、鸟溪、水眼等处居民，访得多系通贼窝主，及各县城郭村寨，亦多通贼之人。②

论述至此，可以理解前引"三省盗贼，二三年前，总计不过三千有余，今据各府州县兵备守备等官所报，已将数万，盖已不啻十倍于前"所反映的社会现象，实际上不是盗贼陡然增加，而是王阳明严厉督责地方官申报的缘故。他说：

> 臣于本年（正德十二年——引者注）正月十五日抵赣，卷查兵部所咨申明律例，今后地方但有草贼生发，事情紧急，该管官司即便依律调拨官军乘机剿捕……但系军情，火速差人申奏。敢有迟延隐匿，巡抚巡按三司官即便参问，依律罢职充军等项发落。虽不系聚众草贼，但系有名强盗肆行劫掠……即时差人申报合干上司，并具申本部知会处置。如有仍前朦胧隐蔽，不即申报，以

---

① （明）王守仁：《王阳明全集》卷九《申明赏罚以励人心疏》，342～343页，上海，上海古籍出版社，2011。
② （明）王守仁：《王阳明全集》卷十《立崇义县治疏》，351页，上海，上海古籍出版社，2011。

致聚众滋蔓，贻患地方，从重参究，决不轻贷等因……时以前官久缺，未及施行，臣即刊印数千百纸，通行所属，布告远近。①

王阳明的督责显然比前任更加严厉，结果"未及一月，而大小衙门以贼情来报者接踵"②。

然而，地方官府能掌握的兵力却极为孱弱。王阳明说："南、赣之兵，素不练养，类皆脆弱骄惰。每遇征发，追呼拒摄，旬日而始集；约束赍遣，又旬日而始至；则贼已稇载归巢矣。或犹遇其未退，望贼尘而先奔，不及交锋而已败。以是御寇，犹驱群羊而攻猛虎也，安得不以招抚为事乎？"官府无力征讨，只好例行招抚，所以王阳明说："招抚之太滥，由于兵力之不足"，而"兵力之不足"又使"百姓益无所恃，而从贼日众"③。以往任南赣巡抚者往往利用广西狼兵对付盗贼，王阳明对此很不以为然，他认为：

> 议者以南、赣诸处之贼，连络数郡，蟠据四省，非奏调狼兵，大举夹攻，恐不足以扫荡巢穴，是固一说也。然臣以狼兵之调，非独所费不赀，兼其所过残掠，不下于盗。大兵之兴，旷日持久，声势彰闻，比及举事，诸贼渠魁，悉已逃遁，所可得者，不过老弱胁从无知之氓。于是乎有横罹之惨，于是乎有妄杀之弊。班师未几，而山林之间复已呼啸成群，此皆往事之已验者。臣亦近拣南、赣之精锐，得二千有余，部勒操演，略有可观。④

---

① （明）王守仁：《王阳明全集》卷九《申明赏罚以励人心疏》，344～345页，上海，上海古籍出版社，2011。
② 同上书，345页。
③ 同上书，343页。
④ 同上书，344页。

既然不用狼兵，要以二千余兵力对付几万盗贼，显然力不从心。因而王阳明明白，必须充分利用地方的势力。尽管他不主张滥用招抚，但仍时用招抚之策。正德十三年（1518），王阳明准备攻剿横水、桶冈贼，即有招抚三浰盗贼之举，天启《重修虔台志》载：

> （公）将进兵横水，恐浰贼乘虚出扰，思有以沮离其党，乃为告谕，具述祸福利害，使报效生员黄表、义民周祥等往谕各贼，赐以银布。一时贼党亦多感动，各寨酋长黄金巢、刘逊、刘粗眉、温仲秀等，皆愿从表等出投，惟大贼首池仲容即池大鬓独愤然不从。金巢等至，公推诚厚抚，各愿出力杀贼立效，于是藉其众五百余为兵，使从征横水。①

不仅有三浰盗贼参加征剿，在王阳明的队伍中还有"安远县招安义民叶芳，老人梅南春等，龙南县招安新民王受、谢钺等兵共二千名"②。这些所谓"义民""老人""新民"，都是投降官府的盗贼。例如，叶芳就是横行安远黄乡堡的贼首③，而上述王阳明平三浰的故事中的"龙川新民卢珂、郑志高"也是有名贼首。可以说，利用地方势力对付盗贼，是王阳明成功剿平盗贼的重要因素。在智平三浰的故事中，王阳明正是利用了龙川新民卢珂、郑志高、陈英与池仲容的矛盾来对付池仲容，而卢珂、郑志高等人也想利用官府除掉仇敌池仲容，因此乐于和官府合作。

这些贼领本来就是地方上的强有力者，他们往往名义上臣服官府，

---

① 天启《重修虔台志》卷四《事纪一》。
② （明）王守仁：《王阳明全集》卷十《议夹剿兵粮疏》，363页，上海，上海古籍出版社，2011。
③ 安远叶氏和官府有长达几十载的冲突与合作关系，参考前引今凑良信论文。后文亦会对叶氏有所论述。

实际上仍为盗贼，即所谓"在属邑则为新民，在邻界则为边贼"①。曾追随王阳明征讨横水、桶冈贼的叶氏家族后来成了令地方官头痛的盗贼家族。还有赖清规，他本为平民，是地方上有影响的人物，也曾从征三浰，但嘉靖年间成了有名的"三巢"中最雄者，其起事经过为：

> 清规本平民，素有机知，尝从征三浰有功，后充本县老人，善为人解纷息斗，县官常委用之。偶以族人狱事干连，法应配。时一郡倅署县事，墨甚。闻清规家颇饶，索贿，贿入不厌，其意再四逼迫之，无奈逃匿，而倅踪迹之益急，因而聚众拒捕，遂反。②

被王阳明招抚的新民，也常常起而为害地方：

> 安远杜柏以豪健，拥众自雄，阳明王公招之，荣以冠服，安插其众二千人于县百里外，号新民。宸濠反，柏领众从征，不尽受阳明约束，攫几万金而还，阳明佯不问，由是益恣横，擅生杀，厮役八百人，邑事统决于柏。③

后来平定杜柏叛乱的过程，和王阳明平三浰的过程几乎如出一辙，故事充满戏剧性，而实质仍必须用计谋，以及利用与杜柏有仇的新民孙宏、叶天序和黄乡堡叶氏遗孀曾婆，只是故事主角变成了南赣兵备道周相。天启《赣州府志》卷十八《纪事志·轶事》有关于此事的详细记述，此不赘述。

---

① 天启《重修虔台志》卷七《事纪四》。
② 天启《赣州府志》卷十八《纪事志·郡事》。
③ 天启《赣州府志》卷十八《纪事志·轶事》。

盗贼之间发生冲突时，往往借官府之力，声言对方谋反，把对方置于官府对立面。万历三年（1575）平定黄乡堡叶氏的经过，很能说明这种关系。时人有如下记载：

> 岁乙亥，（南赣巡抚江一麟）谕意于赣太守叶君梦熊，风其各保头目，遣子弟来学。于是刘载永、尹明遂等各以建县立学请，而叶楷亦率彼耆老同其议。……事将兴，知其恐且争也。下车令曰：尔民积有隙，毋乘相度故，图报复以相戕。果于八月朔，楷备兵以防，复请已其事，及倡言刘载永之激变也。复下车，令示永、遂等职其部属以密防；谕楷长干人等自解散，悬重赏以购贼楷；檄守、巡道与郭参将以兵图之。楷闻，召各保兵来助，莫有至者。而载永诸目遂尽屠叶之姓，而楷授首矣。①

刘载永本来就和叶氏有仇，乾隆《长宁县志》记载说：

> 刘载永，邑人，正德末年，广寇叶廷芳等盘据黄乡、劳田、丹竹楼三保之地，刘氏一姓被其惨祸。永时年十三，奉母避难，志怀报仇。②

刘氏家族被屠后，刘载永加入了叶氏集团，和尹明遂一起成为叶楷手下黄乡七保头目之一。南赣巡抚亦深知他们之间的裂痕，特意告谕说"尔民积有隙，毋乘相度故，图报复以相戕"。尽管叶楷先告状，指刘载永谋反，但刘、尹等人获得了官府的支持，因而他们成功地借官府之力，"尽屠叶之姓"，消灭了对手。刘载永本人也因此功而"赐七品

---

① 《明李长芳报功祠记》，见同治《赣州府志》卷十五《舆地志·祠庙》。
② 乾隆《长宁县志》卷四《武略》。

散官"①，和南赣巡抚江一麟、参政张士佩、副使朱茹、知府叶梦熊等官员一道，入祀新设的长宁县报功祠和忠孝祠。②

可以说，终明之世，盗贼和官府之间始终存在一种既合作又冲突的关系。而是否能灵活地处理与盗贼的关系，是地方长官能不能有效平定动乱的重要因素，举凡有政绩者，如王阳明、江一麟和周相，莫不如此。所以，尽管王阳明暂时利用地方势力征剿了横水、桶冈、三浰等贼巢，并建立了崇义县治，但这一带民众为盗的社会基础依然存在，为盗之风并未泯灭。王阳明在给友人的一封信中抒发了如下感慨：

> 故今三省连累之贼，非杀之为难，而处之为难；非处之为难，而处之者能久于其道之为难也。贱躯以多病之故，日夜冀了此塞责而去，不欲复以其罪累后来之人，故犹不免于意必之私，未忍一日舍置。嗟乎！我躬不阅，遑恤我后，尽其力之所能为。今其大势亦幸底定，如其礼乐，以俟君子而已。③

以王阳明之功高名盛，也时感艰难，"日夜冀了此塞责而去"，这就是王阳明发出"治山中贼易，治心中贼难"之叹的重要原因，其保甲、乡约等措施也因此而产生，但收效却并不明显。④

当然，并非所有归顺的盗贼都又重新和官府对立。明代在赣南建立三个新的县治，我们注意到，在建立这些新的县治时，都是官府除掉了地方上的实际控制者，而代以官方的正式统治。崇义县是正德十

---

① 乾隆《长宁县志》卷四《武略》。

② 同治《赣州府志》卷十五《舆地志·祠庙》，"长宁县"条。

③ （明）王守仁：《王阳明全集》卷二十七《与顾惟贤》，1097～1098页，上海，上海古籍出版社，2011。

④ 参看下文的相关讨论。

图 3-2　明代龙川县知县孙赋举政绩图

　　根据图中的文字说明，孙赋举不仅治理有方，而且在黄萧养起事后，招集流民成效显著。龙川县与赣南南部接壤，在明代同为"盗区"。图见（明）金忠、车应魁：《瑞世良英》卷一，117 页，上海，上海古籍出版社，1994。

三年（1518）消灭了横水、桶冈的蓝天凤、谢志珊后，在横水建立的①；定南县是隆庆三年（1569）在赖清规、谢允樟的地盘上建立起来的②；长宁县则是万历四年（1576）铲除黄乡堡叶氏后，以黄乡堡

---

　　①　（明）王守仁：《王阳明全集》卷十《立崇义县治疏》，388～391 页，上海，上海古籍出版社，2011。

　　②　（明）张翀：《建定南县疏》，见同治《赣州府志》卷六十八《艺文志·明文》。

为中心建立的。① 这些新县治的建立，实际上是化昔日"盗区"为官方统治的"政区"。②

在建立新县治的过程中，常常可看到一些已转变为新民的原盗贼头目请求建立县治、愿入县学之类的记载。除了前述刘载永等人请求设立长宁县的例子外，关于定南县的建立，南赣巡抚张翀有如下陈述：

> 窃以江西龙南高砂、下历三（疑为"二"——引者注）堡，界连广东和平岑冈……又于二处各建社学一所，选择生儒训其子弟。已经通行钦遵查照外，续据龙南高砂、下历等堡新民钟仕任等连名具状告称："祖父良善，祸因两省交界，僻居山谷，每由小忿逞凶报复，倚山傍险，遂成巢穴。去年大兵剿灭渠魁，随蒙设官镇守，余孽畏威怀德。近蒙复议莲塘修筑土垣，移建巡司，两城并镇，万无反侧。但广东上下陵等处，俱系发贼之源；本府信丰之南坊上里员鱼、逐脑，安远之大石、小石、伯洪，亦是多贼之区。恳乞比照南安府桶冈峒改建崇义县，至今太平；乞除镇守巡司等官，吊割各方丁粮，共建县治，地方有赖。"……唤集各堡新民头目谢允樟、徐仁标、钟仕任等到官，再三询访。随据会集众新民，咸称乐业，情愿建县，大小欢呼，趋事乐从等情。即取具谢允樟等连名结状。③

谢允樟乃是嘉靖年间"三巢"之一的高砂贼巢的头目，对于建立县治的举措，他们是否真的如张翀奏疏所言"大小欢呼，趋事乐从"，或可

---

① （明）江一麟：《平黄乡疏》，见同治《赣州府志》卷六十九《艺文志·明文》。
② "盗区"与"政区"的概念借鉴了前引唐立宗《在"盗区"与"政区"之间：明代闽粤赣湘交界的秩序变动与地方行政演化》一书。
③ （明）张翀：《建定南县疏》，见同治《赣州府志》卷六十八《艺文志·明文》。

存疑，但既然他们已经成为新民，建立县治以后，"首率其徒听抚者，悉令徙居于郭内。凡子弟之俊秀者，抡而群之于学"①，看来设县对他们也是有诸多好处的。例如，可以居住在县城内，意味着与官府有更密切的关系；"凡子弟之俊秀者，抡而群之于学"，则意味着新民子弟可以由科举获得晋身的机会。对官府而言，考虑到这些所谓"盗区"本来就是逐渐开发出来的居民村落，县治的增设，也就意味着作为其财赋来源和统治基础的编户齐民的增加。在平定叛乱、努力使编户齐民增加的同时，历任南赣巡抚和赣南地方官亦非常重视"教化"，"治心中贼"，在地方社会中建立从"国家"的意识形态来看符合"礼仪"的规范和秩序。

根据唐立宗的论述，明代在赣州设立的南赣巡抚，除了军事征剿活动之外，也十分重视教化，厉行乡约和保甲，设立社学，进行所谓"抚治"。但事实上，在南赣山区实施教化相当不便，多是在城市推动，或是在特定几处定点推行，如王阳明的南赣乡约，主要实施于当时成立的新县——南安府崇义县。② 饶伟新着重研究了王阳明的治理措施，认为其做法有模式效应，以后历任南赣巡抚都借鉴了王阳明的模式。③在王阳明的措施中，行十家牌法和南赣乡约是重要的部分。下文拟在以上论述的基础上，以王阳明在赣南的活动为例，分析盗贼活动与官方教化之间的互动及其对地方社会的影响。

---

① （明）殷从俭：《新建定南县记》，见同治《赣州府志》卷六十八《艺文志·明文》。

② 唐立宗：《在"盗区"与"政区"之间：明代闽粤赣湘交界的秩序变动与地方行政演化》，385～395页，台北，台湾大学出版委员会，2002。

③ 饶伟新：《明代赣南族群关系与社会秩序的演变：以移民和流寇为中心》，49页，硕士学位论文，厦门大学，1999。

在南赣巡抚任上，王阳明最为后世研究者注重的举措是推行南赣乡约。但笔者以为，王阳明抚治南赣时，他本人最关注的其实是十家牌法。① 在现存王阳明的作品中，王阳明发出的关于十家牌法的正式公文有六篇，而关于乡约的则只有《南赣乡约》一篇。② 正德十二年(1517) 正月，王阳明抵达赣州就任，上任伊始即行十家牌法。其《年谱》记曰：

> 正月，至赣。……行十家牌法。先是赣民为洞贼耳目，官府举动未形，而贼已先闻。军门一老隶奸尤甚。先生侦知之，呼入卧室，使之自择生死。隶乃输情吐实。先生许其不死。试所言悉验。乃于城中立十家牌法。③

可见，南赣军门（南赣巡抚）周围盗贼耳目较多，与盗贼互通情报，王阳明通过这个老隶了解情况后，即试图用"十家连坐"的方法达到"弭盗"的目的，防止人民窝藏、隐匿盗贼。

此次所行十家牌法，其更完整的内容如下：

> 本院奉命巡抚是方，惟欲剪除盗贼，安养小民。……尔众中间固多诗书礼义之家，吾亦岂忍以狡诈待尔良民。……自今各家

---

① 十家牌法其实就是保甲法，王阳明的著作中多使用十家牌法，但有时也称十家牌法为保甲法。例如，王阳明曾告谕百姓说："故今特为保甲之法，以相警戒联属，父老其率子弟慎行之！"（明）王守仁：《王阳明全集》卷十六《告谕父老子弟》，631 页，上海，上海古籍出版社，2011。

② 此据前引《王阳明全集》，此书在隆庆六年刊本《王文成公全书》的基础上，参校了国内外其他版本而成，可以说是目前比较齐全的王阳明文集。

③ （明）王守仁：《王阳明全集》卷三十三《年谱一》，1366 页，上海，上海古籍出版社，2011。

务要父慈子孝，兄爱弟敬，夫和妇随，长惠幼顺，小心以奉官法，勤谨以办国课……务兴礼让之风，以成敦厚之俗。……

轮牌人每日仍将告谕省晓各家一番。

十家牌式

某县某坊

某人某籍

…………

右甲尾某人

右甲头某人

此牌就仰同牌十家轮日收掌，每日酉牌时分，持牌到各家，照粉牌查审：某家今夜少某人，往某处，干某事，某日当回；某家今夜多某人，是某姓名，从某处来，干某事；务要审问的确，乃通报各家知会。若事有可疑，即行报官。如或隐蔽，事发，十家同罪。各家牌式：

某县某坊民户某人

某坊都里长某下，甲首军户则云，某所总旗小旗某下。匠户则云，某里甲下，某色匠。客户则云，原籍某处，某里甲下，某色人，见作何生理，当某处差役，有寄庄田在本县某都，原买某人田，亲征保住人某某。若官户则云，某衙门，某官下，舍人，舍余。

若客户不报写庄田在牌者，日后来告有庄田，皆不准。不报写原籍里甲，即系来历不明，即须查究。

男子几丁

某（某项官，见任，致仕，在京听选，或在家）　某（某处生员，吏典）

某（治何生业，成丁，未成丁，或往何处经营）　　某（见当
某差役）

某（有何技能，或患废疾）　　　　　　　　　某

某　　　　　　　　　　　　　　　　　　　　　某

见在家几丁。若人丁多者，牌许增阔，量添行格填写。

一妇女几口

一门面屋几间（系自己屋，或典赁某人屋）

一寄歇客人（某人系某处人，到此作何生理，一名名开写浮
票写帖，客去则揭票；无则云无）①

从这个公文来看，十家牌法是集"弭盗"与"教化"为一体的基层组
织制度。二者相比，又更重"弭盗"，因其除了每日告谕百姓，要做良
民、"兴礼让之风"之外，最基本内容是要求官府掌握各人户的基本户
籍情况，包括人口的流动、职业、田产等。里甲制败坏以后，虽然官
府名义上仍掌握着户籍、田地，但实际上，明中期以后社会的流动，
已使僵化的里甲制下的登记制度无法反映地方上真实的人口和土地情
形。在赣南，由于大量流动人口的存在，为盗之风盛行，"民""盗"
不分，王阳明正是面对这种情况，才试图以十家牌法来重新掌握地方
社会。他说：

访得所属军民之家，多有规图小利，寄住来历不明之人，同
为狡伪欺窃之事；甚者私通峰贼，而与之传递消息；窝藏奸宄，
而为之盘据夤缘；盗贼不靖，职此其由。合就行令所属府县，在

————————

① （明）王守仁：《王阳明全集》卷十六《十家牌法告谕各府父老子弟》，
587～589 页，上海，上海古籍出版社，2011。

城居民，每家各置一牌；备写门户籍贯，及人丁多寡之数，有无寄住暂宿之人，揭于各家门首，以凭官府查考。……但有面目生疏之人，踪迹可疑之事，即行报官究理。①

十家牌法如能真正落实，不啻控制地方社会的良法，王阳明对其充满期望。他说：

> 凡十家牌式，其法甚约，其治甚广。有司果能着实举行，不但盗贼可息，词讼可简。因是而修之，补其偏而救其弊，则赋役可均；因是而修之，连其伍而制其什，则外侮可御；因是而修之，警其薄而劝其厚，则风俗可淳；因是而修之，导以德而训以学，则礼乐可兴。凡有司之有高才远识者，亦不必更立法制，其于民情土俗，或有未备；但循此润色修举之，则一邑之治真可以不劳而致。②

王阳明认为，如果十家牌法能较好地实行，那么地方行政事务基本上可以得到理想的处理。但是，人口一旦归官府掌握，即意味着入籍当差，当一个社会大多数人户都有隐匿人口、规避赋役的行为时，十家牌法实行起来就要面对许多问题。十家牌法在赣南实际执行的情况并不理想，地方官大多只是敷衍了事。因此，王阳明才需要多次严令地方官执行：

---

① （明）王守仁：《王阳明全集》卷十六《案行各分巡道督编十家牌》，590页，上海，上海古籍出版社，2011。
② （明）王守仁：《王阳明全集》卷十七《申论十家牌法》，676页，上海，上海古籍出版社，2011。

仍备行各府县掌印巡捕等官，自兹申戒之后，悉要遵照本院近行十家牌谕，及于各街巷乡村建置锣鼓等项事理，上紧著实举行，严督查考，务鉴前车之覆，预为曲突之徙，毋得仍前玩忽怠弛，但有疏虞，定得从重拿究，断不轻贷，此缴。①

实际上，不仅十家牌法在王阳明任上无法收到实效，而且终明之世，保甲法在赣南的实行状况都未如理想。清初兴国知县张尚瑗就说：

赣州保甲之法，起于正德中王文成公抚虔时所立，历代奉行故事。康熙己未壬戌，佟中丞国器、于制府成龙亦尝申严其令，大抵名存而实亡。固州县长吏遵循之不力，亦其间专行与并行之故，未尝与吾民洞晓其所以然，以苦难而至于沮废也。周官伍两管子轨连，皆寓兵于农，明季虔台尤恃乡勇为兵防，则佥点丁壮，即可从里甲编排而出，愚民之所畏者一。户口版籍所以稽民数也，里甲定而户口无所匿矣。岭峤四冲，土著少而客籍多，民俗买田则立户，立户则充役。侨寓流移，褴负担簦，春来秋去，著之以名籍，惴惴乎有征徭差雇之事，愚民之所畏者二。②

保甲法不能很好实行的原因正如上所述，民户担心官府的保甲法演变为需要纳税当差的制度，因此并不肯如实登记人口。

和十家牌法一样，王阳明首创的南赣乡约也没有收到预期的效果。

---

① （明）王守仁：《王阳明全集》卷三十一《批再申十家牌法呈》，1273 页，上海，上海古籍出版社，2011。
② 康熙《潋水志林》卷十一《志政·保甲》。

关于南赣乡约，前人多有论述①，但这些研究大多从思想史角度展开讨论，将南赣乡约看成王阳明心学思想的重要实践，至于其实际推行的情况则多根据乡约的条文进行推定。就赣南社会的情况来看，至少有两点是有必要提起注意的：第一，乡约和保甲法都是王阳明在治理南赣时推行的基层组织制度，二者同时具有"弭盗"和"教化"两种功能，但保甲侧重"弭盗"，乡约侧重"教化"。乡约并非如以往的研究者所认为的那样，只是在晚清才沦落到为保甲服务的地步②，事实上，在王阳明看来，乡约只是十家牌法的辅助性制度，王阳明重视乡约的程度远不如十家牌法。第二，南赣乡约固然如一些研究者所指出的那样，并没有维持很久③，但并非没有产生任何效果，其对赣南社会的最大影响，即在里甲制败坏的情况下，官府试图利用乡约与保甲相结合的基层组织系统来控制当地社会（亦有地方势力利用乡约控制当地社会的可能）。换言之，乡约与保甲是"国家"权力在地方组织中的具体表现。因此，王阳明之后的历任南赣巡抚，几乎都推行乡约与保甲制度，以应付变动的社会。

我们先看第一点。如前所述，根据现存的王阳明的公文，他曾先

---

① 论及南赣乡约的主要有曹国庆：《王阳明与南赣乡约》，见王毓铨主编：《明史论丛》第 3 辑，67～74 页，合肥，黄山书社，1993；马楚坚：《阳明先生重建社区治安理想与实施》，见周天游主编：《地域社会与传统中国》，156～166 页，西安，西北大学出版社，1995；吴宣德：《江右王学与明中后期江西教育发展》，335～338 页，南昌，江西教育出版社，1996；朱鸿林：《从沙堤乡约谈明代乡约研究问题》，见张国刚主编：《中国社会历史评论》第二卷，25～34 页，天津，天津古籍出版社，2000；Kandice Hauf, "The Community Covenant in Sixteen Century Ji'an Prefecture, Jiangxi," *Late Imperial China*, Vol. 17, No. 2, 1996, pp. 1-50；等等。朱鸿林在总结乡约研究状况的基础上，强调必须从特定历史情况出发理解南赣乡约。

② 此观点可参考朱鸿林：《从沙堤乡约谈明代乡约研究问题》，见张国刚主编：《中国社会历史评论》第二卷，25～34 页，天津，天津古籍出版社，2000。

③ 例如前引朱鸿林与 Kandice Hauf 文中的观点。

后六次申谕下属严行十家牌法，但只发布了一篇《南赣乡约》的告谕。当然，如果南赣乡约实行得很顺利，王阳明也就没有必要三令五申，但正如美国学者郝康迪（Kandice Hauf）所指出的，很难想象王阳明设计的机构庞杂的乡约能维持多久，其实行过程应当不会很顺利。①再从整套制度的功能上看，十家牌法被王阳明赋予许多功能，可以说，如果十家牌法能很好地推行并发挥其效果，各项地方行政事务基本上可以得到解决。南赣乡约更多地具有"教化"的功能，其出发点是"协和尔民"，即协调新征服地区的新民与盗贼间的冲突。王阳明行乡约稍晚于保甲，其《年谱》记曰：

> 十月，举乡约。先生自大征后，以为民虽格面，未知格心，乃举乡约告谕父老子弟，使相警戒，辞有曰："顷者顽卒倡乱，震惊远迩。父老子弟，甚忧苦骚动。……然亦岂独冥顽者之罪，有司抚养之有缺，训迪之无方，均有责焉。……今倡乱渠魁，皆就擒灭……然创今图后，父老所以教约其子弟者，自此不可以不豫。故今特为保甲之法，以相警戒。聊属父老，其率子弟慎行之。务和尔邻里，齐尔姻族，德义相劝，过失相规，敦礼让之风，成淳厚之俗。"②

可见，乡约是在军事征服过后为"教化"新民而设的，其重心在于

---

① 参考 Kandice Hauf, "The Community Covenant in Sixteen Century Ji'an Prefecture, Jiangxi," *Late Imperial China*, Vol. 17, No. 2, 1996, pp. 1-50。

② （明）王守仁：《王阳明全集》卷三十三《年谱一》，1386 页，上海，上海古籍出版社，2011。关于王阳明行南赣乡约，学术界普遍认为是在正德十三年（1518），但据嘉靖《虔台续志》卷三《纪事二》和天启《重修虔台志》卷四《纪事一》，王阳明行乡约为正德十二年（1517）八月。笔者估计正德十三年之说大概是受了《年谱》的影响。现无法肯定哪种观点正确，但考虑到虔台志乃依据当时南赣巡抚公文而修，正德十二年之说似较为合理。

"格心"。上段文字中最值得注意的，是王阳明告谕百姓遵守乡约时，仍然强调"保甲"，即所谓"故今特为保甲之法，以相警戒。聊属父老，其率子弟慎行之"。虽然，在其《南赣乡约》的告谕中，王阳明并未提及保甲法，但保甲法和乡约确实是互相补充的关系。王阳明在一篇申严保甲的公文中说：

> 大抵法立弊生，必须人存政举，若十家牌式，徒尔编置张挂；督劝考较之法，虽或暂行，终归废弛。仰各该县官，务于坊里乡都之内，推选年高有德，众所信服之人，或三四十人，或一二十人，厚其礼貌，特示优崇，使之分投巡访劝谕，深山穷谷必至，教其不能，督其不率，面命耳提，多方化导。或素习顽梗之区，亦可间行乡约，进见之时，咨询民瘼，以通下情，其于邑政，必有裨补。①

从上文看来，十家牌法和乡约二者其实都同时具有"弭盗"和"教化"两种功能，但实行十家牌法显然是更为主要的事务。"或素习顽梗之区，亦可间行乡约"这句话表明，乡约只是保甲的补充；至于保甲法（十家牌法），王阳明希望即使在"深山穷谷"也必须得到落实。郝康迪亦认为保甲制在城市里运作得相对较好，但在王阳明尚未完全控制的乡村中没有得到有效的实行，所以王阳明才建立乡约来劝谕乡民。②因此，虽然没有更多证据显示乡约只在盗乱严重的地区实行，但官府推行乡约不像推行保甲那么急切，应是事实。

---

① （明）王守仁：《王阳明全集》卷三十一《申行十家牌法》，1271～1272页，上海，上海古籍出版社，2011。

② 参考 Kandice Hauf, "The Community Covenant in Sixteen Century Ji'an Prefecture, Jiangxi," *Late Imperial China*, Vol. 17, No. 2, 1996, pp. 1-50。

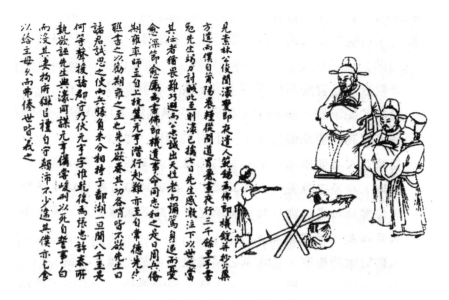

图 3-3　林俊遣人送王阳明先生佛郎机图

王阳明平宁王朱宸濠叛乱时，致仕巡抚林俊遣人送佛郎机铳给王阳明。其时王阳明正在南赣巡抚任上。图见（明）邹守益等：《王阳明先生图谱》，481页。转引自唐立宗：《在"盗区"与"政区"之间：明代闽粤赣湘交界的秩序变动与地方行政演化》，336页，台北，台湾大学出版委员会，2002。

那么，为什么南赣乡约后来闻名天下？笔者认为，其原因在于王阳明在南赣平盗弭寇的举动，具有很大的名气（实际上他并未成功地控制盗贼，参见上文的讨论），南赣乡约作为一种榜样，后来被王阳明的弟子不断提及并仿效。随着"王学"的传播，阳明众多弟子秉承师学、实践"心学"的一个重要内容，就是实行乡约。许多江右王门学者所作的关于乡约的引、跋之中，都提到了南赣乡约，其直接结果就是使之成为众多乡约仿效的榜样而闻名天下。简言之，王阳明的南赣乡约后来成了王门弟子尽力利用的文化资源。其实，南赣乡约和后来王门弟子所行的各种乡约并非完全一样，在实际社会生活中要面对的问题也是大不相同的。①

　　关于南赣乡约的实行效果，大致有两种看法。一种看法是乡约中复杂的条文已经被实际推行，从而认为王阳明的措施收到了很好的效果②；另一种看法则注意到南赣乡约维持的时间很短，对其实行的效果表示怀疑③。持这两种看法者大都注重寻找南赣乡约对思想界的影响，而本书更关心的是南赣乡约对赣南社会的实际影响。南赣乡约确实没有维持很久，效果也不如预期，但认为王阳明的乡约如过眼云烟，没有在赣南社会留下任何影响，也不符合史实。

　　从明中期以后赣南社会的实际情况看来，乡约与保甲的实施有其必然的道理。保甲最初是针对官府周围盗贼耳目众多、"民""盗"不分的情况而实行的，乡约则是为了"教化"刚被征服过"新民"而设计的，二者的最终目的都在于使"盗"转变为"民"，在南赣建立"国家"的秩序。请看下面的记载：

　　　　廖绩，高砂堡人，嘉靖三十六年寇乱。龚令有成，廉绩有才行，佥为约长。绩常谕叛党以身家利害之语，致忌，及乱既成，密状于官。寇闻之，掳其爱子添秩，胁之使从，添秩厉声骂，贼竟杀之。……绩陈剿抚之策……比寇平，建县复业，训子侄读书，多有成立。④

---

　　①　关于这一点，可参考朱鸿林：《从沙堤乡约谈明代乡约研究问题》，见张国刚主编：《中国社会历史评论》第二卷，25～34页，天津，天津古籍出版社，2000。朱鸿林认为，每个乡约"都有因人、因情、因时、因地等现实考虑"。
　　②　例如前引曹国庆、马楚坚等人论文。
　　③　例如前引 Kandice Hauf、朱鸿林等人论文。唐立宗则认为，王阳明实行的乡约和保甲只不过是制造出来的神话，实际效果受到诸多限制。参考唐立宗：《在"盗区"与"政区"之间：明代闽粤赣湘交界的秩序变动与地方行政演化》，467～468页，台北，台湾大学出版委员会，2002。
　　④　乾隆《定南厅志》卷四《人物》。

廖绩作为约长，不仅向官府密告贼乱情况，而且"寇平"以后，"训子
侄读书，多有成立"，成为士大夫家族。《南赣乡约》共包括九个方面
的劝谕，分别为：一、督促寄庄人户纳粮；二、禁高利贷；三、禁居
民小忿报仇；四、禁阴通贼情；五、禁差役扰民；六、新民不得怀前
仇；七、新民改过自新；八、婚嫁从俭；九、丧葬合乎礼仪。① 综合
起来，这九点其实是王阳明试图在地方上完善一整套正统的"国家"
礼仪制度。保甲制度的功能和乡约一样，只不过更侧重于"弭盗"
而已。

　　王阳明通过乡约和保甲想要实现的当然是其心目中理想的社会状
态，在实际实行过程中，保甲因无法有效控制全部人口而流于形式，
乡约则因其维持时间不长而效果不显。但有一个耐人寻味的事实是，
王阳明的继任者们，大多沿用保甲加乡约的方式，来处理赣南社会的
问题。② 这可能是因为，后任的南赣巡抚仍然要面对和王阳明一样的
社会问题，而王阳明创立的制度，已经作为在地方上推行"正统"国
家礼仪制度的具有"规范意义"的做法得到接受。例如，嘉靖三十三
年（1554），南赣巡抚谈恺就说：

　　　　照得本院所属四省联络，万山盘踞，粤稽在昔尝为盗区，自
　　阳明王公荡平之后，增设县治，建立社学，十家有牌，一乡有约，
　　污染尽革，政教维新。迩年以来，法久而玩，虽有司治之无方，
　　亦新民顽而弗率。或因忿争而构讼；或因田地而成仇；或因逋逃
　　勾引；或纵佃仆抢掠；或恃众而武断乡曲；或恃险而拒捕公差；

────────────

　　①　（明）王守仁：《王阳明全集》卷十七《南赣乡约》，664～669 页，上海，
上海古籍出版社，2011。
　　②　对虔台志所作的统计显示，乡约与保甲占了南赣巡抚活动记载的 6.3%。
饶伟新也指出了王阳明做法的模式效应，参考饶伟新：《明代赣南族群关系与社会
秩序的演变：以移民和流寇为中心》，硕士学位论文，厦门大学，1999。

或恣意游观，随处须索酒食；或驰骋田猎，所过蹂践禾苗；或游手好闲，专事赌博；或惰农自安，不力田亩。甚者迫于饥寒，相率聚为盗贼，余风未殄，积习犹存。将谓官府莫能谁何，不知法网终难逃避。……各该父老日夕将太祖高皇帝圣谕教训子孙，仍照十家牌法相率劝勉，其有举行乡约教子孙读书遵守法度地方信服者，千百长、总甲、里老人等指名报官，年终量加犒赏。行乡约者给以米布，入社学者给以纸笔，以为一方之劝。仍类申本院，另行给赏施行。其有顽弗率教，晓谕之后不改前非，不顺父老教诲，不听千百长等黔束，亦便指名送官，照依律例问断，决不轻贷。①

这个公文表明，乡约和保甲制度针对的就是当时基层社会的失控状态，在"行乡约者给以米布，入社学者给以纸笔"的安排之下，乡约可能不会完全流于形式。康熙《南康县志》记录了明代乡约所遗址共二十四处②，也表明明代赣南确实有一些地方推行了乡约。

在乡约和保甲制度推行的过程中，官府一定要借助地方上的势力。王阳明开始推行保甲制度时，为了避免地方大户利用保甲垄断乡里，曾"联立牌头"，要求十家平等。他说："先该本院通行抚属，编置十家牌式，为照各甲不立牌头者，所以防胁制侵扰之弊。"③ 但是，乡村事务仍必须有出面组织者，王阳明于是又要求在十家牌法中增立保长。他下令说：

①　嘉靖《虔台续志》卷五《纪事四》。
②　康熙《南康县志》卷四《建置志一》。分别为芙蓉乡乡约所九：县前惠民药局、古城郭西、赖屋巷、九圳口、水南村、渡头村、洋江浒、江池村、小岭背各一所；崇教乡乡约所三：下庄、麻桑、冈头村各一所；鹿鸣乡乡约所三：长江村、河口村、内朝村各一所；灵异乡乡约所二：潭口村、曹村各一所；顺化乡乡约所七：相安寨、南梁村、桥头石、下村、镇前局、前罗、拔泥各一所。
③　（明）王守仁：《王阳明全集》卷十七《申谕十家牌法增立保长》，676页，上海，上海古籍出版社，2011。

然在乡村，遇有盗贼之警，不可以无统纪，合立保长督领，庶众志齐一。为此仰抄案回司，即行各道守巡兵备等官，备行所属各府州县，于各乡村推选才行为众信服者一人为保长，专一防御盗贼。平时各甲词讼，悉照牌谕，不许保长干与，因而武断乡曲；但遇盗警，即仰保长统率各甲设谋截捕。……但有后期不出者，保长公同各甲举告官司，重加罚治。若乡村各家皆置鼓一面，一家有警击鼓，各家应之，尤为快便。此则各随财力为之，不在牌例之内，俱仰督令各县即行推选增置，仍告谕远近，使各知悉。各府仍要不时稽察，务臻实效，毋得虚文搪塞，查访得出，定行究治不贷。①

万历年间实行的保甲法则规定保长由大户充当。南赣巡抚的告示说：

　　嗣后无分贫富贵贱，一体报名入甲，保长务佥大户，每家各备枪刀，平时务相觉察，遇有盗贼生发，则鸣锣持械奋勇救援，以敦守望相助之义。获功重赏，失事连坐。②

由于材料限制，我们很难清楚这些大户在保甲法中起了什么作用，但官府利用地方势力推行保甲制度，应无问题。在宗族势力较强的地方，宗族首领自然就成了乡约和保甲首领。例如，定南《陈氏联修族谱》赞仕济公曰："年高德劭，受朝廷嘉奖。县委乡约、保甲，共仰其休风。通庠书联赞曰：讲让型仁，大有功于盛世；明伦弼教，真足翊于圣

---

　　① （明）王守仁：《王阳明全集》卷十七《申谕十家牌法增立保长》，676～677页，上海，上海古籍出版社，2011。
　　② 天启《重修虔台志》卷十《事纪七》。

朝。"① 该族谱还记载了本家族明代所立家约，其中有：

> 一贼盗为害，人人恶之，所在地方，难保其必无此类，则防御之术，其可疏乎？迩来官府颁行保甲之法，实为弭盗安民之要。有官守者当先晓谕，各守本分，各安生理，不许窝停境外面生歹人，相引为非，遇有发生，跟拿送官。倘势豪刁泼，敢与党蔽，即是窝主，坐罪不轻。如此，则庶乎盗贼潜消，地方安堵。②

在宗族家约中规定遵行官府的保甲法，说明保甲法在一些地方确有成效。不过，因为保甲同时是一种负担，所以许多富户并不愿意承担，"兹编甲以御盗，贵者以例得免，富者又营私偷安，独累小户贫民，谁肯输心效力？保甲之有名无实，固所宜然"③。

乡约的情形其实也与保甲一样。上述陈氏仕济公就因帮助官府推行乡约和保甲而受到官府表彰。在一些宗族聚居之地，就建有乡约所。明末宁都李腾蛟记其宗族聚居地的情况，其文曰：

> 村之中则有大小宗祠，有书院，有乡约所……所居户千百十户，口千百十口。异姓附居者十户，口百十口。……聚庐而处，皆公子孙。④

从这段记载可以猜想某些地方的宗族组织与乡约的关系。乡约的实行，

---

① 《陈氏联修族谱·仕济公赞》。该谱藏于定南县档案馆。据族谱记载，仕济公生活于明末。
② 《陈氏联修族谱·桃江润洞陈氏家约》。
③ 天启《重修虔台志》卷十《事纪七》。
④ （清）李腾蛟：《里居志》，见道光《宁都直隶州志》卷三十一《艺文志二·志》。

必须进行烦琐的文字工作和礼仪程序①，因此乡村中的士绅有了用武之地。康熙《南康县志》引用的一段明人论述，很能说明乡约实行与乡村士绅的关系，其文曰：

> 故曰：观于乡约而知王道之易易也。然周之劝戒也，统以州长党正之官；乡之劝戒也，总以约长约正之辈。名德弗信，法制罔守，故其约不能久焉。间尝思有司者，民之师帅也；致政者，乡之先达也；庠士者，才之俊彦也。统之以师帅，正之以先达，赞之以俊彦，而联之以父老子弟之众。夫然后民志一而公论定，约其可久乎？此旧志刘昭文所识也，附记之以告后之君子。②

这段议论表达的只是士大夫心目中的一个理想状态，但同时也表明士大夫确实有组织乡约、推行儒学伦理的理想。

图 3-4　宁都名士李腾蛟宗祠
图取自邱国坤、戴存仁选注：《易堂九子散文选注》，广州，花城出版社，2001。

---

① 在王阳明所定的南赣乡约中，每一约必须具备三“扇”文簿，并有烦琐的礼仪程序。参看（明）王守仁：《王阳明全集》卷十七《南赣乡约》，667～669页，上海，上海古籍出版社，2011。
② 康熙《南康县志》卷六《营建志三·十家牌法》。

再如：

> 钟朗鸣，横江保人，少读书，涉猎诸子百家。……举乡饮弗
> 就，及佥为约正，惟宣谕乡人以和睦，足不履公庭。有避寇于城
> 者，出粟赈济之。①
>
> 胡夷简，字近道，会昌人……以贡授嘉善主簿……既归，日
> 率其子弟与乡士大夫谈学不倦，复刻乡约以范俗。邑大夫有所兴
> 除，必就问焉。②

总之，赣南的乡约和保甲是在里甲制败坏的情况下，官府力图重
新在基层社会建立的组织系统，其核心是希望在赣南建立起具有"正
统"意义的制度和礼法。出于各种原因，王阳明及其继任者推行乡约
和保甲制度，都没有收到理想中的效果，但在某些地方，其实行仍然
有一定效果。所以，终明之世，赣南地方盗贼活动一直很猖獗，即便
是南赣巡抚中最为杰出者王阳明，其推行措施的实效也远不如预期。
嘉靖年间任兴国知县的海瑞曾评论道：

> 南赣军门至今人所称许，自上而下必曰阳明，阳明外无称焉。
> 然天地间止是此一个天理人心，夷狄盗贼亦止是此天理人心，无
> 二道也。阳明削平诸巢，一以诈术行之。济一时之急则可，若谓
> 其可以感化而招徕，使彼心悦诚服，恐于天理人心不合也。窃谓
> 阳明功则高，名则盛，大略近似管仲，比迹孙吴，不足为本院今

---

① 顺治《定南县志》卷七《人物·隐逸》。
② 天启《赣州府志》卷十六《乡贤志》。

日道也。①

此时的海瑞，同样要面对里甲残破、田地荒芜的景象。② 就海瑞而言，他当然明了王阳明并未根治盗贼，因而我们也就不难理解他所发出的"阳明削平诸巢，一以诈术行之"而没有"使彼心悦诚服"的质疑。正是这样一个边界未靖的局面，使赣南在明清易代之际全面动荡，进入一个更根本的变革时代。

第四节　江右王门、风水与科举

王阳明在南赣推行的与"教化"有关的另一个重要举措，就是立社学以训童蒙。正德十三年（1518）四月，王阳明征讨三浰结束后，即立社学以移风易俗：

> 先生谓民风不善，由于教化未明。今幸盗贼稍平，民困渐息，一应移风易俗之事，虽未能尽举，姑且就其浅近易行者，开导训诲。即行告谕，发南、赣所属各县父老子弟，互相戒勉，兴立社学，延师教子，歌诗习礼。出入街衢，官长至，俱叉手拱立。先生或赞赏训诱之。久之，市民亦知冠服，朝夕歌声，达于委巷，雍雍然渐成礼让之俗矣。③

---

① （明）海瑞：《申军门吴尧山便宜五事文》，见《海瑞集》上编，211 页，北京，中华书局，1962。

② 参看（明）海瑞：《兴国八议》，见《海瑞集》上编，202～209 页，北京，中华书局，1962。

③ （明）王守仁：《王阳明全集》卷三十三《年谱一》，1381 页，上海，上海古籍出版社，2011。

他也三令五申，要地方官慎择师生。他下令说：

> 看得赣州社学乡馆，教读贤否，尚多淆杂，是以诗礼之教，久已施行，而淳厚之俗，未见兴起。为此牌仰岭北道督同府县官吏，即将各馆教读，通行访择，务学术明正，行止端方者，乃与兹选；官府仍籍记姓名，量行支给薪米，以资勤苦；优其礼待，以示崇劝。①

王阳明立社学是将其作为一种"教化"的手段，带有匡正风俗的明确目的。他曾就社会风气问题发出告谕：

> 告谕百姓，风俗不美，乱所由兴。……吾民居丧不得用鼓乐，为佛事，竭赀分帛，费财于无用之地，而俭于其亲之身，投之水火，亦独何心！病者宜求医药，不得听信邪术，专事巫祷。嫁娶之家，丰俭称赀，不得计论聘财妆奁，不得大会宾客，酒食连朝。亲戚随时相问，惟贵诚心实礼，不得徒饰虚文，为送节等名目，奢靡相尚。街市村坊，不得迎神赛会，百千成群。凡此皆靡费无益。有不率教者，十家牌邻互相纠察，容隐不举正者，十家均罪。②

可以说，王阳明所禁止者正是当时社会所风行的，从中颇可管窥当时赣南风俗之诸种弊端。他认为社会风气直接影响到治安，即所谓"风

---

① （明）王守仁：《王阳明全集》卷十七《兴举社学牌》，670 页，上海，上海古籍出版社，2011。
② （明）王守仁：《王阳明全集》卷十六《告谕》，627～628 页，上海，上海古籍出版社，2011。

俗不美，乱所由兴"。正是出于这样的考虑，让盗贼子弟读书几乎成了每个南赣巡抚推行"教化"的重要手段。嘉靖二十二年（1543），南赣巡抚虞守愚曾"立社学以教新民子弟"①。平定"三巢"之乱后，时任都御史的吴百朋也专门立社学于"三巢"中的高砂、下历二巢。后来任南赣巡抚的张翀就说过：

> 窃以江西龙南高砂、下历三（疑为"二"——引者注）堡，界连广东和平岑冈，离县遥远，政教鲜及，以致人民顽梗有年。近该前提督都御史吴百朋抚剿之后……又于二处各建社学一所，选择生儒训其子弟。②

最典型的是平定安远黄乡堡叶氏的过程。当时的都御史江一麟借请黄乡七保子弟来郡城读书识礼的机会，瓦解其党，本章第三节所引明人李长芳的记述已提到此事，现再略引天启《赣州府志》有关记载如下：

> 万历三年乙亥九月，都御史江公一麟、知府叶公梦熊计歼黄乡保贼首叶楷等。……三年四月内，惠其保民刘载永、严顺民等请增设县治。公与江公谋曰：是其众可携也，宜先招集其各保子弟来郡城，就塾师读书习礼。已而果有四五十人来，即楷亦遣其子六人至，然心实恚忿，永载（疑为"载永"——引者注）辈所为仇视之，七保人从此亦与之构怨，稍稍瓦解。叶公乃密致载永、顺民及尹明遂、温时选等数人于郡斋，与同寝食，盖伐谋伐交，

---

① 嘉靖《虔台续志》卷四《纪事三》。
② （明）张翀：《建定南县疏》，见同治《赣州府志》卷六十八《艺文志·明文》。

日夕计画甚秘。①

虽然让黄乡七保子弟来郡城读书识礼只是叶梦熊的一个借口，但从该计谋得以实施这一事实也可推测，让新民子弟读书识礼可能是当时比较通行的做法。

王阳明还开设讲坛，宣扬心学，一时间赣州城云集许多心学门徒、来往学者。王阳明讲学虔台，对赣南社会的最大影响，是培养了一批赣南的江右王门学者，带动了本地士大夫群体的出现。现根据地方志中的记载，制成表 3-5。

表 3-5　明代赣南江右王门弟子籍贯统计

县名	雩都	会昌	赣县	兴国	宁都	南康	大庾	龙南	信丰	总计
人数	6	3	2	2	2	2	2	1	1	21

资料来源：
同治《赣州府志》卷五十四《人物志·儒林》；同治《南安府志》卷十六《儒林》。

应该说，赣南江右王门弟子数量远不及吉安等地②，但是，以上只是地方志记载下来的人数，实际上王门弟子的人数应该远远超过二十一人。这些弟子中，何廷仁（初名秦，字廷仁，晚以字行，号善山）、黄弘纲（号洛村）名满天下。罗洪先记载说：

嘉靖戊子余计偕北上求友，四方咸曰：君不闻，阳明之门所评乎，"江有何黄，浙有钱王"。盖指雩都何善山秦、黄洛村弘纲

---

① 天启《赣州府志》卷十八《纪事志·郡事》。
② 笔者粗略统计过光绪《吉安府志》卷三十一《儒林》和卷三十三《文苑》中江右王门弟子的数量，有近一百人之多。

与绍兴钱绪山宽、王龙溪畿也。①

何、黄之后，又有一批学者以其为师，传其学术。例如，何、黄二人去世后，雩都建有濂溪、阳明、善山三先生祠并有祠田，"皆乡大夫袁君沂、周君文、胡君夷简、予先族祖乔、崇等营度之。诸君子复为之期，率诸后进诣新建、善山两祠，以其讲之何、黄诸公者，讨论而服习之"②。

虽然后来吉安等地的江右王学远比赣南发达，但赣南江右王门这一群体的出现，使赣南在宋代"二程过化之地"（见本章第一节的相关讨论）的基础上，又多了王文成公"息马论道过化最久之地"③的美名。不过，与宋代仅仅是官员在渲染"二程过化之地"不同的是，明代赣南江右王门弟子是以实际行动来实践"知行合一"的学说的。

在保留下来的有关赣南江右王门弟子的史料中，我们可以看到他们介入地方事务的许多记载。例如：

> 何（廷仁）受业阳明……惟是邑人彬彬向往焉，其议罢邮夫，倡倍境土，则乡之人以为有裨于桑梓者，至巨也。④
>
> 胡夷简，字近道，会昌人。……以贡授嘉善主簿……既归，日率其子弟与乡士大夫谈学不倦，复刻乡约以范俗。邑大夫有所

① （明）罗洪先：《念庵罗先生文集》卷八《明故承德郎南京工部屯田清吏司主事善山何君墓志铭》，嘉靖四十二年本。

② （明）李涞：《前明李中丞养愚先生文集》卷上《濂溪、阳明、善山三先生祠田记》，赣州图书馆藏本。

③ （明）张位：《重修王文成祠记》，见同治《赣州府志》卷十一《舆地志·祠庙》。

④ （明）李涞：《前明李中丞养愚先生文集》卷上《濂溪、阳明、善山三先生祠田记》，赣州图书馆藏本。

兴除，必就问焉。①

　　　　赖贞，字洛川，会昌人。太学生。工诗文。尝从罗洪先讲学
白鹿洞……与兄元捐资建学宫及湘江书院。②

黄弘纲也遵照王阳明的教导，反对邑中的游神赛会，曾写信给雩都知
县要求禁止。③

　　我们注意到，江右王门学者主要集中在本章第一节所指出的中部、
东部的河谷与盆地县，如雩都、赣县、兴国、宁都等地。而边界山区，
或者动乱不止，或者刚设立县治，社会秩序还远未达到教化可以充分
开展的地步。这一趋势和赣南各县的科举人才分布是一致的。

　　从表 3-6 中可看出，明代赣南的科举人才依然主要集中在赣县、
宁都、雩都、信丰、南康等生态条件比较好的中部和东部县份，而南
部和西部的部分县如龙南、安远、定南、崇义等边界山区则科举人才
相对稀少。比较让人感到意外的是雩都，本来应该是科举很发达的县
份，但每平方公里科举人才密度不高。笔者怀疑，这一现象可能和江
右王门学者有很大关系。从上文可看出，雩都是受江右王门学者影响
很深的地区，而江右王门的学者不主张全力仕进。④

---

①　天启《赣州府志》卷十六《乡贤志》。

②　同治《赣州府志》卷五十四《人物志·儒林》。

③　（明）黄弘纲：《简方邑侯论神会书》，见同治《赣州府志》卷六十七《艺
文志·明文》。

④　有学者认为，江右王学的发达没有推动江西的科举，甚至可能对科举还
有一种反作用。参考吴宣德：《江右王学与明中后期江西教育的发展》，360 页，
南昌，江西教育出版社，1996。

表 3-6　明代赣州和南安二府科举人数统计及密度

府、州、县名	进士		举人		贡生		合计		密度	
	文	武	文	武	文	武	文	武	面积（平方公里）	人/平方公里
赣州府	51	3	194	25	1940		2185	28	32286	0.07
赣县	15	2	54	12	362		431	14	3560	0.13
石城县	0		10		159		169		1745	0.10
宁都县	15		57	6	253		325	6	3932	0.08
雩都县	4		21		168		193		2747	0.07
会昌县			3	2	166		169	2	2423	0.07
兴国县	6		9	1	170		185	1	3274	0.06
瑞金县	2	1	10	3	136		148	4	2670	0.06
信丰县	7		21	1	201		229	1	3722	0.06
龙南县	2		3		119		124		2511	0.05
安远县			5		117		122		2322	0.05
长宁县					52		52		1944	0.03
定南县			1		37		38		1436	0.03
南安府	25	1	82	6	505		612	7	6651	0.09
上犹县	2		11		169		182		1461	0.12
南康县	6		21	2	175		202	2	1798	0.11
大庾县	17	1	50	3	78		145	4	1344	0.11
崇义县	0		0	1	83		83	1	2048	0.04
合　计	76	4	276	31	2445		2797	35	38937	0.07

资料来源：

同治《赣州府志》卷四十六《荐辟、（文、武）进士、举人表》；道光《宁都直隶州志》卷二十《选举志上》。

说明：

（1）各县面积取自江西省地图编辑委员会1963年编辑的《中华人民共和国江西省地图集》（内部出版）。各县的疆域基本上从明代至今没有改变（仅有个别乡的调整），所以可以认为，明代赣南各县的疆域和现在没有差别。唯一的例外是光绪二十九年（1903）划信丰和龙南各三堡土地设立虔南厅，故把虔南厅面积平均摊入信丰和龙南二县。

（2）表中数据空白，则表明该项无史料记载。

科举人才密度并不能说明全部的问题，更重要的是一个地方的风气和当地人民表现出来的追求和价值取向。通过阅读史料，我们可以明显地看到中部和东部盆地县的人民对科举的热心和渴望。

明代赣南科举并不兴旺，人才寥寥。万历年间时人杨守勤议论曰：

> 自王文成昭揭圣修，倡学兹土，至今士品为他邑冠。乃举制科者，往往逊他邑，青衿诧语：祀弗专与？文弗耀与？抑赭垩不满于景纯之目也？相与质之形家，佥谓景德旧址，丰隆宏敞，延袤正方，北亘郁孤，南瞰崆峒，凤池匪遥，翠玉可枕，如彭学士所称洵吉壤。即定画而费不赀，未免犹豫仔肩之难也。会睢阳李公汝华、泾阳牛公应元后先来镇虔州，李独毅然首其事，捐金至百斤，泾阳半是。于是两台、监司、守令而下，咸助资力。经始万历甲辰之冬，乙巳夏告竣事。①

有意思的是，赣县县学本来就是嘉靖四十一年（1562）才由南赣巡抚陆稳从景德寺迁出的，所以文中称其为"景德旧址"。陆稳将赣州府县学从景德寺搬迁走的理由也是"堪舆家弗之善，思复其旧"②。而景德寺也并非最初的县学地址所在，赣州县学是成化四年（1468）才搬到景德寺的。关于成化四年赣州县学（以及府学）的搬迁，明人彭时有如下记述：

> 赣于江西为钜府。其城据章、贡二水合流之处，山川雄秀，

---

① （明）杨守勤：《新建儒学碑记》，见同治《赣州府志》卷二十四《经政志·学校》。

② （明）罗洪先：《赣州府县儒学兴复记》，见天启《赣州府志》卷二十《纪言志二·记序》。

风气固密，形势概可知矣。然郡、县二学，自宋以来俱在城内之东南，面壁城垣，未足以当其胜。入国朝百年之久，教养俱备，而科目乏人。或者以为地有不利，而有司惮难，莫之能改。成化丙戌，山东曹侯凯来知府事，厌其卑陋，即以改迁为己任，乃相其宜，得学之西北偏景德寺，其地隆高亢爽，后接郁孤台，前对崆峒山，山势耸拔如卓笔状。喜曰："建学育才，莫宜于此。"即召寺僧以府学易之，并县学迁焉。……

二学成，规模宏壮华丽，有以出尘嚣而挹清旷，加于其旧远甚。始迁之岁，诸生名乡荐者二人，明年进士及第者一人，邦人父老咸喜。……乃寓书翰林编修董越俾征予文，越即及第者也。①

赣州的地方官一直把"科目乏人"的原因归结为"地有不利"，因此才有成化四年、嘉靖四十一年、万历三十二年（1604）等多次搬迁府县学的举动。把学校搬到一所佛寺，并非轻易之事。成化五年（1469）进士及第的郡人董越就说：

学本景德寺基，谈者皆以其当崆峒之胜顾，惑于利害，无敢易之。曹侯为赣之三年，有言及者，遂慨然曰，作养人材，维持风化，于学当先，浮屠但有地以容足矣，彼乃得专是胜邪？亟召主僧易以旧学而作之。②

可见成化年间的这次搬迁，实际上是把寺庙改建为学校，此举和后来

---

① （明）彭时：《新迁府县儒学记》，见同治《赣州府志》卷二十三《经政志·学校》。

② （明）董越：《重修府县儒学记》，见嘉靖《赣州府志》卷十一《艺文》。

赣南许多地方官"毁淫祠"的举动类似。① 而就在赣州府县学搬到景德寺的那一年，赣州"名乡荐者二人"，次年，董越进士及第，后官至兵部尚书。迁学的效果似乎非常明显。

以风水之说来搬迁学校，对士大夫来说本不是个堂皇的理由，但赣南是赣派风水说的发源地，风水之说在赣南百姓中有相当的信仰基础。② 以风水的说法作为搬迁学校的理由，确有助于激发民众的向学热情。杨守勤解释其举动说：

> 予为诸君子之心，岂惑堪舆，总为赣士。盖人情无与萃涣则不专，无与激昂则不奋。工之肆，齐之庄岳，专故也；下流而邑

图 3-5 兴国三僚村杨公祠（为纪念堪舆祖师杨筠松而建）

① 成化年间，南安知府张弼即在南安大规模毁淫祠，共计"毁淫祠六百余所"。（明）桑悦《南安郡去思碑》，收入（明）张弼：《东海文集》卷五附录，见《四库全书存目丛书》集部第 39 册，488 页，济南，齐鲁书社，1997。

② 关于赣派风水术与赣南社会的讲风水之风，可参考韩振飞、姚莲红：《浅谈杨筠松及赣派风水术》，见郑晓江主编：《赣文化研究》，总第 4 期，298～309 页，内部资料，1997；罗勇：《客家与风水术》，载《客家研究辑刊》，1997（2）。

醪，决胜终食，奋故也。今士专且奋矣，而缵成大道，步趋文成者，又方为尔赣士鹄，宜何如省惕，以仰副上人立学意耶？倡率而鼓舞之，是诚在子。①

按照杨守勤的解释，地方官就是利用堪舆学说来"倡率而鼓舞之"。从万历年间赣县县学的搬迁、兴建来看，地方官"倡率而鼓舞之"似有一定效果。建学经费中，除了官员捐金外，我们还看到有乡先生和士民"乐助"部分（可参看表 3-7）。

在明代赣南，类似赣州府县学这样多次搬迁学校的例子并不少见。如雩都县学也和赣县县学一样，经历了三次搬迁。笔者根据地方志中有关修建府县学的记载，制成表 3-7。

表 3-7　明代赣南府县学修建情况

府县名	时间	主事者	修建原因	经费来源	资料来源
赣州府（赣县）	成化四年（1468）	知府曹凯	教养俱备，而科目乏人。或者以为地有不利……	出公帑及义民之好义者	（明）彭时：《新迁府县儒学记》，见同治《赣州府志》卷二十三《经政志·学校》
赣州府（赣县）	嘉靖四十一年（1562）	南赣巡抚陆稳	堪舆家弗之善，思复其旧	咸捐罚锾以助成事	（明）罗洪先：《赣州府县儒学兴复记》，见天启《赣州府志》卷二十《纪言志二·记序》

---

① （明）杨守勤：《新建儒学碑记》，见同治《赣州府志》卷二十四《经政志·学校》。

府县名	时间	主事者	修建原因	经费来源	资料来源
赣县	万历三十二年（1604）	南赣巡抚李汝华等	乃举制科者，往往逊他邑……相与质之形家，金谓景德旧址……如彭学士所称洵吉壤	官员捐金，乡先生与士民乐助	（明）杨守勤：《新建儒学碑记》，见同治《赣州府志》卷二十四《经政志·学校》
雩都	嘉靖十九年（1540）	诸生袁淳等请功之抚按，命知县蔡炯复迁于旧址	然岁历三纪，未有释褐于国学者	三师廪生、诸士、父老贤达衰助	（明）袁淳：《重建儒学旧址记》，见同治《赣州府志》卷二十四《经政志·学校》
雩都	崇祯七年（1634）	知县郑楚勋与诸生	雩学溯隆庆丁卯贤书后无俊者，是以有天启乙丑之迁。迨崇祯丙子再倡迁复之议	公家田土为奸豪渔没可诘与民者取值若干，公储侵蚀者取偿若干，郑侯捐奉若干；督工者老十二人	（清）易学实：《改造县学记》，见同治《赣州府志》卷二十四《经政志·学校》
信丰	隆庆、万历间	南赣巡抚李棠、知县刘一德等	堪舆家遂得执善败伸其说，谓宜购民居增拓厥地，辟巽门其前，于风气便	遍索官帑	（明）甘士价：《重修儒学记》，见同治《赣州府志》卷二十四《经政志·学校》
兴国	万历三十九年（1611）	知县吴宗周	采形家言谓中衢稍欹，水弗聚也。地俯而下势未昂也	费出诸俸廪	（明）谢诏：《重修兴国县儒学记》，见天启《赣州府志》卷二十《纪言志二·记序》

府县名	时间	主事者	修建原因	经费来源	资料来源
安远	隆庆五年（1571）	知县周宸	至永乐中适林侯性用堪舆家言，改学宫位，向面文峰……隆庆辛未则周侯宸来令是邑也，即议新之（修棂星门）		（明）朱卫：《安远县学改棂星门记》，见天启《赣州府志》卷二十《纪言志二·记序》
宁都	正德十三年（1518）	知县王天与	徙崇福寺基		道光《宁都直隶州志》卷七《学校志》
宁都	万历三十二年（1604）	知县林廷	观龙兴寺地脉，来自天皇乾山巽向，环拱秀丽，慨然欲复寺为学	官出赎金外，绅士义助	道光《宁都直隶州志》卷七《学校志》
瑞金	隆庆五年（1571）	知县吕若愚，诸士子请，巡抚李棠等复申	……而科第未盛，识者谓其迫近南城，或掩其秀	公帑未及半，父老暨诸士咸原出力以助	（明）潘季驯：《瑞金县新迁儒学记》，见天启《赣州府志》卷二十《纪言志二·记序》
石城	万历三十年（1602）	知县唐元嘉	登俊则寥寥，前侯唐元嘉始从形家言，稍迁文庙于左	帑金若干，自捐赎金若干，民输助若干	（明）甘士价：《重修石城儒学记》，见天启《赣州府志》卷二十《纪言志二·记序》
南康	成化甲辰（1484）	江西右参政秦悦	矧右逼南野驿楼崇高，地理家谓有所忌（重建明伦堂）	出帑银五百两，命义官刘源庆等抡材鸠工	（明）曾棨：《南康县儒学重建明伦堂记》，见同治《南安府志》卷二十二《艺文三·记》

从表 3-7 可看出，各县改建学校的理由，基本上都解释为风水不利，导致科目乏人。大部分县学的修建经费，除了官府开支外，还有来自地方士大夫、父老等民众捐助的部分。当然，在美其名曰"义助"的背后，应该也有摊派的可能。不过，在涉及家乡人文兴盛的问题上，地方士人总是热心的，因为科举的情况直接关系到地方的名声和政治格局。

明代赣南还出现了兴建文峰塔、改变城门方向的风潮，目的也是振兴当地科举。以瑞金县为例，该县在明末就建了三座文峰塔，动员了全县许多绅士耆老。康熙《瑞金县志》记其事曰：

> 龙珠塔，县西南五里。本县峰峦耸秀，江水环带，亦称佳丽。惟是西南少秀拔峰。故议以西面赤朱岭为县水口，位属辛，宜建天乙贵人峰。以南面方巾岭，位属巽，宜建云霄状元笔。久议未就。万历壬寅冬月，知县堵奎临酌合邑议，申详道府。首先捐俸，更募邑人，会同邑绅钟巽、赖聘、朱善卿、钟彦、许宗谟、杨永皋，举人杨以杰，监生刘希善、刘选、杨正学，庠生谢元璇、李汶、许继廉、杨以位等总管其事，慎选耆老谢仲海、杨可俪……（下列二十三人名字——引者注）分理其事。……扁曰"龙珠塔"。庶几风气秀发，人文振起。①

兴建龙珠塔完全是出于风水上的理由，建塔的过程惊动了从知县到邑绅、举人、监生、庠生、耆老等地方上的各色人等。随后，瑞金又兴建了与龙珠塔相对的"巽塔"，名为文兴塔。瑞邑人士对二塔寄予厚望："巽、辛二塔对峙，屹然凌霄，后日必有人文振起，秀甲寰区

---

① 康熙《瑞金县志》卷三《建设志·台塔·龙珠塔》。

者矣。"①

在瑞金壬田兴建的龙见塔，也是知县和许多绅士耆老倡导的结果。康熙《瑞金县志》记曰：

> 壬田塔，招召乡一里。壬田为瑞金沃壤，山水环抱，一望平衍，实为秀区。而双流合汇之际，殊觉低陷，以故文士层出，科目少兴。知县潘舜，历过其地，诸生攀辕而请。以形家言，于坤方宜建一塔。乡绅朱善卿、许宗谟，生员朱国卿、朱文绍等呈词，愿捐赀倡义，不动官费，乡人喜助如云，朱统与等董其事，其塔遂成。扁曰"龙见"。②

兴建文峰塔的并非瑞金一地，现略引几段相关史料如下：

> （上犹县）卢公塔在县东五里，本府同知卢洪夏……见犹邑科目寥寥，由水口文峰低小，乃建七层浮屠于巽山之巅，自是人文顿盛，邑人呼曰卢公塔。③

> （雩都县蜚英塔）塔当先师庙巽址，是为文明之统，命曰：蜚英。……予问费从所出入，父老谢文魁等曰：吾侪世居兹土，倘赖天灵，自今以迄千百世，诸宗子姓，蔚为国华，则当各以其宗助。④

---

① 康熙《瑞金县志》卷三《建设志·台塔·文兴塔》。
② 康熙《瑞金县志》卷三《建设志·台塔·壬田塔》。
③ 康熙《上犹县志》卷三《建置志·寺观》。
④ （明）李涞：《前明李中丞养愚先生文集》卷上《蜚英塔记》，赣州图书馆藏本。

据文博专家介绍，赣南明清时有古塔四十余座，全部为文峰塔。① 不仅文峰塔，城门的方向也被认为与科举兴旺与否有关。宁都清初有拆城建塔之说，州人魏禧与友人书曰：

> 适闻邑中有议拆大东、小东新城，而兄将主其事，弟笑叹惊怖，甚以为不可也。……居民尚赖此为屏障。一旦以莫须有之风水劳民伤财，以坏生民万世之利，吾不知其何心也。……又闻将起塔于巽峰。吾意说者必谓移城砌塔，一举两得。不知工费出办何所？……犹记壬午场后，吾邑以连科不得第，有建修风水之说。弟时少年不经，妄听轻作，遂同令弟毅然任之。结怨费财，日营无益。②

宁都清初移城砌塔之举，可谓明末以来赣南地区造风水、兴科举活动的继续，要将新城拆毁的原因是"谓衙背受新城直冲，东门一带送水，于形势为不利"③。亲身经历过崇祯十五年（1642，即文中所谓"壬午场后"）造风水、兴科举活动的魏禧，仍清楚记得当年的冲动热情之举。

明末赣南出现的造风水、兴科举的热潮，是一场由地方官发动、绅士和民众参加的活动。在这场带有群众性的活动中，赣南本地士大夫起了很大作用，也展现了其在地方上的影响。与造风水、兴科举的举措同时进行的，是毁淫祠、拆道观的活动。雩都蜚英塔的地基，就

---

① 万幼楠：《赣南古塔研究》，载《南方文物》，1993（1）。
② （清）魏禧：《魏叔子文集》卷七《与友人》，见（清）林时益辑：《宁都三魏全集》，道光二十五年本。
③ 道光《宁都直隶州志》卷四《城池志·城池》。

是知县用"所辟淫祠易之"①而得到的。更有意味的是，在雩都，原本是佛塔的重光塔，在这场活动中，转化成了文峰塔。明末赣南另一位著名学者李涞记其经过曰：

> 塔虽因缘释氏，然当邑治右，缠逆江流而屹然砥柱，固足善也。……岁壬辰，静齐黄侯来宰是邑……乃告于众曰：塔之就圮也，风气漓矣，邑之有龙舟会也，以尚鬼，然而侈且狂矣，吾亦乌能坐视夫厚储黩鬼之资以益狂，孰与移之葺塔。……邑之人文昌乎，物力阜乎，生齿繁乎！②

雩都县令以龙舟会的费用来修葺重光塔，并赋佛塔以文峰塔的功能，正是具有"正统性"的儒家观念影响扩大的表现。

最后，还要继续指出的是，上文所分析的造风水和兴科举热潮的发生地主要在中部和东部的开发较早的河谷、盆地县。虽然这些县的科举并没有通过风水的改造而有根本的改进，但是，"正统"的儒家思想有了一定的影响，也出现了许多在地方上有影响的士大夫群体。前面李涞所分析的雩都的士大夫群体和宁都明末出现的"易堂九子"，应该说不是偶然的，而是一种历史发展的趋势。可以说，这种趋势是南宋以来官府"教化"努力的过程和结果。

---

① （明）李涞：《前明李中丞养愚先生文集》卷上《菫英塔记》，赣州图书馆藏本。

② （明）李涞：《前明李中丞养愚先生文集》卷上《重光塔记》，赣州图书馆藏本。

第四章　流民、土著与国家认同

　　明清时期赣南社会的一个不可忽视的因素，就是流民持续地进入这一地区，成为促使地方社会变化的重要力量。

　　关于明清时期的流民①，前人已做过若干研究。这些研究大多根据移民的来源地，把他们分为赣中、闽粤两大类，分别描述其规模和数量，并在此基础上讨论流民对赣南社会的影响。② 但是，以往的研究者较少从实际的历史场景出发，去关注流民进入赣南社会后的具体活动以及流民与土著的关系。事实上，流民和土著作为明清赣南社会中的两大群体，他们之间的互动关系，是决定地方社会变迁和文化特征的重要因素。如果离开具体的历史场景，只是试图通过复原流民的

---

　　① 在以往的研究中，常常用"移民"来指称文献中的"流民""流寇""流寓"等人群。笔者认为，中国典籍中出现的"流民"等概念，除了有空间上移动迁徙的含义外，还有社会身份的意义，是和"土著"相对应的概念。一般而言，"流民"隐藏着还没有定居下来的意味；"移民"是个现代的概念，范围相对比较宽泛。因此，本书用"流民"指称与"土著"相对应的但还没有完全定居下来的人群，用"移民"指称已经定居下来的人群。

　　② 例如，罗香林：《客家研究导论》，台北，天南书局，1992。曹树基：《明清时期的流民和赣南山区的开发》，载《中国农史》，1985（4）。万芳珍、刘纶鑫：《客家入赣考》，载《南昌大学学报（社会科学版）》，1994（1）；《江西客家入迁原由与分布》，载《南昌大学学报（社会科学版）》，1995（2）。罗勇：《略论明末清初闽粤客家的倒迁入赣》，载《客家研究辑刊》，1995（1）。梁洪生：《从兴国移民姓氏看赣南客家迁徙：对研究赣南早期客家的一种思考》，载《客家研究辑刊》，1996（1）。

迁移数量、规模和来源等，来考察诸如"客家文化"之类的问题，就可能使问题变得复杂并导致不必要的争论。曹树基已经指出，在罗香林的客家研究中，区分客家与非客家的标准之一是文化心理，即有没有客家认同感。① 实际上，所谓"客"与非"客"之间最重要的差别并不是数量、来源（血统），而是心理认同。笔者无意在这里详细讨论"客家"问题，只是想指出，关于明清赣南社会与文化变迁，流民与土著之间的互动关系应该成为分析的重要内容。饶伟新在这方面做出了努力，他以移民和流寇为中心，特别关注明代赣南族群之间的冲突所引起的社会动乱。他的出发点，是从移民来源和分布特征去理解"早期客家历史"。他亦涉及流民与土著的冲突，但主要从族群冲突出发来理解地方的动乱。②

　　流民进入赣南的高潮是在清初。随着流民大量进入，清初的赣南发生了根本的变化。一方面是生态上的变化，赣南山区被过度开垦，水土流失、资源枯竭的问题开始凸显，且与生计问题互为恶性循环；另一方面是流民的进入，改变了赣南流民与土著之间的力量对比，流民开始成为赣南社会的重要力量，流民的"地著"③ 必然带来流民的

---

　　① 参考曹树基：《赣、闽、粤三省毗邻地区的社会变动和客家形成》，见《历史地理》第 14 辑，123～135 页，上海，上海人民出版社，1998。他在这篇文章中对明清之际赣南的"土著"和"客家"意识作了简略的论述。在《中国移民史》中，他亦论述了清代赣南的土客冲突。见曹树基：《中国移民史》第六卷，210～214 页，福州，福建人民出版社，1997。

　　② 饶伟新通过探讨赣南移民的分布，对罗香林把赣南划分为纯客县、非纯客县提出质疑，认为罗氏认定的纯客县正是闽粤移民分布集中地，非纯客县反而是赣中移民分布地，客的历史则是具有"蛮夷"族群背景的闽粤移民，在新的社会环境下编造出的祖先历史——即罗香林试图论证的中原汉人南迁史。其结论蕴含的前提仍是闽粤移民为客家，只不过加上了文化创造内容。参考饶伟新：《明代赣南族群关系与社会秩序的演变：以移民和流寇为中心》，硕士学位论文，厦门大学，1999。

　　③ "地著"意为在一个地方定居下来。语出自晁错《论贵粟疏》："贫生于不足，不足生于不农，不农则不地著，不地著则离乡轻家，民如鸟兽。"

"土著化"问题，而流民的"土著化"又在有限的生态资源条件下，构成对土著的竞争和挑战。无论流民还是土著，经历过明末清初的动乱之后，都逐渐安定下来，开始建宗祠、制家法、修族谱等一系列加强宗族力量的活动，从而使宗族成为重要的基层社会组织，形成了清代乃至以后赣南的社会文化风貌。

必须指出的是，由于赣南区域社会的复杂性，赣南的东部、中部和南部各个区域动乱的原因、表现和过程不尽相同，但是，对土地、户籍、科举名额等资源的争夺却大致相同，宗族组织的广泛出现也基本一致。

第一节　流民问题与生态危机

由于流民活动日渐频繁，明中期以后赣南地方政府面对的严重问题，就是如何对付边界"盗区"的盗贼活动。即使是以较和平的方式进入赣南的流民，也对地方社会原有的秩序造成了冲击。其中常被人关注的情况，是流民以寄庄的身份进入赣南，同土著争夺土地、户籍和科举名额等资源。天启《赣州府志》议论说：

> 邻郡寄居于赣者，实繁有徒，非藏于廛市，则役于公家。彼其人多智，善营居，亡几时即化瘠为腴，求田问舍称寄庄矣，未几又别立一户矣。夫其立户也，非自外省转徙而占籍者比也。邻封相距不数舍，盈盈一水间，庆吊问遗不绝也，昏嫁丧葬如故也。直以殖产于斯，不得不系之籍耳。奈何长子孙即欲与土著子弟竞

进取乎？①

可见，"邻郡"之人在赣南求财致富后，即"求田问舍称寄庄矣"。寄庄"非自外省转徙而占籍者"，并不是正式占籍。这种安排的本意，是让有土地财产的流民纳税当差，但寄庄户头只登记土地、赋税，不登记家庭、个人，并非如土著般以人丁事产立籍②，所以往往可躲避赋役，从而连累土著。赣南的寄庄户又往往是"邻封"之人，与故里相距仅"盈盈一水间"，躲避赋役较易。如隆庆年间赣州通判廖宪所言：

> 余署篆信丰，览观风俗，考求利弊，最病者，田归异郡，役累土著，其为乡人所有者，殆四分之一耳。③

这些流民常常在财力上超过土著，如信丰县的土地"为乡人所有者，殆四分之一耳"，其余全归流民。类似信丰的情况，在赣南非常普遍，天启《赣州府志》曰：

> 赣亡他产，颇饶稻谷。……盖齐民不善治生，所恃赡一切费者，终岁之入耳。故口食之余，则尽以出粜，鲜有盖藏者。且田土强半邻壤，占籍土著亡几。④

"田土强半邻壤"指的就是临近地区的流民占了一半以上的土地。所谓

---

① 天启《赣州府志》卷五《营建志二·学宫》。
② 刘志伟考察广东明代里甲制，认为寄庄户口仅登记土地、赋税，表明明代里甲制的变异。参考刘志伟：《在国家与社会之间——明清广东里甲赋役制度研究》，239～241页，广州，中山大学出版社，1997。
③ （明）廖宪：《警俗论》，见同治《赣州府志》卷六十八《艺文志·明文》。
④ 天启《赣州府志》卷三《舆地志三·土产》。

"邻壤"，可以指赣南交界的四省边界各县，但估计以赣中吉泰平原诸县为多。① 时人说信丰：

> 故田土财赋，蚕食于吉之万、泰者七八，即今比屋列廛而市，多属异乡之人，几于中分信邑矣。②

赣中泰和人郭子章曾言：

> 夫虔州各县大半皆吉民田，以吉州土狭民夥，二百年来俱买田虔州，非自今日始也。愚意吉民买田虔县者，虔各县俱有粮有册，照旧令吉民装回自食自粜，粜止给本乡人，不许半途串水客盗载出境。③

郭子章的本意是要在虔州（赣州）买田的吉安府之人，把粮食运回吉安家乡"自食自粜"，从"吉民买田虔县者，虔各县俱有粮有册"中，亦可见寄庄户之普遍。

隆庆年间赣州通判廖宪比较了土著和流民之间的差别，解释了流民经济实力强过土著的原因。他说：

---

① 饶伟新认为，赣中移民主要分布在开发较早的农耕区，移民的生活方式也和其原来的生活方式有关，以从事农耕和工商业等"善营居"手段为主，他们和土著的冲突主要表现在对经济资源的争夺和冒籍报考等问题上。见饶伟新：《明代赣南族群关系与社会秩序的演变：以移民和流寇为中心》，硕士学位论文，厦门大学，1999。这个见解有一定道理，但必须注意的是不能将之绝对化，实际上，赣中流民进入边界为盗贼的并不少见，而闽粤流民要求户籍、田土的情况也很常见（参看后面的相关论述）。

② （明）黄大节：《为阻冒籍与杨太守书》，见同治《赣州府志》卷六十九《艺文志·明文》。

③ （明）郭子章：《傅草》卷七《上吴澈如公祖》，见《四库全书存目丛书》集部第156册，54页，济南，齐鲁书社，1997。

吾尝深思其故，而知信人之不异郡若者五焉：彼异郡之人蔓衍于吾邑也，朝夕课利至老死不怠，其家居也，盖百无一二焉；而吾民殊怠惰，牵家累，此勤不若也。异郡人蔬饭恶衣，弗以为耻，盖时而粥食；而吾民自奉殊丰靡，或以"小南京"目之，此俭不若也。异郡人经营，刀锥算无遗策，而吾民憨直无他肠，此算计不若也。异郡人自为童稚时，则已习律尺、弄刀笔；而吾民安田野，懵前经，或不识官府，此智识不若也。异郡人涉江湖、逾岭表，弗以为劳；而吾民顾脆弱，溺宴安，此筋力不若也。①

异郡人的"习律尺、弄刀笔""涉江湖、逾岭表"等求利行为，导致"田归异郡，役累土著"，寄庄户占据了大半田产却不负担相应的赋役。

寄庄户不仅躲避赋役，而且还和土著争夺科举考试名额。前引天启《赣州府志》的议论中，就有对寄庄户争夺科考名额表示不满的字句："奈何长子孙即欲与土著子弟竞进取乎？"与嘉靖十五年（1536）所修《赣州府志》相比，天启元年（1621）修撰的《赣州府志》充满了类似的议论，再引二例如下：

赣为四省之交，流寓实蕃，此疆彼界，踪迹匪易，乃告讦抵谰者往往诡籍相蒙，肤受罔上，其意不在角胜，而在株连蔓引，以张机阱报宿怨焉耳。缓之则益为讧，急之则巧为避，神鬼出没，沈命舍匿之，法不得行，官府经年苦勾摄，民之受其荼毒，宁有已时耶？傥迹其尤重惩之，毋令脱纲，狡黠亡赖辈庶或有警乎。②

赣里数民籍不及邻封一钜邑，奈何以陋区上毛目之。……唯是以目前言之，釜罄久空，锱铢为苦，一有勾呼，相率逃徙。……况

---

① （明）廖宪：《警俗论》，见同治《赣州府志》卷六十八《艺文志·明文》。
② 天启《赣州府志》卷一《舆地志一·疆界》。

今日之赣，非无事之国也，闽广流民聚居山谷，为作奸薮。①

天启《赣州府志》主笔者为赣县人谢诏，以上均为谢诏所论。作为土著的谢诏发出如此感叹，无疑反映了一种本地人的意识，这种意识在与流民的冲突中很容易得到加强，有时就会转化为和"流寓"的冲突事件。信丰即发生过"流寓""钻刺冒考生员"引起的事件。曾任浙江副使的信丰人黄大节，对此事有如下陈述：

敝邑四封，大不过如股掌，其在赣属，最称凋瘵之乡。往者民不谋生，安坐而食。故田土财赋，蚕食于吉之万、泰者七八，即今比屋列廛而市，多属异乡之人，几于中分信邑矣。所仅仅保全学宫一片地，守之甚严，而捍之甚力。自开国以来二百数十年，未尝容一外籍者搀入其间。盖不如是，则蕞尔信邑，名隶于虔，而实入于吉矣。顷因童人徐、谢诸人钻刺冒考生员曹某等，从公屏逐，亦修往年之故事耳。特其意气乖张，语言失次，触怒于父母陈令，致以聚众讪侮申之。诸生诚不能无罪，然其中亦有可原也。……至于冒籍一节，所关敝邑利害者甚大。缘土著式微，才力不足以敌流寓，若此端一开，其牵朋引类以客乘主，而辗辘我邑者何所不至。刘、石诸胡之乱华，金、元二虏之倾宋，往事固可鉴矣。所恃老公祖在上，殿我邦人，忍令属邑陵夷一至此乎？……外禁冒籍一册，伏希留神赐阅。②

从这段文字中，能大略看出当时事件的经过。值得注意的还有"缘土

---

① 天启《赣州府志》卷七《食货志·户口》。

② （明）黄大节：《为阻冒籍与杨太守书》，见同治《赣州府志》卷六十九《艺文志·明文》。

著式微，才力不足以敌流寓""所仅仅保全学宫一片地"之类的说法。异乡之人的经济实力已超过土著，土著唯一能显露出优势的，是在科举考试上，"未尝容一外籍者挽入其间"。如今在科举考试方面，流民亦想"以客乘主"，土著显然十分愤慨。黄大节用"诸胡""二虏"等字眼比称"流寓"，反映了土著对"流寓"的蔑视和防备。

土著的身份是一种复杂的社会文化资源，土著与流民之间的界限，不仅为户籍所确定（例如，寄庄名义上拥有合法的户籍），而且更多地表现为一种社会身份和心理的认同。在土著看来，"非土著人群"的地位相对低下。在海瑞任职的兴国县，有所谓"客户"。海瑞曰：

> 料是先年里老人等虑有乡兵之扰，奸计以客户充隘长总小甲等役，故亦即此客户随田耕作，星散寥寥数人为居之地为之也。此等客户，居税户之庄所，资税户之牛谷，大概无妻子无家当，一有警闻，孑孑一身挈而去尔。①

此等"客户"大约相当于佃户，从属于"税户"。瑞金县的流民，多从事传统社会中的低等职业：

> 土著之人，为士、为民，而农者、商者、牙侩者、衙胥者，皆客籍也。即黔徒剧贼窜匿其中，亦无分别。②

土著与"流寓"在社会身份上的这种划分，很早就有。明末清初宁都

---

① （明）海瑞：《兴国八议》，见《海瑞集》上编，204 页，北京，中华书局，1962。
② （清）杨兆年：《上督府田贼始末书》，见道光《宁都直隶州志》卷三十一《艺文志三·书》。

土著名士魏礼，盛赞其友善待"侨寓"，说道：

> 瑞金惟才杨君，少登贤书而乡里有善人之诵，侨处为过宾于瑞金者咸能道。……虽然，予更有请焉。窃见占籍上邑者，有自宋元以来不得为土著。法三世居其地，许编入户，彼数百年客寄，祖里久旷不可考，势莫得反，是彼一族累百叶皆为弃人，壅遏无由仕进，亦仁人之所恤。君倘与二三君子倡明而少宽假之，则君之德愈大。①

从这段文字可以推测，"数百年客寄"者无法"仕进"，是由于没有户籍，而没有户籍可能是与"祖里久旷不可考"相联系的，可见土著与"流寓"之间的界限，又有一层文化上的含义。

直至明末，土著基本上仍掌握着科举等方面的资源。乾隆《上杭县志》记载了一个瑞金流民入籍考试的故事：

> 江振禧原籍上杭，后移江西瑞金。崇祯四年，流贼数千人攻城。振禧回杭自言于众曰："吾能杀贼，则许我归籍上杭。"绅士同声许诺。振禧乃集家丁数十人，开城门出。贼方掠妇女，振禧击杀二百余人，众遁去。岭北观察张玮荐之虔抚，授守备，令督乡兵，守夏口。②

江振禧是瑞金的福建流民，他帮助土著杀贼的条件是许其子弟入籍应试，这说明流民仍非常看重能否入籍考试，而土著绅士的许诺，则表

---

① （清）魏礼：《魏季子文集》卷七《杨惟才五十一岁序》，见（清）林时益辑：《宁都三魏全集》，道光二十五年本。
② 乾隆《上杭县志》卷五《孝义》。

明流民能否入籍考试似乎取决于土著绅士的认可与否。

闽粤赣湘四省边界地区一直存在的流民活动在明末达到高潮。①明末清初流民活动活跃，使得边界地区的"山寇"问题显得异常严重。关于明末清初"山寇"问题，日本学者甘利弘树有很好的研究。② 根据其研究，明末清初闽粤赣三省边界的"山寇"主要由流民组成，有士兵、胥吏等作内应，有强大的物质基础（贼田），因而能和当地的一些生员勾结（窝主），有较好的组织（总、长兴约等），也会利用教门进行鼓动（妖书、密教等），导致一些地方盗贼成风，"以贼为俗"。韩国学者吴金成在考察了这一阶段的江西社会后，认为明末清初江西社会存在国家权力真空，是一个"空洞社会"。他亦指出，赣南地区的动荡比江西其他地区更为严重。③ 关于清初赣南地方的动乱，请参看表4-1。

表 4-1　清初赣南地方动乱年表

时间	地点	动乱经过	资料来源
顺治二年（1645）	南安	流寇叶芝春等从上犹北乡突至犹城……夏五月，贼部署曹志坚自称总兵官，据城一百五十日，蹂躏甚惨，人民尽入山避之	光绪《南安府志补正》卷十《武事》

---

① 明末流民运动的高涨可参考［日］清水泰次：《明代の流民と流贼》，载《史學雜誌》46（2-3），1935；李文治：《晚明民变》，上海，中华书局，1948。明清流民活动与山区开发可参考曹树基：《明清时期的流民和赣南山区的开发》，载《中国农史》，1985（4）。万芳珍、刘纶鑫：《客家入赣考》，载《南昌大学学报（社会科学版）》，1994（1）；《江西客家入迁原由与分布》，载《南昌大学学报（社会科学版）》，1995（2）。

② ［日］甘利弘樹：《明末清初期、廣東・福建・江西交界地域における廣東の山寇——特に五總賊・鍾淩秀を中心として一》，载《社會文化史學》（第三十八號），平成十年（1998）；《張惟天の亂について——檔案史料の分析を中心に》，载《東方學》（第九十七輯），平成十一年（1999）。

③ ［韩］吴金成：《矛与盾的共存：明清时期江西社会研究》，崔荣根译，188～220 页，南京，江苏人民出版社，2018。

时间	地点	动乱经过	资料来源
顺治二年（1645）	石城、宁都、瑞金	是岁九月，石城贼吴万乾纠集佃户，号田兵。又要联客纲头目，与阳都、瑞金、汀州等处客户相声援。……四年五月……万乾走匿汀州界，旋为汀州缉得，伏诛	道光《宁都直隶州志》卷十四《武事志》
顺治二年（1645）	雩都	十一月，阎贼复拥众数万至雩南岸，掳船渡江，攻具甚备。……明年，贼就抚，领家属数万，自五月初七驻雩城，至七月初二始撤营归广东。城外屋宇拆毁，人畜掳杀殆尽	同治《赣州府志》卷三十二《经政志·武事》
顺治二年（1645）	瑞金	广贼谢至良假称官兵，道由瑞金，邑不设备，掠城外财物一空。……焚毁略尽乃去	道光《宁都直隶州志》卷十四《武事志》
顺治三年（1646）	赣州	正月……大兵乘胜抵城下。……十月初四日，大兵用向道夜登城，乡勇犹巷战，黎明兵至，城遂破	同治《赣州府志》卷三十二《经政志·武事》
顺治三年（1646）	瑞金	春，瑞金贼何志源、沈士昌纠众作乱，号田兵。……四年，知县徐珩至，佃人负固如前……田总张胜复煽田贼攻城，并焚城外余屋。珩请兵虔院，发马步兵五千人，破其山寨，戮五六千人，害始除	道光《宁都直隶州志》卷十四《武事志》
顺治三年（1646）	瑞金	八月，大清兵追唐藩至汀州，瑞金闻警，阖城逃窜	道光《宁都直隶州志》卷十四《武事志》
顺治三年（1646）	信丰	是年四头营贼据信丰伯石保，约长黄一爵率乡兵击之，杀渠魁文都。十月，贼复据新田平地山。明年正月，一爵率乡勇从石门迳入捣其巢，溪水皆赤	同治《赣州府志》卷三十二《经政志·武事》
顺治三年（1646）	南安	是年南埠叶之春招兵号南营……因愤杨坊乡兵误杀叶赓廷，纠众万余报仇，攻弹子寨，胁和乃解。后由南安至黄金、高楼，遇大兵歼之	同治《赣州府志》卷三十二《经政志·武事》

时间	地点	动乱经过	资料来源
顺治四年（1647）	龙南	黄沙刘耀中反。……十二月，阎寇数百突冲义勇营栅，杀典史戴光陛及绅衿兵数十百人	同治《赣州府志》卷三十二《经政志·武事》
顺治四年（1647）	龙南	南埠叶南芝，因滋阳王妃携一幼子流入南埠，南芝率众以王礼事之……总兵柯永盛调副总兵孔国治等捣其巢	同上书
顺治四年（1647）	长宁	粤寇谢志良纠党数万，围长宁城月余。知县钱奇嗣率十营土兵，乘贼持久气怠，出城击杀之	同上书
顺治五年（1648）	南安	山寇阎罗宋侵犯郡邑，大肆杀掠，官军讨平之	康熙《南安府志》卷十六《事考志上·郡事》
顺治五年（1648）	赣州	正月，金声桓、王得仁据南昌反，率兵围赣州。先是，万元吉未败时尝以书招声桓。……大兵破赣，元吉死	道光《赣州府志》卷三十二《经政志·武事》
顺治五年（1648）	南安	是年贼曹志坚等在赣窃发，官军讨之，仍奔上犹	光绪《南安府志补正》卷十《武事》
顺治五年（1648）	石城、瑞金、宁都等地	二月，贼有称安恪王者，入石城招番天贼，扰乱城居，随领入广。三月，温应宣招集客纲攻阳都，严御之，遂逃遁。瑞金奸民假名起义，招联广寇阎王总等，欲先服瑞金。……五月……广贼黄昌复据石城，黄微印据通天寨，久之乃去。六月，瑞金贼江振曦拥伪官杨联芳莅任，陈兵压境，杀巡检陈宏先、教官龚一鹏……乞师于赣七次。时金声桓攻赣甚急，无兵救援。生员朱玑等复乞师于汀，汀镇贺遣李应进将兵击贼，围始解	道光《宁都直隶州志》卷十四《武事志》

时间	地点	动乱经过	资料来源
顺治五年（1648）	兴国、定南、雩都、龙南、会昌、安远等地	兴国烟兵萧国忠、姚章甫纠众倡乱，继起者为刘霖寰及王大勇、宋朝宗等。……声桓、得仁提重兵寇赣，相持四月，官军还自救，不能讨定。土贼曾斌、罗聚奎等乌合亡命窥雩都。……后曾斌等为土人渐次捕杀。定南旧令张于衡突入龙南，索县印以去。未几，阎寇率众围龙南。……自六月至九月，城破，杀知县吕应夏，久之食尽，拔营去。七月，会昌乱民受叛将金声桓伪札。……八月，贼首黎都乘乱据城……贼恐援兵至，遂弃城去。广贼四营头攻安远……知县郭自修差健卒缒城，间道诣府请兵。……杀贼首三千级，围解	同治《赣州府志》卷三十二《经政志·武事》
顺治六年（1649）	信丰、兴国、定南等地	三月……大兵至信丰，拒命者渐次埽定。……八月，赣抚刘武元以守备李若根署兴国县，与副将鲍虎提兵至击宋朝宗于泷下，缚而沉诸水。……广贼陈凤、廖九龄、张赤须、杨大总等攻围定南县城，以谢卜清为内应，城陷，知县曹邦伟死之。明年，凤复犯县，署县事王廷彦率乡勇退之	同上书
顺治六年（1649）	宁都、石城	彭贺伯据阳都城，知县田书被害，县丞、典史、教官俱逸去，邑罹其毒。……十一月二十七日夜，严寒雨雪，石城守御皆卧，内应起，纵火北门，贼乘机攻城，城陷。……明日，通天寨贼众黄士英等继至，杀掳百姓妇女，焚城中房屋几尽。是岁阳都土贼宋惟耐、张振寰、江习成等，啸聚怀德乡，黄陂山寇响应	道光《宁都直隶州志》卷十四《武事志》

时间	地点	动乱经过	资料来源
顺治六年（1649）	上犹	冬十二月，流寇张和尚自桂东流劫上犹县，营前各村官军至，遂匿山中，与寇之潜于营前者合，其势渐炽，遂耽耽于营前矣	光绪《南安府志补正》卷十《武事》
顺治七年（1650）	瑞金	瑞金剧盗僧超忠据铜钵山，陈其纶据大柏地，声势相倚	道光《宁都直隶州志》卷十四《武事志》
顺治七年（1650）	大庾、南康	冬十月，阎贼窜据大庾锡坑，南康乡民男妇并遭掳掠	光绪《南安府志补正》卷十《武事》
顺治八年（1651）	信丰	贼以吉在新田练军，十一月十一日将夜，乘虚劫信丰。一爵侦知贼情，夜伏于龙头迳，贼麇至，伏四起，大败之	同治《赣州府志》卷三十二《经政志·武事》
顺治八年（1651）	大庾、上犹	春，阎贼在大庾锡坑，官兵四集讨之，贼始散。冬十二月初二夜，贼张和尚袭营前，城破而据之	光绪《南安府志补正》卷十《武事》
顺治八年（1651）	宁都、瑞金	阳都黄村寇郭达伯叛。……是岁瑞金贼许胜可自粤寇遁逃归其纶。旋背其纶，合闽寇刘芳、罗承俊奔据罗汉岩，势张甚	道光《宁都直隶州志》卷十四《武事志》
顺治九年（1652）	南康	阎贼剽掠南康塘江、河田诸乡，官兵剿平之	光绪《南安府志补正》卷十《武事》
顺治十年（1653）	安远、定南	番天营贼流劫安远境长沙营孔田各寨，掳掠男妇千余，副将贾雄平之。广东大坊贼李时戴等袭定南，署典史蔡国相力战被杀	同治《赣州府志》卷三十二《经政志·武事》
顺治十年（1653）	宁都	郡将发兵捕郭达伯，斩之	道光《宁都直隶州志》卷十四《武事志》

时间	地点	动乱经过	资料来源
顺治十一年（1654）	石城	瑞金罗汉岩贼许胜可扰石城县，蹂躏下水三里殆尽。八月……请于宜虔抚永贵大发兵围之。胜可欲降，未决，因其懈击擒之，并闽寇皆伏诛	道光《宁都直隶州志》卷十四《武事志》
顺治十二年（1655）	瑞金	宜虔抚永贵进兵取瑞金贼陈其纶。其纶战败而逃，乡勇斩其首以献，瑞贼悉平	同上书
顺治十三年（1656）	兴国、雩都	二月，兴国梅窖洞贼曾拱辰、曾象吾、曾玉华、刘元吉等劫掠永丰、万安、泰和、雩都诸县境。又与青塘贼何辉明歃血为盟。梅窖峒周围高山中，岩穴相连，诸贼分踞峒口，筑土墙，起瓦楼，开炮眼，围外深坑污池，官军无可置足。……乃长围遏贼出入，门路严巡逻，以防奔突飞走，路绝犹困守，数月乃就毙	道光《赣州府志》卷三十二《经政志·武事》
顺治十六年（1659）	雩都	八月，平雩都剧寇李玉廷。玉廷，广东人，集粤众盘踞佛婆里、老虎山、小庄等处，肆行劫掠，虔抚刘武元发兵剿捕	同上书
顺治十六年（1659）	宁都	东南海警，阳都贼屯聚文坊村。……新城民杨德显等相率登陴自保，夜半往逐贼，败走之	道光《宁都直隶州志》卷十四《武事志》
顺治十七年（1660）	兴国	兴国衣锦乡萧矮子聚贼党数百于龙子迳，劫掠乡村，掳男妇，勒银取赎，贫民多死。知县向大捷招抚，不从，官兵至，剿除之	道光《赣州府志》卷三十二《经政志·武事》
顺治十八年（1661）	长宁	十二月，长宁奸民曹子布、子栗、子元等，阴通广寇为乱，知县黄龙飞计擒杀之	同治《赣州府志》卷三十二《经政志·武事》
顺治间	瑞金	两江总督马鸣佩使南赣兵，败伪伯陈其伦（即陈其纶——引者注）于瑞金	同上书

时间	地点	动乱经过	资料来源
康熙十一年（1672）	长宁、安远、会昌	流贼周海元聚众作乱，散布伪札。由广东平远入长宁、安远境内，旋逼会昌羊角水堡。会兵进剿，逃于武平盘龙隘，擒斩之	道光《赣州府志》卷三十二《经政志·武事》
康熙十二年（1673）	赣州、南安、龙南、信丰等地	滇吴、闽耿、粤尚联兵作逆。赣州为闽、广枢键，贼谋以西路兵由南安、南康，东路军由龙南、信丰临赣。其伪将杨镇邦、何兴、余贤分阄取江西，何、余得南安，各属传檄而定。……虔镇刘虔宝悉力守，赣得独全	同上书
康熙十二年（1673）	兴国	是岁兴国崖石诸寇据境。……五月，石昭于所屯处陈屋园先发，张治、朱明垦江背峒者领众尤盛。六月，赣游击吴某统兵剿昭……蔡璋诱石昭送郡伏法	同治《赣州府志》卷三十三《经政志·武事》
康熙十三年（1674）	石城	耿精忠党长汀吴八十屯石城蓝田作乱。五月，举众围石城，三日解去。阳都曾若千与耿逆通，自署总兵，率众寇石城、屯长江。时石城四处皆贼	道光《宁都直隶州志》卷十四《武事志》
康熙十三年（1674）	会昌	粤贼王九万、林青袍寇会昌湘乡，攻破山寨及萧帝岩，屠掠甚惨。八月，攻左、右水扎中村。羊角营守备杜应元、把总冯古孝等领兵督各寨乡勇进剿，贼败。十一日，攻羊角水堡。十三日，直薄会昌，昼夜围攻。……贼众益蹙，卒平之	道光《赣州府志》卷三十二《经政志·武事》
康熙十三年（1674）	南安	云藩吴三桂反。上犹流寓广人余贤、何兴乘机作乱，聚众石溪岗，杀掠营前等处。又各据山寨流劫，四邑震惊。明年，虔镇发兵……四月二十九日，伪将军郭、张、王等侦知大兵且至，惧而分路遁去	康熙《南安府志》卷十六《事考志上·郡事》

时间	地点	动乱经过	资料来源
康熙十四年（1675）	雩都、宁都、定南	三月，崖石贼拥众攻雩都北门，不克而退，又掠大小禾溪及宁都之尖坑等处。七月，贼首黄斯胜等由和平寇定南，林堪率乡勇御之	同治《赣州府志》卷三十三《经政志·武事》
康熙十四年（1675）	宁都	是年谢三总寇阳都。……是年十二月十三夜，率贼众焚掠李家坊，杀戮男妇不可胜数	道光《宁都直隶州志》卷十四《武事志》
康熙十五年（1676）	石城	是年二月，宁旱复率众寇石城，踞通天砦。……我兵以炮击之，歼贼甚众，贼败，随遁去	同上书
康熙十五年（1676）	瑞金、会昌、雩都	耿逆伪将军刘应麟自汀州出陷瑞金、会昌，欲乘势下雩都。赣镇哲尔肯遣游击许盛领兵镇雩都。四月，进取会昌。……初十日，雩都报急。……是夜，潜师弃舟分兵三路直捣贼营，斩级千余，又斩伪副将张进等四人，贼溃散	道光《赣州府志》卷三十二《经政志·武事》
康熙十五年（1676）	兴国、安远、长宁、信丰等地	是岁滇逆伪将韩大任遣其党邱兴祐，据万安之浪川洞，与崖石相声援，势益张。贼党陈达先入寇安远，攻劫长河五堡。伪提督马某自平远出攻，屠长宁之城冈村。伪总兵李善长、王割耳环攻信丰，焚掠甚惨。又伪总兵徐命久、李长青、王百万、王龙光、卢日葵、徐飞钩等众数万攻陷定南，复攻下历司。……四月，贼首朱和尚等陷横冈营	同治《赣州府志》卷三十三《经政志·武事》
康熙十六年（1677）	长宁	叛逆黎繁祉散布伪札，事觉，官兵黑夜擒杀之	同上书
康熙十六年（1677）	宁都、瑞金	四月，大任自旸霁抵黄陂，尧年自竹篙岭至缘村，杀掳甚惨。十月，我兵云集攻之，大任撤营走。十七年，大任奔福建，经过瑞金湖陂……大任败走，佟大将军率马步数万追至汀州，大任赴亲王帐下投诚	道光《宁都直隶州志》卷十四《武事志》

时间	地点	动乱经过	资料来源
康熙十八年（1679）	兴国	以尚之孝为宣义将军，剿崖石。……七月，贼饥窘就抚，贼乃平	道光《赣州府志》卷三十二《经政志·武事》
康熙二十七年（1688）	宁都	李矮、李满、王焕英等纠佃户抗租，据砦行劫，名曰田兵。……荣仁子先成吁台省，偻揆文导参将王国忠引兵捕获矮，以乱民伏法	道光《宁都直隶州志》卷十四《武事志》
康熙四十五年（1706）	南康	春三月，南康县北乡奸民明在天等为乱，上犹牛田童子集乡勇御之	光绪《南安府志补正》卷十《武事》
康熙四十六年（1707）	崇义	崇义南源山寇窃发	同上书
康熙五十二年（1713）	雩都	南乡小溪佃民邱兰秀、陈万余、丁介卿等，以除赋捐租鼓众围田主赵唐伯庄。……广人马天祥、程文如、林相爵、谢怀明等煽聚千人乘势劫掠。……十一月，擒首魁陈万余等枭示，党乃散	道光《赣州府志》卷三十二《经政志·武事》

经过艰苦的赣州保卫战，顺治三年（1646）清兵攻克赣州，但未能马上全面控制赣南。顺治五年（1648），金声桓、王得仁据南昌反，围赣州。康熙十三年（1674）"甲寅之乱"（亦称"甲寅之变"，即"三藩之乱"）也影响到赣南。赣南为闽粤枢键，成为重要战场。在这样的社会背景下，赣南盗贼蜂起，从表4-1可清楚地看到清初赣南动乱频繁，几无宁日。亲身经历了这一变乱的宁都人魏禧，三十年后对此回忆道：

汝生崇祯甲申之明年，纪年乙酉，三浃乙为，今乙卯。汝之生，祖父母未老，吾与伯子季弟未及壮，家殷富有余田宅，衣食甘美过今日远甚。然当是时，甲申天子崩于乱，乙酉南京再不守，邑大猾群起为雄，四鄙之野，人揭竿称名字者不可胜数。祖母、母襁褓汝，以窜伏于穷山邃谷之间者，十有余处，最后得翠微峰而侨焉。①

当时赣南兵盗不分，民盗不分，社会秩序全面动荡。时人对此多有描述：

> 自近始今江民所最惨毒莫告者，岂非盗耶？……其最叵测出没无时流毒肆害，田污莱而人沟壑，则又莫若此湖东虔南数百里之地。……十里之郊，便同秦越，兵将捕盗不为功，不捕亦不为罪。……甚且怯而纵盗，贪而通盗，昵而蔽盗，玩而养盗，抚而全盗。又甚且剽良为盗，剽良妇为盗妻，剽良赀为盗积，见盗若戚，见民若仇，兵与盗环相生，民与民环相死，其势不尽驱民为盗不止。②

> 郭门日萧条，盗贼纷纷起。十家村务中，乃有五家是。大者肆屠杀，小者驱牛豕。③

---

① （清）魏禧：《魏叔子文集》卷十一《诸子世杰三十初度叙》，见（清）林时益辑：《宁都三魏全集》，道光二十五年本。
② （清）彭士望：《耻躬堂文钞》卷四《与傅度山兵科书》，见《四库禁毁书丛刊》集部第 52 册，62 页，北京，北京出版社，1997。
③ （清）魏禧：《魏叔子诗集》卷三《出郭行》，见（清）林时益辑：《宁都三魏全集》，道光二十五年本。

图 4-1　明末清初宁都名士魏禧及"易堂九子"图

魏禧及"易堂九子"基本上是动乱中家道中落的绅士。图取自邱国坤、
戴存仁选注:《易堂九子散文选注》,广州,花城出版社,2001。

正在此时,赣南流民活动活跃,流民势力开始进入赣南腹地。仅以阎
王总的流寇武装为例,顺治三年(1646),清兵已席卷江西大部分地
区,只有赣州仍在坚守,在酷烈的战斗中,流寇武装成为守卫赣州的
杨廷麟争取利用的力量。康熙二十三年(1684)《续修赣州府志》
记曰:

> 崇祯十七年甲申三月,闯贼李自成陷京师……乙酉年,阎王
> 总乱,雩都等处路将金世任督兵讨之,副总兵徐必达领营将林宗、
> 吴玉简率兵自雩之车头来,云贼愿受抚。必达报虔抚李公永茂,
> 从之,发招安免死牌、官带花红,遣官赍至雩。宗独领兵八十人,
> 诣赖村贼营中,贼众迎宗,尽杀宗兵。
>
> 丙戌年,原任兵科都给事曾应遴议抚阎寇……寇众受抚入郡

城，肆剽掠。郡人合众闭城门，搜杀之，并毁遴家。赐阎寇号隆
武将军。阎寇自是益恣，所过兴国、雩、宁各邑淫杀，百姓
惨怨。①

可见，自明末以来，阎王总的武装就在赣南腹地纵横，官兵前往招抚，
他们竟然杀害招降明将。杨廷麟、曾应遴等明朝大臣想利用其力量抗
清，尽力对其笼络，结果反而促使其祸害地方。赣南还有其他名号的
武装力量，顺治初年南赣巡抚刘武元的奏折就描述了赣南此时的各色
武装力量：

> 窃照南赣属邑，枕接广东，如信丰、龙南、长宁、定南、上
> 犹、崇义等县与南雄之始兴、韶州之仁化、惠州之和平、潮州之
> 平远及湖广郴州之桂阳、桂东等邑，紧通联界，其间山深路窄，
> 素为逆贼出没之区。今广省一开，余孽四散，如伪援江伯、伪都
> 督府、伪燕王、翻天营、阎王总、宅刀总、肆营、捌营、玖营头
> 等贼，分股逃溃；或窜入南安，计图窥犯；或遁往长宁，招集党
> 众；或深入于上犹崇义之境，窃据山寨；或蔓延于南康信丰之间，
> 肆行剽掠。明知我赣兵调广者，远在数千里之外，辄乘虚突犯。②

此外，还有顺治五年（1648），金声桓、王得仁反清，南下进攻赣州。
面对这种情况，南赣巡抚疲于应付。顺治八年（1651）十一月十二日，
南赣总兵胡有升回忆了其任内的历次平定叛乱的战斗：

---

① 康熙《续修赣州府志》卷十八《纪事志》。
② （清）刘武元：《虔南奏稿》卷一《题为广省开复已久赣地单虚》，中国国
家图书馆藏清抄本。

如臣本抵赣时，即有渠魁叶南芝，伪称两广军门，勾连粤贼冯高明等拥立伪王……继而逆官刘飞，伪号七省军门，刘志谕伪号平北军门，各纠集亡命，作祟于上犹、宁都……此在四年十二月与五年正二月事也。时臣以为巨寇已除，地方渐可宁谧，岂料江省叛镇金声桓、王得仁等合谋犯叛，拥众不下数十万，于三月十九日围困赣城。……五月初九日誓师一战，贼方溃围而遁，得以保全孤城。……不意广逆李成栋、董元策等又相继告变矣，聚全粤之众，召如洞猺诸蛮，纠合黑鬼、白鬼竟逼虔城，其势较之金王尤甚。……次第扑灭，不意巨逆李成栋带领标贼闯虾蟆等，纠积寇阎王总、乞刀总、伪燕王、翻天王、伪安恪王等号称百万，分头逼犯，一股屯聚于信丰，进攻雩都……此俱在五年四五六七等月事也。此役未竣，又据雩都报警……。旋极瑞金告急，臣随发本标前营参将鲍虎，疾趋极援阵，获伪王朱由植、伪监李之培等，又固瑞邑以无虞，此又在六年四五等月事。……及至十二月月内，王师方抵赣……各县之余孽又在次第恢剿……又自七年正月以至本年七月之事也。①

李成栋的叛乱也纠集了各色人等，如"洞猺诸蛮""黑鬼""白鬼"，又有"积寇阎王总、乞刀总"以及"伪燕王、翻天王、伪安恪王"等。这说明清初赣南的混乱局面，使原来不在官府控制范围内的各色人等逐渐互相联合，进入赣南腹地。

顺治年间的动乱使赣南一度极为萧条，人谓"赣南自围困以来，广逆叠犯……死亡过半，赤地千里"②。因而，地方官采取了招民开垦

---

① （清）胡有升：《镇虔奏疏》卷下《圣明亲政伊始敬陈任内事实疏》，中国国家图书馆藏清学源堂抄本。
② 内阁汉文题本，粮饷类，南赣总兵胡有升，顺治六年七月一日。

的措施。① 这样又引起更多的流民进入赣南开发垦荒，如上犹营前就聚集了很多来自粤东的流民（参见本书第五章）。同时，清政府亦有安插沿海投诚军队的举措。康熙《潋水志林》载：

> 康熙八年己酉，廷议以闽漳海寇投诚，讲分布安插之政。而赣属赣、兴国二邑，兵燹流亡，荒田独多。敕遣海澄公标下都督总兵许贞屯田于赣，蔡璋屯田于兴。次年庚戌，蔡璋率其属张治、朱明、石昭、黄捷先、黄成章、洪徵、洪宜化等目兵千有余人，扶挈家口，又数倍到县。……军之名籍者，不自耕，召募闽广流人赁耕，旁郡邑赁耕者来如市，或旁侵民田，以荒易熟……②

这些投诚官兵原是郑成功部下，"目兵千有余人"，还"扶挈家口""数倍"，他们"召募闽广流人赁耕"，导致了"赁耕者来如市"的情况出现。

清初赣南流民反抗土著的斗争，有一个值得注意的特征，就是流民有自己的组织。道光《石城县志》载：

> 顺治二年乙酉九月，石马下吴万乾倡永佃，起田兵。……邑大户土著为多，万乾恐不能胜，又要联客纲头目郑长春、李诚吾、

---

① 可以肯定，清初官府多次有招抚流民来赣南开垦的举动。顺治六年（1649），南赣总兵胡有升有题本曰："臣方逐一招抚，将行各县，有司履亩劝农，假贷牛种，可望稍稍开垦。"（内阁汉文题本，粮饷类，南赣总兵胡有升，顺治六年五月十日）。又，江西巡抚朱延庆有题本曰："而赣州、南安二府所属县分……奉圣旨招徕逃亡，民人开垦耕种至陆年之后，方议征收钱粮。"（内阁汉文题本，粮饷类，江西巡抚朱延庆，顺治六年七月五日）可见，招抚流民开垦是清廷的基本政策。

② 康熙《潋水志林》卷十四《志事·兵寇·兴国后甲巳寇祸始末》。

连远侯，结党惑众，名纲义约。王振初名集贤会，纠宁都、瑞金、宁化等处客户，一岁围城六次，城外及上水乡村毁几烬，巡检署俱毁。①

乾隆《宁都县志》载：

> 国朝顺治五年三月戊子，温应宣招集客纲入寇攻城，严御之，遂逃遁。②

宁都明末清初土著名士魏礼回忆其家败落时言：

> 予年十八，丁世变乱，佃户占租税，立万总、千总之号。田主履亩，则露刃相向，执缚索货贿，无敢过而问者。征君遂贫。③

同治《雩都县志》亦载有：

> 雩本山县，田多荆榛，初居民甚稀，常招闽广人来耕，其党日多，遂推其豪猾者，名为佃长，号召同辈。间有与田主构隙者，则佃长醵金助之，甚至公然以身当其冲，小则抗租结讼，大则聚党踞抢。④

来石城、宁都、雩都佃种土地者以闽粤流民居多，上述记载中的"客

---

① 道光《石城县志》卷七《纪事志·武事》。
② 乾隆《宁都县志》卷七《记事·兵寇》。
③ （清）魏礼：《魏季子文集》卷七《析产后序》，见（清）林时益辑：《宁都三魏全集》，道光二十五年本。
④ （清）宋启传：《策对》，见同治《雩都县志》卷十三《艺文志·策》。

纲""万总""千总""佃长"都是闽粤流民的组织。这些流民组织和甘利弘树研究过的"山寇"组织有密切关系。例如,"总"就是闽粤"山寇"的重要组织形式。屈大均《广东新语》曰:

> 凡贼有大总、二总至于五总,亦曰满总、尾总。分哨为哨总。禽总,演禽者也。书总,掌书记者也。旗总,职志者也。①

"总"字早在明中期就被闽粤流民作为其组织形式的名称。嘉靖《虔台续志》载曰:

> 上杭县盗杨立、杨二纠合关亚苏、江小李、黄目等,巢穴其中,推陈宗祐为首,劫掠四方。嘉靖二十九年,凑聚钟远通、陈耐等五百余人,号为大总、天总、满总、禽总、书总等名目……②

上杭县位于福建与赣南边界,魏礼说,宁都佃户"大都福建汀州之人十七八,上杭、连城居其二三,皆近在百余里山僻之产"③。清初在石城、宁都、瑞金等地出现的流民组织,和边界地区的"山寇"关系极大。④

土著自明末清初直至"甲寅之乱"连遭重创,势力减弱。这从前

---

① (清)屈大均:《广东新语》卷七《人语·永安诸盗》,252 页,北京,中华书局,1985。
② 嘉靖《虔台续志》卷五《纪事四》。
③ (清)魏礼:《与李邑侯书》,见道光《宁都直隶州志》卷三十一《艺文志二·书》。
④ 关于"山寇"与"田兵"的关系,可参考〔日〕草野靖:《明末清初期における田面の變質——閩·江·廣三省交界地带の场合》,载《熊本大學文學部論叢》(1),1980。

引魏禧的回忆中可看得很清楚。当时衰落的当不止魏礼一家。魏禧就有如下感叹：

> 官街有孤女，独向街中泣。发短不及眉，身长才二尺。双手抱竹筐，颠仆还起立。借问此为何？阿母不得食。前者阿父死，阿兄逃深谷。官吏大索逋，合并妇女录。……此是谁家女，东街有高屋。阀阅各峥嵘，夹巷相结束。龙蛇画梁头，雕刻及柱足。膏田一万顷，文钱十千斛。……财帛足骄奢，气势耀人目。伤哉真俜停，图圉多贵族。①

据曹树基和万芳珍等人的研究②，清初是流民进入赣南的高峰期，清中叶以后，流民活动才基本停息。清初赣南出现了"土著少而流寓多"的情况。康熙《续修赣州府志》这样描述赣州府：

> 且赣五方杂处，土著凋零，吴楚闽粤之民及远方贸易走险者聚集斯地。③

瑞金亦是"土著"少于"流寓"：

---

① （清）魏禧：《魏叔子诗集》卷四《孤女行》，见（清）林时益辑：《宁都三魏全集》，道光二十五年本。

② 参考曹树基：《明清时期的流民和赣南山区的开发》，载《中国农史》，1985（4）。万芳珍、刘纶鑫：《客家入赣考》，载《南昌大学学报（社会科学版）》，1994（1）；《江西客家入迁原由与分布》，载《南昌大学学报（社会科学版）》，1995（2）。笔者并不认为他们用地方志资料统计的流民数据很正确，但这些数据仍可反映出大致的趋势。

③ 康熙《续修赣州府志》卷一《疆界》。

　　　　兼之界连闽、粤，土著十之二三，流寓十之六七，主弱
　　佃强。①

石城县则是"主常不胜客"：

　　　　邑生齿不繁，率抚、吉、闽建之民，辐辏踯躅，主常不
　　胜客。②

康熙十五年（1676）任兴国知县的黄惟桂说：

　　　　兴邑地处山陬，民多固陋，兼有闽广流氓侨居境内，客家异
　　籍，礼义罔闻。③

　　但是，以上所引只是描述性的资料，实际上，赣南内部各区域间流民
的分布数量是不一样的，表现出了一定的地区间差异。
　　表4-2列出了清初至乾隆年间赣南各县闽粤移民自然村所占的百
分比，根据曹树基的分析，村庄数量的比例与实际人口的比例相当④，
因此表4-2也可看成是闽粤移民在赣南各县人口所占的比例。从中我
们可看出，赣南东部的宁都、石城、瑞金等县闽粤移民（实际主要是
闽西移民）分布较少，南部的安远、信丰、龙南、定南、长宁等县也

―――――――――

① 同治《瑞金县志》卷十六《杂志·兵寇》，转引自《康雍乾时期城乡人民
反抗斗争资料》，80页，北京，中华书局，1979。
② （明）熊懋官：《尹邑侯去思碑记》，见道光《宁都直隶州志》卷三十一
《艺文志三·记》。
③ （清）黄惟桂：《请禁时弊详文》，见康熙《潋水志林》卷二十一《志言·
国朝文》。文中的"客家"一词是笔者所见之赣南地方文献中出现最早的。
④ 曹树基：《中国移民史》第六卷，179页，福州，福建人民出版社，1997。

分布较少，而中部和西部的赣县、兴国、雩都、南康、上犹、大庾、崇义等县则有比较多的闽粤移民分布。闽粤移民分布的地区差异，使清代赣南的社会变迁虽然有着大致相同的内容，但在不同的区域，其细节和特点各不相同，这一点直接影响到后来赣南社会文化特征的形成。不过，要指出的是，表 4-2 所涉及的只是定居下来的移民，而不能等同于往来迁徙还没定居下来的流民，实际上明末清初流民活动中，赣南的流民所占比例应该比表中的比例大得多。

表 4-2　清初至乾隆赣南各县闽粤移民自然村所占百分比

县名	赣县	兴国	雩都	宁都	石城	瑞金	会昌	安远	信丰	龙南	定南	长宁	南康	上犹	大庾	崇义
百分比（%）	30	36	33	较　少		5	6	6	6	6	6	6	24	60	39	45

资料来源：

曹树基：《中国移民史》第六卷，174～196 页，福州，福建人民出版社，1997。

大量流民进入原来由土著控制的社会，必然会引发土著人士的不满。这在康熙《续修赣州府志》中有集中表现，兹摘录土著部分议论如下：

> （赣州）可谓彬彬礼乐之邦……国朝三十余年……独郡城内外于先民淳庞敦厚之意荡然无存矣。盖兵民杂处，各省流寓眩其耳目、移其心志然也。服尚锦绣，食饱膏粱，居室辉煌，燕饮珍异。皂隶胥徒，同于贵介，婚姻丧祭，则等公卿。①
>
> ……如此自严自谨，则冒籍者，虽有占籍之法，必无与考之法，庶几或有底止。不然，异乡蝇集，线索钱通，是赣有学而无

---

① 康熙《续修赣州府志》卷三《土俗》。

学矣！土著子孙有不以陷终身，而为痛苦流涕者其谁哉？①

　　今者寄粮寄丁，起户朋充，冒籍纷纭，良楛莫辩，其弊安所底哉？甚且占田宅与考试则曰赣民，及追国课、均徭役与窃行奸宄、罔上行私，身罹法网，则又潜回原籍。里甲有赔粮之冤，官府有缉逋之苦。②

以上议论，和天启《赣州府志》的议论有共同之处，都是担心流民对土著占有的土地、学额等权利造成冲击，危及土著利益。

　　实际上，随着大量流民进入赣南山区，赣南的土地问题逐渐尖锐，生态危机已经显现，上述土著的担忧正是在这一背景下发生的。明中期以后，随着大量流民进入，赣南经历了一个人口增长和山区开发同时进行的过程。至清中期，赣南已是人烟稠密，户口日胜，如宁都州，"国家承平百年，休养生息，四关居民数万户，丁口十万计"③。即使较偏远的地方，如长宁县亦是"无地不垦，无山不种……今户口益稠"④。赣南人口变动情况见表4-3。

表 4-3　洪武二十六年、乾隆四十一年、道光元年、1953 年赣南的人口

单位：万人

府（州）名	洪武二十六年（1393）	乾隆四十一年（1776）	道光元年（1821）	1953 年
南安府	7.8	56.9	67.3	70.0
赣州府	38.6	207.1	251.3	201.6
宁都州	—	81.8	87.8	61.6
合　计	46.4	345.8	406.4	333.2

---

① 康熙《续修赣州府志》卷五《学宫》。
② 康熙《续修赣州府志》卷一《疆界》。
③ 道光《宁都直隶州志》卷十《田赋志·田产》。
④ 光绪《长宁县志》卷三《风俗志》。

资料来源：

曹树基：《中国人口史》第四卷，表 7-1，241 页，上海，复旦大学出版社，2001；《中国人口史》第五卷，表 4-20，134 页，上海，复旦大学出版社，2001。

说明：

乾隆十九年（1754），析赣州府设宁都直隶州。

从表 4-3 可看出，乾隆四十一年（1776）赣南人口已比洪武二十六年（1393）增加了近七倍，1953 年人口虽有回落，但仍是洪武二十六年的七倍多。特别应该注意的是，乾隆四十一年人口比 1953 年人口还多十几万。如果把 1953 年人口视为传统时代农业发展能容纳的极限，则乾隆年间赣南人口无疑已超出了自身的承受能力。

人口的增加使原来地旷人稀的赣南山区人地关系日趋紧张。乾隆初年信丰县民王道明在供状中就说："如今民多田少，田价比往年贵了几倍。"[①] 土地价格上涨的重要原因是"民多田少"。道光《宁都直隶州志》分析本州土地情况说："州及两邑纵横不及五百里，崇山峻岭去三分之一，为田一万五千九百七十三顷二十二亩，男妇大小不下八十万，计口授田，人不及二亩。"[②] 一般认为明清地方志的田亩数只是纳税数字，但上述《宁都直隶州志》的数字来自"风俗志"，而非"田赋志"，且与"田赋志"中的数字有较大出入。[③] 这说明上引数字并非纳税数字。笔者惊讶地发现，如果把 1 顷换算成 100 亩，则上述数字为 1597322 亩，与 1953 年宁都田亩数字 1438662 比较接近，而且《宁都直隶州志·风俗志》中的人口数字"不下八十万"也合乎事实。因此，《宁都直隶州志·风俗志》中数字具有相当的真实性。考虑到赣南到清中期基本已开发完毕，以及《宁都直隶州志·风俗志》中的田亩数和

①　刑科题本，乾隆时江西巡抚陈宏谋题，转引自卞利：《清代前期江西赣南地区的押租制研究》，载《中国农史》，1998（3）。

②　道光《宁都直隶州志》卷十一《风俗志》。

③　道光《宁都直隶州志》卷十《田赋志》记载："田地山塘八千三百二十二顷三十五亩。"

人口数与 1953 年的数字近似的事实，至少可以说明道光年间以后，宁都的耕地面积非但没有增加，反而有所减少。按上引《宁都直隶州志·风俗志》中提供的田亩数字和表 4-3 中的人口数字进行计算，则道光年间宁都州人均耕地为 1.81 亩，足见州志所谓人均耕地不足两亩并非虚言。

上述分析提示我们一个事实，就是清中期以后，赣南的耕地几乎达到极限，以后很难再增加，甚至还可能稍微减少。因此，虽然我们目前只有宁都一州数字，但可以认为清中期赣南的耕地数字与 1953 年接近。1953 年，中国农业的组织变革和技术变革尚未展开，所以，可以假定 1953 年赣南粮食亩产量也与清中期近似。这样，我们可以用 1953 年的耕地、人口和亩产量等数字，很容易地求得道光年间赣南的人均耕地和粮食产量等各项指标，见表 4-4。

表 4-4　道光元年（1821）赣南人均耕地、人均粮食及各项农业指标统计

地区	人口（万人）	耕地（亩）	人均耕地（亩）	粮食总产（担）	人均粮食（斤）	耕地亩产（斤）	杂粮比例（%）	复种指数
南安府	67.3	1086981	1.61	4094920	608.5	404.1	6.3	141.8
宁都州	87.8	1438662	1.64	3672162	418.2	279.9	10.2	129.6
赣州府	251.3	3558770	1.42	12202996	485.6	364.9	9.2	142.7
赣　南	406.4	6084413	1.50	19970078	491.3	328.2	9.3	139.4
江西省	1878.3	41007635	2.18	113766064	605.7	310.5	7.9	122.0

资料来源：

（1）人口数字见曹树基：《中国人口史》第五卷，表 4-20，134 页，上海，复旦大学出版社，2001。

（2）耕地、粮食总产、耕地亩产、杂粮比例、复种指数等数字见江西省统计局编：《江西省 1953 年基本情况统计表》，江西省档案馆 X041 第 1 册第 85 号文件和第 113 号文件。分府州数据由曹树基整理。

从表 4-4 可见，道光年间赣南人均耕地大约为 1.5 亩。如此低的人均耕地面积，直接带来的是人均粮食数值低下。因此，虽然清代赣

南粮食亩产量总体上高于江西省的平均水准，但道光年间，整个赣南人均粮食不到 500 斤，这一数值显然是比较低的。如以帕金斯所采用的人均消费粮食约为每年 580 斤为标准，赣南粮食存在明显的不足。赣南亦属于人多地少的类型，与江西省的总体情况相比，无论人均耕地还是人均粮食，都低于江西省的平均水平。

正因为人地关系紧张导致的土地等生产资料严重不足，所以所谓"浮口"成为清代赣南本地士人非常担忧的问题："乡居之民，力耕者众。……又生齿日繁，游手者众，赣人谓之浮口。一浮口辄费数农之食，其拳勇驰逐，遇事风生者，更为良民之蠹。"①"浮口"乃是失业人口，"山邑地瘠而民拙，所恃惟力耕。近以沙淤，失南亩之利，故失业者多。失业者谓之浮口。今之浮口，患更甚于昔，俗之日非，浮口为之也"②。

大量的过剩人口导致的最直接后果是清代赣南的粮食供应相当紧张。例如，南安，"无广谷平原，生谷之土，多崎岖幽辟，而灌以陂池，佐以薯芋，虽有旱潦，菜色者寡。然而客户猥多，土不加扩，游食日益，籴且日增，势不能无待于振赡"③；会昌，"野无旷土矣，所收三倍于昔而米贵独甚于今，以生齿蕃而食之者众也"④；定南，"厥土瘠硗，无地产，惟耕田出稻，然贫民一岁所树，苟无荒歉，仅可足食"⑤。

不仅如此，由于清代赣南商品经济不如周边地区发达，在区域竞争格局中处于输出粮食和木材等原材料的不利地位，周边地区粮食价格往往高于赣南，因此赣南粮食大量调运出境，导致赣南粮食供应紧

---

① 同治《赣县志》卷八《地理志·风俗》。
② 同治《赣州府志》卷二十《舆地志·风俗》。
③ 同治《南安府志》卷四《仓庾》。
④ 乾隆《会昌县志》卷十六《土物》。
⑤ 同治《定南厅志》卷六《物产》。

张的情况更加严重。① 雍正年间，赣州每石米价一两四五钱，而潮州高达三四两，差价之大足以使人寅卖卯粮。② 与此同时，方志中常记载本地米运出境，导致民食艰难。例如，兴国"一遇俭岁，转运出境者络绎不绝"③，以致正常年景有时也发生饥荒，"虽不甚丰亦不甚歉，何遽至是？则曰：兴邑向无商贾拥厚赀权什一者，仅有田间所出，食取于是，衣取于是，冠婚丧祭以及不时之需，莫不取于是。故谷常易钱，转输于外县者多，而本境辄形支绌焉"④。会昌"载米舟楫衔尾而至，倘遇歉岁，下流垂风遏籴，则嗷嗷待哺者，有仰屋坐毙而已，此民食之最为可虑也。承乡山田颇号膏腴……亦徒饱邻人之腹。……故谚有之曰：'好个承乡，不养会昌'"⑤。乾隆以后，又进入一个全国性的米价腾跃期，在全国普遍缺粮的情况下，赣南粮食供应更为紧张。⑥

粮食的不足，还使各地乡族势力纷纷在粮食紧张之时采取"遏籴"的办法禁止粮食运输出境。前引《会昌县志》中就有"下流垂风遏籴"的记载。道光《宁都直隶州志》记有整顿风俗的若干条款，其中一条就是："禁遏籴阻粜，谷不流通。……州俗每有私自联关，不许搬运出境之事。甚至不许搬运出村，又甚至一城之内亦分畛域，本关之谷不许粜与别关，而田主存仓之租谷亦阻止不许入城，以致米价益昂，小

---

① 参考拙文《清代赣南市场研究》第三章第二节，硕士学位论文，南昌大学，1998。

② 陈春声：《市场机制与社会变迁——18 世纪广东米价分析》，36 页，广州，中山大学出版社，1992。

③ 同治《兴国县志》卷十一《风俗》。

④ （清）崔国榜：《兴国县改设义仓记》，见同治《赣州府志》卷十《舆地志·官廨》。

⑤ 乾隆《会昌县志》卷十六《土物》。

⑥ 关于乾隆朝的粮食问题，参考唐文基：《乾隆时期的粮食问题及其对策》，载《中国社会经济史研究》，1994（3）。

民日食维艰，最为恶习。"①"遏籴"的"恶习"显然是粮食不足的情况下，人们无奈的选择。实际上，在近代乃至当代，赣南一直是江西粮食供应最为紧张的地区。②

民食的紧张、土地的缺乏，导致多山的赣南被迫过度开垦山地。从表4-4可看出，赣南的杂粮比例与复种指数高于江西省平均水平，这显然和赣南人多地少的生态条件有关。为了在有限的耕地上获得足够的粮食，就必须提高复种指数。例如："会邑三十年以前田种翻稻者十之二，种麦者十之一。今则早稻之入不足以供口，是有水之田至秋尽种翻稻，无水之田尽种麦种豆种粟种翻薯。"③ 翻稻，就是双季稻；翻薯，就是番薯。同样，在粮食不够的情况下，杂粮就成为主粮的重要补充。④ 杂粮除了从耕地中获得外，在赣南一个重要的途径就是开垦山地。清代赣南开垦山地的活动有多种。首先是种植番薯等各类适宜山地栽种的杂粮，以补水稻之不足。前引《会昌县志》的所谓"无水之田"，估计就是在山地上开垦出来的旱地。宁都州石城县种山者亦种番薯备荒，"番薯……近下乡种山者，繁殖以备二哺不足。虽多食不伤人，亦救荒一善物也"⑤；赣州府的"山农"乃至以薯芋为主粮，"赣农皆山农也，力作倍于平原，虽隙地无旷……朝夕果腹多包粟薯

---

① 道光《宁都直隶州志》卷十一《风俗志》。

② 参考曹树基：《中国移民史》第六卷，221页，福州，福建人民出版社，1997。

③ 乾隆《会昌县志》卷十六《土物》。

④ 方志远认为湘鄂赣地区在人口持续增长的清中后期仍有大量粮食运出，与高产杂粮的种植有很大的关系。参考方志远：《明清湘鄂赣地区的人口流动与城乡商品经济》，241～251页，北京，人民出版社，2001。

⑤ 乾隆《石城县志》卷一《舆地志·物产》。

芋，或终岁不米炊，习以为常"①。垦山活动的另一内容是在山地上种植经济作物以换取粮食。清代赣南山区种植的经济作物主要有蓝靛、甘蔗、烟草、花生、苎麻、经济林木等。② 种植经济作物固然刺激了当地经济的发展，但是，经济作物的利润往往操纵在外地商人手中，赣南本地人很少经商，普通小农很难获得直接好处。③ 对于普通小农来说，垦山更多的是为了维持生计的需要。同治《会昌县志》描述了垦山者辛苦劳作的情况：

> 会邑田山参半，山居谷汲之民，以山为业。松杉竹箭，其产无多，无事勤动为。木梓则重岗复岭，弥漫无际。当六七月农务稍闲，锄去草莱，名曰铲岭。迨至青女司寒，梓桃成熟，蚁附猿攀，往还采摘，日暴壳裂，篝灯拣仁，虽妇女以夜阑为度，不得少休。山业多者，延至腊月尚彻日连宵，撞槽榨油，其作苦如此。④

这是一幅典型的为了谋生而向山地过度索取资源的图景，其背后则是生态的日渐恶化。

随着流民垦山活动的加强，赣南生态不断恶化。清代赣南大量山

---

① 同治《赣州府志》卷二十《舆地志·风俗》。按：据曹树基教授研究，赣州府历史上并无以玉米充当主食的习惯，也无大面积种植，故以上记载并不确实。但，作为描述性的资料，仍可反映出赣南山区以杂粮作为重要粮食的事实。参考曹树基：《清代玉米、番薯分布的地理特征》，见复旦大学历史地理研究所编：《历史地理研究》，300 页，上海，复旦大学出版社，1990。

② 参考曹树基：《中国移民史》第六卷，215～220 页，福州，福建人民出版社，1997。

③ 关于赣南人不喜远游和经商的风气，可参考前引笔者硕士论文《清代赣南市场研究》第三章第二节相关论述。

④ 同治《会昌县志》卷十一《风俗志·农事》。

地被开垦出来种植番薯等杂粮和各种经济作物，对生态造成严重破坏。① 其后果之一就是森林、草皮等原始植被消失，一些山岭几至成为"童巅"。例如，兴国县，"自甲寅逆寇盘踞诸寨，肆行斫伐，迄今悉属童山"②；会昌县，"中间山居十之六，田居十之四，而山之童然不生草木者，又居六之二"③；石城县，"邑斧松木为薪，旦旦而伐，将来大有童巅之患，不早培植，恐炊桂滋惧也"④。植被受到破坏引起的直接反应就是水土流失的加剧。早在明末清初，赣南生态已由于山地的开发而逐渐遭到破坏。康熙《赣县志》说：

> 赣田地于江右为下下，非有平原旷野，阡陌相连。不过因两山之岕，岭麓之隙，聚土筑沙，稍储水而耕之，望之层层若阶级，即名为田。昔人所云"山到上头犹自耕者"是也。十日不雨便已龟坼，揢揢一日暴注，则又冲决累坎。……加以丙辰水灾，田土崩坼，仅存山骨，以故丙辰而后，民多徙居他邑，不复依恋故土。⑤

所谓"丙辰"当指万历丙辰年（1616）⑥，上文所描述的"十日不雨便

---

① 生态的恶化反过来也限制了商品生产的发展。笔者曾经撰文认为，正是由于严峻的生态和生计现实，赣南山区无法像经济发达地区一样放手发展商品生产，从而呈现出以粮食生产为主的糊口经济与一定程度的商品经济共存的局面。参考拙文《清代赣南的生态与生计——兼析山区商品生产发展之限制》，载《中国农史》，2003（3）。

② 康熙《兴国县志》卷一《土产》。

③ 乾隆《会昌县志》卷十六《土物》。

④ 乾隆《石城县志》卷一《舆地志·物产》。

⑤ 康熙《赣县志》卷六《食货志·田赋》。

⑥ 同治《赣州府志》卷七十八《外志·杂记》记有："万历丙辰五月初二，赣州城外水发，高女墙数丈。"据此可见，以上所谓"丙辰水灾"当在万历丙辰年。

已龟坼，撎撎一日暴注，则又冲决累坎""田土崩坼，仅存山骨"的景象正是山地开发过度，植被受到破坏导致水土流失的结果。道光《宁都直隶州志》描述了掘山开矿活动对植被的破坏："今溪涧湮塞，川流非旧。揆厥所以，良由近数十年，土人铲草皮，开偏圳，又掘山冶铁，矿沙入溪，水利先坏，田庐即从而继之，是尤司民牧省所宜知也。"① 同治《南安府志》也反映了同样的忧虑：

> 民愚无识，傍溪之山，迩来开垦不遗尺寸，山无草木，难受雨淋。土既松动，不敌水力，一经大雨，沙泥俱下，流及大江，尚犹斗水升泥。近山溪涧沙壅，知必不免。在圳或加挑浚，在陂任听填塞。沙多而水蓄自少，泥平而水易流竭。兼之水失故道，更多冲激横决之虞。此其害在牧民者，宜谆切晓谕，先事而为之防。②

植被受到破坏不仅带来水土流失，引起河床升高，而且使"山土松动"，无法保固水分，直接引起的后果就是加剧水灾的危害。

表 4-5 以 50 年为一个时间段统计了赣州府 1475—1874 年共 400 年间的旱涝平均指数。由于 1475—1524 年以及 1575—1624 年两个时间段资料占有率不足 90%，故略去不计，只比较其他六个时间段。从中可以看出，明末赣南开始进入较涝的时期，清初则指数接近 3，趋于正常；从 1675 年开始，指数一直下跌，1775—1824 年甚至到了2.38，这表明清中期以后，赣南又进入一个洪涝期。由于上述指数的统计主要是对地方志中的描述性资料进行参数化后所作，所以，我们可以从中推出，清中期以后，赣南水灾越来越严重。而且，我们也可

---

① 道光《宁都直隶州志》卷六《水利志》。
② 同治《南安府志》卷三《山川》。

以据此推断，水灾的严重使地方志对水灾频率和强度的记载增加，从而导致了旱涝指数的降低。

表 4-5　赣州府明清时期（1475—1874）旱涝指数统计

时　段	平均指数	资料应有数	资料占有数	资料占有率
1475—1524	2.76	50	38	76％
1525—1574	2.76	50	46	92％
1575—1624	2.95	50	42	84％
1625—1674	2.92	50	48	96％
1675—1724	2.83	50	47	94％
1725—1774	2.60	50	50	100％
1775—1824	2.38	50	50	100％
1825—1874	2.57	50	49	98％

资料来源：

《各地历年旱涝等级资料表》，见中央气象局气象科学研究院主编：《中国近五百年旱涝分布图集》，321～330 页，北京，地图出版社，1981。

说明：

（1）按中央气象局气象科学研究院的标准，旱涝指数共五级。指数 1 为涝，对应地方志中的描述为"飓风大雨，漂没田庐"等；指数 2 为偏涝，对应地方志中的描述为"大水""霖雨伤禾"等；指数 3 为正常，对应地方志中的描述为"大稔""大有年"；指数 4 为偏旱，对应地方志中的描述为"旱"；指数 5 为旱，对应地方志中的描述为"大旱""赤地千里"等。参考《中国近五百年旱涝分布图集》卷首"说明"。笔者把 1475—1874 年按 50 年为一个时间段，分别计算每个时间段内旱涝指数的平均值，就得到上述 8 个旱涝指数平均值。

（2）"资料应有数"为一地在一定单位时段内应该有的资料数，"资料占有数"为一地在一定单位时段内实际有的资料数，"资料占有率"为资料占有数/资料应有数。由于赣州府有较集中资料的时间是从 1475 年开始的，故以 1475 年为统计起点。

在清代赣南，水土流失是加重灾情的重要原因，这可从地方志的记载和议论中窥见端倪。乾隆以后，地方志中关于水灾的记载多伴有"洪水暴发""山水暴涨"一类的描述。例如：赣州府，乾隆"九年甲子夏四月，安远大雨，水暴涨"，"十五年庚午秋七月，大雨，江水泛溢，郡城可通舟楫"①；南安府，"乾隆二十九年夏，山水暴发，上犹、崇义山多裂。上犹庙学及城皆圮，湮没民居无算"，"咸丰四年五月，洪水暴涨，城中水深三四尺"②。关于洪水暴发的原因，时人有如下议论：

> 邑之患莫大于城河。……自乾隆五十年后，日形淤浅。至嘉庆五年，山水异涨，沙石垒涌，决城北之堤防，而故道遂没，河身渐淤为平地，平地又积为高埠。西南两面陡涨沙洲，外高内深，形如釜底。每遇春夏水盛，泛滥横溢，阖城惴惴有昏垫之患。治苦无术，已历有年矣。③

可见，由于河床升高、河道淤塞，暴雨之后的郡城、县城水位抬高，导致灾情加重。

山地的过度开垦还致使原本紧张的各种资源更加短缺。例如，水土流失的加剧除了加重灾情之外，还使一些良田沙化。前引同治《赣州府志》所谓"近以沙淤，失南亩之利"④，道光《宁都直隶州志》所述"矿沙入溪，水利先坏，田庐即从而继之"⑤，即是其表现。田地沙化部分原因是水土流失导致的水利废坏，《宁都直隶州志》接着描述了水利废坏影响农田的具体情况：

---

① 同治《赣州府志》卷二十二《舆地志·祥异》。
② 同治《南安府志》卷二十九《祥异》。
③ （清）朱一慊：《筑坝浚城河记》，见道光《宁都直隶州志》卷三十一《艺文志三·记》。
④ 同治《赣州府志》卷二十《舆地志·风俗》。
⑤ 道光《宁都直隶州志》卷六《水利志》。

盖山无草木，则泥沙乘雨势拥入田中，势不得不开偏圳以遏山上之暴雨。自偏圳既开，山泉日益枯竭，田之肥者日瘠。惟铲除草皮之风既除，则偏圳可以尽去，而溪沙亦且日减，向时壅没之田，可以渐次挑复矣。此诚州民世世之利，有地方之责者，不可不加之意也。①

此外，山林资源也逐渐减少。前面已论述一些地方山林资源被开采殆尽，几成童山。即便是未被完全垦尽的山，其山林资源也呈日渐枯竭之态。乾隆《会昌县志》记载："在昔杉木之利甚大，客货之者众，大木伐尽而小木未长，每岁所入盖少矣。近惟木油广行于江浙闽粤间，价高于往时三倍。乃屡年来山中之结实甚稀。"②

自然灾害加重、水利淤塞、土地沙化和山林资源日渐匮乏，只能导致本就严重的生计问题更加艰难，而要解决生计，又必须不断地开发山地，向自然索要资源，二者在赣南社会已呈恶性循环之势。显然，这种局面应该归因于流民大量进入导致的山区开发，正如前文所论述的，明末以来赣南的生态已经开始恶化，清初随着社会动乱，大量流民进入赣南腹地，生态问题更为严峻。表 4-3 揭示，至乾隆年间，赣南已经达到传统农业生产的极限。

正是这样一种生计和生态现实，使大量流民进入赣南后，必然面临着和土著在资源上的争夺，从而不可避免地产生矛盾。尽管清初赣南土著仍维持着原有的占有土地和山林、控制科举考试名额等优势地位，但流民大量进入，已经改变了旧有的力量对比，赣南进入了一个激烈变革的时代。

---

① 道光《宁都直隶州志》卷六《水利志》。
② 乾隆《会昌县志》卷十六《土物》。

第二节　地域社会变革与租佃关系

　　自顺治二年（1645）石城吴万乾纠集佃户组织田兵以后，赣南东部的宁都、石城、瑞金和中部的雩都、兴国等地佃户和田主之间的斗争此起彼伏，至康熙五十二年（1713）雩都抗租斗争被镇压后，始有所停息。然而佃农抗租的流风余韵仍延续至清中叶，道光年间宁都直隶州仍有"此风今犹未息，偶遇荒歉，则奸民私立议约，预定租额，更狡猾不令田主知主议人姓名"① 的情况。关于"永佃权"之产生，国内学者已经从经济发展与阶级斗争的角度进行了大量的论述，"永佃权"基本被视为生产力发展的结果，以及佃农与地主之间阶级斗争的产物。② 但是，在明清时期的许多地区，佃农与地主围绕"永佃权"进行的频繁激烈的斗争可能是地区自身独特性格发展的产物，并非单纯的经济发展和阶级斗争可以解释。早在 20 世纪 40 年代，傅衣凌先生就对明末清初闽赣毗邻地区频繁发生的佃农抗租风潮表示困惑，他强调不能单纯地从阶级斗争出发来理解其原因，而应从社会经济角度进行探讨。傅先生还据此强调闽赣毗邻地区具有独特的历史地位，应专门进行研究。③ 此后，许多学者对这一地区颇具特色的租佃斗争与租佃关系进行了探讨。例如，卞利的研究重点在于通过解读民间文书

---

　　① 　道光《宁都直隶州志》卷十四《武事志》。

　　② 　关于永佃关系的研究，以杨国桢先生的《明清土地契约文书研究》最为出色，参考该书 91～122 页，北京，人民出版社，1988。梁治平则从习惯法层面对永佃关系进行了深刻阐述，并认为应以"永佃关系"来代替史学界通行的"永佃权"的提法。见梁治平：《清代习惯法：社会与国家》，96 页，北京，中国政法大学出版社，1996。考虑到史学界习惯，为了表述方便，本节中一些地方仍使用"永佃权"一词，但在行文中一律用双引号标出。

　　③ 　傅衣凌：《明末清初闽赣毗邻地区的社会经济与佃农抗租风潮》，见《明清社会经济史论文集》，338～380 页，北京，人民出版社，1982。

来重新认识租佃关系。① 森正夫研究此一地区租佃斗争的着眼点则在于观察闽赣边界的地域社会特征，并注意到许多有意思的社会现象，如闽西的抗租组织"长关"与赣南的"客纲"，在城地主与在乡土豪的冲突，商业活动与乡村土豪的关系，等等。② 森正夫虽然指出了租佃斗争折射出来的地域社会特征，但对二者的关系及地域社会特征如何形成却并未仔细探讨。此后，草野靖从较长的时期和较广的空间考察了闽江广交界处山田的开发过程和"山寇""田兵"运动的特点，由此揭示明末清初这一地区的主佃对抗，是要求对租田增收再分配的地主与佃户为确立田面权而引起的斗争。③ 草野靖强调从中国历史自身特征出发来研究明清租佃关系，并主张越出租佃关系的范畴，把视野扩展到传统中国契约关系的整体结构上。这一方法论对于认识永佃关系的形成有极大的启发④，但因未将其置于地域社会变革的长过程中来理解，故而有关阐释仍显得薄弱。笔者将把租佃契约关系和租佃斗争过程结合起来考察，重新讨论清初赣南租佃斗争的本质及其所反映的社会内容。

---

　　① 卞利：《清代江西的契尾初探》，载《江西师范大学学报（哲学社会科学版）》，1988（1）；《江西地区永佃权产生的时间问题考辨》，载《江西师范大学学报（哲学社会科学版）》，1989（3）；《清代前期江西赣南地区的押租制研究》，载《中国农史》，1998（3）；《清代江西赣南地区的退契研究》，载《中国史研究》，1999（2）。

　　② 参考森正夫的三篇系列长文《十七世紀の福建寧化縣における黄通の抗租反亂》（一）、（二）、（三），载《名古屋大學文學部研究論集》59、62、74，1973、1974、1978。森正夫的研究并不局限于宁化一地，而是以黄通抗租为中心，兼及赣南石城、宁都、瑞金三县（即后来的宁都直隶州）的抗租斗争。

　　③ ［日］草野靖：《明末清初期における田面の變質——閩・江・廣三省交界地帶の場合》，载《熊本大學文學部論叢》（1），1980。

　　④ 草野靖关于租佃关系的学术见解，参考岸本美绪《明清土地契约文书》一文的相关介绍，见王亚新、梁治平编：《明清时期的民事审判与民间契约》，王亚新等译，303～304 页，北京，法律出版社，1998。

早在成化年间，赣南当地大户就有招佃仆耕种的做法。《皇明条法事类纂》记载：

　　南、赣二府地方，地广山深，居民颇少。有等豪富、大户不守本分，吞并小民田地，四散置为庄所。邻境小民畏差徭，携家逃来，投为佃户，或收充家人。种伊田土，则不论荒熟，一概逼取租谷。借伊钱债，则不论有无，一概累算利息。少拂其意，或横（加）种（疑为"摧"——引者注）楚……以致大（疑为"小"——引者注）户贫苦，存活不得，只得纠集一搬逃户，或四散劫掠，或勾引原籍盗贼，劫杀主家。①

前已申论，明代窝藏流民是非法行为，这些被赣南当地大户收留的流民显然没有被官府登记，而是成为当地大户的家丁和佃户，受其控制和盘剥，甚至成为大户为盗的基本力量。这种当地大户利用逃移佃户勾结为盗的情况相当普遍，《明实录》称："江西盗贼之起，由赋役不均。官司坐派税粮等项，往往徇情畏势，阴佑巨害，贻害小民，以致穷困无聊，相率为盗。而豪家大姓假以佃客等项名色，窝藏容隐，及至事发，曲为打点脱免，互相仿效，恬不为怪。"② 海瑞在著名的《兴国八议》中认为，赣中流民"佃田南赣者十之一，游食他省者十之九"③。可见，赣中一带流民进入赣南佃耕土地，在明万历年间已较普

---

　　① 日本古典研究会编：《皇明条法事类纂》下卷《禁约江西大户逼迫故纵佃仆为盗其窝盗三名以上充军例》，719页，东京大学图书馆藏本影印本，昭和四十一年（1966）。

　　② 《明孝宗实录》卷一百九十一，见《明实录》第32册，3534页，台北，"中央研究院"历史语言研究所，1962。

　　③ （明）海瑞：《兴国八议》，见《海瑞集》上编，203页，北京，中华书局，1962。

遍。除了赣中一带的流民之外，还有不少闽粤流民成为赣南的佃户。明末清初宁都土著魏礼回忆说："宁都属乡六，上三乡皆土著，故永无变动。下三乡佃耕者悉属闽人，大都建宁、宁化之人十七八，上杭、连城居其二三，皆近在百余里山僻之产。"①

因此，从明中期开始，就有不少进入赣南的流民成为佃户，他们佃耕土地，受当地大户控制，且有可能被大户利用为盗。土著则凭借其控制土地和山林等资源的优势地位，依靠外来佃户的力量耕种土地。前已论述，明初赣南地旷人稀，土地相对宽裕，这种状况使土著掌握着相对广阔的土地和山林资源。前面所述"豪富、大户"招收佃户"四散置为庄所"就是证明。《皇明条法事类纂》认为南、赣二府由于地旷人稀，富户所占田地甚广，其文曰：

> 访得南、赣二府地方大户并各屯旗军，多有招集处处人民佃田耕种，往往相聚为盗，劫掠民财。且南、赣二府所属县治，多在退陬僻壤，其间富户包占田地甚广，招集逃民耕种，计名不载于版籍，身不役为差徭，出入自由，习成野性。往往强劫，多是此徒。②

可见，招集逃民佃耕大量土地，是赣南大户惯常的做法，其最终的结果是大户掌握了大量土地。安远县的三百山，明初时即为陈姓所控制。陈姓开垦三百山的过程，其族谱中有记载，其文曰：

---

① （清）魏礼：《魏季子文集》卷八《与李邑侯书》，见（清）林时益辑：《宁都三魏全集》，道光二十五年本。
② 日本古典研究会编：《皇明条法事类纂》下卷《禁约江西大户逼迫故纵佃仆为盗其窝盗三名以上充军例》，720页，东京大学图书馆藏本影印本，昭和四十一年（1966）。

邑南之三十里许，龙安堡有山，青葱郁翠，静深奥辟，曰三百山者，乃余祖文十一郎公升科地也。值元明递禅之际，烽燧告惊，人民不暇务业，此山废而榛芜矣。越数岁，稍平，探幽山水，遨游此山之内，见柳暗花明处，复壁一村，宏敞平旷，沃壤膏腴，募工垦田三百亩，以树桑麻，此山由是名焉。①

陈氏祖先乘元明易代天下大乱之时机，雇工开垦了三百亩荒山，并且向政府升科纳税，拥有了土地。其族谱中还保留着升科执照，抄录如下：

赣州府安远县，近据南水乡龙安堡民陈均望为执照事。先年有父文十一郎自洪武间开山垦荒，坐落本堡，土名蕉坑三百山等。先年终续开荒，今已成熟，□合申报粮税，今告到县。据此参照前情，给将该倮里钟文彦、李贵口等堪实。为此，县府合给安字此号文凭，填县田粮条款，土名岗山，给予状告人收执管业，纳粮不得遣误。计开山岗（地名略）

右结陈均望收执

永乐十七年三月二十日司吏王铭（印）

雍正六年六月一日安远县正堂蒋为钦（印）②

这种情况，估计在明初的赣南当不在少数。本来安远等地明初去官府登记的人口就相对稀少，开荒后向官府申报取得土地所有权，应该不是难事。在宁都等开发比较早的地区，通过开荒取得土地，估计不太

---

① 《（安远）陈氏合修族谱·孟胜茂三百山记》，1995 年本。
② 《（安远）陈氏合修族谱·均望公均瑞公山岗、田亩、地名、升科执照（老谱摘印）孟胜茂三百山升科执照》，1995 年本。

可能，但是里甲户的逃亡使大量土地可以掌握在土著手中。

明中期以来，赣南掀起了开发山区的热潮，但与喧闹的山区开发景象相反的是，在部分地区，人户逃离导致了相对荒凉。海瑞描述以兴国为代表的赣南的情况时说："兴国县山地全无耕垦，姑置勿计。其间地可田而未垦及先年为田近日荒废，里里有之，兼山地耕植尚可万人。岁入所资七八万人，绰绰余裕也。访之南、赣二府，大概类兴国。"① 相对广阔的可资耕垦的土地，不仅招来了许多佃耕的流民，而且使田主即便收取较低的田租，也可维持不错的生计。魏礼解释明代的宁都田主可以用很低的田租出租土地的原因时说："盖自明嘉、隆、万、泰时，家给人足。素封者虽费重金，稍有赢余足矣。"② 明末清初一些地方遭受兵乱，土地荒废，此时招募佃户耕种，地主往往亦会不计较田租。明末清初时另一位宁都土著描述当时情形道："至明末国初二三十年，抄抢荼毒，迄无宁日，土田抛荒，由来旧矣。康熙丁巳，韩逆驻境，大兵相持者六月，死亡逃窜，户籍一空，所有出坮田亩，召佃耕作，尚须帮以牛租禾种，此时岂有顶退哉？山庄之田荒久无耕，渐渐召人开垦，不拘阔狭，随意交租，以为输纳之助。"③

由于明代土著始终保持着在土地和科举考试等方面的优势地位，明中后期，赣南的主佃关系基本上仍可以说是主从佃附，并且田主有欺压佃户的情况，田主的优势地位也使主佃关系基本维持了比较和平的局面。随着明末清初社会动乱加剧和流民大量涌入，原来比较稳定的主佃关系开始发生根本逆转，其具体表现乃是以宁都、石城、瑞金、

---

① （明）海瑞：《兴国八议》，见《海瑞集》上编，203 页，北京，中华书局，1962。

② （清）魏礼：《魏季子文集》卷八《与李邑侯书》，见（清）林时益辑：《宁都三魏全集》，道光二十五年本。

③ 《璜溪中坝重订世传·条覆乡例佃弊》（不分卷），宁都县博物馆藏乾隆四十六年本。

兴国、雩都等地为中心的租佃斗争此起彼伏，难以平息。

早在明末清初，所谓"闽广之人"就已在赣南进行抗租斗争。道光《石城县志》载曰："顺治二年乙酉九月，石马下吴万乾倡永佃，起田兵。本邑旧例，每租一石收耗折一斗，名为桶面。万乾借除桶面名，纠集佃户，号田兵。凡佃为之愚弄响应。初辖除桶面，后正租止纳七八，强悍霸佃，稍有忤其议者，径掳入城中。邑大户土著为多，万乾恐不能胜，又要联客纲头目郑长春、李诚吾、连远侯，结党惑众，名纲义约。王振初名集贤会，纠宁都、瑞金、宁化等处客户，一岁围城六次，城外及上水乡村毁几烬，巡检署俱毁。"① 瑞金县也受石城影响，掀起"田兵"运动："顺治三年春，瑞金贼何志源、沈士昌纠众作乱，号田兵。"② 康熙十三年（1674）的"甲寅之乱"，"田贼"又乘机而起，导致赣南一度荒凉。以宁都为例，乾隆《宁都县志》记曰："国朝顺治五年三月戊子，温应宣招集客纲入寇攻城。……康熙十三年甲寅，曾若千通叛逆，自署总兵，领众数千攻宁城。……宁人散居山砦，城内萧条，疾疫繁兴。……闽广客民流寓宁邑赁耕，聚党竟至猖獗。康熙戊辰间，有李矮、李满、王焕英等恃众抗租，田主莫敢谁何，遂据砦行劫。贡生彭荣仁、邓珣，武举曾先定相继鸣官，邑令李聘祖护。"③

上引文中提及的康熙戊辰年（1688）发生的抗租斗争过程中，知县袒护佃户，宁都土著名流魏礼写信给知县申论"田贼"作乱之危害，这封信即常为后来的研究者所引用的《与李邑侯书》。在这封信中，魏礼指出"田贼"问题的严重性："今宁都大害，首在田贼。……夫田贼

---

① 道光《石城县志》卷七《纪事志·武事》。
② 道光《宁都直隶州志》卷十四《武事志》。
③ 乾隆《宁都县志》卷七《记事·兵寇》。

火人之居，淫人妻女，妄斩刈人，杀越人于货，縶人索赎。"① 信中的
"田贼"就是抗租的佃农，魏礼认为，"田贼"乃"宁都大害"，在宁都
境内无恶不作，对土著构成极大威胁。

　　清初赣南"田兵"起事，有两个方面值得注意。其一，"田兵"主
要由闽粤籍流民组成，且根据地缘和业缘建立了自己的组织，如"客
纲""集贤会"等，形成当时社会的一大力量。② 正因为其力量难以忽
视，石城吴万乾才"联客纲头目郑长春、李诚吾、连远侯，结党惑众，
名纲义约"③。即使佃户没有形成"客纲"这样的组织，也容易因倡乱
者鼓动而形成与田主对立的集团，如石城吴万乾"借除桶面名，纠集
佃户"，"凡佃为之愚弄响应"。事实上，田主最担心的就是佃户结党起
来反抗，"夫二十五都之忧，不在抗租而在结党，何则？抗欠之害不过
一人一家，犹有控宪究治清楚。……又其甚者，立关会以神其聚散，
设条禁以抗其田主，而按户派掠，借名公费，实则为取利肥家之计，
而地方田主遂大受辖制矣"④。森正夫认为，江西三县（即宁都、瑞
金、石城）的移住民（即流民）大部分是佃户，亦有一部分非农民，
他们具有较广泛的知识，组成了"客纲"这样的民间组织。"客纲"和

---

　　① （清）魏礼：《魏季子文集》卷八《与李邑侯书》，见（清）林时益辑：
《宁都三魏全集》，道光二十五年本。
　　② 可参考［日］森正夫：《十七世紀の福建寧化縣における黄通の抗租反
亂》（一）、（二）、（三），载《名古屋大學文學部研究論集》59、62、74，1973、
1974、1978。
　　③ 兴国的"闽广流寓"发展成建有自己的会馆。同治《兴国县志》卷四十
六《杂记》载："康熙五十二年癸巳九月，衣锦乡顽佃李鼎三，煽惑闽广流寓，创
田骨田皮许退不许批之说，统众数千，赴县门挟长官，要求勒石著为例。群奸一
时得志，创为会馆，远近传关。"关于闽广佃户的组织，亦可参考傅衣凌：《明末
清初闽赣毗邻地区的社会经济与佃农抗租风潮》，见《明清社会经济史论文集》，
338～380 页，北京，人民出版社，1982。
　　④ 《璜溪中坝重订世传·条覆乡例佃弊》（不分卷），宁都县博物馆藏乾隆四
十六年本。

"寇""贼"集团有密切联系，在土著社会秩序（即由王朝政府支持、由乡绅士大夫统率的秩序）外存在。① 但是，由于明清鼎革之时，国家政权存在一定的真空，因而流民有可能与官府勾结在一起，打击土著。例如，对于瑞金"田兵"，知县"刘翼利其赂而主之"，"总兵周之蕃……悉徇田贼所欲，竖碑县门，勒以为例"②，乃是瑞金流民一度争取到官府支持的表现；魏礼之所以写信给"李邑侯"，也正是因为宁都知县支持了"田贼"的要求。因此，与其说流民集团是在官府和士大夫控制的秩序外存在，毋宁说流民与土著共处于同一地域社会，已形成对土著地位构成挑战的社会集团。

其二，"田兵"的发起者都以"均佃""除桶面"等变革租佃关系的口号来号召佃农。例如，"瑞金贼"何志源等人倡乱，何志源自己不是佃户，而是"皂隶"，同时起事的还有"应捕张胜，库吏徐矶，广东亡命徐自成、潘宗赐，本境惯盗范文贞等"。他们喊出的口号是"八乡均佃"，"均之云者，欲三分田主之田，而以一分为佃人耕田之本。其所耕之田，田主有易姓，而佃夫无易人，永为世业"。一时之间响应者众，"故悍者倡先，懦者陪后，皆蚁聚入城，逼县官印'均田帖'，以数万计"③。道光《宁都直隶州志》认为，"田兵"起源于与赣南临近的福建汀州黄通的"较桶之说"："按田兵之起，始于汀州留猪坑民黄通与石城温姓相仇杀，通思大集羽翼，乃创为较桶之说。盖汀州乡俗，以二十升为一桶，名曰租桶。及巢则以十六升为一桶，曰衙桶。通倡论：凡纳租，悉以十六升之桶为率，一切移耕、冬牲、豆粿、送仓诸例皆罢。移耕，即阳都所谓批赁。冬牲、豆粿，即阳都所谓送年鸡鸭

---

① 森正夫前引文第（三）部分。
② 道光《宁都直隶州志》卷十四《武事志》。
③ （清）杨兆年：《上督府田贼始末书》，见道光《宁都直隶州志》卷三十一《艺文志三·书》。

及送年糯糍等名目。诸佃闻通言欢甚，归通恐后。通遂率千数百人攻劫城邑，号田兵。"① 变革租佃关系能被利用作口号，得到大规模的响应，反映了当时租佃关系的紧张局面。

魏礼的《与李邑侯书》解释了受到佃户们强烈抗议的各种租佃名目。他说：

> 所谓桶子者，即正租也。官斛收租，天下达例，下乡习用小斛，田主因其俗便，不为更张，计应补正斛若干，谓之桶子，非从正租外别有桶子也。所谓白水者，即批田也。佃户初至，或不能即办批田银，田主许之宽假，计银若干，岁入息三分，统俟冬收交纳，是谓白水。及既入批田银，则无白水矣。此乃田主宽通佃户之盛心，而反以为罪目乎？所谓行路者，盖田主未必皆至田所，委次丁收获，凡出入车晒，率是仆之任。或佃有顽欠，催取频加，屑屑道路，佃户量与酬劳，原未尝有多寡定额也。②

魏礼解释的主要有"桶子""白水""行路"三种名目。"桶子"，是指宁都下乡的桶比官桶小，地主收租时要求佃户多交，这和上引道光《宁都直隶州志》说汀州田主用大桶收租同理。③ "行路"是田主要求佃户负担的收租脚里费用。"白水"则和"批礼银"有关，具有一定的高利贷性质。时人解释"批礼银"时说："田山批赁。田主按赁收租，

---

① 道光《宁都直隶州志》卷十四《武事志》。

② （清）魏礼：《魏季子文集》卷八《与李邑侯书》，见（清）林时益辑：《宁都三魏全集》，道光二十五年本。

③ 瑞金亦然。同治《瑞金县志》卷十六《杂志·兵寇》曰："瑞所用乡桶，较官桶差小（乡桶每桶三斗六升，三桶为一石，合之得十斗八升。较之官桶虽多八升，但乡斗止八升三合，计每石实少一斗七升。加以所余八升，作六升六合，实应补官桶一斗零四合），应补正桶若干，谓之桶子。"

佃户照批掌耕，彼此借以为凭，原不可废。但批赁时，田主必索佃户批礼银，并创十年一批之说。"① 可见"批赁"一开始只是田主准许佃户耕种的手续，后来田主才加上手续费"批礼银"。宁都的租佃名目繁多，还有"移耕、冬牲、豆粿、送仓诸例"。"移耕"即魏礼所讲"批田银"；至于"冬牲、豆粿、送仓诸例"，"送仓"大约等同于"行路"，即要求佃户送租，如不送，则多交租，"冬牲、豆粿"则要求"佃户于出新时，或于年节致送一二"。

如此繁多的租佃名目，显然都是田主附加上去的，佃户想革去似也合情合理。问题在于，为什么会出现这么多的附加项目，而田主魏礼又认为合情合理，不可革去？这个问题必须从明代以来赣南山区的开发和经济发展、人口增长、社会变动等方面综合考虑。

前已论述，明中期至清初，赣南山区的开发和流民活动几乎同步发展，在外部市场的刺激下，赣南经济格局发生了较大的变化。这一过程带来两方面的结果：第一，人口的增加引起人口土地比例的变化。明中期以来，赣南一直是人口迁入区，但历经数百年的人口迁入，赣南在清初已成了人口外迁区。② 与此相应，赣南人地关系也开始紧张起来③，清初雩都土著所说"雩本山县，田多荆榛，初居民甚稀，常招闽广人来耕，其党日多"④，即是这个过程的反映。这就导致了土地价格的上升，乾隆初年信丰县民王道明在供状中就说"如今民多田少，

---

① 乾隆《江西宁都仁义横塘塍茶亭内碑记》，见司法行政部编：《民商事习惯调查报告录》第 1 册，423～425 页，1920。转引自《康雍乾时期城乡人民反抗斗争资料》，83 页，北京，中华书局，1979。

② 参考曹树基：《中国人口史》第五卷，865 页，上海，复旦大学出版社，2001。

③ 关于清代赣南人地关系紧张的具体论证，参考拙文《清代赣南的生态与生计——兼析山区商品生产发展之限制》，载《中国农史》，2003（3）。

④ （清）宋启传：《策对》，见同治《雩都县志》卷十三《艺文志·策》。

田价比往年贵了几倍"①，从中可见清初赣南人地关系紧张的状况。第二，经济作物种植更加普遍。闽粤流民种植的经济作物，在明代主要是蓝靛，在清代则有烟叶、甘蔗、花生和经济林木等。加上赣南市场体系逐渐完善，可以借助赣江—大庾岭商道沟通南北，还与闽粤赣湘等省有密切的商品交流，流民种植经济作物有可能获得更高的利润。②

赣南山区开发和经济发展的过程，必然影响到土地租佃关系。魏礼的信中有两点值得注意。其一，明代流民是以亲缘方式组织起来佃种土地的。"夫下乡闽佃，先代相仍，久者耕一主之田至子孙十余世，近者五六世、三四世，率皆致厚资，立田宅于其祖里"，这表明流民佃种土地，依靠的是亲缘关系。"至子孙十余世"，甚至"有明数百年来，主佃乐康，各享饶给，祖父之籍可覆按也"③，这就很容易形成永佃关系。因为一块土地长期由同一家族耕种，这个家族就可能在某种程度上视佃种这块土地为自己家族的权利；即使不是以家族方式来佃耕土地，也是依靠同乡的方式，这同样容易导致永佃关系。赣南佃耕者多为闽广地区人，魏礼已指出，宁都佃耕者大多来自闽西附近，赣县、兴国等地则"闽广流人"居多，康熙初年，"赣属赣、兴国二邑，兵燹流亡，荒田独多"，在此安插的军士，"召募闽广流人赁耕，旁郡邑赁耕者来如市"④。这些具有相同血缘和乡缘的佃耕者很容易因共同的利益而形成各种组织，前已申论，赣南佃户反抗田主时出现了诸如"客纲""集贤会"之类以闽广之人为主的组织。这些组织扎根于乡土，并

---

① 刑科题本，乾隆时江西巡抚陈宏谋题，转引自卞利：《清代前期江西赣南地区的押租制研究》，载《中国农史》，1998（3）。

② 参考拙文《大庾岭商路·山区市场·边缘市场——清代赣南市场研究》，载《南昌职业技术师范学院学报》，2000（1）。

③ （清）魏礼：《魏季子文集》卷八《与李邑侯书》，见（清）林时益辑：《宁都三魏全集》，道光二十五年本。

④ 康熙《潋水志林》卷十四《志事·兵寇·兴国后甲巳寇祸始末》。

非一朝一夕能形成，必然和起初他们来赣佃耕的方式有关。所谓"闽广及各府之人，视为乐土，绳绳相引，侨居此地"①，即是当时情况的写照。这样，亲属和同乡之间利益趋同，"绳绳相引"佃耕土地，私相传授必然不可避免，久之，就容易形成"永佃权"。

其二，佃耕土地者一方面可因田租便宜、土地广阔而获利，另一方面可因转让土地的佃权而致富。恰如魏礼所述："率皆致厚资，立田宅于其祖里。彼然后招顶耕者，又获重价顶与之而后归。"由此可以看出，宁都"闽佃"不仅可以通过佃耕土地而致富，而且，随着土地的升值，佃权的转让也可获得重金。"且旧佃既挟富厚而归，新佃乃复费重资与顶耕，以自买灾害，绳绳相引，至于今不绝"②，这句话清楚地表明，佃户可通过转让佃权（即所谓"顶"）而获利，而且这种情况在当时已很常见。"顶"即让人顶替自己耕种的意思，每"顶"一次，自然会使"顶费"提高一次，这就导致了田皮和田骨的分离，田皮价格高于田骨，"田有田骨、田皮。田皮属佃人，价时或高于田骨"③。通过转让佃权可以获得利益，也从一个侧面说明土地在逐渐升值。前引《璜溪中坝重订世传·条覆乡例佃弊》亦言："后遂成额，及太平日久，佃人坐享厚利，遂有攒求田主发批为垦者矣。久之则有揭本求批，而给其原佃些须银两，成顶退例者矣。"正是这种历经数百年之久形成的佃户私下"顶退"之惯例，在商品经济发展、土地升值的背景下，使土地所有者——田主逐渐不满。

明清时期经济作物的种植使佃耕获利较多。前引魏礼《与李邑侯书》中即有"佃户一石之田收至五石、四石，又有杂种"之说，"杂

---

① （清）杨兆年：《上督府田贼始末书》，见道光《宁都直隶州志》卷三十一《艺文志三·书》。

② 以上引文俱出自（清）魏礼：《魏季子文集》卷八《与李邑侯书》，见（清）林时益辑：《宁都三魏全集》，道光二十五年本。

③ 同治《雩都县志》卷五《风俗志·民俗》。

种"可能是杂粮或经济作物。瑞金佃户的收入颇丰，"瑞邑之田价重租轻，大约佃户所获三倍于田主，又有晚造、豆、麦、油菜及种芋与薯、烟、姜、菜之利，例不收租"①。南康县康熙年间的糖蔗种植，"岁煎糖可若干万石……糖蔗悉系闽人赁土耕种……皆由里人利其重租不肯易业"②；雩都的"闽人"也大种甘蔗，"濒江数处，一望深青，种之者皆闽人"③。所以，魏礼说："故闽佃尝赤贫赁耕，往往驯致富饶，或挈家返本贯，或即本庄轮奂其居，役财自雄，比比而是。"④

田主的土地收益则相对减少。首先，"一条鞭法"实行之后，赋役征派对象逐渐过渡到土地，作为土地拥有者的田主，负担着各种赋役。正如魏礼在《与李邑侯书》中所说："田主既费重价，复输重粮，又有里长、经催逐年工食之费，五年丁册、十年粮册之费，又有火耗、解费、耗米、水脚之费。"其次，中国遗产继承传统的诸子均分制，使大地产很容易被分割成小块。北村敬直以宁都魏氏为例，分析了地主"析产"造成的土地细化：魏礼之父魏兆凤原本有三千二百石租田，经过三次分割，到康熙四十一年（1702），其曾孙辈只剩下每人约一百五十石的规模。⑤ 再次，土著种植经济作物较少。前引《南康县志》说"悉系闽人赁土耕种"，《雩都县志》说"种之者皆闽人"，即可见种植者较少土著；瑞金也是"土著之人，为士、为民；而农者、商者、牙侩者、衙胥者，皆客籍也"⑥。田主作为土地的所有者，在佃户从土地

---

① 道光《宁都直隶州志》卷十四《武事志》。
② 康熙《南康县志》卷三《舆地志三·土产》。
③ 康熙《雩都县志》卷一《舆地志·物产》。
④ （清）魏礼：《魏季子文集》卷八《与李邑侯书》，见（清）林时益辑：《宁都三魏全集》，道光二十五年本。
⑤ ［日］北村敬直：《魏氏三兄弟とその时代》，见《清代社会经济史研究》，88～153页，京都，朋友书店，1972。
⑥ （清）杨兆年：《上督府田贼始末书》，见道光《宁都直隶州志》卷三十一《艺文志三·书》。

上获得的实际收益有可能增加的情况下，自然会想办法在租佃关系之上附加各类名目。这样的转变，其实是名义上拥有本地域范围内的山林、土地资源的田主，从土地获得收入的方式的转变，即由招徕劳动力垦殖土地、增加土地数量，转变为因单位面积土地收益的增加，而对土地加租或变相加租。① 正因为土地价格上升，而佃户转让佃权又可获得重价，故而土著认为对土地行使"批赁权"以增加土地所有权带来的收益是完全符合情理的，佃户如果不接受，可以不耕种，田主则可收回土地。他们质问佃户说："假令田主多方苛索而佃人不堪，假令耕田无厚利，假令数十年来旧例害实深，则各佃有弃田而走耳，尚肯携揭重本，攒求批退，长养子孙数十年，趋利若鹜如一日哉?"②

由此，我们才可以理解，为什么田主附加了那么多名目在租佃关系之上，仍觉得合理，此即所谓"佃户世席田主之厚利，稍答田主之重费，尚未损其百一，不为过也"③。其中，最核心的是田主要求享有"批赁权"。田主对租佃的一切要求，都从其对土地的所有权而来，如前面所讨论的，批赁是准许佃户耕种的手续，其实是田主土地拥有权的表现。但"批赁权"和"永佃权"有明显的矛盾。既然转耕（即"顶"或"退"）时要经过田主批准，就意味着无法自由转让佃权，更难以在转让中加价获利。实际上，这正是赣南抗租斗争的关键所在。清初赣南各地抗租斗争要求如表 4-6 所示。

---

① 草野靖认为是田主要求对土地收益再分配。参考［日］草野靖：《明末清初期における田面の變質——閩・江・廣三省交界地帶の場合》，载《熊本大學文學部論叢》（1），1980。

② 《璜溪中坝重订世传·条覆乡例佃弊》（不分卷），宁都县博物馆藏乾隆四十六年本。

③ （清）魏礼：《魏季子文集》卷八《与李邑侯书》，见（清）林时益辑：《宁都三魏全集》，道光二十五年本。

表 4-6   清初赣南各地抗租斗争要求一览

时间	地点	领导者	要求	资料来源
顺治二年（1645）	石城	吴万乾	倡永佃，除桶面	道光《石城县志》卷七《纪事志·武事》
顺治三年（1646）	瑞金	何志源等	八乡均佃	同治《瑞金县志》卷十六《杂志·兵寇》
康熙九年（1670）	石城	吴八十	永佃	乾隆《石城县志》卷七《纪事志·兵寇》
康熙二十七年（1688）	宁都	李矮等	纠佃户等抗租	道光《宁都直隶州志》卷十四《武事志》
康熙五十二年（1713）	雩都	邱兰秀等	除赋捐租	光绪《雩都县志》卷六《武事志》
康熙五十二年（1713）	兴国	李鼎三	田骨田皮许退不许批	同治《兴国县志》卷四十六《杂记》

以上六次抗租斗争，除了两次明确提到要求"永佃"外，其余如"八乡均佃"的意思，是"欲三分田主之田，而以一分为佃人耕田之本。其所耕之田，田主有易姓，而佃夫无易人，永为世业"①，实际上还是要求"永佃"的权利；"田骨许退不许批"，意即允许佃户转让佃权（即"退"）而无须田主批赁，也是要求"永佃"权利；按魏礼的《与李邑侯书》，宁都李矮的抗租斗争要求废除"白水"等额外加租，如魏礼所指出的，"白水"其实是因"批赁"而产生的"批礼银"的变种，也是一种对"永佃"权利的争夺。这样，田主与佃户的矛盾势必激化。由于赣南田主大多为土著，佃户大多为流民，在明末清初动荡

---

①   （清）杨兆年：《上督府田贼始末书》，见道光《宁都直隶州志》卷三十一《艺文志三·书》。

的社会背景刺激下，田主与佃户之间的矛盾终于激化为夹杂着土著与流民冲突的抗租斗争。实际上，田主在佃户有组织的对抗下，连正常的收租都很困难，更不用说维持对田地的"批赁权"了。魏礼回忆说："予年十八，丁世变乱，佃户占租税，立万总、千总之号。田主履亩，则露刃相向，执缚索货贿，无敢过而问者。"① 时人对当时情形有更清楚的描述：

> 康熙五十二年兴国田贼李鼎山、雷上选等倡言，恩赦田租。因雩都田贼猖獗聚戈，乘机箍众数千，挟制官长，邑侯张公稍从宽典，散归田里，后遂不可解矣！自是佃人抗欠，或顶退不明，虽绅士有力之家，必经投其头领，候其处分，每值雨旸不时，则会众合议，六收、七收、八收，先期传谕，归于划一，虽大熟倍获之田不能违议多交升斗，违则重罚。随之田主踵庄，唯唯听命而已，兴邑之受其害者二十年矣。……二十五都之熊友先，一地方流棍，其初唆挟，不过五六里之间，经山堂胡氏叠控不已，来县受计于一二讼师，归即聚众科敛，设立条款以与主抗。七月廿日聚众多人，饮酒议事，设立头目。②

清中期以后，赣南此起彼伏的佃农抗租风潮渐渐平息。乾隆三十五年（1770）四月初四日《江西宁都仁义横塘塍茶亭内碑记》，乃是江西布政司发文到州，"仰州属业佃人等知悉，遵照后开奉宪严禁条款，永行禁革"。其碑规定：

---

① （清）魏礼：《魏季子文集》卷七《析产后序》，见（清）林时益辑：《宁都三魏全集》，道光二十五年本。
② 《璜溪中坝重订世传·条覆乡例佃弊》（不分卷），宁都县博物馆藏乾隆四十六年本。

一、田山批赁。田主按赁收租，佃户照批掌耕，彼此借以为凭，原不可废。但批赁时，田主必索佃户批礼银，并创十年一批之说，殊属额外多取。嗣后凡遇易主换佃，方许换立批赁；如主佃仍旧，则将初立批赁永远为照，不许十年一换。其批礼银，无论初批、换批及苛索入学贺礼、帮纳差漕，一概禁革。

一、田皮退脚。查佃户之出银买耕，犹夫田主之出银买田，上流下接，非自今始，不便禁革。但转展相承，将退脚银两渐次加增，以使退脚贵于田价，往往蔑视田主，抗租私退，讼端由此而起。嗣后顶退时，前佃应协同新佃向田主说明立赁，不许私退，其退脚银两悉照上手退字所载数目收受，不许任意加增。①

这通碑文一方面规定废除"批礼银"，免除佃户的额外负担，另一方面也规定田皮转让不可加增银两，实质等于官府以法律形式承认田皮可以自由转让。从碑文来看，田主和佃户的利益达到了某种程度的均衡。租佃冲突也渐由大规模的租佃斗争向单个佃户与地主的抗租活动过渡。

由上可见，明末清初赣南频繁发生的抗租风潮乃是明中期以来山区开发、市场发育、流民活动等因素共同作用下导致的地域社会变革的结果。自16世纪以来，引起赣南社会变革的始终是流民与土著两大社会力量。在某种意义上，清初赣南的主佃斗争，不仅是田主与佃户之间的斗争，也可视为土著与流民之间的斗争（尽管土著、流民与田主、佃户并不是完全对应的关系）。流民组织起来并与土著对抗，且在某种程度上获得官府支持的事实表明，流民的力量已经成为地域社会

---

① 乾隆《江西宁都仁义横塘塍茶亭内碑记》，见司法行政部编：《民商事习惯调查报告录》第1册，423～425页，1920。转引自《康雍乾时期城乡人民反抗斗争资料》，83页，北京，中华书局，1979。

中引人注目的部分。因此，在赣南地区，租佃斗争并非单纯的阶级冲突的产物，其表现形式也不是单纯的佃农反抗地主，而是表现为流民与土著这样的地缘人群之间的冲突。在这个意义上，抗租风潮的频繁发生正是赣南地域社会力量正在重新组合的表现。

赣南租佃斗争的一个关键性问题是田主与佃户围绕"永佃权"的争斗。科大卫根据珠江三角洲的经验，指出"永佃权"和获得定居权（the Right of Settlement）有密切关系。① 从这个意义上来说，明清时期赣南的租佃斗争中，佃户最后合法地获得"田皮"的所有权，也表明明末清初主要由流民组成的佃户在地方社会的某些权利，已被赣南土著社会所承认。因此，我们必须从流民与土著互动的角度来理解赣南佃户争取"永佃权"的意义。关于"永佃权"的出现和田皮田骨分离的关系，学界历来看法不一。有学者认为田皮的出现即标志着"永佃权"，有学者则认为"永佃权"产生在前，田皮田骨分离在后。② 实际上，民间习惯法层面的"永佃权"，乃是一种动态的权利关系，涉及法理和事实两个层面。在法理上，土著拥有山林、土地资源的优先所有权；但在现实层面上，由于"久佃成业"，佃户也拥有一定的"佃权"。二者交织在一起，层叠在土地所有权上，随着外部情况的变化而变动。换言之，"永佃权"的产生和田皮田骨分离孰先孰后，并无明确

---

① David Faure and Helen Siu, *Down to Earth: The Territorial Bond in South China*, Stanford: Stanford University Press, 1995, p. 6.

② 参看韩恒煜:《试论清代前期佃农永佃权的由来及其性质》，见中国社会科学院历史研究所清史研究室编:《清史论丛》第一辑，37～53 页，北京，中华书局，1979；刘永成:《清代前期的农业租佃关系》，见中国社会科学院历史研究所清史研究室编:《清史论丛》第二辑，56～88 页，北京，中华书局，1980。以及卞利《清代江西赣南地区的退契研究》[载《中国史研究》，1999（2）]一文中的相关讨论。关于"永佃权"与"一田二主"在法理上的关系，杨国祯先生进行了清晰的论证，梁治平则从法律角度对二者的区别进行了重新界定。参考杨国祯:《明清土地契约文书研究》，北京，人民出版社，1988；梁治平:《清代习惯法：社会与国家》，北京，中国政法大学出版社，1996。

的对应关系，"永佃权"之获得主要不取决于田皮田骨分离出现于何时，更重要的是租佃关系中田主与佃户之间的势力消长。在赣南则体现为流民与土著之间的斗争和妥协。

行文至此，我们也许可以回答傅衣凌先生半个多世纪以前提出的疑问——闽赣毗邻地区明末清初为何频繁发生抗租风潮？我们注意到，赣南抗租中心地带宁都、石城、瑞金、兴国等地流民大多来自闽西，大量流民进入导致赣南人地关系紧张，不可避免地出现主佃冲突。而闽西地区本来就因人地关系紧张才成为流民迁出地，特别是赣南的抗租斗争起源于闽西宁化黄通抗租这一事实表明，闽西和赣南一样存在人地关系紧张和租佃斗争问题。正因为如此，明末清初两地才会频繁出现佃户抗租风潮。清中期，赣南流民逐渐定居下来，人地关系紧张的局面通过把土地分割为"田皮"和"田根"得以暂时缓和①，即田主与佃户（土著与流民）实质上共同拥有土地权利，从而不再出现大规模的抗租风潮；闽西抗租风潮的平息亦可作如是解释，闽西社会分化为以不在地主为主的核心区和以土豪、佃户为主的边缘区，亦有可能使主佃力量达到暂时均衡。②

最后，有必要指出，虽然其他地区也有类似问题出现，但赣南的抗租斗争主要发生在东部地区，以宁都、瑞金、石城为中心，波及兴国、雩都等县。笔者认为，主要有以下两个相互关联的原因。

第一，这些县都是比较早开发的地区，正如第三章表 3-1 所揭示的，以上县份在明初已经集聚了大量人口，土著人口比较多，加上明

---

① 并未根本解决，主佃斗争的隐患为后来中央苏区的土地革命埋下了伏笔。
② 刘永华通过研究 17—18 世纪闽西佃农的抗租斗争，从考察闽西的不在地主入手，认为闽西的社会结构分化为核心区和边缘区，使边缘区乡民加强了横向的（阶级）联系，共享一整套乡民文化，抗租斗争即表现了他们共有的阶级意识和乡民文化，反映了其"道义的小农"的风貌。参考刘永华：《17 至 18 世纪闽西佃农的抗租、农村社会与乡民文化》，载《中国经济史研究》，1998（3）。

代以后陆续进入的福建移民，人地关系紧张的矛盾比较早就出现了。兴国和雩都在明初人口比较多，但明中期后，人口逃亡现象非常严重，特别是两县靠近赣州，明末清初的战乱使其人口损失较大，因而两县在清初接纳了大量移民，特别是兴国在清初成为政府移民的重点区域。实际上，清初宁都等地已经成为人口外迁地。曹树基在对兴国的移民村落进行抽样调查的统计中，就发现有 44 个村庄迁自赣州、宁都、雩都，合计人口为 3361 人，约占人口的 3.8%。① 这些因素使这些县的土地问题变得异常尖锐，从而流民与土著围绕着租佃展开了激烈的斗争。而且，我们注意到，宁都、瑞金、石城的抗租斗争多在明末发轫，而兴国和雩都则在康熙末年才出现，这和宁都、瑞金、石城从明代中期开始就有福建流民进入有密切关系。表 4-2 表明，清代兴国和雩都的闽粤移民比较多，相应地，两县土地问题至少在明末清初是不明显的，否则很难理解清初还把兴国作为安插流民（如郑成功旧部）之地的事实。但是两县在清初接纳了大量流民后马上出现了土地问题，加之临近宁都、瑞金、石城，流民同声相应，康熙后期就出现了类似的抗租斗争。

第二，与前一点相关联的是，这些县份由于开发早，土著力量比较强，土著力量的强大使流民必须组织起来，挑战土著的统治地位。于是，在尖锐的土地问题上，流民组织起来和土著抗衡。然而，土著力量的强大，使流民虽然可以暂时取得胜利，但终究无法真正取得统治地位，只能融入原有的社会。有些流民甚至可能被赶回原籍，或者

---

① 参考曹树基：《中国移民史》第六卷，184 页，福州，福建人民出版社，1997。

重新迁徙。①

　　虽然抗租斗争主要发生在以上所述赣南的东部和中部一些县，但土地问题和租佃斗争毫无疑问在其他地区也存在，只是在赣南的西部地区，流民与土著力量相对均衡，他们之间的斗争显得相当残酷。

第三节　户籍与科举

　　康熙十七年（1678）左右，"甲寅之乱"基本平息，赣南自此没有大规模动乱，流民也就逐渐在赣南定居下来。康熙初年，官府对来赣南开垦的流民曾给予户籍，以后陆续重新编图甲②，许多流民也就因此而成为编户齐民。以兴国为例，康熙四十三年（1704）始任兴国知县的张尚瑗有文记曰：

　　　太平乡崇贤里有山民户，国初兵燹，土旷人稀，流遗争集。闽广之侨户，自为党类，势遂张。来自郴、连间者，相率摈而孤之，号为山野子。其人多雷、蓝、毕三姓，占耕其土，自为婚姻，不敢出里巷。既久，力农蓄积，属籍输赋。邑人之狡者，笼其田于己籍中，而蚀其盈羡，遇有逋粮辄归之山民。官欲为清厘，不可得也。甲寅寇孽既平，某巡简指为余盗负固，欲请兵禽狝之，乃号哭，泥首丐死，而畏匿益甚，邻郡皆晒兴邑山民为异类，与

―――――――――
　　①　关于宁都土著力量的强大对流民活动的影响，参考曹树基：《中国移民史》第六卷，210～211页，福州，福建人民出版社，1997。另，笔者推测，赣南的东部和中部地区之所以没出现西部地区那样由户籍和科举问题引起的土客斗争，可能是因为此一地区流民由于受到土著驱逐，并没有大规模地定居下来（参考表4-1），所以不存在很突出的户籍问题。
　　②　参考后文的论述。

徭僮狼黎比。黄君惟桂始诱化之，俾自立户。黄去则仍匿迹诡寄，笼田之徒愈恐喝，使不敢出。又二十余年，予因编册审丁，广为劝谕，按名核其诡寄，重惩之。三阅月，始就厘正，削去山民之名，与土著一体，有名之丁，悉造庭听唱，鱼贯拚踊。盖迩年来，其人固益驯习晓畅，就其初，特为奸民所愚，岂真狉狉野鹿哉。予之术非有加于黄君，不过踵而行之。但黄君著《治兴异迹》，作《山民图》，环目鸠舌，出入必挟刃，妇稚皆能搏生，与予所见大有径庭焉。①

从其姓多为"雷、蓝、毕"来看，这些"来自郴、连间"的"山民"，可能是湖南的畲民，他们来赣南开垦"既久，力农蓄积，属籍输赋"，获得户籍，成为编户。尽管曾遭受"闽广之侨户"和土著之民的欺压，但到康熙十二年（1673）左右，兴国知县黄惟桂已经准许他们"自立户"。又过了三十年，到上文作者张尚瑗任兴国知县时，则"削去山民之名，与土著一体"，已经与一般编户相差无几了。因此，作者才奇怪自己所见之"山民"，与黄惟桂所绘之《山民图》"大有径庭"。这股流民的变化过程，部分反映了清初赣南流民入籍定居的一般情形。

但是，有许多流民乃是盗贼，他们既开垦又伺机作乱。由于他们人数众多，官府常用招抚和剿杀两手应对。在这种复杂的过程中，许多作乱的流民也渐渐成为编户。本章第一节所述清政府在兴国安插的郑成功旧部，"甲寅之乱"时就再次起兵叛乱，官府几经剿抚，"散归乡井者什之四，愿附兴籍为农者什之五，入军伍充兵者二十之一"②。据吴宗慈估算，受抚者凡四五万人以上，这批人有一半留在兴国，当

---

① 康熙《潋水志林》卷十七《志事·近录》。
② 康熙《潋水志林》卷十四《志事·兵寇》。

有两万多人。① 这些人接受招安，"附兴籍为农"，意味着在兴国有了户籍和定居权，应享有与土著类似的权利。问题是，要土著与流民共处一域，一起争夺有限的资源（如科举考试名额），土著还是难以接受，他们总是希望官府能把这些流民赶回原籍。而流民既然已获得户籍，得到官府的承认，当然不理会土著的不满。于是，清中叶以后尽管没有大规模的流血冲突，但土著与流民之间的斗争仍未停息，除了上一节所述赣南中部、东部地区的主佃对抗外，赣南西部原来土著势力较弱的一些地区，流民对土著屠杀既惨，土著对流民仇恨亦深，关于流民为"贼"为"民"的身份之争一直在继续。在这样的争论中，户籍作为一种获得"国家"认可的资源，显得格外重要。

康熙十七年（1678），"甲寅之乱"平定后，上犹知县回忆遭受流民侵扰的情形：

> 康熙十七年，上犹县刘详为逆寇恃强据地等情，看得上犹县一邑两次屠戮，五载蹂躏。自康熙十三年至今，人绝烟断，空余四壁孤城，一片荒山。幸天兵震临，狗鼠丧魂，随有投诚之众自愿仍垦营前。卑职不敢以目前之粗安，听其贻祸于封疆；不敢以一己之便宜，听其蓄殃于百姓。实有见其断断不可安插营前者，试敬为宪台晰详陈之。一则逆寇之叵测，宜虑也。按明季粤省流叛，阎王总等乘间劫掠赣南诸邑，时有阁部杨、虔院万于乙酉年招其众从军，此一叛一抚也。顺治八年，撤调营前文英防兵，随有十三营之阎寇，窜伏犹、崇诸峒，出没肆掠。又幸虔院刘、总镇胡遣师搜剿，余孽投降，此再叛再抚也。迨顺治十六年，募垦

---

① 吴宗慈：《台湾郑氏旧部在兴国县起兵抗清始末记》，见江西省图书馆地方文献编辑组编：《江西近现代地方文献资料汇编》第 16 册，江西省图书馆藏。文中对这次起兵有详细的叙述。

檄下，其党乘间复集，始焉遍满犹、崇二邑，继而蔓延南康之北乡，以及吉安之龙泉。从前当事止知籍以垦荒益赋，不知此辈劫掠成性，有革面而究未革心者。自甲寅一变，凡占垦之粤流，遂尽流为播毒之叛逆矣。迄今五载，土著遭杀遭掳，数邑尽殃，而上犹为甚。上犹之营前、牛田、童子等乡尤甚。缘顺治十六年招垦余孽，混集其地，斯根深而祸益深耳。今以大逆败北，势穷乞降，又蒙总镇概示不杀，暂令屯垦营前等处，此则三叛三抚也。①

上犹的广东流民"三叛三抚"的过程，其实也是流寇逐渐转变为官府控制之下的"民"的过程。特别是"顺治十六年，募垦檄下，其党乘间复集，始焉遍满犹、崇二邑，继而蔓延南康之北乡，以及吉安之龙泉"，官府招募流民开垦荒地，导致了流民大量涌入。康熙十三年（1674）的"甲寅之乱"，"凡占垦之粤流，遂尽流为播毒之叛逆矣"。流民叛乱的直接受害者是当地土著，"迄今五载，土著遭杀遭掳，数邑尽殃，而上犹为甚。上犹之营前，牛田、童子等乡尤甚"。"甲寅之乱"平定后，又"暂令屯垦营前等处"。"投诚之广人"较长时间居留在营前，刘知县对此忧心忡忡，谓：

揆自乙酉至甲寅，仅三十年而既三叛，其地屠戮，何啻十余万，而焚掠不胜计矣。今日抚之，又安能保其不叛于他年，而谓能免屠戮焚掠之惨哉？一则生民之仇怨宜解也……不知今日投诚之广人，即数年来杀土人父兄子弟，扬土人祖墓骸骨，淫土人妻女，掠土人老幼男妇，转卖他乡之广人也，是可比户而居，同里而耕乎？……一则难民之失所宜怜也，逆寇背弃皇恩，乘机叛变，

---

① 道光《上犹县志》卷三十一《杂记·文案》。

攻陷城郭，杀掠民人，致数百里封疆田荒人绝，斯即尺斩寸磔尚不足以快生民之怨恨，乃势穷力促，改面投诚，遂蒙解纲垂恩，概宽诛戮，且袍帽银牌优给赏赐，恩施何若是逾格欤？至若淳良百姓，覆巢破卵，一枝莫栖，颠连困苦，惨不堪言。乃幸而地方恢复，方冀故乡旦夕可还，而故乡仍为降贼据矣。鹊巢鸠占，茕茕无归，倘不急为散遣，不几以守正不变之良民，反不如鼓结叛乱之逆寇。且尤有可虑者，曩年之抚，收其军器，简其壮丁入伍……然则此日之安插，又宜何如加严加慎欤？乃观营前投诚之众，依恋旧巢，招集旧党筑垒自卫，操兵自固，畏威纳款之时，即据有乌合蚁聚之势，是尚能保后此之不恃众、不恃险，以滋变乱乎？

刘知县的担心有三：第一，流民因"杀土人父兄子弟，扬土人祖墓骸骨，淫土人妻女，掠土人老幼男妇，转卖他乡"，与土著关系紧张，"是可比户而居，同里而耕乎"；第二，流民受招抚后，居留在营前，"鹊巢鸠占"，土著因此不敢返乡；第三，流民投诚之后，仍然"筑垒自卫，操兵自固"，武装没有解除，以后极易生变。总而言之，这些投诚的"广人"仍被视为社会的不安定因素。

有鉴于此，刘知县认为应该把这些人解散，或收缴武器，令其归籍：

准将投诚之众，设法解散，或分诸部伍，俾有统率，或给照归籍，取印官甘结，或拨垦各属，毋令屯聚一方。尤先宜按名查清军器及所造炮火，尽缴入官，以少杀其势，然后渐散其党，即招降宜示宽大，而安插亦宜图久远，或及今尚未可动，而秋时当立为散遣，不过一指顾间，而数邑播迁之难民，皆得享故乡之乐。①

他的建议，可能得到批准，但没有得到实际的执行。也就是说，"广人"仍居留于营前，既不解散，也未归籍。康熙二十一年（1682），上犹知县仍在为此事忧虑：

> 如安插投诚官兵，一案迭奉宪檄，皆载"原籍"及"归农"字样。所谓原籍者，以其祖居庐墓而言，非指倡乱地面为原籍也。所谓归农者，或遣耕本乡田亩，或发垦未辟草莱而言，非令耕作难之处之土，与尽经认主承佃之阡陌，可为归农也。……卑职承乏残陬，鉴前计后，日捧安插归农之檄，不禁刺肌肤切骨肉有大不便者三，莫可驯者三，向宪台陈之。

该知县要解释"宪檄"中"原籍"与"归农"两词的含义，说明流民正是用这两个词的字面意思做文章，要求滞留赣南。他又列举出"大不便者三，莫可驯者三"，所担心的和刘知县一样，主要仍是"广人"与"土人"矛盾难调，"杀戮父兄，仇不共戴，淫掠妻女，恨甘寝皮。若辈与犹民本水火耳，仍令比居，钉冤触目，疑畏交并"。"广人"作乱，反而"朝廷授以虚职原衔，盖因嘉其向化，并非纪劳叙绩，彼自称总参游把名色，居然抗接公庭"，致使"土人"不敢回里。另外，除了"投诚之广人"，还有其他"广人"不断前来投奔，"奈方以类聚，粤人附粤"，"查先后呈乞而来者，举皆广人，意鲜怀故，不过虎视眈眈，夫先有旧插百数之俦，再加陆续新归之众，羽翼益繁，朋谋亦便，

---

① 以上引文俱见道光《上犹县志》卷三十一《杂记·文案》。

严重，修撰者认为以户部的"三十年之例"① 来辨析土著与流民的办法并不适用，而是应该采取"保结"的办法。他说：

> 即日近奉部檄，有三十年之例。不知部檄原为远省脱籍而设，非为附近有籍可归者坏法也。若谓附近有籍可归者坏法，则近科冒籍中式者，查出奉令革公又何为哉？今日赣严冒籍之法，不必稽册籍也，不必问田舍查坟墓也。何也？稽册籍则已有田舍，则既富有，查坟墓又造假买嘱里甲抵塞众口。即明知其非，一时之党羽群吠，谁肯以一身与为仇敌相攻讦于不可问之时势乎？莫若保结廪生，共矢公忠，维持学校，互为籍查，务期清白为便。如遇考试，同堂齐集明伦堂，设誓公议，各立一公簿，众书名押簿中，公约如保冒籍，即以公令之罪罪之。土著子弟来求保结者，登名簿上必然填里甲祖父同堂名下保结童生，俱名登完，又约齐集明伦堂，互相检验，务期人人清楚，不得半字朦胧。②

所谓"保结"的办法，大概是与考者必须经过土著绅士共同商议和担保程序，才能有资格参加科举考试。这就意味着把科举考试资格审查的权利给了土著绅士，显然是想给流民参加科举考试设置障碍。

没有直接的材料说明"保结"的制度在实际中是否实行过。但是，笔者在上犹县营前实地考察中，访得一故事，颇可以说明这个制度可能得到了相当程度的实行。故事内容大致如下：

---

① 《清会典事例》卷一百五十八《户部七·户口》记载："顺治十年题准，凡外省流民附籍年久者，与土著之民，一例当差，十一年定新来者，五年当差。"根据这条规定，大概流民附籍十五年即可当差，拥有正式入籍的权利。但是，在实际执行过程中，户部又不断颁发新的条例来调整流民入籍年限。文中所谓"三十年之例"大概是户部当时颁发的一个条例。

② 以上引文俱见康熙《续修赣州府志》卷五《学宫》。

过去营前参加科举考试必须有秀才以上的人担保。流民没有秀才，土著也不担保流民，流民就无法考试。有一胡姓男童，他外公是土著秀才，胡生整天待在外公家帮外公干活，外公很喜欢他，教他读书，他却显得极笨。有一年他外公做科考廪保，他突然缠着外公要求去考试，他外公以为他很笨，只是去玩玩。谁知，他一到考场就换了个人，一举考中秀才。后来，他做廪保，就专门保客籍流民。①

这个故事当然不太可能是完全真实的，但是，故事所反映的制度背景却有可能是真实的。从这个故事中不难看出，土著秀才一类人物"保结"乃是参加科举考试的必经程序。故事中的"胡生"考中秀才后专门保"客籍流民"的事实也从一个侧面说明，即使在土著绅士的强烈反对下，"客籍流民"也仍然有办法获得参加科举考试的资格。

实际上，对于官府来说，只要流民能真正地纳粮当差，成为王朝控制下的"编户齐民"，给予其参加科举考试的权利就是合理的。所以，我们可以看到，虽然土著绅士强烈抗议并用种种制度来限制流民参加科举考试，但是，史料中仍不断出现流民获得户籍和参加科举考试的记载。上引营前所在的上犹县知县就说："虽人才随地可兴，而考试以籍为定。胡子田一户称已入籍，呈请与考，庶亦近理"②，并最终允许流民参加科举考试。上述"胡生参加科举考试"的故事也说明流民已经有了参加科举考试的权利。乾隆《南康县志》卷十九《杂志》亦有记载曰："国朝雍正九年辛亥，东粤新民五十一户入籍与考。"

康熙年间，赣南曾经多次重新编排里甲。康熙《龙南县志》卷一

---

① 此据营前黄营堂老人讲述，特此致谢。

② 乾隆《上犹县志》卷十《杂记》。关于营前地区流民与土著围绕科举考试而展开的斗争的更详细的经过，可参考本书第五章相关论述。

载有知县白贲的《增图碑文》，内载："卑职看得龙南甲户李有等具呈一案，缘于康熙十九年间奉藩宪檄行各属，援江南藩宪慕题明奉旨，通行均田均役。"① 可见，和全国其他地区一样，康熙十九年（1680）江西布政使亦在江苏布政使慕天杰等人的均田均役运动影响下，要求各县均田均役。均田均役实际就是按粮额重新编排里甲。② 同书同卷又有知县郑世逢的《增龙兴图碑文》，内载："今幸康熙三十年八月内蒙藩宪卢奉、抚宪大老爷宋檄行各属州县，准粮户另立图甲，各自输纳，绅衿齐民一体当差。"③ 可见康熙三十年（1691），江西省又允许各属州县粮户另立图甲。另立图甲，表明粮户可以自立户头，不再与人共用原来的老户籍。这个政策，无疑对一直受制于户籍的流民相当有利。

文献中多次提到许多民户此时要求单独立户并获得批准的情况。上引康熙《龙南县志》继续记载曰："又奉藩宪牌催，内称：据粮户王天栋等恳于七图之内，提出另编一图，已奉宪批，允应行开立该县备造确册，贲司以凭查核立案。七月内蒙廉饬房提清编成十甲，图名龙兴。"④ 可见，重新分立户头的不仅是李有等人，还有王天栋等人。定南县亦有类似情况发生，其知县记载曰：

> 康熙辛酉夏，余视事定南，目击时艰，正图整理。适奉藩宪王檄行通省州县，均图均甲，令民自封投柜，革除陋规。随计花户邱大兴、郑贵生、赖兴郁、徐永旺、（疑有脱字——引者注）安国、曾文盛、郭二仔、胡受、张仲信、谭兴等哀切具呈本县，申

---

① （清）白贲：《增图碑文》，见康熙《龙南县志》卷一《舆地志·图里》。
② 参考刘志伟：《在国家与社会之间——明清广东里甲赋役制度研究》，214～215 页，广州，中山大学出版社，1997。
③ （清）郑世逢：《增龙兴图碑文》，见康熙《龙南县志》卷一《舆地志·图里》。
④ 同上书。

请院、司、道、府各上宪，于四里之内，酌编十甲。凡有正杂，俱照额粮，分为五股，各自输将。业奉宪示允行，饬令勒石永遵。①

以上记载没有直接说明要求重新立户籍的人是流民，但是，龙南、定南是广东流民相对比较多的县份，流民要求立户头以摆脱土著里甲的控制当是理所当然。康熙《上犹县志》则明确地指出，已把广东流民合编入一里。其文曰：

盖以牛田里又七甲二十三姓之粮，补充龙下五甲郭时兴绝户……遂如议衰益。而改郭时兴户为龙长兴，龙者，里名，常（应为"长"——引者注）兴云者，谓东粤流寓二十三姓之人，自拨入龙下五甲当差，而长久兴旺，从俗便也。②

从这段记载中不难推测，大量流民正是通过这几次重新编排和整顿户籍，获得了正式的户籍，从而也有了参加科举考试的权利，最终成了赣南的"土著"，其身份实质上已发生了变化。土著也被迫接受现实，和流民共处一地。流民和土著之间的矛盾，已不再引起大规模的武装流血冲突，但还是残留在心理、文化、风俗习惯等方面，形成有着各自身份认同的两大集团，构成赣南社会一个重要的地域文化特征。

---

① （清）林诜□：《新编十甲记》，见乾隆《定南厅志》卷七《艺文下》。
② 《康熙三十五年编审均粮记》，见康熙《上犹县志》卷十《艺文志·文》。

第四节 宗族与国家认同

明中期以来的赣南社会，一个重要的特点就是宗族组织逐渐出现，并成为地方社会重要的中介组织和力量。明中期主要是土著进行着各种创立宗族组织的努力，随着清初大量流民在赣南定居下来，流民也开始逐渐建立宗族组织，大量宗族组织的出现使宗族聚居现象成为清中期赣南社会的一个重要特征。关于赣南宗族的发展阶段及特征，饶伟新已经有过论述。根据他的研究，赣南宗族大致经历了三个历史发展阶段，即明代的初步发展、清前期的普遍成熟发展、清中叶以来同姓联宗的新趋势。① 饶氏的论述基本上反映了明清以来赣南宗族的发展过程，下文重在揭示赣南宗族的发展历程与赣南地方社会的国家认同之间的关系。

至迟在正德、嘉靖年间，赣南即有家族开始兴建宗祠、编修族谱。生活在此时期的南安府士大夫刘节写过不少族谱和宗祠的序跋、记文。由于礼制方面的原因，修建宗祠在当时还属开风气之举。刘节记许氏大宗祠建立时议论说：

> 吾邑城西许氏，巨族也。……自昔称族大者，以谱牒为先，祠祭为重，夫岂徒哉！许氏之族，宗系传流，吾邑先达澄江太守蒋公尝修之，祠堂祀事则未建也。岂非乏人为之倡哉？……邑人相传，以为盛事。……古者国君下至命士，皆有祖庙，凡营居室，宗庙为先。自秦坏先王典礼，庙遂废矣。汉世公卿或作祠于墓，

---

① 饶伟新：《明清以来赣南乡村宗族的发展进程与历史特征》，见罗勇主编：《"赣州与客家世界"国际学术研讨会论文集》，291～298 页，北京，人民日报出版社，2004。

晋以后稍复庙制，唐公卿皆作家庙，五季庙复废。宋庆佑初，诏文武之臣作家庙，时士大夫溺于习俗，安于简陋，作者甚鲜，大儒朱文公以庙非赐不得立，遂定祠堂之制。礼以义起，重水木本源之念，伸追远报本之诚，可以万世通行而不废者也。祠之建，不亦重哉！许氏当人心涣散，礼衰俗薄之余，乃能惇仁尚礼，协谋重义，创此无前之举，可谓才□智识，拔出流辈者矣。予何言哉，夫祠必有祭，祭必有燕，合一族之人，群萃祠堂之中，所重者立宗法也。宗法立而后祭有主，祭有主而后燕有序，敦睦之风油然兴矣。①

从文中"邑人相传，以为盛事"及"创此无前之举"的说法可以看出，此时修建宗祠只是少数家族做的事。

在礼制上，品官建家庙才合法，庶民并不能建家庙，因此，为建家庙而附会名流大宦，是一股时令潮流。② 这从刘节所写的大量的族谱序跋中可见一斑。试举一例：

蔡氏族谱何？……宋宗正居中，蔡氏闻祖也，居高州自宗正始，是故重其地重其祖，重其所从始也。宗正生千一郎，千一郎生挺。挺，宋城人，知南安军，植松大庾岭为行者庇，其泽可知也。南康，南安隶邑，高州，南康胜地也。千一郎者，挺之子也。挺官于郡，家其子于邑也。意者挺德洽齐民，去而留其子家焉，慰民思也。抑亦挺尝调虔州推官，既知南安，复提点江西刑狱，

① （明）刘节：《梅国前集》卷二十五《贺许氏大宗祠成序》，见《四库全书存目丛书》集部第 57 册，519～520 页，济南，齐鲁书社，1997。
② 参考科大卫、刘志伟：《宗族与地方社会的国家认同——明清华南地区宗族发展的意识形态基础》，载《历史研究》，2000（3）。

提举虔州监。虔接壤南康，江西则都会也，挺久宦兹土，择山川
风物之美居之也，是故一再传而有宗正世其家也，国史郡乘可考
而征，征则信，信则传矣。①

北宋时在赣南进行盐法改革的蔡挺，成了南康蔡姓的祖先。有意思的
是，为当时人写过许多类似的族谱序跋的刘节，对这股附会名流大宦
的潮流持的是批评态度。他这样解释自己家族"不族"的理由：

> 大庾之刘，居城内外河之南北无虑百余家，然多不族，虽籍
> 同里□□□□□族称也。吾庾当五岭要冲，末世□□兵其间，
> 忠臣孝子义士烈妇女尚不可考，况族乎？谱牒散逸，人民之还集
> 无几，刘最庶，尚尔，他可知已。然而不族者，前无征，出于传
> 闻比附或不实，势趋利结籍声华权贵，无相亲睦之意，礼族而义
> 则不族，面族而心则不族，始虽依依，终则途人弗如。与其族之
> 匪良，孰若不强族之愈也，故皆不族。风俗之正，先王遗泽不泯，
> 士君子振作表励之功不可诬也。②

刘节需要解释大庾刘氏"不族"的理由，反过来正说明当时"族"风
之盛。刘节批评的是"出于传闻比附或不实，势趋利结籍声华权贵"，
结果"礼族而义则不族，面族而心则不族"的比附风气。不过，这股

---

　① （明）刘节：《梅国前集》卷十九《高州蔡氏族谱序》，见《四库全书存目
丛书》集部第 57 册，413 页，济南，齐鲁书社，1997。
　② （明）刘节：《梅国前集》卷三十二《刘氏族谱跋》，见《四库全书存目丛
书》集部第 57 册，638 页，济南，齐鲁书社，1997。

攀附名人的风气，使我们看到了当时赣南社会"士绅化"的趋势。①
这股风气和前面所讨论的造风水、兴科举一样，都应放在明代赣南地
方官大力推行具有"正统"意义的礼法制度的过程中来理解，可视为
国家"正统"观念在地方上的影响扩大的表现，也可视为地方社会中
"国家"认同的一种表达。②

　　明代也出现了少数士绅垄断宗族的现象。以宁都三魏的魏氏宗族
为例，明末魏氏设有宗子，"公（指魏天民——引者注）所注意者，在
尊祖睦族，其首重者宗子"，同时，"轮管祭产，只可照房分，不可序
长幼"。魏天民富甲宗族，自己出钱修七世祖祠，实际上在族内事务中
已经居于主导地位，但族人对其行为仍有较大的制衡力量：

　　　　公七世祖祠未立，每岁值祭者，递迎主置于家。公奉私宅一
　　　区，出重费修造，请以为祠。勿悦者多方尼其事，公日下气陈乞
　　　始成。当修造时，为簿记所费，诸子问曰：吾自用吾财，何记为？
　　　公曰：吾岂敢独为祠，他日诸宗钱便以入，我得按簿收耳。③

明末的动乱使魏氏宗族受到沉重打击，在乱后重建宗族的过程中，个

---

① 郑振满认为从宋到明有一个"宗法伦理庶民化"的过程，科大卫、刘志
伟则认为，"宗法伦理庶民化"的过程也可以理解为庶民用礼教来把自己士绅化，
附丽官僚身份、攀缘名人正是其体现。参考郑振满：《明清福建家族组织与社会变
迁》，159～165 页，长沙，湖南教育出版社，1992；科大卫、刘志伟：《宗族与地
方社会的国家认同——明清华南地区宗族发展的意识形态基础》，载《历史研究》，
2000（3）。
② 科大卫、刘志伟认为，明清华南地区宗族组织的发展是宋明理学家在地
方上推行"教化"，建立起正统性国家秩序的过程和结果。参考科大卫、刘志伟：
《宗族与地方社会的国家认同——明清华南地区宗族发展的意识形态基础》，载
《历史研究》，2000（3）。
③ （清）邱维屏辑：《魏征君杂录》，见（清）林时益辑：《宁都三魏全集》
集首，道光二十五年本。

人的力量逐渐突出：

> 庚寅县城破，吾魏自大宗以下，祠祭醮墓礼悉废阙。先征君
> 独倡诸宗人修复之，念非翁，无与助理者。乃折束招翁归故里。
> 翁归日与先征君同心经营，自大宗以下，祭醮礼悉复，次第秩然，
> 过承平时。……征君病笃，翁日来省视，弥留执翁手，以祖祠未
> 竟事相属曰：弟方强健，性爽直，足服众，其勉为之。于是宗人
> 大小事咸走属翁，翁亦毅然任之，劳苦怨责不辞也。……时翁家
> 骎骎起复其故业，而更为大小宗，拓祭田、义仓，修祖祠之废坠。
> 始祖之祖父墓在广昌，二百年不祀，翁出私田百余石供冬至祭，
> 宗人皆服焉。大宗谱二百年未修，翁称征君遗言，命季弟礼独秉
> 笔，礼行，卑宗人有不便，欲相龃龉者，翁辄憪然出声色直之，
> 得不挠。……禧谨志其大略，再拜而铭之曰：自吾父之亡也，祖
> 庙之事，翁实代之，自翁之亡而代之者谁乎？①

文中的"翁"即魏天民的弟弟魏纯臣。在明末重建魏氏宗族的过程中，
他和魏天民起了关键的作用，逐渐对宗族事务有较大权力，即所谓
"卑宗人有不便，欲相龃龉者，翁辄憪然出声色直之，得不挠"。

明末社会动乱加剧，赣南宗族聚居的现象也增加了。特别是明清
鼎革之际，寨居现象相当普遍。顺治《定南县志》记载：

> 民惟力耕，不事他技，轻生好斗，勇悍相角。……近苦于粤
> 寇，筑土墙为围寨居之。②

---

① （清）魏禧：《魏叔子文集》卷十八《从叔父笃辈翁墓志铭》，见（清）林
时益辑：《宁都三魏全集》，道光二十五年本。
② 顺治《定南县志》卷二《舆地·风俗》。

清初时人有诗曰：

> 明季群凶乱天纪，乡寇充斥经多时。先人播荡遭其厄，举族遁匿多惨凄。……土墙石城相守望，至今旧址犹留遗。[1]

图 4-2　比较标准的赣南围屋

会昌县吴一赓回忆明末寨居情形时说：

> 崇祯中，先祖熙贞公……既筑室，又语家人曰："……然天下之乱方始而未能骤平，屋东南隅旧寨，不可废也。"家人于是承命修筑之。……回忆顺治戊子之变，迄于康熙丙辰，兵寇相仍，乡城之死于乱者，不知凡几。而予家举得无恙。……寇乱时挈家居其上，日间又得耕寨下左近田，朝夕之给不匮。[2]

---

①　（清）宋光国：《二崖先生文集》卷上《游牛胜金牛杉二寨示族子惟瑜》，见（清）宋昌图、宋华国、宋光国：《三宋先生文集》，道光十七年本。
②　（清）吴一赓：《响涛山房记》，见同治《会昌县志》卷三十一《艺文》。

图 4-3　聚族而居的赣南村落（乌石围鸟瞰）

寨居者并非都是同族之人，但整个宗族聚居往往是人们的选择。如长宁县：

> 长邑孤悬岭外，水独南流……时有粤警，是以邑之世家大族皆结寨自固。①

上述记载可证诸族谱。长宁县《曾氏族谱》言：

> 宗明公，字绍唐；宗钦公，字绍中。席祖业，一创三坑寨屋一所；一创平头寨屋一所。维时警于丁亥之变，作室极为坚固，周围墙如城垣，四面走马楼、垛子眼，可以瞭望、施铳爆，引级道，一人捍御，万夫难攻，虽经年可以坚守。三坑寨尤为险固，平头寨乾隆庚子年七月大水颓，南隅今废。②

---

① （清）吴双：《蓝氏启文书院序》，见光绪《长宁县志》卷四《艺文志·序》。
② 《江西省赣州府长宁县圹田曾氏三修族谱》卷首《人物传》，上海图书馆藏光绪二十七年本。

平头寨在乾隆年间被毁，可能和当时社会环境相对安定有关。

动乱时期聚族而居的结果，是宗族成为防御性的军事化组织，其最典型的表现，就是赣南南部出现的"围屋"的居住形式。据学者研究，赣南的围屋出现于明末清初，是集家、堡、祠于一体，具有严密防御体系的炮楼。① 在宁都，则出现建祠于城的现象。道光《宁都直隶州志》记曰：

> 州城祠宇，视他郡县为多。盖东南近闽、广，西北与抚、建、吉安交界。当明季时，山贼窃发，不能村置土堡，建祠于城，为避寇计也。然昔之建祠于城者，必种树，恐无薪也；必掘井，虑乏水也；必造仓，可预积谷也。②

明末清初赣南名士魏禧的父亲魏天民，把建祠城中的目的讲得更加清楚。他说：

> 建祠宜在城中，兼作书房，种树掘井，造仓其处。盖子孙在祠读书，小敝则见而修理，在城则缓急可以避寇。有树不患无柴，有井不虞乏水，有仓可预积谷，诚长便之计也。③

----

① 参看万幼楠：《赣南围屋与围屋背景》，载《客家研究辑刊》，1997（1）。对于赣南明中期以来乡村围寨大量出现的现象，饶伟新有过论述。他认为，由于险恶的地理生态环境和长期的社会动荡，赣南形成了广泛和持续的筑寨建围的活动。伴随着乡村围寨的构筑和乡族武装力量的崛起，赣南乡村乡族势力不断发展，这一过程展现了赣南乡村聚落的宗族化与军事化。参考饶伟新：《明清时期华南地区乡村聚落的宗族化与军事化——以赣南乡村围寨为中心》，载《史学月刊》，2003（12）。

② 道光《宁都直隶州志》卷十一《风俗志》。

③ （清）邱维屏辑：《魏征君杂录·附录析三子析产后》，见（清）林时益辑：《宁都三魏全集》集首，道光二十五年本。

可见，宗族已经成了避寇的组织。图 4-4 虽然是清代的宁都直隶州地图，但是，仍然可看到州城中有很多姓的宗祠。这部分说明魏禧之父所言非虚，也表明建祠于城一直是清代赣南的惯常做法。①

图 4-4　清代宁都州城图

图见《（宁都）温氏族谱》卷首，上海图书馆藏光绪三十四年本。

---

①　必须说明的是，晚清赣南出现了一股联宗的热潮，参考饶伟新：《明清以来赣南乡村宗族的发展进程与历史特征》，见罗勇主编：《"赣州与客家世界"国际学术研讨会论文集》，291～298 页，北京，人民日报出版社，2004。图 4-4 所展示出来的州城中有大量宗祠的现象也可能是联宗的结果。但是，联系魏禧之父的说法，还是可以肯定清初宁都州城中有大量宗祠的事实。

明末清初，宗族组织已在赣南地方社会生活中扮演了重要的角色，承担着许多"教化"的职能。康熙《赣县志》回忆说：

> 在有明，子弟间有游惰争议者，父兄闻而严惩之，乡党见而耻辱之，且六乡多有宗祠，同族争竞，则赴祠鸣鼓投控，尊长处断立散。若异姓争竞，则修书问及订期，尊长择读书子弟整肃衣冠，张盖登门，名曰讲礼。①

身为魏天民之子的魏禧对这一过程中宗族的作用有深刻的体会：

> 禧性愚陋，不能博涉古典，而于古先圣王之制，如始死之后祭之为尸，庶人不得祭二世祖以下，继统者必继宗，为人后者以伯叔称其本生父母，诸如此类者，窃以为未宜。而与同时儒者议论往往龃龉不合。禧自分学疏，行谊阙然，非足与于议礼之列，故不敢橛然特著之文辞，以与天下相质是。然而重宗子合族收族诸礼，则尝见先征君亲讲求而躬行之，虽未能尽合古法，其意固已不相刺谬。……禧尝以为天下之治，必兴小学而重族法。所谓族法者，非徒别其昭穆尊卑，收其散，合其疏也。盖族必有师，而宗必有长，长以齿与行，而师以贤族之子姓，毕听命于一二人，其或有争，必听断于族，族不能断，然后讼于官，大不率至败伦伤化者，则族师聚众而杀之无罪。吾宁之北乡姓聚族而居，其族法尚有存者，子弟为盗则族长鸣鼓于宗庙，众执而纳诸笼中，以投于河。盖人之善恶虽谬巧，未有能遁其宗族者。孝弟凶逆之与否，贫富之力，守分非为之殊能，自幼壮至老死，族之人无不习，

---

① 康熙《赣县志》卷三《舆地志·风俗》。

而又以其族之父兄，各治其子弟，用力篢，核实精，而收功速。诚能举行此法，则小可以简郡县之讼，大可渐次行乡举里选之政。①

根据理学观念建立起来的"族法"成了规范宗族成员日常生活的准则，甚至具备了一定程度上的对族人生命和财产的强制措施，宗族最终成了"国家"统治在地方社会上的象征和重要环节。而宗族组织在地方社会上影响的扩大，也是自宋以来地方官和二大夫推行"教化"的结果。

随着清初动乱的平息和社会环境的相对稳定，赣南普遍开展了建宗祠、修族谱、制定祭祀制度、置办族产等一系列完善宗族制度的措施。这从魏天民的另一个儿子魏礼所写的《家谱则例》中可看出：

> 一、开载公产凡祭祀，一坛首列祭位，次祭产，次里役、义仓、赡学诸产，皆详载土名、邱亩（如造黄册式，邱角俱详载）、粮数、租数及税业等项，本坛条约即各附其后，使易于观览，便于遵依。……
>
> ……
>
> 一、严行罚例祭产所以奉祖宗，里役所以供朝廷，义仓所以厚子姓，三者均为要务。至于里役，尤属重大，一不得当，则下累子孙，上累祖宗。今俱定有成法，宜悉心共守，时常依例查核。傥有侵犯诸条约内所明诫者，公众并力严刑，勿使开端，方足以保永久。学田以砺读书子孙，总宜永守祖宗德意。（常年清明祭日，公举子姓二人，管收冬至清明祭租。……若差粮怠缓者，里

---

① （清）魏禧：《魏叔子文集》卷八《万氏宗谱叙》，见（清）林时益辑：《宁都三魏全集》，道光二十五年本。

长经催注其名字，出官追纳。祭祀不如期者，合族子姓奉祖宗神主坐催公罚。如强悍不遵者，公众经官治以灭祭不孝之罪。但管收须合族公举历练笃实之人，不得嘱托徇情签点。……本族微有赡里之田，积待十年，人事变迁，每难清刷。……予因修谱，思求不敝善法，为割祭产之有余及昔赡里田与族人义助之田，合立义仓。……公点历练子姓二人，管收里役义仓租税。……又循例向各佃转批，将此项银钱凑用。合族公推诚实能干子姓承充。……凡本族有田粮之家，任凭屯入本甲，协护里役。寄粮一石者，常年照众量帮递年工食。若至现年里长经催，募人工贽，悉是祠众给与。……)①

魏氏宗族拥有一定数量的公产，其管理权转到"公点历练子姓二人""公推诚实能干子姓"的少数人手中。魏氏宗族管理了祭祀、里役、义仓等社会生活中的重要事务，表明宗族已是社会生活中的重要组织。再引一例如下：

吾六世祖禧太生男长雍公、次义公，两房子孙迁居绵江池口，于康熙年间派丁闻起，禧太公堂以为秋祭生息买田且将近百。迨雍正间，创造祠宇，将田卖用，未得成功。至乾隆三十三年，修祠进牌，祭产罄完，每年供祭，闻丁难赡。备思春露秋霜之时，木本水源之难忘，于三十七年清明仍属雍公、义公两房人等邀集各捐精谷一桶，起回公堂，定限清明日开祠祭祀，则远近嗣孙庶无参差。其银钱任众选举殷实之人收放，不许轮流争管。领管首事的限祭日，银钱一旦付出，毋得推约生变，如若遇期不付，合

---

① （清）魏礼：《魏季子文集》卷十六《家谱则例》，见（清）林时益辑：《宁都三魏全集》，道光二十五年本。

众据其家业田产以归公偿。恃强不遵，送官法究，不许入祠。日后有分之人，借公堂银钱，断断不容，所以败溢公堂之根源皆由嗣下之人拖欠，延年月久，不能辨还，一日思平，一日思拆，难保久安长策无虑，凡我同人，务宜同心竭力，永为孝亲，为以万世不朽之名。

时乾隆三十七年岁次壬辰季春月谷旦①

上引文中的瑞金邹氏雍正年间就创设了祠堂，乾隆三十三年（1768），祭产用完，祭祀经费出现了困难，于是有人倡议每人捐精谷一桶，用于清明公堂祭祀。从上面所定规则来看，以上约定是有强制约束力的。

根据郑振满的研究，最迟至明中叶，家族组织已直接与里甲制度相结合，演变为基层政权组织。郑振满认为，明清时期的国家统治体制，经历了从直接统治向间接统治的转变，体现了"基层社会自治化"的倾向。② 明清时期赣南宗族组织的发展也体现了这一历史发展趋势。清代的赣南，几乎每个宗族都会在家规中强调国家赋役的重要性，并且以整个宗族的力量来保证国家赋役能够按时缴纳，宗族组织成了国家与地方社会的重要中介力量。同时，宗族组织的演变也和赋役制度的变化紧密联系在一起，形成基层社会复杂的赋役征收流程。③ 例如，信丰县基层负责征收赋税的催书（里长）和宗族之间就呈现出复杂的对应关系。道光年间，该县刘氏宗族内部奉本堂和世恩堂之间为了哪

---

① 《瑞金承一池口上马石邹氏三修族谱》卷十三《公堂丁名合同》，上海图书馆藏 1922 年本。

② 郑振满：《明清福建家族组织与社会变迁》，242～271 页，长沙，湖南教育出版社，1992。

③ 刘志伟认为，清代图甲制下"户"的构成及其变动，实际上是清代宗族组织分化和重组的一种折光。刘志伟还讨论了清代图甲制下的赋役征收流程。参考刘志伟：《在国家与社会之间——明清广东里甲赋役制度研究》，258～275 页，广州，中山大学出版社，1997。

个房应该担任催书而产生了纠纷。为了证明奉本堂从来没有担任过催书，奉本堂子孙追忆说：

> 国朝厚泽深仁，缓征薄敛，闻各州县催科概责徒差，未尝另设催书各色。惟吾信丰甲差之外，复有各户里长，盖统一邑而分为东合、文蓝、巫锦，西七里，各十甲，甲置长，号曰里长，亦曰催书，管其本甲之粮若干名，报其额于官，按户催完。大率合数姓而同其户，不必尽数姓而皆管其粮，即同姓中亦有彼支当催书，而此支不当者。①

所谓"大率合数姓而同其户，不必尽数姓而皆管其粮"，表明清代赣南可能是几个宗族共用一个户籍，负责征收赋役的里长也和宗族没有直接对应关系。但是，奉本堂子孙需要向官府解释催书的担任和宗族本身并无直接对应关系的事实，这反过来说明，宗族在承担赋役方面是非常重要的中介组织。

事实上，清代前期赣南已经普遍出现宗族聚居现象，宗族成为非常重要的地方基层组织。② 以宗族为基本单位承担赋役是自明以来赣南社会发展的一个总体趋势。一个较为普遍的做法是，整个宗族设立相当数量的公产，以公产的收益来保证国家赋役的完纳。这在前面所引魏礼的家礼中已经有严格的规定，现再举赣南南部信丰李氏的例子佐证之。《树德堂李氏族谱》记曰：

---

① 《信丰刘氏十四修族谱·文四房捏报催书讯实免充记》，144～148 页，上海图书馆藏 20 世纪 90 年代修本。

② 参考饶伟新：《明清以来赣南乡村宗族的发展进程与历史特征》，见罗勇主编：《"赣州与客家世界"国际学术研讨会论文集》，291～298 页，北京，人民日报出版社，2004。

里役租，训子孙，以急公也。先人既立户籍，复拨田租，其为计也深，其为虑也远，按谱籍得议所载，曾拨田租承纳粮差，豫时完缴，可谓美矣。世远年湮，聚而复散，所存者，惟润芳公派下经、智、郁三公，润永公派下贵、义二公，已膳窖岭等处田租三十石，仅为芳、永二公房下值年之费。轮至福宗公子孙值年当役，伊房另给公帮费。其窖岭田租仍归芳、永二公子孙收管。厥后经、智、郁、贵、义五公子孙，复将膳租，每分收管六担，由义公子孙卖去六担，里役难充自此始矣。初信邑旧规，每里每甲无论粮多寡，十年轮环出力公役差费，以致粮少者受累。

康熙三十三年，县令将各里粮石均分，我蓝九户原粮颇多，均出别里，止存粮二十七石有奇，里役更难承受矣。至康熙四十七年，芳、永二公子孙，仍将前租合并，止得二十四担，值四房充当之年，收是租，以帮其费。如是者有年，积久弊滋，租息日渐歉薄。夫食浮于事，固易以启私事，冗于食，亦难以急公。

迫乾隆三十八年癸巳，约议再将润芳公祭典余资捐钱三十千文，存贵公子孙捐钱三千文，典值田亩，每千文纳利燥净光谷三十斤。越十年甲辰，福宗公房琳公子孙捐租二石，瑄公子孙捐租二石，光清捐租四石。未几，福宗公子孙将所捐租担卖去，仍将租价转买焕彩兄弟石禀大坑里拦陇丘上下六丘、左边排上兼路二丘，共计萝担八个，每年纳利燥净光谷四百斤。自是福宗公子孙与经、智、郁、贵四公子孙递轮管理，其值年当役者，将前新旧租利，并归收掌。若值九甲现年，所帮柜上费钱，永远额定二十四串，各房分理输纳，分收租利亦如之，则私意无所启，而公务可以急矣。后之催输，子孙仰体朝廷正贡，与祖宗计虑深远，庶几早完国课，永享乐利矣。若均粮以后，我李明户内增入粮数，清载粮册，其编审详晰，专责轮年里长，故并志之。

时乾隆五十九年甲寅仲秋月吉旦①

由于对李氏宗族的具体情况尚未进行深入了解，上文还有许多不很清晰的地方，但是仍可清楚地看到历代李氏宗族为了应付国家赋役所做出的努力。按照该族谱的说法，信丰惯例是"每里每甲无论粮多寡，十年轮环出力公役差费，以致粮少者受累"，也就是说无论粮多粮少，都要轮流承担同样的里役，以致粮少者负担过重。② 李氏为了按时完成里役，至少做出过三次努力：第一次，"先人既立户籍，复拨田租"，即其祖先在设立户籍的时候就首先考虑到了设立专门负担赋役的公田，但是，由于世久事湮，只有润芳公和润永公两房存有一部分应付赋役之田产，其宗族的另一支福宗则出钱来承担赋役，后来润永公名下义公子孙卖去部分田产，导致"里役难充自此始矣"③。第二次是在康熙三十三年（1694），该年信丰县按里均分粮石，李氏所在的蓝九户④"原粮颇多，均出别里，止存粮二十七石有奇，里役更难承受矣"，由于信丰的惯例，粮少者里役负担重，所以，李氏里役负担较重，于是在康熙四十七年（1708），芳、永二公子孙将前租合并，收其租"以帮其费"。第三次是在乾隆三十八年（1773），福宗公子孙与芳、永二公

---

① 《（信邑庄溪）树德堂李氏族谱·记·左溪里役租记》，上海图书馆藏 2001 年本（该书页码有误）。

② 笔者不太明白这一惯例的制度背景，猜测是此时所谓"公役差费"乃"一条鞭法"改革之后的额外加征，所以并不按田亩加派，而是按里甲均分。而在"一条鞭法"的改革方向下，通常粮多者田产多，粮少者则田产少，所以，粮少者里役负担更重。

③ 此时可能尚未进行"一条鞭法"改革，故祖先所立田租估计包括了一切赋役在内。

④ 颇疑此处的"蓝九户"为"蓝九里"之误，因为此文后面提及李氏的户名为"李明"，而从逻辑上来看，只有读为"蓝九里"才比较通顺。

子孙分别合并新产和旧田，其租利交给轮值之房以承担宗族里役，算是基本解决了问题。

信丰李氏族人之所以想方设法共同承担赋役的关键是，他们共用一个户籍，而户籍是和国家赋役负担联系在一起的。当然，前面已经论述，宗族与户籍之间可能呈现非常复杂的关系，并不是简单的一个宗族共用一个户籍的模式。不过，联系清初大量流民进入赣南并获得户籍逐渐定居下来的事实，我们仍然可以说，大约至清中期（18世纪），宗族都是主要的赋役承担单位。事实上，宗族不仅在赋役交纳方面，而且在社会救济、乡村教育等方面都发挥了相当大的作用，基本上体现了"基层社会自治化"的倾向。① 宗族与国家赋役制度之间的密切关系，郑振满和刘志伟等学者都有了精深的研究②，在这里对赣南的相似情况进行分析，只是想通过以上论述说明，经过明末清初的动乱，大概至清中期（18世纪），赣南地方社会的各种势力基本被纳入了国家统治体系之中，成为缴纳皇粮国税的"编户齐民"。宗族组织在赣南普遍出现并成为国家赋役征收的重要中介组织，就是对这一事实最好的说明。

最后，要说明的是，以宗族组织为核心的乡族势力的发展，必然造成"乡族械斗"之类的事件不断发生，从而影响和威胁到地方社会秩序。③ 饶伟新曾经考察了乡村围寨和乡族武装力量的兴起，认为这

---

① 可参考饶伟新：《生态、族群与阶级——赣南土地革命的历史背景分析》，114～127 页，博士学位论文，厦门大学，2002。

② 参考郑振满：《明清福建家族组织与社会变迁》，长沙，湖南教育出版社，1992；刘志伟：《在国家与社会之间——明清广东里甲赋役制度研究》，广州，中山大学出版社，1997。

③ 关于清代赣南的乡族械斗，参考饶伟新：《生态、族群与阶级——赣南土地革命的历史背景分析》，138～144 页，博士学位论文，厦门大学，2002。

一过程展现了赣南乡村聚落的宗族化与军事化。① 这一论断揭示了明中期以来赣南地域社会宗族发展与社会动荡的事实，但是，赣南地方社会的军事化并非长期趋势。清中期的赣南社会比较安定，已经不再是官府眼中的多事之区了，军事化可能只在部分地区出现。乾隆七年（1742），皇帝颁布谕旨：

> 章隆前任广东左翼总兵官，有人奏其办事因循，不胜要地总兵之任。朕是以降旨，令其来京。因赣州尚属内地，事务较广东为简，是以将伊补用。但伊年力就衰，才具平常，恐不能振作，废弛营伍，其尚可办理镇臣事务与否？著德沛留心试用，据实陈奏。②

乾隆皇帝认为赣州属于内地，军事活动"较广东为简"，故以"才具平常"的总兵补赣州总兵之职，这说明赣州已经不是朝野上下关注的军事重地了，也从一个侧面说明赣南社会在清中期相对安定。

晚清，赣南又开始进入新的一轮动乱。值得注意的是晚清动乱有比较明显的区域差异。具体说来，在开发较晚的南部山区（主要是指桃江流域的信丰南部、龙南、虔南、定南、长宁、安远等地）和西部的崇义等地，由于地理环境和历史因素，有清一代，盗匪问题相当突出。光绪年间一位负责到赣南剿匪的地方官的报告就注意到了这种区域差异，其文曰：

---

① 参考饶伟新：《明清时期华南地区乡村聚落的宗族化与军事化——以赣南乡村围寨为中心》，载《史学月刊》，2003（12）。

② 《高宗纯皇帝实录》卷一百七十四，见《清实录》第 11 册，235 页，北京，中华书局，1985。

敬禀者窃南赣一带地居边要，与湘、广、闽三省毗连，乱山丛杂，素为匪出没之所。……职道观虔，大率强悍成风，懒惰成性，工作诿之妇女，男子则半困于赌，半困于烟，视为固然。而以南安府之崇义、大庾，赣州府之信丰、龙南、虔南、定南、长宁、安远、会昌九属为最，九属中又是以龙南、虔南、安远、会昌为最。①

上述所谓"九属"中除了崇义、大庾、会昌之外，"信丰、龙南、虔南、定南、长宁、安远"都地处赣南南部。南部山区有清一代盗匪问题如此严重，乡族力量的壮大和国家统治力量的相对薄弱显然是重要的原因之一。不过，我们注意到，上文中所列之盗匪问题最严重的区域基本上是山区，都是自明以来开发比较晚，接受国家正统"教化"比较晚的区域。这一事实，显示出区域社会的"国家认同"观念与地方动乱之间的密切联系。

---

　　① （清）江毓昌：《江西南赣禀帖》上卷《查办虔南边匪案办善后事宜及赴龙南日期禀》，浙江省图书馆藏本。

第五章　个案的考察

　　通常认为，赣南是个客家地区，可以说，客家文化是赣南地域文化的基本特征。那么，赣南地区如何在漫长的历史变迁中，形成了具有自身地域特色的客家文化呢？本书无意讨论客家问题，只是想从地域社会历史变迁入手，来探讨 12—18 世纪赣南如何由一个"烟瘴之地"演变为后来人们所公认的客家文化地区。本书选择了两个地域作为个案来回答上述问题：一个是赣南西部的营前镇；一个是赣南南部的龙南关西围。营前镇不仅有从宋到清初的不间断的史料记载，而且历史上土客冲突十分激烈，是公认的具有强烈客家文化色彩的地区；龙南关西围体量宏伟，气势非凡，是客家文化的典型象征，其历史发展过程同样值得探讨。

第一节　"峒寇"、土著与流民：宋至清初营前地域社会变迁

　　营前镇位于上犹县城西面 77 公里，南接崇义，北接遂川，东邻湖南桂东，西连上犹平富、五指峰乡。在行政区划上，"营前"指的是现今上犹县营前乡所辖范围，本书所称"营前"基本上只指营前盆地，包括营前圩及其周围的地域。旧时营前圩及其周围是一片低洼盆地，四周则是湘赣边界的万山深壑，上犹江（当地人叫云水）从中流过，

1949 年以前可通帆船至县城。中华人民共和国成立后，老营前圩由于地势低洼，被放水淹没，成了发电水库。营前镇也就搬到了今天的位置。作为一个赣南西部边界小镇，营前有文字可考的历史可追溯至南宋，而且一直到清代，关于营前的史料不绝于书。如此连续的历史记载，使我们得以通过梳理营前历史，更具体而微地了解一个赣南聚落在 12—18 世纪的变迁史。

一、"峒寇"与书院：宋元营前的历史

营前古称太傅圩，相传唐末虔州节度使卢光稠在营前建兵营，因卢曾被赠封为太傅，故此地称太傅营，圩场为太傅圩。光绪《南安府志补正》载："太傅营，在县西北一百里，唐时里人卢光稠建营于此，宋初赠太傅，故名。"[①] 卢光稠是否曾经在营前建兵营已不可考，但是，有一点是肯定的，就是营前由于地处湖南和江西交界处，又和崇义接壤，地势险要，历来是兵家控扼上犹西北之要地。嘉靖《南安府志》有如下记载：

> 犹（指上犹——引者注）之疆域……溪峒广袤而邑落其中，民以山深而俗淳，亦以山深而穴寇。唐天祐乙丑，犹人卢光稠知虔州，黄廷玉补使院，议创上犹场。……自创场迄今三百四十五年之间，群凶寇三乡良民五十有三，而犯邑者十五。唯绍兴壬申邻寇乱境，邑令王同老谓居民非有根而难拔，何苦累其家而听其害，许乡邑之民自便奔于虔。寇平民归，不过火其庐而人物如昨，令喜，倡民起梁栋于煨烬……嘉定己巳，疋袍陈葵反，本路孙通

---

① 光绪《南安府志补正》卷三《古迹》。

判咎犹字有反犬文，壬申改为南安县。①

从上述记载可看出，南宋时上犹是动乱相当频繁的地方，以至于知县下令乡民不必抵抗，听任县署被贼焚为灰烬。还因为嘉定己巳（1209）疋袍陈葵反，嘉定壬申（1212）上犹改名为南安。

上文中的疋袍就在营前附近，是个相当重要的军事要隘。光绪《上犹县志》记曰："疋袍隘、卢阳隘、峒头隘、平富隘、石溪隘，俱在村头里。"②"村头里"就是营前，从后面的论述可以看出，明清时营前本地人多以"村头里"指称营前。另，查今天的《江西省上犹县地名志》，没有"疋袍"地名的记载，但从图5-1和图5-2中却可清楚地看到疋袍隘位于营前盆地周边山地中。

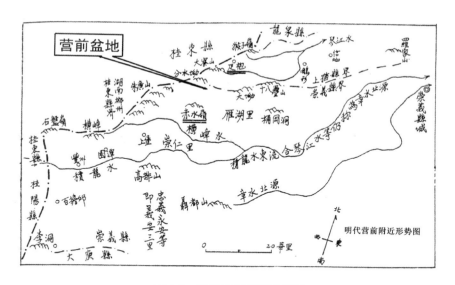

图5-1　明代营前附近形势图

本图在陈森甫《宋元以来江西西南山地之畲蛮》［载《台湾编译馆馆刊》，1982(4)］"桶冈洞附近形势图"的基础上改编而成。

---

① 嘉靖《南安府志》卷十五《建置志一·公署》。
② 光绪《上犹县志》卷七《兵防志·关隘》。

图 5-2　清代营前城图

图取自光绪《上犹县志》卷首《绘图》。

由于史料阙如，嘉定己巳年陈葵反叛的原因，我们已不得而知，但可以确定的是，嘉定年间营前及其附近地区是"峒寇"出没之地（参考本书第二章第三节）。陈元晋的《渔墅类稿》有记载曰："南安峒中前是赤水疋袍之民，凭负险阻，怙终喜乱，然非六保水路诸峒之人与之附和，亦不敢轻有动作。"① 所谓"赤水疋袍之民"，大概就是今天营前附近能确知的最早的居民。赤水，今已不知所在，但是，它一定是在营前附近，或者就是营前的另一个称呼。根据李荣村的研究，赤水峒在上犹县的西境，靠近湖南桂阳县的地方②，而符合这个条件的地方非营前莫属。嘉靖《南安府志》有记载曰："（元大德壬寅）簿尉刘彝训抚安赤水新民，复起大傅书院为化顽之计。"③ 由前文可知，营前圩古称就是太傅圩。足见赤水和疋袍一样，都在营前附近。④

　　"赤水疋袍之民"就是南宋的"峒民"。本书第二章第三节已指出，从法理上来说，"峒民"就是"化外之民"，在事实层面上，"峒民"可能被官府编入户籍，成为处于"生"峒和官府之间的"峒丁"，也有可能完全被官府排除在编户齐民之外。《渔墅类稿》载："本司昨置太傅、石龙两寨，正在峒中平坦之地……寨兵不许承受差使，不许调遣移戍，专一在寨教习事艺。自立寨之后，十年之间，寇峒有所惮而不作。"⑤

---

　　① （宋）陈元晋：《渔墅类稿》卷四《申措置南安山前事宜状》，文渊阁四库全书本。
　　② 关于赤水峒的情况，可参考李荣村：《黑风峒变乱始末——南宋中叶湘粤赣间峒民的变乱》，载《"中央研究院"历史语言研究所集刊》，第41本，第3分，1969。南宋朝廷平定黑风峒叛乱后，在江西、湖南交界处设立了桂东县，所以，李文中所说的桂阳县应该就是今天的桂东县。
　　③ 嘉靖《南安府志》卷十五《建置志一·公署》。
　　④ 关于赤水峒的情况，可参考李荣村：《黑风峒变乱始末——南宋中叶湘粤赣间峒民的变乱》，载《"中央研究院"历史语言研究所集刊》，第41本，第3分，1969。
　　⑤ （宋）陈元晋：《渔墅类稿》卷四《申措置南安山前事宜状》，文渊阁四库全书本。

可见，由于"赤水疋袍之民"在南宋末年比较顽固地与官府对抗，官府在此已经设立了军寨专门弹压。比较值得注意的是，太傅寨设立在所谓"峒中平坦之地"，根据笔者对营前地形的了解，设立太傅寨的地方应该是老营前圩，即被龙潭水库所淹没的地势较为低洼之地。①

宋政府还在营前设立了书院，以"教化"峒民。《宋会要辑稿》中有如下记载：

> （嘉定）十三年八月二十六日，江西提刑司奏："江南西路提刑赵汝谱乞将南安县丞阙下部省废却，以俸给补助新创太傅、石龙两寨及太傅书院地基，并养士刘士聪等户役官田段等税赋。未委县丞俸给每岁若干，太傅、石龙两寨税赋若干，可以两相对补。本司契勘照得南安邑小事稀，官不必备。若减省县丞以补民赋，其钱米犹有赢余。损予县道以补逃绝失陷之租，如此，则荒残之邑，凋瘵之氓皆得以少抒，诚为两便。乞将见任人听令终满，下政别改注一等差遣。"从之。②

当时南安正在裁减官吏，理由是"南安邑小事稀，官不必备"，与此同时，却"新创"了两个军寨和太傅书院（亦作"大傅书院"）。军寨和太傅书院同时设立，当然是官府想通过"军事"和"教化"两种手段来加强对营前及其周边地区的控制。

军寨和太傅书院的设立，表明官府统治在动乱之区的初步确立。因此，可以说，南宋营前盆地的中心地带（即所谓"峒中平坦之地"）已经成为官府控制营前一带乃至整个湘赣边界的重心。

---

① 笔者曾于 1994 年和 2000 年两次进入营前进行实地考察。
② （清）徐松辑：《宋会要辑稿·职官四十八》，3484 页，北京，中华书局，1957。

不难想象，营前本地的土著之中必然有一些归顺的峒民成为官府所依赖的力量，从而接受正统的"教化"，成为当地有势力的家族。但是，目前尚无确定的资料显示这一点。根据族谱资料，营前最早的居民是陈、蔡两大姓。当地《陈氏族谱》载："兴祖……宋昭熙三年，由泰邑柳溪迁犹邑营前石溪都。"①《蔡氏族谱》亦载："我营城蔡氏则以起渭公为始迁祖……以宋季离乱，复自住歧徙上犹之营前。"② 又陈姓族人追述曰："吾乡名营前，里曰村头，陈蔡二姓卜居斯地，自宋末由元明迄清数百载矣。"③

姑且不论族谱资料记载是否可靠，至少在元代，我们可以看到蔡姓在当地活动的身影。元代和宋代一样，官府仍在一些不易"教化"之地兴建书院。例如，前述太傅书院在元代继续由官方重建，嘉靖《南安府志》载：

> 至元、大德间，县簿刘彝顺申复台省重修书院。时有吉水住歧人，姓蔡名璧字起渭者，侨寓于此。彝顺见其学行超卓，增中俊秀选而未任，遂举有司掌学务。而起渭亲构讲堂，崇饰圣像，训迪一方，子弟文风为之复振。延祐初，达鲁花赤杨伯颜察儿复营学田百亩有奇，仍举起渭司教。是时书院将倾，而起渭又衷资购材大加修葺。④

如前所述，太傅书院所在地营前自宋以来就是"峒寇"出没之地，元

---

① 《营前陈氏重修支谱（世德堂）·庆源图序》（不分卷），乾隆四十七年本。
② 《上犹县村头里营城蔡氏族谱》卷首《源流考》，1916 年本。
③ 《营前陈氏重修支谱（世德堂）·陈蔡嗣孙同撰序》（不分卷），乾隆四十七年本。
④ 嘉靖《南安府志》卷十七《建置志三·书院》。文中的"刘彝顺"在同书卷十五中作"刘彝训"。

代地方官如此热心在此地建书院，应当有更现实的通过"教化"来"弭盗"的考虑。文中的蔡璧即是营前蔡氏的始祖"起渭公"。《蔡氏族谱》记其迁来营前经过为：

> 我营城蔡氏则以起渭公为始迁祖，朔其所自，盖莆田忠惠襄公之苗裔也。传自衡道公，宦游盱江，因徙南昌之甲子市及铜川居焉。子节烈，授招讨司，从文丞相起义兵勤王，后徙居吉水住歧之下坊市。次子君瑞，生二子，曰玺、曰璧。璧公字起渭，以宋季离乱，复自住歧徙上犹之营前。起渭公经明行修举贡元。大德间县簿刘彝训，延掌太傅书院。①

这段记载，有附丽名人的嫌疑，把蔡氏说成是蔡襄之后，后来又有节烈公从文天祥起兵勤王的"忠义"历史。蔡氏始迁祖名璧，字起渭，据称起渭公曾中"俊秀选"（即《起渭公源流考》中的"贡元"），但历代府、县志的《选举志》《人物志》中，均未见有蔡璧的记载。笔者怀疑，蔡氏本来就是当地土著，而非从吉水迁来的世家大族。不过，族谱资料中如此言之凿凿，也应当不是空穴来风，特别是，如后文所述，蔡氏在明代已经是人才辈出、财大势雄的本地家族，估计在元代就有一定的基础了。

二、蔡家城与文峰塔：明代营前的宗族与地方社会

营前蔡氏和陈氏至迟在明代已是势力不弱的地方大族，应是没有疑问的。《蔡氏族谱》记载："本道公后本太公富于赀，明景泰间捐谷

---

① 《上犹县村头里营城蔡氏族谱》卷首《源流考》，1916 年本。文中的"刘彝训"应该是前述《南安府志》中出现的"刘彝顺"。

一千二百石赈饥，奉敕旌义。其孙朝权公于嘉靖间又捐谷一千五百石赈饥，亦奉敕建坊。"① 蔡氏的"义举"，道光《上犹县志》卷四《城池志》也有记载："义民坊在营前蔡姓城内东，明嘉靖为义民蔡朝权建。"可见蔡氏在明代确实财大势雄，实力不俗。陈氏在明天启年间已经是"游庠食饩，贡于雍饮于乡者，共数十余人"②，有如此之多的功名，应当并非弱小宗族。

明代营前地区依然动乱不断。由于营前又靠近崇义县的桶冈地区，而正德年间桶冈及其周围地区正是动乱之源（参考本书第三章第三节相关论述），营前也必然受其波及（明代营前附近形势可参考图 5-1）。在这种背景下，陈、蔡二姓都维持了与官府的良好关系，并成为官府平定盗贼的重要力量。《陈氏族谱》有记载曰："明正德年间，流寇猖獗，欲筑城自卫而不果。其从王文成公征桶冈贼有功，旌为义勇指挥使者则瑄之第四子九颚也。"③ 可见，陈氏族人曾经跟随王阳明征讨桶冈盗贼，并被官府表彰为"义勇指挥使"，虽然并不是正式的品官，但已充分说明陈氏与官方的密切关系。

蔡氏的力量似乎比陈氏要强大，而且，与官府的关系也更为密切。集中体现蔡氏的强大力量和与官府的密切关系的是营前蔡家城的建立。天启年间，上犹知县龙文光到过营前，写下了《营前蔡氏城记》：

> 予治犹之初年，因公至村头里，见其山川清美，山之下坦，其地有城镇之，甚完固。既而寓城中，比屋鳞次，人烟稠密。询其居，则皆蔡姓也，他姓无与焉。为探其所以，有生员蔡祥球等

---

① 《上犹县村头里营城蔡氏族谱》卷首《源流考》，1916 年本。
② 《营前陈氏重修支谱（世德堂）·营前陈氏祠堂记》（不分卷），乾隆四十七年本。
③ 同上书。

揖予而言曰："此城乃生蔡姓所建也。生族世居村头里。正德间，生祖岁贡元宝等因地接郴桂，山深林密，易以藏奸，建议军门（即南赣巡抚——引者注）行县设立城池。爰纠族得银六千有奇，建筑外城。嘉靖三十一年，粤寇李文彪流劫此地，县主醴泉吴公复与先祖邑庠生朝侑等议保障之策。先祖等又敛族得银七千余，重筑内城。高一丈四尺五寸，女垣二百八十七，周围三百四十四丈，自东底西径一百一三十丈，南北如之。……"①

营前靠近明代赣南的大贼巢桶冈，盗贼自然频繁骚扰，因此，蔡氏族人有"建议军门行县设立城池"之举。后来可能这个要求没有得到批准，蔡氏遂自己建了外城。直至嘉靖三十一年（1552），在县令的帮助下又建了内城。在蔡氏建城的过程中，族内的士大夫起了重要作用，而建城的举动也得到了官府的同意与支持。

笔者怀疑，在明代建立城池以资保障自卫，也要经过官府的批准。除了蔡家城外，类似的例子还有大庾县峰山城的建立：

> 据江西按察司分巡岭北道兵备副使杨璋呈：奉臣批，据南安府大庾县峰山里民朱仕玞等连名告称："本里先因敌御拳贼，正德十一年被贼复仇，杀害本里妇男一百余命。各民惊惶，自愿筑砌城垣一座，搬移城内。告申上司，蒙给官银修理三门。……"②

可见，峰山城的建立仍必须"连名告称"。在营前，围绕蔡家城的建立，还有一个广为人知的故事：

---

① （清）龙文光：《营前蔡氏城记》，见光绪《上犹县志》卷十六《艺文志·记》。
② （明）王守仁：《王阳明全集》卷十一《移置驿传疏》，393页，上海，上海古籍出版社，2011。

在营前，同为土著的大姓有两家，一为陈，一为蔡。两家都想筑城自卫，于是同时向官府请示，官府的批复是"准寨不准城"，因"寨"和"蔡"谐音，"城"和"陈"谐音，于是大家理解为"准蔡不准陈"。蔡家可以筑城，而陈氏则不能。①

这个故事当然是后人的编造。从语气和内容看来，显然是陈氏在为自己没能筑城进行辩解。从这个故事也可看出，当时筑城自卫必须经过官府批准。既然筑城自卫要经过官府批准，这就意味着和周围啸聚为盗的人区别开来。② 与此相对，在合法的城中居住的人则和官府合作御寇防盗。

在宗族聚居之地，由于有组织起来御寇防盗的要求，宗族组织比较容易完善。明代营前蔡氏就已有了比较完善的宗族组织，这从蔡家城的修缮和维护中可看出。前引龙文光《营前蔡氏城记》说：

"……其城垣损坏、城堤倒塌修补之费，一出于生姓宗祠。生祖训曰：君子虽贫，不鬻祭器，创建城垣，保固宗族，其艰难讵祭器之若。即或贫不能自存，欲售屋土者，亦只可与本族相授受，敢有外售者以犯祖论。故生子孙世守勿失焉。"予闻而领之。……彼夫聚居村落，一遇有警，即奔窜离散，而父母兄弟之不相保，室庐田产之不能守，岂非捍御之无资以至此？……蔡氏之建城不贻子孙以危而贻子孙以安，不欲其散而欲其聚，其贻谋不亦远且

① 此故事为笔者 2000 年在营前调查时访问所得。

② 与此相反，明人文献中的"巢"就是一种非法的聚居，尽管"巢"在物理形态上也可能具备城的条件。本书第三章第二节已指出，"巢"是开发中的村落，但明以来赣南山区的开发就是流民以非法的方式进行的，且和社会动乱的过程相联系。

大欤！……今观蔡氏后贤，虽罹兵燹而人无散志，城中屋土不敢鬻与外姓，惟祖训是遵，洵可谓能继先志者矣！自兹以往，聚族而处，居常则友相扶持，觞酒豆肉，而孝敬之风蔼然；遇变则守陴巡侦，心腹干城，而忠义之气勃发。①

由上文可见，蔡氏建有宗祠，并有族产用于维持蔡家城的运作，而且，族人"欲售屋土者，亦只可与本族相授受，敢有外售者以犯祖论"。

陈氏虽然没能建立自己宗族的城池，但是，如前所述，陈氏宗族在明代也涌现了许多科举功名人物，还设立了学田，建立了祠堂，其宗族的组织化程度应当也不低。乾隆年间陈氏族人追述明代其宗族情况曰："明天启四年，邑侯龙公倡建营溪水口文峰宝塔。而陈氏之游庠食饩，贡于雍饮于乡者，共数十余人。爰合本里蔡捐置塔会租田壹百零伍担，奖励后进，以志不忘所自。明季多难，祠宇民居悉为流寇所焚毁。"② 从中可看出，明代陈氏已经建立了祠堂，并且和蔡氏一起修建了文峰塔。关于是次文峰塔的修建，陈氏族谱中有更详细的记载，其文曰：

> 吾乡名营前，里曰村头，陈、蔡二姓卜居斯地，自宋末由元明迄清数百载矣。前天启间，邑侯龙公以公事来登临览胜，窃叹东方文峰低陷，爰斜（协）两姓建造宝塔。嗣是，游泮者登科者相继而起。两姓之祖，仰慕作人之化，聊效甘棠之颂，建祠置田，塑像崇奉，以志不忘。其租田壹百零伍石，载粮壹石三斗三升，内拨壹拾伍石赡僧香灯之资，余玖拾石议定游泮与夫俊秀轮次完

---

① （清）龙文光：《营前蔡氏城记》，见光绪《上犹县志》卷十六《艺文志·记》。
② 《营前陈氏重修支谱（世德堂）·营前陈氏祠堂记》（不分卷），乾隆四十七年本。

粮收管。若科甲及恩、拔、副、岁等贡，众议收一年以资路费。僧粮一并包纳。毋得紊序争收，祖训敢不凛遵！今幸遭逢圣世，加意右文，两姓游泮以及国学者约计数十人。若一人管收一年，久令后起者悬悬观望。公议自今伊始，在康熙以前游学者一人轮收一年，而四十四年以后进学者，每年轮案挨次，两人合收，以免搀越，庶得坳冶祖惠，永为定制，是序。

今将田土名数目开后。（略）

龙飞康熙四十五年丙戌岁仲冬月

学长：良稳、泰伯同记

上述引文表明，陈、蔡两姓在知县的号召下不仅联合修建了文峰塔，还设立了共同的祠堂和学田，以奖励两姓科举人才。这一事实至少说明了三个问题：第一，两姓都和官府保持了密切的关系，知县也很重视与营前两大宗族维持良好的关系；第二，陈、蔡两姓尽管有各种各样的矛盾，但是，还能比较和平地联合起来做共同的事业；第三，陈、蔡能在当地以两姓之力建文峰塔，充分说明两姓基本上控制了当地社会，是地方上有实力的集团。

上引文中的"祠"不太清楚祭祀何人，推测是与文峰塔配套的一个小庙。《陈氏族谱》记载："由是两姓绅士联为文会，共捐置塔会租田边地壹百零伍石，以志永久。奈明季叠遭流寇，荡析离居，祠烬产没，而谱牒无存。"① 说明这个小庙在明末毁于兵火，但两姓所设立的学田还存在，直到清代依然在发挥作用。

因此，明代，特别是明末，陈、蔡两大宗族基本上成了营前地区的重要力量，他们和官府维持了较好的关系，涌现出了比较多的科举

---

① 《营前陈氏重修支谱（世德堂）·世德堂陈氏支谱跋》（不分卷），乾隆四十七年本。

功名人物。但是，在陈、蔡两大宗族周围依然有盗贼出没，蔡氏不得不筑城自卫。不过，与官府保持密切关系的陈、蔡两大宗族成为当地重要力量的事实也表明，明代的营前虽仍可从宽泛意义上以"盗区"视之，但绝对不是宋代那样的"峒寇"出没之地，而是"教化"程度比较高的地区了。

三、"子田公"的故事：清初营前的流民入籍

在清初的社会大动荡中，广东流民武装阎王总在赣南境内频繁活动，且不时以上犹为主要活动据点。康熙十七年（1678）"甲寅之乱"平定后，上犹的广东流民经历了"三叛三抚"的过程。这个过程其实也是流寇逐渐转变为官府控制之下的"民"的过程。本书第四章第三节已经详细论述过营前也经历了这个过程，此不赘述。这里只想强调指出，明代在营前居于优势地位的土著陈、蔡①在清初的动乱中遭受惨重损失，陈氏之祠宇成为土田，"康熙甲寅寇变，焚毁祠宇，倾墟已垦为田"②，祠堂已经变成了田地，可见破坏之严重。蔡家城（营前城）陷，民间传说，流民首领何兴放一只鸡、一只鼓于城门，拦问过路人，如答曰鸡、石鼓（土著口音）则杀，答曰街、石头（客家口音）则放，足以反映当时屠戮之酷。经过几次屠杀，土著的势力大大衰落，而流民的力量大大增长。

---

① 营前民间一般的说法是清以前营前土著三大姓分别是朱、陈、蔡，按说朱姓至少应该在明代就有相关的记录，但是，就笔者掌握的史料而言，并无朱姓的历史资料记载。其原因可能有二：其一，根据笔者的实地考察，朱氏所居住的象牙湾与营前圩有一定的距离，所以，朱姓可能并无参加陈、蔡联合修建文峰塔之类活动的需求；其二，根据光绪《南安府志补正》卷十《武事》之记载，朱姓在清初的"甲寅之变"中"竟至阖族俱歼，无一存者"，既被灭族，自然不会留下任何记载。

② 《营前陈氏重修支谱（世德堂）·连祖小宗祠记》（不分卷），乾隆四十七年本。

在这种背景下，流民通过各种方式在营前居住下来。现存族谱资料显示，广东流民基本上是康熙年间的"甲寅之乱"前后来到营前的。例如，黄姓，原籍粤东兴宁，开基祖世荣公"乃于油石水村牛形卜其居（后迁营前），岁在康熙甲辰腊月之溯三日也"①；何姓，"洪武年间自闽迁粤之兴宁县，及后嗣孙繁盛，散居江西各县，而其迁居上犹者，大皆于清康熙年间事也"②；张姓，原居粤东惠州府嘉应州，"康熙十六年戊午岁又来营前石溪隘桥头灞住"③。其他诸姓如钟、胡、刘、蓝等，也大多在清初年间由广东迁入。然而，族谱资料并不能全面地追溯流民定居情况，实际上，许多流民是以流寇的方式进入营前的，在流民与土著互相仇杀的背景下，流民想顺利地在营前定居下来并非易事。④

上犹营前胡氏的族谱中保留了一份记载其家族迁移历史的《子田公迁犹起籍起末》，记述了胡氏族人由流寇到流民再接受招抚，最后定居于营前的过程。其文曰：

> 村头牛田二里之地昔名太傅营前乡……以明末寇乱，鞠为茂草，丁缺田荒，岁庚子奉虔院林，以犹地缺亏课飞示粤东招垦。内云：移来者为版籍之民，承垦者永为一己之业等语。公闻之，遂商族戚，遥赴兹地而审择焉。其时洞头为土人黄氏故址，外并田塘计租七十担，欲觅主受。公会本支昆季叔侄均八分而集价购

---

① 《（营前）黄氏世荣公系下第六次重修族谱》卷首《去粤来犹记》，1996年本。

② 《（营前）何氏族谱·四修族谱序》，1997年本。

③ 《（营前）张氏族谱》卷三《汝珍公自述》，1995年本。按：康熙十六年（1677）为丁巳年，次年为戊午年。

④ 清初，官府并不主张让流民定居下来，而是主张让其回原籍。道光《上犹县志》卷三十一《杂记·文案》对此有很清楚的记载，参考本书第四章第三节相关论述。

之，佥议其名曰子田子业，立卷受产，盖寓田业远垂子孙之意也。越辛丑冬，聚族挈眷而定居焉。及后产业岁增，粮米散寄，艰于输纳，因与房弟明台、秀台、国俊等谋倡开籍。又思粮少用侈，始会商于何、戴、陈、张等廿三姓，汇聚丁粮，公乃易以卷，载子田之名，佥为呈首赴控。抚藩颁批开籍，檄县查编，土著绅士，聚计阻挠，构讼五载。至康熙十一年，幸遇新任县主杨讳荣白，力排群议，将新民二十三姓粮米六十四石，官丁五十一丁，收入牛田里七甲，户名胡子田，编载犹籍，造册申报，抚藩资部刊入。康熙十二年，藩道由单发县征输时，计本族粮米一十余石，官丁六口，则胡子田、胡贤姓、胡之始、胡碧昌、胡碧云、胡祥是也。①

这段记载中可能有美化和隐讳的成分，如胡氏祖先初来营前，可能不是因为开垦，而是在作乱后定居下来。乾隆《上犹县志》记曰：

（顺治）二年三月粤贼阎王总、叶枝春、胡子田等从北乡突至，邑令汪暤率民从南门出犹口桥御之，杀贼数百……时明之虔院万元吉、阁部杨廷麟利其众，招之以戍赣。及明年，王师平虔，贼仍奔上犹。②

可见胡子田起初是以流寇的身份来上犹的，所谓"岁庚子奉虔院林，以犹地缺亏课飞示粤东招垦"的说法，带有明显的掩饰成分。胡氏族谱的记载中，最值得注意的是胡氏有自己的户籍，而且是和"廿三姓"

---

① 《（营前）胡氏五修族谱》卷首《子田公迁犹起籍始末》，1994 年本。
② 乾隆《上犹县志》卷十《杂记》。

共同拥有的。这"廿三姓"全部是"东粤流寓"。① 当然，这一户籍是经过与土著近五载的斗争才获得的。

要指出的是，上文中的"胡子田"可能并非一个真实的姓名。笔者翻遍《胡氏五修族谱》中的世系，都未发现有"胡子田"其人。胡氏族谱的"旧序"中对其祖先来营前的经过另有一段记述：

> 至我考端介公已历一十二世，族人丁口日繁，而土地莫辟。因有思为徙迁者，且闻上犹丁田继乱，荒缺任垦为业。其时堂兄仁台、明台偕我仲叔碧云房伯元，始遥驰而觇之，归而商我先君。于顺治辛丑冬，挈眷西徙定居斯地，□荒置产，倡众开籍。继而礼、信二公之嗣以及黄塘广公之胤，后先接踵而聚居焉，盖皆我裕公流裔也。……今余族之聚处于斯也，虽有疏戚之异，皆出裕公之裔。……际甲寅之变，先君与仲兄相继沦丧。②

笔者怀疑，以后被称为"胡子田"者，可能是比"端介公"低一辈分之人。《子田公迁犹起籍始末》中载有"因与房弟明台、秀台、国俊等谋倡开籍"，下文中又有"有若朋台、国俊、秀台、日台，又皆公之弟"的说法；而上引胡氏族谱"旧序"中又有"其时堂兄仁台、明台偕我仲叔碧云房伯元，始遥驰而觇之"。两相对照，《子田公迁犹起籍始末》中叙述的所谓"子田公"事迹，很可能就是"仁台"所为。端

---

① 康熙《上犹县志》卷十《艺文志·文》中有《康熙三十五年编审均粮记》一文，记载了康熙三十五年上犹均粮时对户籍的整顿："盖以牛田里又七甲二十三姓之粮，补充龙下五甲郭时兴绝户……遂如议衷益。而改郭时兴户为龙长兴，龙者，里名，常（应为"长"——引者注）兴云者，谓东粤流寓二十三姓之人，自拨入龙下五甲当差，而长久兴旺，从俗便也。"牛田里七甲正是胡子田户籍所在甲。

② 《（营前）胡氏五修族谱》卷首《胡氏族谱旧序》，1994 年本。

介公在"甲寅之变"中"沦丧",而"子田公"依然活着。《子田公迁犹起籍始末》记曰:

> 会未逾年,旋罹甲寅之变,弃产避乱,流离倾荡。戊午渐平,公仍倡谋复土,挈众归里。总镇哲嘉其首先归诚,旌给冠带衣履。时土著籍曰粤人倡乱,指为逆党,欲谋削籍。众心危疑,有欲弃之回梓者,公与弟明台、国俊、月台力挽众志,居耕如故。每以公务出入县廷,恶言盈耳,他皆疑畏逡巡却避,而公莫之惧也。十九年庚申夏,奉抚蕃(藩)牌行府县,凡被难新民,著复原业,造册申报,而同籍各姓人户,避乱散居,多未回里。时公年已七十,仍与诸弟遍查各姓田产,造册缴报,永复原业,征输如故,是皆公之经营筹度,而同籍均被者也。康熙二十八年,本户童生金呈考校,蒙部院宋批准,十年开考。是年冬,朝廷颁行异典,优礼高年,绢帛肉食,县主陈召公给焉。越明年庚午季秋,公既享年八十以寿考终,天之庇其永年也。

可见,尽管清初上犹知县曾经要求营前流民回籍开垦,但胡氏并没有回籍,"众心危疑,有欲弃之回梓者,公与弟明台、国俊、月台力挽众志,居耕如故"。直到康熙十九年(1680),"奉抚蕃牌行府县,凡被难新民,著复原业,造册申报",在"子田公"的努力下,胡氏和"东粤流寓二十三姓"共有的"牛田里七甲,户名胡子田"的户籍再次获得了合法的地位。"康熙二十八年,本户童生金呈考校,蒙部院宋批准,十年开考",胡氏终于有了参加科举考试的资格。

获得参加科举考试的权利,是经过了一番与土著的斗争的。以下是当时知县的公文:

县主陈康熙二十四年七月十二日详看，看得入籍应试，普天有之，必核其虚冒，严其诡秘，名器不致侥倖，而匪类无从觊觎也。卑县蕞尔小荒陬，叠遭寇变，土著百姓徙亡过半，田土悉多荒芜，招佃垦辟。胡子田等移居犹境，陆续营产置业，于康熙十二年起户牛田里又七甲当差。康熙十三年即乘逆叛而粤佃附和肆毒，然其中亦有贤愚之不一也。兹当奉文岁试，粤民何永龄等二十余人，连名呈请投考，虽人才随地可兴，而考试以籍为定。胡子田一户称已入籍，呈请与考，庶亦近理。然亦必须与土著结婚连姻，怡情释怨，里甲得以认识，突如其来，或借以同宗之名目，或借寄升斗之田粮，依葛附腾，呼朋引类，以犹邑有限之生童，何当全粤无穷之冒滥。况朝廷设科举士，首严冒籍，安容若辈率众恃顽紊乱国法为也。至胡子田一户，应否作何年限，出自宪裁，非卑职所敢出耳。①

从以上记载可看出，围绕科举考试问题，流民与土著展开了斗争，县令站在土著一边，力主不能冒籍应考。尽管知县承认"胡子田一户"因已入籍，"呈请与考，庶亦近理"，但他亦认为"必须与土著结婚连姻，怡情释怨，里甲得以认识"，才有资格参加考试。笔者在营前实地考察中，访得一胡姓男童骗取土著外公信任得以考中秀才的故事（详见本书第四章第三节），虽然故事的真实性值得怀疑，但它反映了土著对文化资源的控制，以及流民与土著之间关于科举考试的争斗。值得注意的是这个故事反映出来的一个事实，即参加科举考试必须有秀才以上有功名者的担保。这并非故事杜撰，而是本书第四章第三节论述过的康熙年间赣南科举考试中实际存在的制度，其起因则在于当时科

---

① 乾隆《上犹县志》卷十《杂记》。

举考试中冒籍问题非常严重。

面对土著控制科举考试的局面，流民必然想方设法冲破阻挠。上述故事不仅显现了流民的智慧，而且体现出流民经过努力也可争取到参加科举考试的权利。不过，这样做的前提仍是必须拥有合法的户籍。我们注意到，康熙二十四年（1685）陈知县并没有否认"胡子田户"参加考试的权利。胡氏大概是营前流民中最早取得功名的宗族，所以上述故事的主人公也姓胡。而胡氏之所以能有此成就，主要是因为拥有户籍，"东粤流寓二十三姓"都共用这个户籍。在某种程度上，"胡子田户"成了一种身份的象征，拥有这个户籍，就表明获得了"国家"认可的身份，相应地拥有一系列的权利。因此，不难理解这个户籍对他们的重要性。前已指出，"胡子田"并不是一个人的真实姓名，只是户籍中的名字。但是，这个户籍是如此重要，以至于"胡子田"成了胡氏宗族甚至广东"流寓"的代名词。康熙初年，营前土著为防止流民附籍应考，向地方官陈述曰：

> 赣、南二府，自明季粤寇流残焚杀已甚……复檄三省合兵搜剿，寇乃就抚，遂踞上犹垦荒。延祸及康熙十三年复乘衅叛逆，屠城围县……越十九年，大逆各败死，粤贼复投招，仍踞上犹垦荒。……近又借胡子田流寓新籍，鼓集贼党及奴仆、囚犯、娼优、隶卒等类，面不相识，目不经见，张冠李戴，赢吕莫辩。又自以为读书能文，应得与考。蒙道府县主俱批严禁冒籍……敬将各上宪已前咨移勘详等语，逐一刊录以诉叠害，以杜后患，为此叙列于左。①

---

① 乾隆《上犹县志》卷十《杂记》。

这段文字表现的完全是土著激愤的口吻和对流民的轻蔑看法，不过从中可以发现，"胡子田流寓新籍"成了流民要求与考的重要资源。这篇由土著写成的呈文，题为"残民叙陈叠受叛害原由"，十分冗长，其"叙列于左"的内容分为两部分：一为以前各任地方官要求营前广东流民"回原籍"的公文；二为流民如胡子田、何永龄等人所屠杀土著绅士的名单和所犯下的种种罪行。其对流民所犯罪行的叙述力求清楚，府、县志中仅写"粤寇""广寇"等处，在这篇呈文中均有名有姓，诸如：

> （顺治）二年三月粤贼阎王总、叶枝春、胡子田等从北乡突至，邑令汪暻率民从南门出犹口桥御之，杀贼数百。

> 康熙十三年八月逆藩吴三桂反，粤贼余何等纠合先年已降寇贼廖道岸、曾道胜、何柏龄、何槐龄、何永龄、胡子田、张标、黎国真、田复九、田景和、黄炽昌、陈王佐、罗敬思等，领伪札，拥众数万与吴谣相声援。①

土著的这种仇恨当然是可以理解的，但流民的合法身份还是逐渐被官府认可，户籍逐渐不再成为流民参加科举考试的阻碍。《子田公迁犹起籍始末》记曰：

> 迨三十五年丙子，县主章以新民姓众，混与土著，合约均为二户。次冬岁考，蒙署县事库厅朱，开试新户生童，已卯科考，堂侄宏璋取入邑庠。至四十年辛巳，县主张又将两户粮丁，均朋七里五甲、七甲两排，三姓朋名分为一十五户，然后同籍众姓悉

---

① 乾隆《上犹县志》卷十《杂记》。

皆分明他籍，而本籍胡子田户仍其旧，始无他姓混入，庶几永久。……公固首为众倡，而其持筹度务审虑辅行，则有若朋台、国俊、秀台、日台，又皆公之弟，而伯仲其功者也。①

康熙三十六年（1697），胡氏有族人考入县学，胡氏成为绅士家族。胡氏能由流寇家族一变而为绅士家族，拥有合法的户籍是先决条件。

以上记载虽出自族谱，但可证诸县志。康熙三十五年（1696），上犹县编审均粮，有文记曰：

> 康熙三十五年期届编审……佥曰粮少各排以就近均补为便，今应将十甲补八甲，九甲补六甲，其七甲应补五甲而本甲之粮仅足，盖以牛田里又七甲二十三姓之粮，补充龙下五甲郭时兴绝户，则一转移而民困苏矣……遂如议哀益。而改郭时兴户为龙长兴，龙者，里名，常（应为"长"——引者注）兴云者，谓东粤流寓二十三姓之人，自拨入龙下五甲当差，而长久兴旺，从俗便也。②

可见，至少到康熙三十五年（1696），牛田里七甲二十三姓已必须纳粮当差，这也就意味着"胡子田"户籍的合法性。康熙《上犹县志》的记载和《子田公迁犹起籍始末》的记述仍有不尽相同之处。按康熙《上犹县志》的记载，"东粤流寓二十三姓"的户籍已改为"龙长兴"；而《子田公迁犹起籍始末》则记为"县主章以新民姓众，混与土著，合约均为二户"，其中"均为二户"不明所指，可能是把"胡子田户"分为两个户头。康熙四十年（1701）又分为十五户，胡氏族人拥有了自己单独的宗族户头。新民不断地分拆户籍，结束了二十三姓共用一

---

① 《（营前）胡氏五修族谱》卷首《子田公迁犹起籍始末》，1994 年本。
② 《康熙三十五年编审均粮记》，见康熙《上犹县志》卷十《艺文志·文》。

个户名的历史，也从一个侧面反映了其编户齐民身份逐渐被国家认可。

一方面，流民一旦合法地在营前定居下来后，自然就不断地繁衍生息，扩大产业，族谱、祠堂、公产等要素逐渐具备，宗族组织日趋成熟。兹举营前张氏为例来说明这个问题。正如上文所示，张姓原居粤东惠州府嘉应州，康熙十六年（1677）迁徙至营前石溪隘桥头灞居住，后逐渐发家致富，建立了比较完善的宗族组织。《张氏族谱》中有《汝珍公自述》一文，述其来到营前之后家族发展情况：

> 不数年，家计安顿，余妻沈氏勤俭贤能，暂有积蓄。父于康熙廿五年甲子岁九月廿二日辞世，是年十二月十七日生长子璇玉。二、三早夭，四宏玉，五国玉，六女适陈以信之二子淑刚，七玑玉，八女适黄如苞之五子黄茗，及九女适郡庠何元英次子国学用连。余与妻沈氏一生劬劳，成家立业，不幸沈氏年仅四八，于康熙四十八年庚寅十一月十六日故矣。四十九年辛卯岁于龙背建造房屋三大栋，后于五十二年甲午年继室黄氏携继子胡姓，余亦为完配。八年庚戌岁五月十四日巳时，黄氏故矣。回首生平，不知几经变迁，几经积累，溯而计之，共置田产约八百余石，男女子孙共计数十。今将产业，四子均分，每分受谷田一百五十石，另拨长房三十八石，又拨次房田十石，以为二子劳苦拮据之赏。另立学租谷十石，在高坪段横河等处，今暂时归众，日后凡有子孙入文武庠者，交出其谷，若进庠既多，数人均派，此乃奖励子孙之意。若非文武在庠及登科甲者，无论大小功名，俱不得收。屋背粮田二坵，交与洁净虔心早晚奉祀香灯者赡粥之需；门口之田，四房次房轮流耕作。若要众修整坟屋，除香灯外，门口田四房酌定章程，归众生息，各房人等不得违众滋议。又一处祠堂下朱宅屋背粮田大小不计丘数，此项之田，最为紧要，竖造祠堂，此乃

灵秀之地也。以上数项田租，世世保守，凡我子孙，永不得盗卖、退、私收、闹分等弊，如有违悖定章，祖宗监察，永不昌盛。惟愿子孙争志，和气致祥，勤俭式廓，体愿先人艰难，以光其前而裕其后，此固吾之厚望也。……

另批予注明：

一、龙背祠宇三大厅堂，下左厢房及相连的下正间、屋背花台、门口余坪及鱼塘，至今仍为璇玉、宏玉、国玉、玑玉四房所有。

一、下右厢房地基系玑玉公房所有，现为明经建房作穴使用。①

汝珍公的发家致富历史可以看成广东流民迁入营前后发展历程的一个典型个案。通过汝珍公的自述，我们可以比较完整地看到一个流民家族如何在当地发展起来并繁衍后代，建立祠堂和族产，宗族组织也得以完善。笔者相信，营前的其他流民家族也和汝珍公的张氏一样，通过几年、几十年的努力，成为相当规模的宗族，并联合起来与土著进行斗争，最终在营前站稳脚跟，定居下来。

另一方面，土著陈、蔡在经历了兵燹之后，也逐渐恢复了宗族组织。上引陈、蔡两宗族的族谱资料表明，至少在康熙后期，陈、蔡两宗族的文会依然在发挥作用，族谱和祠堂也逐渐恢复。但是，可以肯定，陈、蔡两宗族的规模不如往昔，也不太可能获得明代那样在地方社会拥有支配权的地位了。图 5-2 也表明，清晚期的蔡家城已不可能是蔡氏一族之人所管之地，而是变成了正式的官府行政机构，这从一个侧面反映了蔡家力量的衰落。

---

① 《（营前）张氏族谱》卷三《汝珍公自述》，1995 年本。

进入清中期以后，营前本地基本上没有大规模的动乱了，流民和土著都成了地方社会的"土著"居民。尽管他们之间依然有矛盾，并且在语言、风俗和心理认同上有严格的区分，但是，二者毕竟共处一地，都是国家统治之下的编户齐民。随着定居在营前的各姓宗族力量增强，各姓宗族之间开始出现矛盾，而且这种矛盾已不再单纯地是流民与土著之间的土客矛盾了，营前的社会结构开始复杂化，并形成其独特的地域文化。①

通过以上论述，我们可以比较清晰地看到一个南方山区盆地从宋至清初的社会历史演变过程。营前在宋代是"峒寇"出没之地，通过官方的"教化"和地方势力自身的努力，明代地方社会开始出现与官府关系密切的以士绅为主导的宗族组织。随着清初动乱和流民的进入，营前土著宗族受到沉重打击，逐渐丧失了优势地位，不得不和日益壮大并被官方承认的流民共处一地。清中期以后，营前社会逐渐安定下来，不再有大规模的土客冲突，而是呈现出复杂的社会结构和矛盾，并形成其独特的地域文化。营前历史舞台上"峒寇""宗族""流民""土著"等人群交往和演变的历史，其实就是赣南 12—18 世纪社会历史演变的典型个案。进一步说，我们可把营前的历史看成一个"化外"的南方山区社会，如何通过一系列动乱、教化和地方势力自身努力，转变成一个被纳入"化内"版图而又具备独特地域文化的历史。

---

① 关于清中期以后营前的社会文化，可参考拙文《营前的历史、宗族与文化》，载《华南研究资料中心通讯》，2001（24）；罗勇：《上犹县营前镇的宗族社会与神明崇拜》，见罗勇、林晓平主编：《赣南庙会与民俗》，309～346 页，国际客家学会、海外华人研究社、法国远东学院，1998。

第二节 家族与城堡：龙南关西徐氏宗族个案研究

龙南县的关西围是赣南客家围屋的典型代表。遗憾的是，目前关于关西围的大多数研究，集中于从建筑史角度研究关西围这个建筑物，鲜有从社会史角度去探讨徐氏家族史与关西围的关系。实际上，根据笔者对徐氏家族的了解，关西围及徐氏家族的发展和兴衰历程，颇能体现赣南地域性家族如何借助官方渠道崛起，并成为地方社会支配性势力的历程。规制恢宏、气势雄伟的关西围正是徐氏家族在地方崛起的物质表现。因此，本节拟梳理徐氏家族的发展历程，力求从社会史的视野重新考察关西围，并思考赣南地方性家族与地域社会变迁之关系。

一、风水与军功：明代关西徐氏的初步崛起

根据 1999 年修成的徐氏家谱，徐氏在龙南关西定居的过程如下：

> 惟即其旧谱所载，自赣石分徙于吉之万安皂口者为一世祖，自皂口迁于龙南关西者为龙南迁祖，其时则宋嘉熙丁酉，其祖则八世云彬也。云彬之兄曰云兴则迁于泰和水南，又为泰和水南之迁祖也。云彬距今已阅三朝益四百余年，子孙蕃衍不可纪极。①

这篇序言是由康熙年间的龙南知县徐上撰写的，如果这段记载可信的话，那么徐氏应该是从宋代开始就来关西定居了。

关西乡附近除了徐氏之外，最大的宗族主要是黄氏和张氏。关西

---

① 《关西徐氏七修族谱·龙南关西徐氏续修家谱序》，1999 年新修本。

黄氏什么时候迁徙而来，族谱中似并无明确记载，但可以肯定的是，明代黄氏已到此居住。《关西黄氏族谱》记曰：

> 予兹年迈，遐思圣四公与思清公父子四人，先至龙邑里仁洪湾立居，因其地方冲要，乃择关西之上燕。既经二十余载，家业颇丰，思清公始构上黄山场，自立居址。后思兄弟仍在故乡。因一齐等接于关西各处居住，故上黄之居场岗与兄弟无干。厥后景祥、景常二公又因兄弟叔侄欲他徙别处居，乃共办价，尽为概买，听其各适。圣四公至关西时年六十五，思清公年三十五，思清公手创钱粮数十石，景祥、景常二公复增多石。历代黄辈祖厥孙，振振绳绳，姑居场分处东西人各五栋，祖遗世守。[①]

根据文后所附的说明，这篇序言写于万历年间，因此，至迟在明代黄氏已定居于关西。

张氏族谱则明确地记载其祖先是明代万历年间搬迁而来的。《关西张氏族谱·四房谱序》乃是当时龙南县知县所撰，其文曰：

> 圣天子简命，来牧龙南下车，后见邑中世家，大族宗祠巍隆，春秋世祀，祗祗肃肃。窃喜邑有报本追远之恩，仁孝诚敬之风，可治焉。间因公公事，缙绅诸君子，得聆张子骈，声欵玉屑霏霏，知其衣钵，渊源有自也。询其家世派，系留侯之后。及藏器公居南京，子实公徙居福建，其始祖仕和公等徙居会昌，又三世树公等徙居安远。又四世旺六公字文升，正统四年，同兄文敬公之子仲荣，及弟信公祚公文昌公盛公茜居龙南，而分四房。文敬公为

---

① 《关西黄氏族谱·二房老谱序》，1997年本。

里仁关西之始祖，文升公为坊内观背之始祖，信公、祚公为象塘、莲塘之始祖，文昌公、文盛公为大龙之始祖。而仕和公又其始祖所从出也。张氏旧有家谱十余本，兵燹之后，仅有存其二，后因逃军、雀角，二谱俱湮。

··········

时康熙二十八年己亥岁二月花朝，之吉赐进士第文林郎知龙南县事记录一次年家侍徐上拜撰①

可见，正统年间张氏就来关西定居了。

那么，关西的黄、张、徐三大姓之间关系如何？其在社区的权力关系又如何？就现在的情况来看，各姓之间并不存在任何矛盾。但当地一个开商店的黄姓老板告诉我一个口碑：

最早来关西定居的是张氏，张氏占了关西最好的田地，徐氏后来。据说，张氏主要以务农为生，比较老实，而徐氏则是风水先生，比较狡猾。徐氏来了后，就采用各种手段把张氏的好地全部霸占了，把张氏往里面赶，一直赶到山腰里面，所以，至今张氏仍然居住在山腰里。

从这个口碑来看，关西历史上也曾经充满了姓氏之间的争斗，只不过，历史上的争斗已渐渐被后人淡忘罢了。这个口碑还显示，徐氏祖先是个风水师。支持这一口碑的一个证据是至今关西新围和老围的祠堂中还有一块牌位，上书"东海堂（左昭右穆）杨公福祖暨徐氏历代高曾祖考妣众神位"，位于徐氏祖先牌位中间。这位"杨公福祖"是谁？询

---

① 《关西张氏族谱·四房谱序》，1995 年本。

问当地百姓，当地百姓皆茫然，有些人只知道"杨公福祖"是他们的恩人，其他似乎什么都不知道了。笔者推断，"杨公福祖"可能就是赣南民间传说中的风水先生"杨救贫"杨筠松。

明代中期，赣南地方动乱层出不穷，官府也忙着平乱，关西村就是在这个背景下和官府关系密切起来的。根据《江西省龙南县地名志》，关西村之得名是南赣巡抚都御史王守仁（阳明）率五千兵丁前往广东和平、连平一带平剿匪寇"三浰"时，曾在现关西的程岭（与定南县交界处）一带安营扎寨，设关把口，关西正处关隘之西，故名关西。

至少在明末，徐氏在关西开始崛起。兹录《关西徐氏七修族谱·采郡邑志各传》中有关记录如下：

> 徐从棠，里仁堡人，以千长团练乡勇。崇祯二年己巳，广贼张庚仔掠邑境，棠兴（疑为"与"——引者注）把总邵、典史薛澄统集乡兵追巢至上蒙堡东坑，伏发，官兵俱被围陷。棠兴（疑为"与"——引者注）邵公奋力格开（疑为"斗"——引者注）死之，棠子先芳救（疑脱字——引者注），俱死。入祀儒学忠义祠，旌曰：父忠义子孝。
>
> 徐之享，里仁堡人。康熙丙辰，广贼杨镇邦、胡应扰县，十月十九日从叶坊小迳抵关西。胡结营彭坊，杨结营旱荒头，肆掠关西。之享率乡兵同下历司兵夜薄贼营。之享素骁勇，首冲贼垒，斩先锋三人，我兵乘胜出击之，斩俘二百余，贼遂败去。之享深入，死贼营。入祀忠义祠。邑志论曰：关西乃龙邑东南边鄙，居民近百家之聚，当寇锋豕突时，未易制梃以固吾围。而徐之享者，首先冲营，为官兵义勇倡，遂死于锋及。既而群众争先奋力，狂制败遁，不肆掠，所全实多。顾古今堂堂闻帅，腰玉握符难偷生

者，指不胜屈。之享独以编氓舍生卫境，岂不伟然丈夫哉！今皆据旧志纪事，列之忠义传中，庶碧血青怜，少慰于寒原野草间耳！

徐士孜，字去逸，八龄失怙，事母至孝。康熙甲申岁，广寇乱，士孜负八旬祖母上寨避难，往返数次，几罹寇锋。及登书贤，伦免本邑无艺牙税。丙辰守城拒贼，设谋集各乡兵来援，城遂得全。又倡建城北护龙台，以聚一城旺气。生平守正不阿，周恤乡邻，维持桑梓。里人至今思之。

上述三个徐氏族人之所以被列入"忠义"，都是因为领导乡兵抗击盗贼有功，从而青史流芳，徐从棠和徐之享还被记载入县志。① 可见，徐氏在当时确实是当地有影响力的宗族。我们注意到，徐从棠还担任了千总一职。根据《关西徐氏七修族谱·老仕宦科名》的记载，其祖先"仁伦，从征三巢有功而授千总"。所谓"三巢"，是明嘉靖年间发生在龙南和定南等地的一次大规模地方叛乱的三个"贼巢"。从徐氏族人长期担任千总一职，也可管窥徐氏在当地的势力和与官府关系的密切。

明代徐氏在当地的影响力还可以从"老围"得到验证。关西新围即徐老四（名钧）建造的围屋，老围则是徐老四祖上居住的房子。老围已被建筑专家确定为明代的建筑。一进老围，就可发现，老围只是个有围墙的大的民宅，中间有个祠堂，围墙低矮，顺地势和屋势而建。和新围相比，老围的军事防御色彩明显较少，防御能力也很一般，但是，老围依然算得上规模宏大。尽管老围的规模和气势远逊于新围，但在明代就能修建起这样一座大宅子，说明徐氏在明代已经积累了一定的财富。

---

① 光绪《龙南县志》卷六《人物志》中的记载大同小异。

二、科举与商业：清代关西徐氏的鼎盛

清代，徐氏发展势头非常迅猛，在科举和商业上均取得了非常大的成就。民间传说，龙南县四个翰林，关西徐氏占了三个半，分别是徐名柏、徐思庄、徐德周，另一个翰林的妻子出身关西徐氏。粗略统计《关西徐氏七修族谱·老仕宦科名》中关于清代徐氏科举功名的记载，得表 5-1。

表 5-1　清代关西徐氏科举功名一览

功名	生员	贡生	监生	举人	进士	军功	荫赠	总计
人数	175	52	278	13	3	77	40	638

资料来源：
《关西徐氏七修族谱·老仕宦科名》，1999 年新修本。

整个家族中，有各种功名的人达到了 638 人之多，不可谓不强盛。① 特别是有清一代，整个龙南县只考取了 12 名进士，关西徐氏一家就占了 3 个。其科举上的成就在当地是相当突出的。

为了更好地说明问题，笔者结合族谱和县志，对清代徐氏的科举成就分时期进行了统计，得表 5-2。

表 5-2　清代关西徐氏科举功名一览（分时期）

时期	生员	贡生	监生	举人	进士	军功	荫赠	总计
顺治	3	0	3	1	0	0	2	9
康熙	8	4	6	0	0	0	1	19
雍正	7	5	10	0	0	0	2	24
乾隆	34	14	55	3	0	5	8	119
嘉庆	29	10	36	4	2	8	10	99

---

① 由于《关西徐氏七修族谱·老仕宦科名》记载的徐氏家族功名非常多，笔者怀疑这份"老仕宦科名"可能整合了部分龙南县其他徐姓的功名进来。但是，由于没有充足的证据，只能留待未来考证。目前只能利用这份资料做基本的统计。

时期	生员	贡生	监生	举人	进士	军功	荫赠	总计
道光	27	8	45	4	1	11	7	103
咸丰	21	7	60	0	0	28	6	122
同治	20	3	42	0	0	18	3	86
光绪	26	1	15	1	0	5	1	49
宣统	0	0	6	0	0	2	0	8
总计	175	52	278	13	3	77	40	638

资料来源：

《关西徐氏七修族谱·老仕宦科名》，1999 年新修本。

说明：

功名没有重复计算，例如某人连续中过生员、举人和进士，只计算最高功名进士。

从表 5-2 中可以看出，关西徐氏从清前期即开始进入科举和功名高产期，乾隆、嘉庆、道光、咸丰进入一个高峰。与此同时，徐氏族人开始在龙南的县域政治生活中发挥作用。光绪《龙南县志》记载了徐氏族人的许多事迹，或是赈灾捐款，或者参与修志，或是带头减免赋税，等等。徐氏成为县域地缘政治中颇具影响力的家族。

从表 5-2 中我们注意到，有许多功名不一定是科场考来的，而是用钱买来的。这就说明，徐氏家族中还有一定比例的人在商业获得成功后，通过捐纳的方式获取功名，进入士绅阶层。其中，关西新围的修造者徐老四即是其中的典型代表。

笔者有幸获得了一本珍贵的徐老四的分家谱。此文书是徐老四在去世前几年即道光七年（1827）析产分家的记录簿，兹录于下：

予为分关立谱所以详载家资胪列产业，俾尔兄弟世守，且望奕集缵绪，振兴无穷也。忆我父创业艰辛，生予兄弟六人，予行四。稍长，俾习诗书，励志上进。比弱龄，冠童子军，遂采芹泮水。斯时口致读，窃谓拾科掇甲，庶可光大门闾，无何数荐秋闱，有志未逮，因督理家务，援例加捐布政使司理问，遂弃举业金玉马堂之选，惟于后嗣仵望焉。龄至廿八，岁值乾隆辛丑年，承父遗命，兄弟分居各爨，予得坐分田租叁百捌拾担正，西昌典铺半间，存资产壹陆千两。因思遗训曰：尔等家资产业守成，更当开创，予谨佩勿喧。由是竭力捬挡，内主家政课诵，外谋生理。凡洪纤巨细诸务，悉亲自图维，不幸越中年，尔母早逝。予每以失内为恨，然思以恢扩先业，终不倦勤，继而爵秩晋命膺承家启后之计尤切。尔兄弟当亦原予用心之所在也。迄今予年已七十有四矣，尔等俱各长大成名出仕者，己身受国恩，在家者亦皆名列胶庠。予每顾而乐之，倘得效爱敬于司马，仿同室于张公，岂不甚幸。然丁计百余，屋分数所，予老矣，实难统摄，因思前己巳岁将福字寿字所储银两贰万贰千两分与尔兄弟九人，各自生理。然田产、房屋、典铺尚未分开。兹特统计予一生坐悠及自置田租壹千贰百贰拾陆担正，典铺贰间半除京昌房屋地基典帖一半，业经尔兄弟长春号内交出典钱贰千吊正经予收用，其房屋地基典贴什物等项俱归长春号照股永远掌管为业，其余典铺贰间及所有田产除拨定醮祭膳学宾兴幼童公项若干。留烝尝鼓励子孙，又将缩余田租屋宇塘土山冈典铺店房分为九分，每人坐分一分，胪列于左。自今以后，尔兄弟九人务宜各掌各业，丕振家声，克俭克勤，恢宏先志，则廉让可风，箕裘有赖，此则予之厚望也。

道光七年正月初十日自序

在场侄　萃然（画押）凤达（画押）井然泮馨（画押）

师尹（画押）贻谷正孚（画押）

在场侄孙坤茂（画押）

代笔侄孙　择善（画押）

计开醮祭田租数列后

仔细阅读上述文书，可以发现，徐老四原本是个秀才，但以后数次秋闱未能中举，从而走上了经商的道路。他的经商是否如传说中那般充满着神奇色彩，已不得而知，但有一点是肯定的，那就是他在经商前就已经继承了不菲的财产，"田租叁百捌拾担正，西昌典铺半间，存资产壹陆千两"应该是他日后经商的原始资本。有必要指出的是，以徐老四为代表的家族之所以能够获得商业的成功，和整个清中期的赣南社会经济状况有关系。清中期赣南山区开发基本完成，人口逐渐增长，社会趋于稳定，经济日渐繁荣，在这样的社会经济状况中，商人相对容易获得成功。

徐老四发家后，广置田宅店面典铺也是事实。在他分家之前，他的家庭规模是很大的，正所谓"丁计百余，屋分数所"。

令人感到意外的是，商业经营如此成功的徐老四，居然在光绪《龙南县志》和1999年修撰的《关西徐氏七修族谱》中没有单独立传记载。《关西徐氏七修族谱》虽然修于1999年，但是基本原封不动地留下了老谱①中的人物传记部分。光绪《龙南县志》中没有徐老四的记载只能说明两点：第一，徐老四科举功名级别不高，没有中过举人和进士，也没有担任过实职；第二，徐老四不够乐善好施，没有在慈善方面做出令官府觉得值得表彰的事情。

《关西徐氏族谱》中没有徐老四的记载则值得思考。老谱中记载最晚的人物活到了同治时期，徐老四如果能被族人认可，那么，他应该是能够进入族谱中立传的。笔者推测，徐老四没有进入族谱中立传，原因有两点：一是徐老四在科举上并不成功，他只是个生员，虽然后

---

① 《关西徐氏七修族谱》中保留了一份《关西徐氏三修谱序》，落款时间为乾隆三十九年（1774），据此可以断定，关西徐氏在乾隆三十九年对族谱进行了三修。但《关西徐氏七修族谱》中没有四修、五修和六修谱序，因此无法断定这三次修谱的时间。根据族谱中的人物传记，记载最晚的人物活到了同治时期，推测其六修谱时间大概在同治年间。

来捐纳了个虚衔，但族谱比较强调科举功名的成就；二是徐老四虽然财力雄厚，但他那一房并没有处理好与其他房的关系，甚至关系比较紧张。关于第一点，毫无疑问，整个关西徐氏家族和中国传统社会的其他家族一样，认为经商和科举相比，科举的成功才是真正成功。徐老四在自述中也强调，自己是屡次考举人未果，才转行经商的。可见，科举成功是首选。至于徐老四那一房与其他房的关系紧张，主要是在田野中获得的口碑资料，我们无法确证。徐氏族人告诉我们，围屋内的人与围屋外的人关系不怎么好。另外，徐老四的自述中也没有提及他出资帮助家族修缮祠堂与修族谱等公益事业，如果在这方面有大笔花费，徐老四应该会在自述中提及。

徐老四在县志和族谱中没有单独立传的事实表明，徐老四在他生活的年代并没有获得很大的地方上的影响力，这与现如今人们一到关西就想到这位著名的赣南财主有一定的反差。不过，耐人寻味的是，徐老四本人却在民间留下颇多传说，这些传说基本上都在刻画一个"精明、节俭"的财主形象。①

总之，清中期关西徐氏迎来了宗族发展史上的鼎盛时期，在科举和商业两方面获得了令人瞩目的成就。但是，盛极必衰，到了晚清，徐氏的发展已慢慢进入下降通道了。

三、分裂与战乱：晚清关西徐氏的衰落

翻阅《关西徐氏七修族谱》，有几个疑问一直挥之不去。疑问一，为什么没有四修、五修和六修谱序。疑问二，为什么只有一篇文献提及关西徐氏的祠堂，而族谱中有明确记载的徐氏祠堂只是一座建于县城的小祠，关西作为徐氏的总发源地，为什么没有一个总祠。

---

① 关于徐老四的传说，至今依然在关西民间社会广为流传。

当然，由于《关西徐氏七修族谱》是 1999 年修的新谱，一些旧谱文献缺失是可以理解的。但是，为什么修谱者偏偏选择保留康熙的二修谱序和乾隆的三修谱序，而更为晚近的四修、五修和六修却一篇谱序都不保留呢？除了文献缺失的原因之外，另一个可能是 1999 年族谱的修撰者认为，四修、五修和六修谱序中有一些不宜保留的内容，所以，他们选择了放弃。这些不宜保留的内容是什么呢？笔者大胆推测，是各房之间的矛盾——这正是笔者在田野中深入访谈后才了解到的。正是在关西徐氏鼎盛的时候，各房之间发生了一些矛盾，今天修谱的人觉得谱序中有一些文字已经不适合再公开了，所以，他们选择了不在新谱中保留这些谱序。

笔者进一步推测，宗族之间的矛盾和分裂导致的另一个后果是，辉煌时期的关西徐氏并没有修建一座宏伟的祠堂。据当地百姓介绍，1949 年以前关西徐氏的宗族活动一直是在关西老围的祠堂中进行的。然而，这个祠堂并不是关西徐氏的总祠。笔者在祠堂右侧的墙上发现了一块碑，上面字迹甚不清楚，依稀辨认出"今将两房子孙乐输竖祠银数刊志于后以彰孝慈以垂永久"，中间记载捐款的具体数目，落款为"雍正九年岁次辛亥孟冬月"。根据七修谱记载，关西徐氏有十房，因此，很明显，这个祠堂就是两房子孙的祠堂，而不是家族的总祠。在田野调查中，关西徐氏族人也很明确地告诉我们，这个祠堂是徐老四那个家族的祠堂，并不是全体关西徐氏的祠堂。《关西徐氏七修族谱》中记载过一个祠堂，然而，这个祠堂仅仅是一个小祠，不是总祠。其文摘录部分如下：

> 祖锡侯公又自关西迁居邑之水东，再迁入城内，迄今五十余
> 年，堂下子孙不下数十人。家居者谨守诗书之训，仕宦者无忝廉
> 洁之名，此皆祖宗余荫所及，不敢忘也。爰于乾隆二十一年丙子

> 岁卜地于县治之西南老东门别立锡侯公祠。

很明显，这个建于县城的祠堂是锡侯公名下子孙所建设的分祠，也不是徐氏总祠。

为什么如此强盛且在地方有一定影响力的关西徐氏竟然没有建立起一个总祠？比较合理的解释是，科举和商业鼎盛导致徐氏各房发展不平衡，从而使得各房之间关系并不融洽，宗族一直无法整合起来做一些大型的建设项目。

宗族之间的矛盾和分裂也影响了宗族的发展。从表 5-2 可以看出，咸丰朝以后，徐氏的科举功名开始迅速衰落。这固然是因为"盛极而衰"的事物发展规律，徐氏不可能永远强盛下去，但宗族内部无法有效地整合起来应该也是一个重要原因。另外，值得注意的是，咸丰年间的地方动乱对徐氏这样的大家族也是一个巨大的冲击。

龙南乃至整个赣南在雍正以后基本上进入一个社会相对稳定的时期。正是在这种稳定的局势下，徐氏家族得到了迅猛的发展。咸丰初年，随着太平军进入龙南，龙南的地方动乱又多了起来，徐氏直接受到冲击。今摘录族谱中的部分记载如下：

> 其在邑则倡建宾兴，设膏火，酌减诸生薪水银膏，宏奖风教，有功后学，咸丰丙辰，粤匪扰境，公年八十三矣，遇贼于路，仗义怒骂……遂遇害。①
>
> 咸丰六年，粤匪入境，徐氏宗祠被毁。先生乃偕从弟小衮孝

---

① 《关西徐氏七修族谱·五修传赞行述·岁进士仁里公传》，1999 年新修本。

廉毁家纾难书，夜与贼角，而粤匪溃去。①

　　从这些记载中可以看到，徐氏在动乱中受到的冲击不小。② 同时，光绪《龙南县志》中也记载了徐氏因为动乱而牺牲的许多节妇的名字。

　　总而言之，到了清晚期，由于宗族内部的分裂、地方动乱等，曾经辉煌的关西徐氏逐渐衰落，科举功名不再鼎盛。

　　透过对关西徐氏发展轨迹的分析，我们可以很明显地看到，关西徐氏崛起的关键点在明中期到明末。在这一时期，他们通过协助官方平定地方盗贼，成为地方上的"军功家族"，从而获得了一定的影响力和财力。清初，他们又致力于科举，成功地从"军功家族"转变为"仕宦家族"。同时，借助清中期以来赣南社会的稳定和经济的繁荣，他们在商业上也获得了巨大的成功。晚清，由于地方动乱的重新开始和家族内部的一些因素，关西徐氏逐渐走向衰落，但恢宏雄伟的关西新围却作为关西徐氏鼎盛的物质见证，一直留存至今，提示着徐氏家族过去的荣耀。在这个意义上，关西新围之所以能够建造起来，应该是关西徐氏从明中期以来社会地位和财富积累的结果，反映的是整个赣南社会的地方政治从动乱到稳定、经济从一般到繁荣的发展状况，也是某些家族在地方社会的经济地位崛起的象征。

　　关西徐氏的发展历程在赣南很有代表性。同在龙南的杨村乌石围赖氏，也有类似经历。乌石围的建立者赖绍先在粤赣通道横冈隘任私

---

　　① 《关西徐氏七修族谱·五修传赞行述·诰授奉政大夫徐霁堂先生传》，1999 年新修本。
　　② 上述记载中提到了"徐氏宗祠"，不知是徐氏总祠，还是徐氏分祠。如果是总祠，则有可能是在清中期修建起来的；但如果有总祠，那么，为什么族谱中没有关于总祠的记文或者别的痕迹呢？对此，只能暂时存疑。

隘官，主理盐道商务关卡和御贼之事。加之在官坑、水花潭、梅子斜等处有祖遗杉林山场三千多亩，世代经营木排生意，家族财力渐雄。据口碑传说，二世祖思章公曾因放排九江将老木曲杉送给皇家建行宫，得到丰厚回赠，被授予"天下老人"封赠，见官加三级。六世祖元宿公遵祖俗放排行商，家财日聚渐丰。至康熙年间，龙南知县徐上在《桃川赖氏八修族谱·赖氏家约序》中评论赖氏说道："国著春秋，自汉交趾太守后，衣冠接武，至南宋始迁于龙而世居上蒙太平。今益繁衍，多以贡举乡校进。"赖氏基本上也是由当初的"军功家族"（私隘官），通过经营商业致富，同时致力科举，维系与官方的良好关系，成功转变为"仕宦家族"。唐立宗曾经在其著作《在"盗区"与"政区"之间——明代闽粤赣湘交界的秩序变动与地方行政演化》中结合日本学者的相关论述，讨论过南赣地区叶芳、池仲容等"盗贼家族"的发展及灭亡历程。实际上，在明代赣南地方动乱之中，有一些家族积极参与协助官府平叛，从而获得地方上的资源，积累财富，致力科举，一举成为地方的名门望族。这些家族与叶芳、池仲容等家族是一个社会的两股势力，最终，与官府协同作战、维系良好关系的家族成为胜利者，他们成为南赣地区的真正主人。因此，从社会史角度考察，所谓"客家族群性"，或者说客家认同的本质，实际上是国家认同。

第六章 结 论

前面各章论述了赣南自宋至清初（12—18世纪）的地方动乱及其引起的社会变迁。笔者相信，赣南的历史经验与逻辑对于考察地方动乱和南方山区社会史有比较典型的个案意义。因此，本章将总结赣南地方动乱及社会变迁的历史经验与逻辑，并对中国传统社会的相关变迁的理论进行思考。

第一节 作为王朝话语与生态变迁的"地方动乱"

在赣南12—18世纪长达六百年的地方动乱历史过程中，动乱者的身份可谓形形色色，仔细思考这些动乱者的角色，是理解地方动乱的前提。北宋赣南就有"盐寇"以赣州为中心在广阔的闽粤赣边界活动，宋室南迁，赣南则"虔寇纷纷"，"虔寇"基本平定下来后，带有"蛮夷溪洞"背景的"峒寇"问题又开始呈现。宋末元初，闽赣边界的"畲贼"又起。明代"南赣盗贼"成为上至朝廷下至地方官非常头痛的社会问题。"南赣盗贼"成分复杂，有"畲贼"，有"闽广流寇"，但主体应该是进入山区开发的流民。不过，其并非全是以耕佃为主的农民，而是包含有盐商、雇工、兵卒、无赖或是塾师等各种复杂的人群，而且往往容易形成盗贼家族的地域支配。明清鼎革之际，在大量流民进入赣南的同时，赣南社会全面动荡。这些流民以"闽广流寇"的面目进入赣南，并形成与土著相抗衡的重要社会力量。赣南中部和东部有声势浩大的有组织的"田兵"运动，西部则土著与流民之间相互屠杀甚惨。直到大约清中期（18 世纪），赣南社会才相对安定下来，但赣南南部的盗贼活动一直没有平息过，直到晚清依然盗贼层出不穷。

上述宋至清初赣南动乱者的身份不一，显然并非简单的"农民阶级"可以概括①，但却有一个共同特点，就是他们在起事前都是地域社会中的决定性力量。无论是北宋时期的"盐寇"，还是南宋初年的"虔寇"，其实都是"土豪有物力之家，往往啸聚结集"，也就是以土豪为首领，聚集一些跟随者。明代"南赣盗贼"比较引人注目的是，以黄乡叶氏、岑冈李氏为代表的盗贼家族②，他们往往亦民亦盗，和官府既合作又冲突，在一定范围的地域中是绝对的支配者。"峒寇""畲贼"之类的少数族群盗贼与上述盗贼有所不同，他们本质上是不承担赋役的"化外之民"，在他们能控制的溪峒、畲、瑶地区，自有一套长期形成的组织系统，其必然团结在有威望的氏族首领之下，构成一个相对独立的王国与政府抗衡。清代的流民也拥有"客纲"之类的组织，显然是在与土著抗衡之前就有一定的组织基础，而恰恰是因为在地域社会中有一定的力量，他们才能够组织起来与土著进行斗争。因此，在中国的传统时代，地方社会的"动乱者"往往在动乱前，都能够在地方社会中发挥一定的支配力量，甚至很多时候他们就是地方社会最

---

① 已经有多位学者指出，"农民战争"不足以说明中国历史上叛乱的情况，"农民起义"的参加者成分复杂，并非全为农民。参考 James W. Tong, *Disorder under Heaven：Collective Violence in the Ming Dynasty*，Stanford：Stanford University Press，1991，pp. 56-66；黄敏兰：《评农战史专题中的严重失实现象》，载《史学理论研究》，1995（4）。

② 参考唐立宗：《在"盗区"与"政区"之间：明代闽粤赣湘交界的秩序变动与地方行政演化》，177～247 页，台北，台湾大学出版委员会，2002。

有势力的人群。这一事实表明，地方社会的"动乱者"，并非传统阶级斗争视野中的被压迫者，相反，往往是地方社会中的主宰性力量。

如此看来，地方动乱之所以兴起，重要的不在于阶级矛盾的激化，而在于地方社会与以"朝廷"为代表的中央王朝的矛盾。

北宋时期的赣南，虽然"盐寇"成群结队，让官府无可奈何，但他们大多是农闲时刻出动，基本上可以看成虔州农民的"日常生活"。① 这对于官府而言，或许是一种威胁和不安定因素，但对于赣南地方社会而言，并非"动乱"。真正的地方社会全面动荡应该是以隆祐太后在赣州蒙难的"卫军民交变"为起点，这一局面的出现和宋室南迁有必然联系。宋室南迁，导致相对"化外"而边缘的赣南必须接受和北方统治中心一样的赋役，而不是像北宋那样只要能维持朝廷食盐专卖制度和将盗贼活动控制在一定范围内即可。朝廷统治方式的改变，使南宋赣南赋役问题相当严重，同时"虔寇纷纷"。在官府眼中，原来的"盐贼"基本上转化为对朝廷统治威胁极大的"虔寇"。可以说，两宋之际赣南地方动乱之所以发生，更根本的原因在于地方社会自身逻辑与中央王朝统治方式之间的矛盾。

通过保伍法和大量纳入本地的土豪等地方势力进入官方防御系统，南宋后期盗贼渐渐平息，北宋时期就已出现的贩盐活动依然存在，但却以规模可能更小的"盐子"的形式活动于闽粤赣边界。毫无疑问，较之北宋时期的"化外之地"，南宋初期的赣南已经有了根本改变，表现为户口的大量增加和官方防御系统的渐渐增强。但是，伴随着户口的增加和一定的生态压力的显现，赣南山地之间的小盆地也逐渐被开发，大量编户齐民进入"化外"的溪峒开发盆地，引致"省民"与"峒民"之间交流频繁，成为"峒寇"问题发生的根源。南宋中后期的

---

① 贩盐者中应该还夹杂着许多求利的商人，参考本书第二章第一节相关论述。

赣南，边界地区的"盐子"逐渐与"峒寇"、畲、瑶等"化外之民"交混。至宋元之际，借由文天祥抗元等活动，闽赣边界的"畲贼"声势浩大。有元一代实际上并没有更好地控制这一地区，边界地区的"畲贼"不断制造的动乱，使边界行政中心不断变更，行政界限变动不居。

仔细检讨南宋中期至元代赣南的地方动乱，可以发现，在度过了与中央王朝南迁后的磨合期后，赣南地方社会依然面临着两种压力：一是随着社会秩序的稳定，赣南成为"地狭人稠"的地方，存在一定的多余人口向山间小盆地转移的压力；二是由于人口增加和赋役不均等社会问题，"化外"之民与"化内"省民交混所带来的对社会秩序的冲击。在这两种力量的共同作用下，赣南山间小盆地的开发与"峒寇"、畲、瑶的反乱同时出现。我们注意到，"峒寇"、畲、瑶在法理上乃是不承担赋役的"化外之民"，如何使"化外之民"接受王朝教化，一直是赣南地方官在努力的事情，而这一努力具体表现为对"峒寇""畲贼"这些动乱者剿与抚两手同时进行。换言之，南宋中期以后至元代的赣南地方动乱之结果，是山间小盆地开发和王朝"教化"推广的同时展开。

由于元代统治者并没有很好地控制赣南及其周边的社会秩序，元明之际，赣南官方控制的户口急剧减少。但是，在开发比较早的平原和河谷地带，户口比较集中且出现了比较有"文化"的世家大族，这应该是南宋以来地方社会转型和王朝"教化"开展的结果。在边界山区，依然是动乱不断，为明中期以后大规模的动乱埋下了伏笔。明中期以后，由于市场因素以及里甲制败坏等，大量流民开始进入山区进行开发。流民开发山区是以非法的"盗耕"和"盗垦"面目出现的，由此酿成有明一代持续不止的社会动乱，并带来南赣巡抚的设立。在赣南的盗贼队伍中，有"化外"之区的畲族首领，也有为官府所用的盗贼家族，还有在官府控制范围之外进行"盗耕"的农民。在盗贼严重的地区，"民"与"盗"的界限是模糊的。从地方社会的角度来看，他们并非"盗贼"，但是，在官府眼中，由于不在官府的控制体系和许可范围内，他们成了必须镇压的"盗贼"。简要分析，明代赣南山区的社会动乱之所以频繁发生，一个重要的原因是山区开发以"非法"的方式进行，形成对官府秩序构成挑战的"盗区"。流民的进入必然带来赣南社会的深刻变化，而官府针对动乱采取的剿与抚手段也使赣南社会发生了深刻变化。

在明代官府对赣南采取的剿与抚两种手段中，剿更多的是利用地方社会本身的势力，采取"以盗治盗"的原则进行[①]；抚则是更重要且广泛采取的手段，特别是王阳明实行的乡约加保甲的措施，虽然在实行过程中实际效果不显著，但成为后来南赣巡抚普遍采取的模式[②]。官方的"教化"实际上和南宋以来的措施并无本质的差别，带来的是"国家认同"意识在赣南地方社会逐渐被接受，在盆地和河谷地带，不仅出现了本地的士大夫群体，而且出现了造风水、兴科举的热潮，表现出地方社会追求"士绅化"的心态。

赣南的社会动乱局面在明清鼎革之际进一步加剧。清初是流民进入赣南的高峰，大量流民的进入给赣南社会带来两方面的变化：一是由于山地的过度开垦，生态恶化与生计艰难恶性循环；二是流民成为能与土著相抗衡的力量，开始进入赣南的腹地，而不像明代那样只在边界地区活动。以上两方面的变化，使流民与土著的矛盾紧张起来，为了争夺土地与科举名额等资源，赣南流民与土著进行了激烈的斗争。

[①] 参考唐立宗：《在"盗区"与"政区"之间：明代闽粤赣湘交界的秩序变动与地方行政演化》，406 页，台北，台湾大学出版委员会，2002。也可参考本书第三章第三节相关论述。

[②] 参考饶伟新：《明代赣南族群关系与社会秩序的演变：以移民和流寇为中心》，硕士学位论文，厦门大学，1999；黄志繁：《乡约与保甲：以明代赣南为中心的分析》，载《中国社会经济史研究》，2002（2）。

赣南中部和东部的一些地区，由于本来就开发较早，土著势力较为强大，明代后期人地关系就相对紧张，流民借着明清易代之机，与土著展开了长期激烈的租佃斗争。赣南西部，流民迁入较多，与土著之间相互屠杀，境况惨烈。流民被纳入"正统"的国家社会秩序后，为了争夺户籍与科举名额，流民与土著又进行了长期的斗争。赣南南部山区，由于开发相对较晚，流民迁入较少，国家统治力量相对薄弱，盗贼活动一直没有停息。至 18 世纪，赣南大规模的社会动乱渐渐平息，流民被纳入"正统"的国家秩序中，与土著共同组成地方社会的力量，从而形成赣南自身独特的地域文化特征。①

上述赣南的历史经验让我们重新审视关于动乱与传统社会变迁的理论与研究方法。

第一，地方动乱之发生，并非简单的"地主—农民"阶级冲突可以解释清楚。动乱的制造者，也可能并非"起于草莽"的平民，而是地方社会中有势力的支配阶层。

实际上，在赣南宋至清初长达六百年的动乱历史中，似乎很难看到公式化的"地主—农民"阶级冲突的力量在起作用。在复杂的区域社会经济变动中，我们更多看到的是地方社会的支配阶层同中央王朝的对抗与冲突。就赣南而言，从宋代贩卖私盐的"盐寇"，到南宋以土豪为首领的"虔寇"、身为"化外之民"的"峒寇"，再到元明的"畲寇"与"山贼"，乃至清代的流民武装组织，都是在地方社会中有一定力量的集团，其成分肯定不是单纯的农民，更应该将其看成在土豪一类人物领导下的地方社会支配力量。所谓盗贼，来自贫困农民的只是十之二三、土豪发起的是十之七八的判断，不仅适用于明代，而且适

---

① 赣南的南部地区开发比较晚，生态条件也相对恶劣，这一地区的地方秩序一直带有明代边界社会的特点。对于这个问题，限于目前的材料，笔者拟日后探讨。

用于几乎整个传统中国的动乱。事实上，只有能在地方社会中拥有支配力量的阶层才有可能与中央王朝抗衡。"地主—农民"的阶级矛盾并不彰显，而表现为"盐寇""虔寇""峒寇""畲寇""山贼"、流民武装等各式人群与中央王朝的对抗。① 在这个意义上，我们更应该把中国传统社会的地方动乱看成地方社会支配阶层与国家统治的对抗和冲突，而动乱的发生、发展、平定的过程则是地方社会与中央王朝的对话和冲突过程。正是在这种对话和冲突过程中，中央王朝的"正统"观念不断渗透到地方，地方社会则不断吸纳中央王朝的理念，最终成为中央王朝"版图"下的"地方"。

第二，地方动乱之发生也远非分析盗贼在政治、经济方面的诸项动机及区域社会经济结构就可以明了，而应该把地方动乱看成一种王朝话语，看成地方社会整体转型所带来的与中央王朝的互动。

关于地方动乱的发生，西方学者比较习惯于从社会学与经济学的视角来分析。例如，一些学者精辟地分析了中国历史上动乱的发生与区域社会经济结构的关系②，一些学者则试图从动乱者的动机出发来

---

① 笔者只是强调不能以简单化的"地主—农民"模式看待地方动乱，无意在此否认作为一个历史哲学的命题的阶级分析方法的必要性和科学性。事实上，马克思本人也强调，只有在资本主义社会才存在相对简单的阶级斗争，"但是，我们的时代，资产阶级时代，却有一个特点，它使阶级对立简单化了"。另外，马克思也强调古代社会的阶级斗争与现代阶级斗争有根本的区别，他说："在作这种肤浅的历史对比时，人们忘记了最主要的一点，即在古代的罗马，阶级斗争只是在享有特权的少数人内部进行，只是在自由富人和自由穷人之间进行，而从事生产的广大民众，即奴隶，则不过为这些斗士充当消极的舞台台柱。"上引文见《马克思恩格斯选集》第一卷，251、599～600页，北京，人民出版社，1972。

② 应该承认，美国学者在分析导致动乱发生的社会经济结构时有许多独到的见解。例如，Joseph Esherick, *The Origins of the Boxer Uprising*，Berkeley：University of California Press，1987（中译本为［美］周锡瑞：《义和团运动的起源》，张俊义、王栋译，南京，江苏人民出版社，1994），等等。

解释动乱的发生①。20 世纪 60 年代，著名的社会历史学家霍布斯鲍姆（Eric J. Hobsbawm，又译霍布斯邦）就提出了"社会型盗匪"（social bandits）的概念，以强调盗匪与乡村社会的草根联系。② 唐立宗亦以霍布斯鲍姆所研究的意大利南部落后地区叛乱的发生来类比明代南赣毗邻地区社会动乱的发生，认为明代商品经济的发展和多山的地形、移民入垦等因素引起原有社会秩序的动荡。③

　　明代赣南地方动乱的发生确实和上述社会经济因素密不可分，参加者的动机与国家提供的机会也同样可以部分解释动乱的发生，但是，这些解释都脱离了中国历史的具体语境。在中国传统社会中，"动乱"只是文献记载者的感受，而不是地方社会的历史实际；"地方动乱"则是相对于中央王朝而言的。刘志伟把明代广东地区频繁的"盗乱"理解为地域社会建构过程的表现④，笔者以为，这一看法同样适用于理解宋至清初赣南地方动乱之发生。只有采取地方社会与中央王朝互动的视角，把地方动乱理解为"区域社会建构过程"，才能理解以下问

---

　　① 汤维强认为，阶级冲突和社会变迁理论不能很好地解释明代动乱的发生，但动乱可以从参加者的动机和国家提供的机会两方面来解释。在经济困难时期，糊口经济难以维持，参加动乱是人们的一种理性的生存策略；行政效能和国家镇压能力减弱，则相应地为动乱提供了机会。参考 James W. Tong, *Disorder under Heaven*：*Collective Violence in the Ming Dynasty*，Stanford：Stanford University Press，1991。

　　② 霍布斯鲍姆所指的"社会型盗匪"，重点在他们与乡间百姓的密切关系。他们虽然是地主和官府眼中的罪犯，却始终留在乡间社会，更是同乡百姓心目中的大英雄，是为众人争取权益的斗士及复仇者。参考［英］艾瑞克·霍布斯邦：《盗匪：从罗宾汉到水浒英雄》，郑明萱译，台北，麦田出版社，1998。

　　③ 参考唐立宗：《在"盗区"与"政区"之间：明代闽粤赣湘交界的秩序变动与地方行政演化》，93 页，台北，台湾大学出版委员会，2002；［英］艾瑞克·霍布斯邦：《原始的叛乱：十九至二十世纪社会运动的古朴形式》，杨德睿译，台北，麦田出版社，1999。

　　④ 刘志伟：《在国家与社会之间——明清广东里甲赋役制度研究》，92～109 页，广州，中山大学出版社，1997。

题：为什么北宋与南宋初年同样的经济结构下，赣南的"盐寇"会转变为"虔寇"；为什么"峒寇"与"畲贼"不是一个民族分类的概念，而是王朝赋役制度体系下对编户齐民的区分；为什么明清时期大量流民进入赣南山区本质上其实是对当地经济的推动，却会引起严重的社会动乱；为什么只有当流民与土著共同被"国家"正统体系接纳的时候才会引起严重的土客冲突，而不是单纯因为资源条件的恶化；等等。更重要的是，如果只是单纯地分析区域的社会经济结构，而缺少对中央王朝与地方社会之间的冲突和调适的语境的分析，我们就很难全面、立体地把握赣南从宋至清初的社会变迁。伴随着社会经济结构的变化，宋至清初赣南地方社会还有一个很核心的变化，就是不断地接受中央王朝"教化"。每次动乱的发生与平定都必然带来王朝"教化"措施的推广，正是在动乱的发生、发展与平定过程中，赣南地方社会经历了一个由"化外"向"化内"发展的过程，最终变成了一个基本上被纳入王朝统治体系而又维持着自身独特地域文化的"地方社会"。[①]

因此，地方动乱更本质的应该是地方社会发展逻辑与中央王朝的矛盾与冲突。我们可以把诸如"寇乱""贼乱""作过"等中国历史文献中表达"动乱"含义的词语，看成一种王朝话语，看成国家统治者对地方社会秩序不安定的一种表达。虽然其背后的社会经济结构是引发动乱的重要因素，但更应该把地方动乱看成地方社会整体转型所带来的与中央王朝的互动。[②]

第三，地方动乱既是生态变迁的过程，也是生态变迁的结果。

仔细分析赣南 12—18 世纪长达六百年的地方动乱，可以发现，在

---

① 不过，正如笔者在后文要指出的，由于生态和生计的压力以及本身的历史逻辑，清中期以后的赣南地方社会在所谓"外""内"的评价之外，还存在一定的远非"化内"的士大夫文化所能概括的乡民文化与地域文化。

② 从这个意义上来说，日本学界的地域社会论虽然很关注地方动乱，但同样没有采取国家与地域社会互动的视角。

具体的时空中，引起动乱的原因多种多样，王朝的更替、赋役的沉重、官吏的腐败等，都可导致大小不一的动乱，尤其是在王朝更替之际，地方动乱往往十分频繁。就赣南而言，两宋之际、宋末元初、元末明初、明末清初都是地方动乱最为激烈的时候。可见，国家政权对地方社会的控制力乃是直接关系到地方社会稳定的重要因素。但是，如果仅仅停留在追究国家政权对地方社会的控制和影响力强弱层面上来看待地方动乱之发生，我们就无法更深刻地理解地方动乱发生的机制。

实际上，在王朝更替、天下大乱之际，地方动乱表现出来的依然是地方社会本质的结构特征。两宋之际，赣南"虔寇"成为南宋政府最为头痛的问题，显然与北宋时期赣南人成群结队往岭南贩私盐有本质的联系。也就是说，"虔寇纷纷"这一表象扎根于宋代赣南以土豪为地方社会支配力量的社会结构。宋末元初，赣南及其周边山区"畲贼"规模很大，与南宋以来赣南山间小盆地的开发所导致的编户齐民和"峒""畲"人群的交混有关。元末明初，赣南动乱仍然延续了这一趋势。明末清初的动乱则和大量流民进入赣南山区有极大的关联。

我们注意到，这些时期频繁发生的动乱都是由生态因素所引发的。宋代赣南的"盐寇"之所以会成为让朝廷头痛的武装力量，关键原因是赣南不产盐，而官方的食盐专卖政策又违背了市场规则，加上北宋赣南基本上可以看成是"烟瘴"之区，开发尚未展开，官府统治力量薄弱。随着动乱的逐渐平定，南宋赣南人口增加非常迅速，形成一定的人口压力，人民必然向官府控制不到的"化外"之地——"峒"转移，从而酿成南宋赣南非常严重的"峒寇"问题。人民逃亡入"峒"这一事实，反映了南宋赣南山间小盆地的开发。元代继续了这一趋势，"畲贼"的规模大至几万、十几万，背后是编户齐民大量逃亡进入"化外"之地。明代，虽然赣南生态条件比较好的中部和东部（包括一部分西部）河谷、平原地带人口已经很密集了，但是赣南边界山地依然人口稀少，动乱不止。16世纪美洲作物的引进，使赣南山地开发成为可能。明中期赣南掀起开发山区的热潮，同时也使地方动乱相当严重。流民大量进入山区，固然是由于躲避赋役等政治因素，更重要的原因还在于人口压力导致的对山地的开发。清初是流民进入赣南的高峰，也是流民进入赣南并定居下来的重要时期。

从以上论述中不难看出，生态变迁始终是引致动乱发生的根本原因。无论是贩卖私盐、人口增加，还是盆地与山地的开发，每一个因素的变动都会导致动乱产生。随着12—18世纪赣南动乱与社会变迁历史的展开，赣南也由北宋的"烟瘴"之区转变为"人口稠密"之地。从本质上看，动乱可以理解为一种生态变迁的过程和结果。因此，思考动乱与中国传统社会变迁的关系，必须重视生态因素。

第二节　动乱与社会变迁：对"大一统"中国的重新认识

在以上关于地方动乱的理论思考的基础上，结合12—18世纪的赣南山区社会史，我们有可能重新思考地方动乱与中国传统社会变迁的理论，重新认识"大一统"的帝制中国的形成机制。12—18世纪的赣南山区社会史，生态的变迁、动乱的发生与平定、王朝"教化"的展开、族群关系的渐趋紧张是四条始终贯穿的线索。这四方面的变化并非单独地发展，而是交织在一起，共同编织了12—18世纪赣南山区社会变迁的历史。具体地说，这四方面的变化遵循着以下的逻辑展开。

第一，山区开发、"化外之民"转化与"国家"控制力的延伸同步进行。

理论上，传统社会中的皇帝拥有天下的一切土地、人民，"溥天之下，莫非王土；率土之滨，莫非王臣"；实际上，皇帝对其治内土地和人民的拥有，可以通过朝贡、羁縻到直接的编户齐民等不同层次的统治方式体现出来。更重要的是，在王朝直接控制的编户齐民之外，还存在许多未被纳入王朝统治的"化外之民"。这些"化外之民"聚集在开发较少的山区，被士大夫称为"蛮夷"。"蛮夷"与编户齐民之间并无固定不变的界限，他们之间会相互流动。"蛮夷"如果接受王朝统治，向政府纳税服役，就可能转化为编户齐民；反之，编户逋逃入山区，则可能变成"蛮夷"。随着山区开发的展开，这些深山穷谷的"化外之民"就有向"化内之民"转化的趋势。

北宋时期，由于官府对赣南的统治比较简易，赣南人农闲时越岭贩盐成寇已成为其日常生活的一部分，官府为处理"盐寇"问题而伤透了脑筋，统治力量远未及于山区的"化外之民"。殆至南宋，随着统治者在赣南统治方式的改变，赋役征收成为赣南社会的重大问题，由此引起的"峒寇"问题变得严重起来。事实上，自南宋中期以后，赣南地方政府对付的盗贼主要就是"峒寇"，正所谓"江西之寇，所以起于峒民"。官府的保伍和隅官制度之内的"省民"与官府体制之外的"峒寇"交往日益频繁并突破了官府的"界至"，表明了"化外之地"向"化内之地"的转化趋势和"峒寇"向编户齐民的逐渐过渡。但是，宋元之时，赣南山区开发尚未大规模展开，所以宋元时期的赣南边界山区仍生活着大量这样的"化外之民"，元朝的统治在闽粤赣边区并未巩固，"畲"与"民"之间流动频繁。

明中期以后，由于里甲制败坏等因素，出现了全国性的流民活动潮。作为山区的赣南开始陆续接纳流民进入开垦，这些流民或为躲避赋役的"逋逃之民"，或为进山开垦获利的商民，他们和原本居住在山区的畲、瑶等"蛮夷"一起，一方面促进了赣南山区的开发，另一方面形成了官府控制不到的"盗区"，导致了明代闽粤赣湘边界严重的地方动乱。明代南赣巡抚往往在进行了大规模的军事活动、征讨完一些大"贼巢"后,就在"盗区"设立县治(如明代赣南设崇义、定南、长宁三县),把作乱的"盗贼"变成编户。所以,明代的赣南,一方面是本地里甲户大量逃亡,另一方面新的县治的设立,表明官府的控制力延伸至新开发出来的山区,一些流民成为编户齐民。

明末清初的社会动乱,使更多的流民进入赣南,赣南山区开发进入高潮,终于使赣南出现大量梯田,生态环境日益恶劣,表明山区开发接近完成。至清初,赣南山区已没有可能出现像明代那样方圆几百公里的"盗区"了。明清之际的社会动乱,使混杂着"化外之民"和"逋逃之民"的山贼、山寇活动频繁,对这些盗贼进行征剿和安抚的过程,也是使其变成编户齐民的过程。在这两种因素的共同作用下,开发接近完成的赣南山区在清初几乎全部处于官府的控制之内。虽然一些地方仍存在少量带有"化外之民"色彩的畲、瑶,但清初"国家"控制力比明代又延伸了不少,几乎及于赣南山区全境。

从宋至清初,赣南山区的开发过程既是"化外之民"逐渐转化为编户齐民的过程,也是"国家"控制力不断延伸至新开发山区的过程。

第二,军事征剿与王朝"教化"的交互作用。

北宋时的赣南,每年农闲时赣人的越岭贩盐活动说明赣南是土豪控制的、以地缘利益为中心的社会。所以,南宋朝廷在赣南展开其统治时,必然与赣南的地域社会结构产生矛盾,于是表现为"虔寇纷纷"的社会动荡。南宋朝廷一方面用军事手段对"虔寇"进行征剿,另一方面在地方社会建立起保伍法,利用土豪充任弹官、保伍首领。官府与土豪关系的转变使赣南社会不再盗贼纷纷,南宋及元代盗贼活动也转移到边界地带("峒寇"与"畲贼")。在对盗贼进行军事活动的同时,地方官和士大夫希望运用"教化"的手段,"化"盗贼为良民。从建学校、兴书院到褒扬地方文化,都是出于这一目的。如果说,在盗贼出没之地设立书院让其子弟读书(如南宋兴国的安湖书院)是"教化"和利用地方势力控制地方社会兼而有之的举动的话，那么地方官修复儒学、弘扬赣南乃"先贤过化之地"则更多地体现了士大夫对诸如"明德慎罚""道之以德，齐之以礼"等传统的治国理念的追求。南宋以来，理学家在实践中发展出来的一套关于"教化"的理念，其实已渗透到地域社会与王朝制度相互"整合"的具体历史过程中。宋末赣州知州文天祥说赣州之人"不可以刑威慑，而可以义理动"，正是士大夫以上努力的宗旨的最好表达。元代赣南地方社会对自身文化的追求（如兴办家族书院和宁都出现的贤良祠），则是地方社会接受王朝"教化"的具体表现。

明中期以后，里甲制的败坏和赣南山区开发的进展使闽粤赣湘边界聚集了许多流民，导致有明一代四省边界动乱频繁。明王朝为了对付四省边界的盗贼，在赣州设立南赣巡抚专门弹压。面对地方普遍为盗、民盗不分的风气，南赣巡抚杰出如王阳明者也必须用剿和抚两手，即一边用军事手段镇压盗贼，一边安抚一些盗贼，使其转化为可利用的地方势力，用以对付和牵制地方盗贼。不过，王阳明最关心的是如何消除"心中贼"，他为此而设计的集"弭盗"和"教化"为一体的乡约和十家牌法，虽然成效并不显著，但为后来历任南赣巡抚仿效，成为里甲制败坏后官府对基层社会实施控制的重要组织。王阳明在赣南进行军事活动的同时，也大力宣扬其"心学"，赣州是时云集了一大批理学家和王学子弟，其中有许多赣南本地士大夫，以雩都黄弘纲和何廷仁为最有名。所谓"江有何黄，浙有钱王"，就是说他们两人都位列王门四大高足之中。明代赣南士大夫在地方上影响渐大，鉴于科举不旺，明代后期赣南从地方官到本地士大夫，都积极地参与了改造风水以兴科举的活动。这些活动反映了赣南社会观念的改变，即整体社会要求"士绅化"的心态。宗族组织作为地方社会与"国家"认同的结果，在明代赣南逐渐普遍起来，在一些动乱比较严重的时期和地区，宗族组织不仅具有功能性的防盗御寇的作用（如营前的蔡氏和龙南、定南一带的"围"），而且由宗族中的士绅组织并控制，从而使宗族组织成为"国家"统治在地方社会的象征和重要一环。

殆至明代末期，和宋代相比，通过统治者的军事征剿和王朝"教化"，加上地方社会自身的推动，赣南社会已发生了重大变化，表现为：士大夫在社会中影响渐大；整体社会观念普遍追求"士绅化"；结合了"国家"正统观念的宗族组织在社会生活中日益重要；等等。

明代的赣南社会除了"山中贼"之外，实际上活跃着两种"民"：一种姑且命名为"科举家族"，他们紧紧跟随官府，接受文化教化，其子弟热衷于科举，如本书第五章所讲述的龙南关西徐氏；一种姑且命名为"武力家族"，他们虽然臣服于官府，甚至为官府立下了汗马功劳，但是，崇尚武力，不热衷于科举，在乱世中盘踞一方，如著名的叶芳家族。两种"民"的结局显而易见：以叶芳家族为代表的"武力家族"都不得善终，纷纷被官府剿灭；而"科举家族"则成功地从最初的崇尚武力转型为以科举而兴旺，成了赣南地域社会的真正主人。从中我们不难看到传统中国的"国家"意志和意识形态蕴藏的巨大能量。

第三，在生态和"教化"的共同作用下，不同的族群必须共享一套社会文化体系，关系紧张起来。

北宋时期的赣南颇具"化外"色彩，官府的统治颇为简易，越岭贩盐的虔人如入无人之境。南宋赣南地方社会的一个重要转变，就是随着统治中心的南移和地方动乱的平定，官府掌握的户口越来越多，官府对地方社会的控制也通过保伍法等措施得到了加强。南宋中后期的赣南，地方动乱逐渐转移到边界山区。随着社会的稳定，赣南人口增长很快，有将近二百万人口生活在赣南，存在一定的人口压力。在这个背景下，人口必然涌入一些被称为"峒"的山间小盆地进行开发，从而出现"省民"与"峒民"之间交流频繁的局面，于是，江西的"峒寇"问题严重起来。

南宋末年，文天祥抗元使赣南社会更加动荡，也使赣南不同人群之间接触更为频繁。元政府并没有很好地控制赣南的局面，致使赣南边界山区在元代集中了大量"畲""峒"等"化外"人群，这种局面一直持续到元末明初。明中期以后，赣南开始接纳大量流民进入。流民进入的结果是：一方面，在平原河谷地带，以流民为主的"寄庄人户"与土著产生了冲突；另一方面，引起了山区开发与社会动乱。明清之际，流民进入赣南达到高峰，同时山区开发也接近完成。至清中期，赣南已经是"地狭人稠"，而且，由于山区过度开发，生态恶化与生计艰难恶性循环。伴随着山区开发的完成，大量流民进入赣南腹地，与土著共处。流民定居下来的时候，已经获得了王朝体制之下合法的"编户齐民"的身份，为了争夺有限的自然与社会文化资源，流民与土著的关系开始紧张起来，形成具有自我心理认同的两大集团。清初赣南的社会动乱，在某种程度上就是流民与土著之间的冲突。在赣南的东部地区，流民与土著之间产生了激烈的租佃斗争；在赣南的中部和西部地区，流民与土著为了争夺户籍和科举考试的权利产生了对抗。

从以上的分析可以看到，不同人群接触增加的重要原因来自生态的压力。无论是宋元时期的"峒民"与"畲贼"，还是明清时期的流民，他们之所以与编户齐民产生冲突并引起社会动乱，其根本动力还在于山间小盆地和山地的渐次开发。山区开发最后完成之时，也就是这些"化外"之民逐渐转化为"化内"之民的时候，流民与土著必然共处同一社会体系之中，这样，二者为了争夺有限的自然与文化资源，产生了严重的族群冲突。因此，可以说，生态压力和"教化"的共同作用，是族群冲突产生的重要前提。

第四，"国家"正统观念向"地方文化"不断渗透，不同的地域历史过程又形塑着不同的"地域文化"。

北宋时的赣南，"刑无虚日，俗未向风"，"铜盐之贩道所出入"，是个为盗之风盛行的地方。但是，经过地方官和士大夫的"创造"，赣南又成了"先贤过化之地""周程道学之渊源"，而且，这种"创造"出来的赣南文化，已成为赣南自身的地方文化。明代王阳明在赣州讲学授徒这一事实，亦被后来的地方志修撰者加以弘扬，赣南遂又成为"文成公息马论道之地"①。由于这些"文化创造"活动，赣南除了以"奸人亡命出没"的"盗薮"形象出现在史籍中之外，在士大夫笔下，还时常以"圣学修明，每肇端于兹地"② 和"先贤过化之邦"的面目出现。很明显，这些所谓赣南的"地方文化"背后蕴含的意义是，并非赣南有着与其他地域不同的地方文化，而是赣南和那些"文明之邦"一样，接受了"国家"正统思想的熏陶。事实上，从宋到清初，赣南的地方动乱与社会变迁的历史，也是地方社会不断接受"国家"正统文化观念的历史。不过，地方官和士大夫在实行其"教化"措施的同时，也会根据赣南社会自身的历史，"创造"出符合"国家"正统观念的地方文化传统。虽然这只是地方官和士大夫"创造"出来的地方文化传统，但是，这个"创造"过程也是地方社会接受"国家"正统观念的过程。从宋至明末，正是在士大夫不断地宣扬赣南乃"先贤过化之邦"的同时，赣南整体社会发生了重要变化，"国家"正统观念在地方社会影响渐大。

---

① （明）张位：《重修王文成祠记》，见同治《赣州府志》卷十一《舆地志·祠庙》。

② 天启《赣州府志》卷首《顺治十七年汤斌重刊谢志序》。

从一般意义上说，赣南是个"客家"文化区。① 但是，清初流民与土著在赣南的斗争，其产生的前提是流民亦被官府接纳成为"国家"的编户齐民。因此，在流民与土著都认同"国家"的同时，本来就因互相斗争而形成的两大集团就会为了获得土地和科举等资源进行斗争。② 在这个意义上，似乎可以说，赣南的"客家"文化色彩乃是认同"国家"的结果。换言之，如果说"客家"文化是地方社会的文化传统的话，则其之所以形成其地域特色的文化，乃是"国家"观念在地方社会影响扩大的另一种表现。实际上，自宋以来赣南所谓"地方文化"的形成发展就是一个士大夫接受"国家"正统文化，并不断对其"建构"的结果，从"先贤过化之地"到"江右王门心学"在地方社会的影响，无不如此。在这个意义上，"中国"乃是一种"观念"的产物，而"区域"则是认同"中国"的结果。

然而，地域文化又有其自身的发展逻辑，并不完全与"国家"观念的推广同步进行。赣南依照生态条件，可以大致分为盆地、河谷地带与山区地带。赣南的盆地、河谷地带开发较早，接受王朝"教化"较早，因此，经过两宋之际的社会动乱，基本上已经被纳入王朝正式的统治体系中。这些地区，如宁都、雩都、赣县、石城、兴国、瑞金

---

① 即使是强调以族群理论来研究客家历史的学者梁肇庭（Sow-Theng Leong），也不可避免地先入为主地认为，赣南和闽西、粤东北地区是所谓"客家居住中心地"，居住着有独特文化特征的"客家人群"。参考 Sow-Theng Leong, *Migration and Ethnicity in Chinese History：Hakkas，Pengmin，and Their Neighbors*，Stanford：Stanford University Press，1997，pp. 19-36。笔者以为，梁氏这一预设前提的错误，直接影响到他后来的论证的说服力，对此，笔者将另文探讨。

② 笔者考察明清族群关系演变后，认为流民与土著产生冲突并形成各自心理认同的前提是，流民接受"国家"统治，开始具有与土著相同的"国家认同"意识。参考拙文《国家认同与土客冲突——明清时期赣南的族群关系》，载《中山大学学报（社会科学版）》，2002（4）。

等县的河谷地带，元明之际已经出现了比较有"文化"的世家大族了，也积聚了比较多的人口。这样一个历史事实，使这些地区从明代就开始出现整体社会追求"士绅化"的心态。因此，这些地区人地关系比较紧张，土著势力比较大。明末清初大量流民的涌入虽然引起了激烈的租佃矛盾与主佃对抗，但并没有改变以土著居民为主的人口结构，因而，定居下来的流民的数量没有超过土著，于是形成了罗香林所说的"非纯客县"的文化风貌。[①] 相反，赣南的西部和南部地区，生态条件相对较差，山地居多，开发较晚，一直是相对动荡的地区，接受王朝"教化"的程度也不如盆地、河谷地带，虽然很早就有土著活动，但土著力量并不是很强大。明初，一些县的官府控制的人口甚至不到一千人。明清时期，美洲作物的引进，使山区开发成为可能，大量的流民也因此涌入，除了酿成持续不断的社会动乱外，还使得数量不少的流民得以定居下来，和土著共处同一地域社会中，二者不可避免地为争夺土地、科举名额等资源而展开激烈争夺。在这种争夺中，"客家"的意识得以强化，于是形成罗香林了所说的"纯客县"的文化风貌。[②]

尽管赣南内部各区域之间历史变化和社会文化差异极大，但是，笔者相信，生态变迁、动乱的出现及平定、王朝"教化"的开展、不同族群接触频繁并且产生冲突是影响12—18世纪的赣南的最重要的四

[①] 罗香林通过调查语言和历史，认为长宁（寻乌）、安远、定南、龙南、虔南（全南）、信丰、南康、大庾（大余）、崇义、上犹十县为纯客县，而兴国、雩都（于都）、宁都、石城、瑞金等七县为非纯客县。参考罗香林：《客家研究导论》，93～125页，台北，天南书局，1992。

[②] 以上只是对赣南各县历史所作的粗疏分析，实际上，赣南各县具体历史过程和生态地理条件差异很大，因而各县乃至同一县中各乡的历史文化也有很大的不同。笔者以为，这一差异和上述赣南社会历史逻辑中的生态变迁先后、动乱的展开规模、王朝"教化"的推广程度有直接的联系，拟日后对此进行专门的探讨。

个方面。大致说来，12—18世纪赣南山区社会史展现出来的以上四方面之间的逻辑是：生态压力是山区（包括山间小盆地与山地）开发的动力；山区开发所引起的地方社会与王朝体制的矛盾，是导致动乱的根本原因；地方动乱的出现使王朝"教化"得以进一步推广；在生态和"教化"的共同驱动下，不同的族群得以共享一套社会文化体系，同时族群关系紧张起来。正是在上述逻辑下，赣南形成了自身独特的社会文化特征。

通过以上分析，我们比较清楚地看到了一个相对"化外"的"烟瘴之地"，通过生态、动乱、教化、族群冲突等因素的交织变化，逐渐转变为一个既有自身独特的社会文化特征，又认同"正统"王朝观念的"地方社会"的过程。这一过程，有助于我们重新理解"大一统"中国的事实。

长期以来，西方学术界对庞大的中华帝国能够比较长时期维持"大一统"的事实感到困惑，并提出了多种解释。施坚雅（Willam Skinner）发展出从基层农村集市到都会城市的具有等级关系和内在逻辑结构的市场体系的理论。在施坚雅看来，中华帝国是以市场为纽带层级连接起来的，以基层市场为基础的具有等级结构的复杂的市场体系，构成了由分散小农家庭组成的大一统的中华帝国的庞大体系的基础。① 华琛（James Watson）则强调以国家在意识形态上对地方的整合来理解这一事实，他通过研究香港新界沙岗天后庙，提出"神明标准化"的概念，即国家通过敕封地方神来实现对地方神的统一化，从

---

　　①　［美］施坚雅：《中国农村的市场和社会结构》，史建云、徐秀丽译，北京，中国社会科学出版社，1998；［美］施坚雅主编：《中华帝国晚期的城市》，叶光庭等译，北京，中华书局，2000。

而使国家权力和意识形态贯彻到地方。① 近年来，华南地区的中国学者力图通过关注宗族、民间信仰等领域，对区域社会进行"历时性"分析，来重新理解这一事实。郑振满关于明清福建家族组织的研究认为，宗族组织的普遍发展过程也是宋明以来"宗法伦理庶民化"的过程。② 科大卫和刘志伟进一步指出，华南地区宗族发展是明代以后国家政治变化和经济发展的一种表现，宗族的发展实践，是宋明理学家利用文字的表达改变国家礼仪、在地方上推行教化、建立起正统性的国家秩序的过程和结果。③ 科大卫以研究华南二十年的经验指出，国家权力的文化语言渗透到华南地区，"皇帝"和"祖宗"是两个互相发明的关键词，华南与中央王朝之间的正统纽带，不仅建立在里甲与祀典之上，也建立在"宗族"这套语言之上。④ 以上几位学者的研究深刻地揭示了国家正统观念贯彻到地方社会所带来的变化。陈春声的研究表明，宋明至近代，韩江中下游地域也经历了一个地域社会逐渐纳入国家正统化的过程。他从天下、朝廷、官府和礼法、文教等几个方面讨论了这一过程，并耐人寻味地指出："所有的地方故事均可理解为国家的历史。所以我们才能说，大一统中国历史发展的内在一致性，

---

① James L. Watson, "Standardizing the Gods: The Promotion of Tien Hou (Empress of Heaven) along the South China Coast, 960-1960," in David Johnson, Andrew Nathan and Evelyn Rawski, eds. *Popular Culture in Late Imperial China*, Berkeley: University of California Press, pp. 292-324.

② 郑振满：《明清福建家族组织与社会变迁》，227～241 页，长沙，湖南教育出版社，1992。

③ 科大卫、刘志伟：《宗族与地方社会的国家认同——明清华南地区宗族发展的意识形态基础》，载《历史研究》，2000（3）。

④ 科大卫：《皇帝和祖宗：华南的国家与宗族》，卜永坚译，南京，江苏人民出版社，2009。

实际上是以其相互密切联系的区域发展的巨大时空差异为前提的。"①
近年来出版的一些区域史研究作品，虽然展现的都是地域社会被纳入
国家"大一统"版图的过程，但其历史发展的内在脉络和发展理路却
差异甚大，体现的正是所谓"地方故事和国家历史"的内在统一。②

　　本书的研究表明，宋至清初，南方山区社会的历史也经历了一个
国家正统意识形态贯彻到地方社会的过程。地方社会借着动乱的发生、
展开与教化的进行，最终成为中央王朝"版图"下的"地方"，而这一
过程背后的根本推动力则是生态的变迁。或许在这个意义上，我们才
可以理解，为什么只有到了土地垦殖几乎达到极限、生态危机开始显
现的清代，中国的版图才进一步扩大，并且成为奠定今日中国疆域的
"大一统"国家。因此，我们可以说，"中国"是一种"观念"的产物，
更是生态变迁的结果，而"地方"则是生态开发的产物，更是认同
"中国"的结果。

---

　　①　陈春声：《地方故事与国家历史：韩江中下游地域的社会变迁》，439 页，
北京，生活·读书·新知三联书店，2021。
　　②　例如，温春来关于黔西北区域的研究和贺喜关于粤西南的研究。参考温
春来：《从"异域"到"旧疆"：宋至清贵州西北部地区的制度、开发与认同》，北
京，生活·读书·新知三联书店，2008；贺喜：《亦神亦祖：粤西南信仰构建的社
会史》，北京，生活·读书·新知三联书店，2011。

征引文献

一、资料

（一）正史政书类

（宋）李焘：《续资治通鉴长编》，文渊阁四库全书本。

（宋）李心传：《建炎以来系年要录》，广雅书局丛书本。

（宋）徐梦莘：《三朝北盟会编》，上海，上海古籍出版社，1987。

（元）马端临：《文献通考》，文渊阁四库全书本。

（元）苏天爵：《国朝文类》，四部丛刊初编本。

（元）脱脱等：《宋史》，北京，中华书局，1977。

《明实录》，台北，"中央研究院"历史语言研究所，1962。

（明）申时行等：《大明会典》，台北，文海出版社，1984。

（明）宋濂等：《元史》，北京，中华书局，1976。

《清实录》，北京，中华书局，1985。

（清）徐松辑：《宋会要辑稿》，北京，中华书局，1975。

（清）张廷玉等：《明史》，北京，中华书局，1974。

日本古典研究会编：《皇明条法事类纂》，东京大学图书馆藏本影印本，昭和四十一年（1966）。

（二）文集

（唐）白居易：《白氏长庆集》，文渊阁四库全书本。

（唐）韩愈撰，（宋）廖莹中集注：《东雅堂昌黎集注》，文渊阁四库全书本。

（南唐）徐铉：《骑省集》，文渊阁四库全书本。

（宋）包拯：《包孝肃奏议集》，文渊阁四库全书本。

（宋）蔡襄：《端明集》，文渊阁四库全书本。

（宋）晁补之：《鸡肋集》，文渊阁四库全书本。

（宋）陈次升：《谠论集》，文渊阁四库全书本。

（宋）陈元晋：《渔墅类稿》，文渊阁四库全书本。

（宋）程颢：《二程文集》，文渊阁四库全书本。

（宋）方勺：《泊宅编》，文渊阁四库全书本。

（宋）方大琮：《铁庵集》，文渊阁
四库全书本。

（宋）韩琦：《安阳集》，文渊阁四
库全书本。

（宋）黄庭坚：《山谷集》，文渊阁
四库全书本。

（宋）李纲：《宋丞相李忠定公别
集》，崇祯十二年本。

（宋）李纲：《梁溪集》，文渊阁四
库全书本。

（宋）李觏：《盱江集》，文渊阁四
库全书本。

（宋）刘克庄：《后村先生大全集》，
四部丛刊初编本。

（宋）楼钥：《攻愧集》，四部丛刊
初编本。

（宋）苏辙：《栾城集》，文渊阁四
库全书本。

（宋）苏轼：《东坡全集》，文渊阁
四库全书本。

（宋）王安石：《临川文集》，文渊
阁四库全书本。

（宋）王质：《雪山集》，丛书集成
初编本。

（宋）卫博：《定庵类稿》，文渊阁
四库全书本。

（宋）文同：《丹渊集》，文渊阁四
库全书本。

（宋）文天祥：《文山集》，文渊阁
四库全书本。

（宋）文天祥：《文山先生全集》，
四部丛刊初编本。

（宋）吴潜：《许国公奏议》，清刻
本。

（宋）熊克：《中兴小纪》，文渊阁
四库全书本。

（宋）岳珂：《金佗粹编》，文渊阁
四库全书本。

（宋）岳珂：《金佗续编》，文渊阁
四库全书本。

（宋）张守：《昆陵集》，丛书集成
初编本。

（宋）张方平：《乐全集》，文渊阁
四库全书本。

（宋）赵抃：《清献集》，文渊阁四
库全书本。

（宋）赵鼎：《忠正德文集》，乾坤
正气集本。

（宋）真德秀：《西山先生真文忠公
文集》，四部丛刊初编本。

（宋）周必大：《文忠集》，文渊阁
四库全书本。

（宋）朱熹：《晦庵集》，文渊阁四
库全书本。

（宋）庄绰：《鸡肋编》，文渊阁四
库全书本。

（宋）曾巩：《元丰类稿》，文渊阁
四库全书本。

（元）刘鹗：《惟实集》，乾坤正气
集本。

（元）刘埙：《水云村泯稿》，道光
十八年本。

（元）刘岳申：《申斋文集》，中国
国家图书馆藏清抄本。

（元）黄溍：《金华黄先生文集》，
四部丛刊初编本。

（元）吴澄：《吴文正集》，文渊阁
四库全书本。

（元）赵孟頫：《松雪斋文集》，四部丛刊初编本。

（明）郭子章：《傅草》，见《四库全书存目丛书》集部第 156 册，济南，齐鲁书社，1997。

（明）海瑞：《海瑞集》，北京，中华书局，1962。

（明）李涞：《前明李中丞养愚先生文集》，赣州图书馆藏本。

（明）刘节：《梅国前集》，见《四库全书存目丛书》集部第 57 册，济南，齐鲁书社，1997。

（明）罗洪先：《念庵罗先生文集》，嘉靖四十二年本。

（明）王守仁：《王阳明全集》，上海，上海古籍出版社，2011。

（明）杨士奇：《东里集》，文渊阁四库全书本。

（明）张弼：《东海文集》，见《四库全书存目丛书》集部第 39 册，济南，齐鲁书社，1997。

（明）周用：《周恭肃公集》，见《四库全书存目丛书》集部第 55 册，济南，齐鲁书社，1997。

（清）胡有升：《镇虔奏疏》，中国国家图书馆藏清学源堂抄本。

（清）黄宗羲编：《明文海》，文渊阁四库全书本。

（清）江毓昌：《江西南赣禀帖》，浙江省图书馆藏本。

（清）刘武元：《虔南奏稿》，中国国家图书馆藏清抄本。

（清）彭士望：《耻躬堂文钞》，见《四库禁毁书丛刊》集部第 52 册，北京，北京出版社，1997。

（清）屈大均：《广东新语》，北京，中华书局，1985。

（清）宋光国：《二崖先生文集》，见（清）宋昌图、宋华国、宋光国：《三宋先生文集》，道光十七年本。

（清）魏礼等撰，（清）林时益辑：《宁都三魏全集》，道光二十五年本。

（三）地方志

（明）谈恺等：《虔台续志》，嘉靖三十四年修。

（明）谢诏：《重修虔台志》，天启三年修。

（明）董天锡：《赣州府志》，嘉靖十五年本。

（明）谢诏：《赣州府志》，天启元年修，顺治十七年重刻本。

（清）易学实：《续修赣州府志》，康熙二十三年本（中国国家图书馆藏珍本）。

（清）陈观酉等：《赣州府志》，道光二十八年本。

（清）钟音鸿等：《赣州府志》，同治十二年本。

（明）刘节：《南安府志》，嘉靖十五年本。

（清）石景芬等：《南安府志》，同治七年本。

（清）杨锋：《南安府志补正》，光绪元年本。

（清）刘绎：《吉安府志》，光绪二年本。

（明）莫应奎：《宁都县志》，万历二十年本。

（清）郑昌龄等：《宁都县志》，乾隆六年本。

（清）黄永纶、杨锡龄：《宁都直隶州志》，道光四年本。

（明）姚暹等：《瑞金县志》，万历三十一年本。

（清）杨长世：《瑞金县志》，康熙二十二年本。

（清）刘大年、杨于位：《瑞金县志》，乾隆十八年本。

（清）张国英等：《瑞金县志》，同治十三年本。

（清）祝天寿：《定南县志》，顺治九年本。

（清）朱昕、刘霖：《定南厅志》，乾隆四十四年本。

（清）王大枚、黄正琅等：《定南厅志》，同治十一年本。

（清）易学实、梅贲英：《雩都县志》，康熙元年本。

（清）卢振先等：《雩都县志》，乾隆二十二年本。

（清）何戴仁、洪霖：《雩都县志》，同治十三年本。

（清）王元骥等：《龙南县志》，康熙四十八年本。

（清）石家绍等：《龙南县志》，道光四年本。

（清）黄惟桂等：《兴国县志》，康熙二十二年本。

（清）崔国榜等：《兴国县志》，同治十一年本。

（清）孙麟贵：《续修赣县志》，康熙二十三年本（中国国家图书馆藏珍本）。

（清）沈均安：《赣县志》，乾隆二十一年本。

（清）黄德溥等：《赣县志》，同治十一年本。

（清）章振萼：《上犹县志》，康熙三十六年本。

（清）蔡泰均：《上犹县志》，乾隆五十五年本（浙江图书馆藏）。

（清）欧阳辑瑞：《上犹县志》，道光三年本。

（清）李临驯：《上犹县志》，光绪十九年本。

（清）宋玉郎：《南康县志》，康熙四十九年本。

（清）沈恩华：《南康县志》，同治十一年本。

（清）张尚瑗：《潋水志林》，康熙五十年本。

（清）余光璧：《大庾县志》，乾隆十三年本。

（清）陈荫昌：《大庾县志》，同治十三年本。

（清）沈大中：《长宁县志》，乾隆十四年本。

（清）刘凤翥：《长宁县志》，光绪二十七年本。

（清）吴湘皋等：《会昌县志》，乾隆十六年本。

（清）陈良栋、王骥：《会昌县志》，同治十一年本。

（清）杨廷为：《信丰县志》，乾隆十六年本。

（清）李大观：《信丰县志续编》，同治九年本。

（清）赵成、赵宁静：《上杭县志》，乾隆十八年本。

（清）杨柏年：《石城县志》，乾隆四十一年本。

（清）黄鹤雯：《石城县志》，乾隆四十六年本。

（清）汪宝树：《崇义县志》，同治六年本。

饶宗颐：《潮州志》，1949年本。

（宋）胡太初修、赵与沐纂，长汀县地方志编纂委员会整理：《临汀志》，福州，福建人民出版社，1990。

（四）族谱、档案

内阁汉文题本，粮饷类。

《璜溪中坝重订世传》（不分卷），宁都县博物馆藏乾隆四十六年本。

《江西省赣州府长宁县圹田曾氏三修族谱》，上海图书馆藏光绪二十七年本。

《（宁都）温氏族谱》，上海图书馆藏光绪三十四年本。

《上犹县村头里营城蔡氏族谱》，1916年本。

《瑞金承一池口上马石邹氏三修族谱》，上海图书馆藏1922年本。

《陈氏联修族谱》，定南县档案馆藏本。

《信丰刘氏十四修族谱》，上海图书馆藏20世纪90年代修本。

《（安远）陈氏合修族谱》，1995年本。

《（营前）胡氏五修族谱》，1994年本。

《（营前）张氏族谱》，1995年本。

《（营前）黄氏世荣公系下第六次重修族谱》，1996年本。

《（营前）何氏族谱》，1997年本。

《（信邑庄溪）树德堂李氏族谱》，上海图书馆藏2001年本。

《关西徐氏七修族谱》，1999年新修本。

《关西黄氏族谱》，1997年本。

《关西张氏族谱》，1995年本。

（五）资料集

何竹淇编：《两宋农民战争史料汇编》（全四册），北京，中华书局，1976。

中国人民大学清史研究所、档案系中国政治制度史教研室合编：《康雍乾时期城乡人民反抗斗争资料》，北京，中华书局，1979。

杨讷、陈高华编：《元代农民战争史料汇编》（全四册），北京，中华书局，1985。

陈柏泉编著：《江西出土墓志选编》，南昌，江西教育出版社，1991。

江西省图书馆地方文献编辑组编：《江西近现代地方文献资料汇编》第16册，江西省图书馆藏。

二、中文论著

（一）著作

曹树基：《中国移民史》第五、六卷，福州，福建人民出版社，1997。

曹树基：《中国人口史》第四、五卷，上海，复旦大学出版社，2001。

陈春声：《市场机制与社会变迁——18世纪广东米价分析》，广州，中山大学出版社，1992。

陈春声：《地方故事与国家历史：韩江中下游地域的社会变迁》，北京，生活·读书·新知三联书店，2021。

方志远：《明清湘鄂赣地区的人口流动与城乡商品经济》，北京，人民出版社，2001。

郭正忠：《宋代盐业经济史》，北京，人民出版社，1990。

贺喜：《亦神亦祖：粤西南信仰构建的社会史》，北京，生活·读书·新知三联书店，2011。

靳润成：《明朝总督巡抚辖区研究》，天津，天津古籍出版社，1996。

科大卫：《皇帝和祖宗：华南的国家与宗族》，卜永坚译，南京，江苏人民出版社，2009。

李文治：《晚明民变》，上海，中华书局，1948。

梁方仲：《梁方仲经济史论文集》，北京，中华书局，1989。

梁治平：《清代习惯法：社会与国家》，北京，中国政法大学出版社，1996。

刘平：《文化与叛乱——以清代秘密社会为视角》，北京，商务印书馆，2002。

刘翠溶、［英］伊懋可主编：《积渐所至：中国环境史论文集》，台北，"中央研究院"经济研究所，1995。

刘馨珺：《南宋荆湖南路的变乱之研究》，台北，台湾大学出版委员会，1994。

刘志伟：《在国家与社会之间——

明清广东里甲赋役制度研究》，广州，中山大学出版社，1997。

罗勇、林晓平主编：《赣南庙会与民俗》，国际客家学会、海外华人研究社、法国远东学院，1998。

罗香林：《客家源流考》，北京，中国华侨出版社，1989。

罗香林：《客家研究导论》，台北，天南书局，1992。

毛泽东：《毛泽东选集》第二卷，北京，人民出版社，1991。

唐立宗：《在"盗区"与"政区"之间：明代闽粤赣湘交界的秩序变动与地方行政演化》，台北，台湾大学出版委员会，2002。

万绳楠：《文天祥传》，郑州，河南人民出版社，1985。

汪圣铎：《两宋财政史》上册，北京，中华书局，1995。

王晴佳：《台湾史学50年（1950—2000）：传承、方法、趋向》，台北，麦田出版社，2002。

王世宗：《南宋高宗朝变乱之研究》，台北，台湾大学出版委员会，1989。

温春来：《从"异域"到"旧疆"：宋至清贵州西北部地区的制度、开发与认同》，北京，生活·读书·新知三联书店，2008。

吴松弟：《中国移民史》第四卷，福州，福建人民出版社，1997。

吴松弟：《中国人口史》第三卷，上海，复旦大学出版社，2001。

吴宣德：《江右王学与明中后期江

西教育发展》，南昌，江西教育出版社，1996。

杨国桢：《明清土地契约文书研究》，北京，人民出版社，1988。

赵继颜：《中国农民战争史（四）》（宋辽金元卷），武汉，湖北人民出版社，1991。

郑振满：《明清福建家族组织与社会变迁》，长沙，湖南教育出版社，1992。

周红兵：《赣南经济地理》，北京，中国社会出版社，1994。

［德］马克思、恩格斯：《马克思恩格斯选集》，北京，人民出版社，1972。

［法］谢和耐：《中国社会史》，耿昇译，南京，江苏人民出版社，1997。

［英］艾瑞克·霍布斯邦：《盗匪：从罗宾汉到水浒英雄》，郑明萱译，台北，麦田出版社，1998。

［英］艾瑞克·霍布斯邦：《原始的叛乱：十九至二十世纪社会运动的古朴形式》，杨德睿译，台北，麦田出版社，1999。

［英］杰弗里·巴勒克拉夫：《当代史学主要趋势》，杨豫译，上海，上海译文出版社，1987。

［英］莫里斯·弗里德曼：《中国东南的宗族组织》，刘晓春译，上海，上海人民出版社，2000。

［美］德怀特·希尔德·珀金斯：《中国农业的发展（1368—1968年）》，宋海文等译，上海，上海译文出版社，1984。

［美］黄宗智：《华北的小农经济与社会变迁》，北京，中华书局，1986。

［美］孔飞力：《中华帝国晚期的叛乱及其敌人》，谢亮生等译，北京，中国社会科学出版社，1990。

［美］施坚雅：《中国农村的市场和社会结构》，史建云、徐秀丽译，北京，中国社会科学出版社，1998。

［美］施坚雅主编：《中华帝国晚期的城市》，叶光庭等译，北京，中华书局，2000。

［美］魏斐德：《大门口的陌生人：1839—1861年间华南的社会动乱》，王小荷译，北京，中国社会科学出版社，1988。

［美］张仲礼：《中国绅士：关于其在19世纪中国社会中作用的研究》，李荣昌译，上海，上海社会科学院出版社，1991。

［美］周锡瑞：《义和团运动的起源》，张俊义、王栋译，南京，江苏人民出版社，1994。

［日］冈田宏二：《中国华南民族社会史研究》，赵令志、李德龙译，北京，民族出版社，2002。

［日］山根幸夫主编：《中国史研究入门》下册，田人隆等译，北京，社会科学文献出版社，2000。

［韩］吴金成：《矛与盾的共存：明清时期江西社会研究》，崔荣根译，南京，江苏人民出版社，2018。

（二）论文

包茂宏：《环境史：历史、理论和方法》，载《史学理论研究》，2000（4）。

鲍炜:《清初广东迁界前后的盗贼问题——以桂州事件为例》,载《历史人类学学刊》,2003(2)。

卞利:《清代江西的契尾初探》,载《江西师范大学学报(哲学社会科学版)》,1988(1)。

卞利:《江西地区永佃权产生的时间问题考辨》,载《江西师范大学学报(哲学社会科学版)》,1989(3)。

卞利:《清代前期江西赣南地区的押租制研究》,载《中国农史》,1998(3)。

卞利:《清代江西赣南地区的退契研究》,载《中国史研究》,1999(2)。

曹国庆:《王阳明与南赣乡约》,见王毓铨主编:《明史论丛》第3辑,67~74页,合肥,黄山书社,1993。

曹树基:《明清时期的流民和赣南山区的开发》,载《中国农史》,1985(4)。

曹树基:《清代玉米、番薯分布的地理特征》,见复旦大学历史地理研究所编:《历史地理研究》,287~303页,上海,复旦大学出版社,1990。

曹树基:《赣、闽、粤三省毗邻地区的社会变动和客家形成》,见中国地理学会历史地理专业委员会、《历史地理》编辑委员会编:《历史地理》第14辑,123~135页,上海,上海人民出版社,1998。

常建华:《日本八十年代以来的明清地域社会研究述评》,载《中国社会经济史研究》,1998(2)。

陈春声:《信仰空间与社区历史的演变——以樟林的神庙系统为例》,载《清史研究》,1999(2)。

陈春声:《从"倭乱"到"迁海"——明末清初潮州地方动乱与乡村社会变迁》,见朱诚如、王天有主编:《明清论丛》第二辑,73~106页,北京,紫禁城出版社,2001。

陈春声:《正统性、地方化与文化的创制——潮州民间信仰的象征与历史意义》,载《史学月刊》,2001(1)。

陈春声:《乡村的故事与国家的历史——以樟林为例兼论传统乡村社会研究的方法问题》,见黄宗智主编:《中国乡村研究》第二辑,1~33页,北京,商务印书馆,2003。

陈森甫:《宋元以来江西西南山地之畲蛮》,载《台湾编译馆馆刊》,1982(4)。

戴逸:《关于历史研究中阶级斗争理论问题的几点看法》,载《社会科学研究》,1979(2)。

戴逸:《阶级斗争、农民战争不是推进历史的唯一动力》,载《人民日报》,1980-01-11。

邓京力:《重新评价农民战争的历史价值》,载《河北学刊》,2002(4)。

邓振胜:《古大庾岭商路的历史和现状》,载《江西地方志通讯》,1985(2)。

董楚平:《生产力是历史发展的根本动力》,载《光明日报》,1979-10-23。

董楚平:《农民战争特殊规律浅探——兼答周良霄、张德信同志》,载

《求是学刊》，1981（2）。

傅衣凌：《明末清初闽赣毗邻地区的社会经济与佃农抗租风潮》，见《明清社会经济史论文集》，338～380页，北京，人民出版社，1982。

龚胜生：《2000 年来中国瘴病分布变迁的初步研究》，载《地理学报》，1993（4）。

韩恒煜：《试论清代前期佃农永佃权的由来及其性质》，见中国社会科学院历史研究所清史研究室编：《清史论丛》第一辑，37～53 页，北京，中华书局，1979。

韩振飞、姚莲红：《浅谈杨筠松及赣派风水术》，见郑晓江主编：《赣文化研究》，总第 4 期，298～309 页，内部资料，1997。

何竹淇：《论宋代农民争取土地的斗争》，见中州书画社编：《宋史论集》，216～243 页，郑州，中州书画社，1983。

胡水凤：《繁华的大庾岭古商道》，载《江西师范大学学报（哲学社会科学版）》，1992（4）。

黄国信：《弥"盗"、党争与北宋虔州盐政》，载《史林》，2006（2）。

黄宽重：《宋代变乱研究的检讨》，见《南宋军政与文献探索》，260～261页，台北，新文丰出版公司，1990。

黄敏兰：《评农战史专题中的严重失实现象》，载《史学理论研究》，1995（4）。

黄志繁：《清代赣南市场研究》，南昌大学，硕士学位论文，1998。

黄志繁：《大庾岭商路·山区市场·边缘市场——清代赣南市场研究》，载《南昌职业技术师范学院学报》，2000（1）。

黄志繁：《营前的历史、宗族与文化》，载《华南研究资料中心通讯》，2001（24）。

黄志繁：《乡约与保甲：以明代赣南为中心的分析》，载《中国社会经济史研究》，2002（2）。

黄志繁：《国家认同与土客冲突——明清时期赣南的族群关系》，载《中山大学学报（社会科学版）》，2002（4）。

黄志繁：《在贼与民之间：南赣巡抚与地方盗贼——以王阳明为中心的分析》，见张国刚主编：《中国社会历史评论》第四卷，65～74 页，北京，商务印书馆，2002。

黄志繁、胡琼：《宋代南方山区的"峒寇"——以江西赣南为例》，载《南昌大学学报（人文社会科学版）》，2002（2）。

黄志繁：《清代赣南的生态与生计——兼析山区商品生产发展之限制》，载《中国农史》，2003（3）。

黄志繁：《地域社会变革与租佃关系——以 16—18 世纪赣南山区为中心》，载《中国社会科学》，2003（6）。

黄志繁：《家族与城堡：龙南关西徐氏宗族个案研究》，载《地方文化研究》，2016（3）。

翦伯赞：《论中国古代的农民战争》，载《学习》，1951（10）。

景爱：《环境史：定义、内容与方法》，载《史学月刊》，2004（3）。

科大卫：《告别华南研究》，见华南研究会编辑委员会编：《学步与超越：华南研究会论文集》，9～30页，香港，文化创造出版社，2004。

科大卫、刘志伟：《宗族与地方社会的国家认同——明清华南地区宗族发展的意识形态基础》，载《历史研究》，2000（3）。

李荣村：《黑风峒变乱始末——南宋中叶湘粤赣间峒民的变乱》，载《"中央研究院"历史语言研究所集刊》，第41本，第3分，1969。

李荣村：《溪峒溯源》，载《台湾编译馆馆刊》，1981（1）。

李文治：《北宋民变之经济的动力》，载《食货》，1936（11）。

李洵：《试论明代的流民问题》，载《社会科学辑刊》，1980（3）。

李洵：《明代流民运动——中国被延缓的原始资本积累过程》，见郑天挺编：《中国古代史论丛》第二辑，30～47页，福州，福建人民出版社，1981。

李振宏：《论中国历史上农民战争的历史结局》，载《史学月刊》，1999（5）。

梁洪生：《从兴国移民姓氏看赣南客家迁徙：对研究赣南早期客家的一种思考》，载《客家研究辑刊》，1996（1）。

刘昶：《试论中国封建社会长期延续的原因》，载《历史研究》，1981（2）。

刘永成：《清代前期的农业租佃关系》，见中国社会科学院历史研究所清史研究室编：《清史论丛》第二辑，56～88页，北京，中华书局，1980。

刘永华：《传统中国的市场与社会结构——对施坚雅中国市场体系理论和宏观区域理论的反思》，载《中国经济史研究》，1993（4）。

刘永华：《17至18世纪闽西佃农的抗租、农村社会与乡民文化》，载《中国经济史研究》，1998（3）。

刘志伟：《地域社会与文化的结构过程——珠江三角洲研究的历史学与人类学对话》，载《历史研究》，2003（1）。

罗勇：《略论明末清初闽粤客家的倒迁入赣》，载《客家研究辑刊》，1995（1）。

罗勇：《客家与风水术》，载《客家研究辑刊》，1997（2）。

罗丽馨：《明末手工业阶层的变乱》，载《大陆杂志》，1996（4）。

马楚坚：《阳明先生重建社区治安理想与实施》，见周天游主编：《地域社会与传统中国》，156～166页，西安，西北大学出版社，1995。

茅家琦：《农民战争与社会发展》，载《福建论坛（人文社科版）》，2001（5）。

梅莉、晏昌贵、龚胜生：《明清时期中国瘴病分布与变迁》，载《中国历史地理论丛》，1997（2）。

孟祥才：《重新审视中国封建社会的农民、农民起义和农民战争》，载

《山东大学学报（哲学社会科学版）》，2003（6）。

裴重：《南宋的民众运动》，载《大陆杂志》，1941（6）。

饶伟新：《明代赣南族群关系与社会秩序的演变：以移民和流寇为中心》，硕士学位论文，厦门大学，1999。

饶伟新：《明代赣南的移民运动及其分布特征》，载《中国社会经济史研究》，2000（3）。

饶伟新：《明代赣南的社会动乱与闽粤移民的族群背景》，载《厦门大学学报（哲学社会科学版）》，2000（4）。

饶伟新：《生态、族群与阶级——赣南土地革命的历史背景分析》，博士学位论文，厦门大学，2002。

饶伟新：《明清时期华南地区乡村聚落的宗族化与军事化——以赣南乡村围寨为中心》，载《史学月刊》，2003（12）。

饶伟新：《经济作物的种植与清代赣南农村经济困境》，见《赣文化研究》，第10期，172～187页，香港，香港文化中国出版社，2003。

饶伟新：《明清以来赣南乡村宗族的发展进程与历史特征》，见罗勇主编：《"赣州与客家世界"国际学术研讨会论文集》，291～298页，北京，人民日报出版社，2004。

饶伟新：《清代山区农业经济的转型与困境：以赣南为例》，载《中国社会经济史研究》，2004（2）。

戎笙：《只有农民战争才是封建社会发展的真正动力吗?》，载《历史研究》，1979（4）。

孙达人：《应该怎样估价"让步政策"》，载《光明日报》，1965-09-22。

唐文基：《乾隆时期的粮食问题及其对策》，载《中国社会经济史研究》，1994（3）。

陶希圣：《宋代的各种暴动》，载《中山文化教育馆季刊》，1934（2）。

田昌五：《中国历史大循环的动力——重谈农民战争问题》，载《史学理论研究》，1997（2）。

万芳珍、刘纶鑫：《客家入赣考》，载《南昌大学学报（社会科学版）》，1994（1）。

万芳珍、刘纶鑫：《江西客家入迁原由与分布》，载《南昌大学学报（社会科学版）》，1995（2）。

万幼楠：《赣南古塔研究》，载《南方文物》，1993（1）。

万幼楠：《赣南围屋与围屋背景》，载《客家研究辑刊》，1997（1）。

王利华：《社会生态史：一个新的研究框架》，载《社会史研究通讯》，2000（3）。

王学典：《五朵金花：意识形态语境中的学术论战》，载《文史知识》，2002（1）。

王毓铨：《〈皇明条法事类纂〉读后》，见中国社会科学院历史研究所明史研究室编：《明史研究论丛》第一辑，1～28页，南京，江苏人民出版社，1982。

巫仁恕：《明末的戏剧与城市民变》，载《九州学刊》，1994（3）。

巫仁恕：《明末清初城市米粮暴动之研究》，载《史原》，1996（20）。

巫仁恕：《明清城市"民变"的集体行动模式及其影响》，见郝延平、魏秀梅主编：《近世中国之传统与蜕变：刘广京院士七十五岁祝寿论文集》上册，229～258页，台北，"中央研究院"近代史研究所，1998。

巫仁恕：《明末清初城市手工业工人的集体抗议行动——以苏州城为探讨中心》，载《"中央研究院"近代史研究所集刊》，1998（28）。

巫仁恕：《节庆、信仰与抗争——明清城隍信仰与城市群众的集体抗议行为》，载《"中央研究院"近代史研究所集刊》，2000（34）。

叶文宪：《析对古代中国农民战争的误解》，载《探索与争鸣》，1999（9）。

朱鸿林：《从沙堤乡约谈明代乡约研究问题》，见张国刚主编：《中国社会历史评论》第二卷，25～34页，天津，天津古籍出版社，2000。

朱政惠：《20世纪美国对中国史学史的研究》，载《史学史研究》，2003（4）。

左鹏：《宋元时期的瘴疾与文化变迁》，载《中国社会科学》，2004（1）。

[日]岸本美绪：《明清土地契约文书》，见王亚新、梁治平编：《明清时期的民事审判与民间契约》，王亚新等译，303～304页，北京，法律出版社，1998。

[日]山田贤：《中国明清时代"地域社会论"的现状与课题》，太城裕子译，载《暨南史学》（第二号），1999。

[日]森正夫：《民众反乱史研究的现状与课题——读小林一美之论点有感》，于志嘉译，载《食货月刊》（复刊）15，11/12，1986。

三、英文论著

（一）著作

Ch'u T'ung-tsu, *Local Government in China under the Ch'ing*, Cambridge：Harvard University Press, 1962.

David Faure and Helen Siu, *Down to Earth：The Territorial Bond in South China*, Stanford：Stanford University Press, 1995.

Elizabeth Perry, *Rebels and Revolutionaries in North China, 1845-1945*, Stanford：Stanford University Press, 1980.

Frederic Wakeman, *Strangers at the Gate：Social Disorder in South China, 1839-1861*, Berkeley：University of California Press, 1966.

James P. Harrison, *The Communists and Chinese Peasant Rebellions：A Study in the Rewriting of Chinese History*, New York：Atheneum, 1969.

James W. Tong, *Disorder under Heaven：Collective Violence in the Ming Dynasty*, Stanford：Stanford University Press, 1991.

Kung-Chuan Hsiao, *Rural China：Imperial Control in the Nineteen Centu-*

ry, Seattle: University of Washington Press, 1960.

Mary C. Wright, *China in Revolution: The First Phase, 1900-1913*, New Haven: Yale University, 1968.

Maurice Freedman, *Chinese Lineage and Society: Fukein and Kwangtung*, London: Athlone Press, 1966.

Sow-Theng Leong, *Migration and Ethnicity in Chinese History: Hakkas, Pengmin, and Their Neighbors*, Stanford: Stanford University Press, 1997.

Susan Naquin, *Millenarian Rebellion in China: The Eight Trigrams Uprising of 1813*, New Haven: Yale University Press, 1976.

（二）论文

Frederic Wakeman, "Rebellion and Revolution: The Study of Popular Movements in Chinese History," *The Journal of Asian Studies*, Vol. 36, No. 2, 1977.

James L. Watson, "Standardizing the Gods: The Promotion of Tien Hou (Empress of Heaven) along the South China Coast, 960-1960," in David Johnson, Andrew Nathan and Evelyn Rawski, eds. *Popular Culture in Late Imperial China*, Berkeley: University of California Press, pp. 292-324.

Kandice Hauf, "The Community Covenant in Sixteen Century Ji'an Prefecture, Jiangxi," *Late Imperial China*, Vol. 17, No. 2, 1996, pp. 1-50.

四、日文论著

（一）著作

［日］穀川道雄、森正夫編：《中國民衆叛亂史1·秦～唐》（全4卷），東京，平凡社，1978。

［日］穀川道雄、森正夫編：《中國民衆叛亂史2·宋～明中期》（全4卷），東京，平凡社，1979。

［日］穀川道雄、森正夫編：《中國民衆叛亂史3·明末～清Ⅰ》（全4卷），東京，平凡社，1982。

［日］穀川道雄、森正夫編：《中國民衆叛亂史3·明末～清Ⅱ》（全4卷），東京，平凡社，1983。

［日］青年中國研究會議編：《中國民衆反亂の世界》，東京，汲古書院，1983。

［日］山根幸夫：《中國農民起義文獻目録》，東京女子大學東洋史研究室，1976。

［日］森正夫等編：《明清時代史の基本問題》，東京，汲古書院，1997。

（二）论文

［日］北村敬直：《魏氏三兄弟とその时代》，见《清代社會經濟史研究》，88～153页，京都，朋友書店，1972。

［日］濱島敦俊：《明末江南の葉郎生の亂につて》，载《海南史學》十二、十三合併號，1975。

［日］草野靖：《明末清初期における田面の變質——閩·江·廣三省交界地帶の場合》，载《熊本大學文學部論叢》（1），1980。

［日］甘利弘樹：《明末清初期、廣

東・福建・江西交界地域における廣東の山寇——特に五總賊・鍾淩秀を中心として一》，載《社會文化史學》（第三十八號），平成十年（1998）。

［日］甘利弘樹：《張惟天の亂について——檔案史料の分析を中心に》，載《東方學》（第九十七輯），平成十一年（1999）。

［日］吉田穗積：《清代農民叛亂史の課題——變革主體の形成をめぐつて——》，載《東洋史研究》32. 2，1973。

［日］今湊良信：《明代中期の"土賊"について——南贛地帶の葉氏を中心に》，見《中國史にぉける亂の構図——築波大學創立十周年紀念東洋史論集》，東京，雄山閣，1986。

［日］清水泰次：《明代の流民と流賊》，載《史學雜誌》，第 46 卷，第 2、3 期，1935。

［日］森正夫：《十七世紀の福建寧化縣における黃通の抗租反亂》（一）、（二）、（三），載《名古屋大學文學部研究論集》59、62、74，1973、1974、1978。

［日］小林一美：《抗租、抗糧鬥爭の彼方——下層生活者の想いと政治的、宗教的自立の途》，載《思想》584，1973。

［日］伊騰宏明：《唐末五代期における江西地域の在地勢力について》，見《中國貴族制社會の研究》，京都，同朋舍，昭和六十二年（1987）。

［日］佐竹靖彥：《唐宋變革の地域的研究》，京都，同朋舍，1990。

后 记

如果从搜集资料开始算起，这本小书的写作，已近七载春秋。七年一本书，按说时间上并不太短，然而，由于本人生性之疏懒、工作之杂乱，时间上既不能全力以赴本书之写作，水平上又不敢自信大方示众，只能姑且把这本书的出版当作一个学术阶段的小结而已。从本质上来说，选择了做学者，就意味着选择了一种生活方式，而作为学者最大的压力，当然也是最大的快乐，其实并不在于生活多么清贫，工作多么繁忙，而是心智的磨炼——如何超越前人学术成就和面对同行尖锐批评。如果能恰当地找个机会对自己的研究生涯做个总结，稍事休息，调整心态，再开始新的课题，未尝不是一件让人向往之快事。实际上，当写完这本书后，心底的放松和对下一步研究工作的憧憬，已经使我忘却了许多写作过程中之痛苦与压力、学术观点之偏颇与细节之不察了。不过，我相信严谨的读者一定会从这本书中挑出这些由于本人疏忽而带来的缺点的。

一个学者的成长，一定有很好的老师在背后付出辛勤的劳动，即使这个学者不是最优秀的，甚至至多是合格的，也莫不如此。自 1998 年进入中山大学历史学系攻读博士学位以来，我一直在为自己做个合格的学者而努力，也一直感受着陈春声、刘志伟两位老师深刻的学术见解、开阔的学术视野、优雅的学术品格。事实上，本书处处浸透着两位老师的心血，也同时见证了两位老师对我这个愚鲁的学生的宽容和关心。我坚信，在中山大学求学的三年，我们这群师兄弟所受的训练，至少在国内是一流的。无论是学术视野的拓展，还是史料的搜集与解读，老师们都尽量为我们请最好的老师，寻找最好的方法。两位老师还容忍了我一次次地与他们进行"无理"的辩论，使我这个笨学生每一次和老师"吵架"之后无不获得巨大的长进。更难能可贵的是，我博士毕业后，两位老师还始终关心着我的成长，多次让我回广州耳提面命，以至于我曾经对师兄弟们戏言："我是中国毕业后回母校最多的博士。"这份情谊与殷殷期望，已非普通的导师与所指导的学生之间的关系可比拟。

我十分感谢我的硕士生导师邵鸿教授，他是我学问的领路人，正是他的渊博的知识、高尚的品格，感染我由一个顽劣之徒走上了学术的道路。如今我回到他身边工作已近五年了。五年来，我深刻地感受到与邵老师的谈学问话是人生的一笔重要财富，我将十分珍惜这份难得的机缘。

我亦十分感谢我在复旦大学的博士后联系导师曹树基教授。曹老师不厌其烦地给我修改论文，让我的写作能力得到迅速提高；曹老师还放下架子与我们这些年轻人争得面红耳赤，让我们找到了学术的自信。复旦大学的葛剑雄教授在我博士后求学期间，无私地给予了很多学术上的指导，他是我的求学道路上另一位重要导师。

我同样十分感激程美宝教授、梁洪生教授、郑振满教授、赵世瑜教授、科大卫教授、滨下武志教授、蔡志祥教授和廖迪生教授，他们以前是、现在和将来仍然是我求学生涯中不可缺少的老师。杨国桢教授、樊树志教授、李根蟠教授、邱捷教授等硕学鸿儒亦以其博大的胸怀和可贵的学术品质教育和感化了我这个愚鲁的小辈。方志远教授、宋三平教授、郑小江教授、万芳珍教授、罗勇教授、林晓平教授、谢庐明教授、房学嘉教授也一直关心着我的成长，给予了我许多无私的帮助，他们的鼓励和期待永远是我前进的动力。

在我的学术生涯中还有一笔很重要的财富就是与一些亦师亦友的学界同行的宝贵友谊。从香港清水湾的 404 到北京二里沟的地下室，从中山大学的学而优书店到复旦大学的上岛咖啡，他们不断地以他们所取得的学术成就给我鞭策，以他们真诚无私的批评与玩笑给我欢乐。他们是：巫仁恕教授、邱仲麟教授、王利华教授、夏明方教授、张佩国教授、张伟然教授、王建革教授、张海英教授、卞利教授、张芳霖教授，以及黄国信、张应强、吴滔、温春来、陈永升、邓智华、鲍炜、韦锦新、肖文评、冯筱才、龚汝富、唐立宗、蒋竹山、余新忠、杨国安、饶伟新等一批我可能会遗漏，但是无须称呼他们头衔的"兄弟"。

本课题的研究得到南昌大学"十五""211"重点建设学科"赣学"资助。江西省地方志办公室的黎传记先生和江西省图书馆的何振作先生为本人查阅资料提供了不少便利，万芳珍教授为本书的文献校读付出了艰辛的劳动，南昌大学硕士研究生占钊平、黄伟英为本书的图表制作费心不少，中山大学历史系日本留学生川口幸大先生为我处理日文资料提供了巨大的帮助，三联书店的编辑杜非、刘蓉林先生为本书的编辑操劳良多，在此一并诚致谢意！

写这篇后记的时候，跟随我风雨同舟近八年的妻子桂莉正在医院待产。奔波于家与医院之间，虽身心疲惫，但更多的是对新生命的期待。我们给儿子（女儿）取小名为"福星"，希望这个即将来到世界的新生命能顺利出生和健康成长，能见证和升华我生命中最重要的一段感情，一如这本书的出版和被人阅读。

黄志繁

2006 年 1 月 3 日于江西省妇幼保健院二楼

再版后记

　　一本以博士论文为基础的学术专著能够再版，应该说是非常幸运的。这种幸运我更愿意归功于培养我成长的中山大学历史人类学研究中心在国内外获得的学术声望。

　　距离本书第一版已经有十五个年头了。这些年，学术界的发展可以说日新月异，在同行的学术刺激之下，本人也曾经多次幻想着能对本书进行一番大刀阔斧的改写，使本书能够以更加完美的形象呈现在读者面前。但是，一方面实在是由于本人杂务缠身，很难有整块的时间来潜心写作；另一方面也由于本人学术重心已经发生转移，似乎建构不出更好的解释框架。因此，在本书有机会再版的时候，我还是仅仅补充了一篇关于龙南关西围的论文，并对结论进行了简要的修改。为了维持原著的风貌，对于学术界近年来涌现的最新学术成果，本书也只做了少量的必要吸收，而没有像新作品一样一一给予关注，特此说明。除此之外，本书再版时还修订了一些讹误。

　　本书能够再版，自然要归功于北京师范大学出版社的错爱，特别是宋旭景女士、岳蕾女士为之付出了艰辛的劳动，在此致以诚挚的谢意！

黄志繁

2021 年 7 月 31 日于青山湖畔高校住宅小区至简斋

图书在版编目(CIP)数据

化外与化内：12—18 世纪的赣南地域社会 / 黄志繁著 . —北京：
北京师范大学出版社，2023.9
ISBN 978-7-303-28936-3

Ⅰ. ①化… Ⅱ. ①黄… Ⅲ. ①社会变迁－研究－江西－12 世
纪－18 世纪 Ⅳ. ①K295.6

中国国家版本馆 CIP 数据核字(2023)第 164410 号

营 销 中 心 电 话 010-58808006
北京师范大学出版社新史学策划部微信公众号 新史学 1902

HUAWAI YU HUANEI

出版发行：北京师范大学出版社 www.bnupg.com
北京市西城区新街口外大街 12-3 号
邮政编码：100088

印 刷：北京盛通印刷股份有限公司
经 销：全国新华书店
开 本：730 mm×980 mm 1/16
印 张：25.25
字 数：327 千字
版 次：2023 年 9 月第 1 版
印 次：2023 年 9 月第 1 次印刷
定 价：88.00 元

策划编辑：宋旭景 责任编辑：宋旭景 岳 蕾
美术编辑：王齐云 装帧设计：王齐云
责任校对：丁念慈 责任印制：马 洁 赵 龙